아낫딸락카나숫따 법문

• 무아특성경 해설 •

제6차 결집 질문자 최승대현자

마하시 사야도

번역 허가증

ဗုဒ္ဓသာသနာနုဂ္ဂဟအဖွဲ့ချုပ်

မဟာစည်သာသနာ့ရိပ်သာ

အမှတ်–၁၆၊သာသနာ့ရိပ်သာလမ်း၊ဗဟန်းမြို့နယ်၊ရန်ကုန်မြို့။

ဖုန်း ၀၁ ၅၄၅၄၆၉
၀၁ ၅၄၁၉၇၁
ဖက်စ် ၀၁ ၅၄၅၉၁၈

Buddha Sāsanā Nuggaha Organization
MAHĀSI SĀSANA YEIKTHA
16, Thathana Yeiktha Road, Bahan Tsp. Yangon.(Myammar)

Phone: +951545469
+951541971
Fax: +951545918

Website - www.mahasi.org.mm **Email - mahasi.meditationcenter@gmail.com**

Date .27-12-2018

အကြောင်းအရာ ။ ။ **ကိုရီးယားဘာသာဖြင့် ပြန်ဆို၍ စာအုပ်ရိုက်နှိပ်ထုတ်ဝေရန် ဗုဒ္ဓသာသနာနုဂ္ဂဟအဖွဲ့ချုပ်မှ ခွင့်ပြုခြင်း။**

ကိုရီးယားနိုင်ငံတွင် မြတ်ဗုဒ္ဓ ထေရဝါဒ သာသနာပြန့်ပွားရေးအတွက် ကျေးဇူးတော်ရှင် မဟာစည်ဆရာတော်ဘုရားကြီး၏ အောက်ဖော်ပြပါ တရားစာအုပ်(၃)အုပ်ကို တတိယအကြိမ်အဖြစ် မြန်မာဘာသာမှ ကိုရီးယားဘာသာသို့ ပြန်ဆို၍ ဓမ္မဒါနဖြန့်ချီရန် တောင်ကိုရီးယားနိုင်ငံ အန်ညန်းမြို့နယ်၊ ကိုရီးယားမဟာစည်ရိပ်သာမှ ဥက္ကဋ္ဌ ဆရာတော် ဦးသောဓန အား အောက်ပါစည်းကမ်းချက်များနှင့်အညီ ဆောင်ရွက်ရန် ခွင့်ပြုပါသည်။

ဘာသာပြန်ဆိုရမည့်ကျမ်းစာအုပ်များ –

(၁) ဓမ္မစကြာတရားတော်
(၂) ဟေမဝတသုတ်တရားတော်
(၃) အနတ္တလက္ခဏာသုတ် တရားတော်

စည်းကမ်းချက်များ–

၁။ ဤခွင့်ပြုချက်သည် မူပိုင်ခွင့်ပြုပေးခြင်းမဟုတ်ဘဲ ဗုဒ္ဓသာသနာနုဂ္ဂဟအဖွဲ့ချုပ်သာလျှင် **မူပိုင်ရှင်** ဖြစ်သည်။
၂။ ထုတ်ဝေမည့်စာအုပ်တွင် ဗုဒ္ဓသာသနာနုဂ္ဂဟအဖွဲ့ချုပ်သည် **မူပိုင်ရှင်** ဖြစ်ကြောင်းဖော်ပြရမည်။
၃။ သာသနာတော်ပြန့်ပွားရေးအတွက် **ဓမ္မဒါန** အဖြစ်ပုံနှိပ်ဖြန့်ဝေရန်။
၄။ ဤခွင့်ပြုချက်သည် **ကိုရီးယားဘာသာဖြင့်** ပြန်ဆိုထုတ်ဝေရန်အတွက်သာဖြစ်သည်။
၅။ ပုံနှိပ်ထုတ်ဝေသောစာအုပ်တွင် **ကျေးဇူးတော်ရှင်မဟာစည်ဆရာတော်ဘုရားကြီး၏(ဆေးရောင်စုံ)ဓာတ်ပုံ၊ ဘဝဖြစ်စဉ်နှင့် ထေရုပ္ပတ္တိအကျဉ်း** ဖော်ပြပါရှိရမည်။
၆။ ပုံနှိပ်ထုတ်ဝေသောစာအုပ်အရေအတွက်ဖော်ပြရမည်။
၇။ စည်းကမ်းချက်များနှင့် ညီညွတ်မှုမရှိပါက ခွင့်ပြုချက်ကို ပြန်လည်ရုပ်သိမ်းမည်။

ဖော်ပြပါစည်းကမ်းချက်များအတိုင်းလိုက်နာဆောင်ရွက်
ဖြစ်ပါကြောင်းဂတိပြုပါသည်။

ဘဒ္ဒန္တသောဓန
၅/မရန(သ)၀၀၀၀၉၄
(သာသနဓဇဓမ္မာစရိယ)
မဟာစည်ကမ္မဋ္ဌာနာစရိယ
ပဓာနနာယကဆရာတော်
ကိုရီးယားမဟာစည်ရိပ်သာ
အန်ညန်းမြို့၊ တောင်ကိုရီးယားနိုင်ငံ။

(ဒေါက်တာတင့်စိုးလင်း)
ဥက္ကဋ္ဌ
ဗုဒ္ဓသာသနာနုဂ္ဂဟအဖွဲ့ချုပ်
မဟာစည်သာသနာ့ရိပ်သာ
ဗဟန်း၊ရန်ကုန်မြို့။

Namo tassa bhagavato arahato sammāsambuddhassa.
Namo tassa bhagavato arahato sammāsambuddhassa.
Namo tassa bhagavato arahato sammāsambuddhassa.

아라한이며 정등각자이신 거룩한 세존께 예경 올립니다.
아라한이며 정등각자이신 거룩한 세존께 예경 올립니다.
아라한이며 정등각자이신 거룩한 세존께 예경 올립니다.

차례

*제목 오른쪽 위의 숫자는 저본에서 밝힌 제목 차례다

약어 | 16

일러두기 | 18

마하시 사야도 일대기[1] | 19

마하시 사야도의 『아낫딸락카나숫따 법문』 제6쇄 발간사[2] | 25

웨렉 마소예인 사야도 우 띳사의 서문[3] | 27

제1강

서문 | 44

경의 서문[4~5] | 45

설하신 시기[6] | 46

다섯 무더기는 무아다 | 49

물질은 무아다[7~8] | 49

자아라고 생각할 만한 물질[9] | 50

물질이 자아라면[10] | 52

물질이 괴롭히는 모습[11] | 53

ābādhāya의 의미 고찰[12] | 55

물질은 바라는 대로 되지 않는다 13 | 57
물질이 무아인 직접적인 이유 14 | 58
영혼자아와 절대자아 15 | 61
바까 대범천을 제도하시다 16 | 62
창조론의 시작 17 | 65
물질을 자아라고 집착하는 모습 18 | 66
자아집착 모습을 모르면 무아를 아는 모습도 확실치 않다 19 | 68
자아집착 네 가지 20~21 | 69
위빳사나 관찰을 하면서 무아 거듭관찰이 생겨나는 모습 22~24 | 73
제1강 역자 보충설명 | 79

제2강

느낌은 무아다 25~26 | 84
아비담마와 경전의 비교 27 | 86
느낌을 자아로 집착하는 모습 28 | 88
느낌이 자아라면 29 | 90
느낌이 무아인 직접적인 이유 30 | 92
느낌이 괴롭히는 모습 31 | 94
느낌은 바라는 대로 되지 않는다 32~33 | 96
사리뿟따 존자가 법을 얻는 모습과 수행하는 모습 34 | 102
디가나카숫따 35 | 108
느낌을 관찰해 염오한다 36 | 118

염오해서 도와 과의 지혜가 생겨난다[37] | 120
바른 말을 하는 이는 논쟁하는 것에 해당하지 않는다[38] | 121
사리뿟따 존자가 아라한이 되는 모습[39] | 122
제자의 모임이 열리다[40] | 123

제2강 역자 보충설명 | 126

제3강

인식은 무아다[41~42] | 130
인식이 자아라면[43] | 131
인식이 무아인 직접적인 이유[44] | 132
형성들은 무아다[45~46] | 140
부처님의 말씀과 정반대의 가르침[47] | 142
여기서의 형성[48] | 144
형성들이 자아라면[49] | 147
형성들이 괴롭히는 모습[50] | 149
형성들은 바라는 대로 되지 않는다[51] | 150
형성들이 무아인 직접적인 이유[52~54] | 151
관찰하면서 무아가 드러나는 모습[55] | 157

제3강 역자 보충설명 | 162

제4강

의식은 무아다[56~57] | 168
의식이 자아라면[58] | 169
의식이 무아인 직접적인 이유[59] | 171
의식이 괴롭히는 모습[60] | 172
의식은 바라는 대로 되지 않는다[61] | 174
조건이 있어야 결과가 생겨난다[62] | 176
사띠 비구 일화[63] | 179
바른 가르침의 요약[64] | 183
각각의 조건 때문에 각각의 의식이 생겨난다[65] | 188
땔감이 탈 때마다 새로운 불이 타오르듯[66~68] | 189
뻬나뻰두빠마숫따[69] | 192
물질은 물거품과 같다[70~71] | 193
느낌은 물방울과 같다[72] | 197
인식은 신기루와 같다[73] | 200
형성은 파초와 같다[74] | 202
의식은 마술과 같다[75] | 206
보아서 아는 마음이 마술을 보이는 것처럼 알게 하는 모습[76] | 209
즉시 관찰할 수 있다면 단지 보는 것 등에만 멈춘다[77] | 212

제4강 역자 보충설명 | 216

제5강

무아특성 78~79 | 220

무아특성은 알기 어렵다 80 | 221

무상을 통해 무아를 설하시다 81 | 223

괴로움을 통해 무아를 설하시다 82 | 227

무상과 괴로움 두 가지를 통해 무아를 설하시다 83~84 | 227

삿짜까 유행자가 논쟁을 제기하는 모습 85 | 228

다섯 무더기에서 벗어난 것이라고 주장하는 자아교리도 제거한다 86 | 242

항상한가 무상한가 등으로 문답하다 | 244

문답으로 물질에 대해 세 가지 특성 모두를 보이시다 87 | 244

왜 무상이라고 하는가 88 | 247

무상특성 89 | 252

무상 거듭관찰의 지혜 90 | 253

괴로움 두 가지 91 | 254

괴로움특성 92 | 256

괴로움 거듭관찰의 지혜 93 | 257

나의 것이라고 생각하는 것은 갈애로 집착하는 것 94 | 259

나라고 생각하는 것은 자만으로 집착하는 것 95 | 260

나의 자아라고 생각하는 것은 사견으로 집착하는 것 96~97 | 261

제5강 역자 보충설명 | 266

제6강

문답으로 느낌에 대해 세 가지 특성 모두를 보이시다 98~99 | 274
세 가지 느낌을 사실대로 보는 모습 100 | 284
문답으로 인식에 대해 세 가지 특성 모두를 보이시다 101 | 287
문답으로 형성들에 대해 세 가지 특성 모두를 보이시다 102 | 291
문답으로 의식에 대해 세 가지 특성 모두를 보이시다 103 | 300

11가지로 분석해 무아 등으로 관찰하도록 설하시다 | 311
물질을 관찰하는 모습 104~107 | 311
제자들의 관찰 대상법 108 | 313
생겨나고 있는 것만을 시작으로 관찰해야 한다 109 | 314
'나의 것이 아니다'와 무아라고 관찰하는 모습의 관계 110 | 316
수다원에게 무아라고 관찰하도록 지도하신 이유 111 | 318
물질을 세 시기로 관찰하는 모습 112 | 322
물질을 내부와 외부로 관찰하는 모습 113 | 326
물질을 거칠고 미세한 것으로 관찰하는 모습 114 | 327
물질을 저열하고 수승한 것으로 관찰하는 모습 115 | 328
물질을 멀고 가까운 것으로 관찰하는 모습 116 | 329

제6강 역자 보충설명 | 333

제7강

느낌을 관찰하는 모습[117~119] | 336
느낌을 세 시기로 관찰하는 모습[120] | 338
느낌을 내부와 외부로 관찰하는 모습[121] | 342
느낌을 거칠고 미세한 것으로 관찰하는 모습[122] | 344
느낌을 저열하고 수승한 것으로 관찰하는 모습[123] | 345
느낌을 멀고 가까운 것으로 관찰하는 모습[124] | 346
인식을 관찰하는 모습[125~126] | 347
인식을 세 시기로 관찰하는 모습 | 349
인식을 내부와 외부로 관찰하는 모습 | 352
인식을 거칠고 미세한 것으로 관찰하는 모습 | 353
인식을 저열하고 수승한 것으로 관찰하는 모습 | 353
인식을 멀고 가까운 것으로 관찰하는 모습 | 354
형성들을 관찰하는 모습[127~128] | 355
형성들을 세 시기로 관찰하는 모습[129] | 358
형성들을 내부와 외부로 관찰하는 모습[130] | 361
형성들을 거칠고 미세한 것으로 관찰하는 모습 | 362
형성들을 저열하고 수승한 것으로 관찰하는 모습[131] | 362
형성들을 멀고 가까운 것으로 관찰하는 모습 | 364
의식을 관찰하는 모습[132~133] | 365
계속된 생에서 마음이 생겨나는 모습[134] | 368
업 윤전과 과보 윤전을 통해 연기를 안다[135] | 370
의식을 세 시기로 관찰하는 모습[136] | 371
의식을 내부와 외부로 관찰하는 모습[137] | 375

의식을 거칠고 미세한 것으로 관찰하는 모습 138 | 376
마음 거듭관찰에 따라 알고 보는 모습 139 | 377
의식을 저열하고 수승한 것으로 관찰하는 모습 140 | 381
의식을 멀고 가까운 것으로 관찰하는 모습 | 382

제7강 역자 보충설명 | 385

제8강

염오의 지혜 등이 생겨나는 모습 | 389
위빳사나 지혜가 향상되는 모습 141~142 | 389
무상을 보면 염오의 지혜가 생겨난다 143 | 396
괴로움을 보면 염오의 지혜가 생겨난다 144 | 397
무아를 보면 염오의 지혜가 생겨난다 145~146 | 400
염오의 지혜 법체 147 | 404
열반을 바라는 데 진짜와 가짜 148 | 405
열반이 행복한 모습 149 | 405
열반을 내다보는 지혜 150 | 406
형성평온의 지혜_평온 관찰 덕목 세 가지 151~154 | 407
형성평온의 지혜_특별한 덕목 세 가지 155~157 | 413
출현인도 위빳사나가 생기는 모습 158 | 416
열반을 실현하는 모습 159 | 419
성스러운 도와 과의 지혜가 생겨나는 모습 160 | 421
아라한에게 반조의 지혜가 생겨나는 모습 161 | 423

법문을 끝내는 부처님의 말씀 162~163 | 426

결집 | 428

결집 기록 164 | 428

거룩한 아라한 여섯 분에게 예경하는 모습 165 | 431

결어와 서원 166 | 431

제8강 역자 보충설명 | 433

부 록

「아낫딸락카나숫따」 빠알리어와 해석 167~168 | 440

칠청정과 위빳사나 지혜들 | 454

마음부수 52가지 | 456

인식과정 | 460

물질 28가지 | 462

빠알리어의 발음과 표기 | 464

빠알리어에 대해 | 470

역자후기 | 472

참고문헌 | 475

찾아보기 | 478

약어

㉯	마하시 사야도 원주
㉰	마하시 사야도 법문집 본문 주석
㉱	한국마하시선원의 우 소다나 사야도 주석
㉲	역자 주석

A.	Aṅguttara Nikāya 앙굿따라 니까야 增支部
AA.	Aṅguttara Nikāya Aṭṭhakathā 앙굿따라 니까야 주석서
Ah.	Abhidhammatthasaṅgaha 아비담맛타상가하
AhBṬ.	Saṅgaha Bhāsāṭīka 상가하 바사띠까(아비담맛타상가하 집론서)
AhPdṬ.	Paramattha Dīpanī 빠라맛타 디빠니(아비담맛타상가하 해설서)
AhVṬ.	Abhidhammattha Vibhāvinī Ṭīkā = Ṭīkā kyo 아비담맛타 위바위니 띠까 = 띠까 쬬 (아비담맛타상가하 분석 복주서)
D.	Dīgha Nikāya 디가 니까야 長部
DA.	Dīgha Nikāya Aṭṭhakathā 디가 니까야 주석서
Dhp.	Dhammapada 담마빠다 法句經
DhsA.	Dhammasaṅgaṇi Aṭṭhakathā = Aṭṭhasālinī 담마상가니 주석서
J.	Jātaka 자따까 本生譚

M.	Majjhima Nikāya 맛지마 니까야 中部
MA.	Majjhima Nikāya Aṭṭhakathā 맛지마 니까야 주석서
Mil.	Milindapañha 밀린다빤하 彌蘭陀王問經
ItA.	Itivuttaka Aṭṭhakathā 이띠웃따까 주석서
Pm.	Paramatthamañjūsā = Visuddhimagga Mahāṭīkā = Mahāṭīkā 위숫디막가 마하띠까 청정도론 대복주서
Ps.	Paṭisambhidāmagga 빠띠삼비다막가 無碍解道
S.	Saṁyutta Nikāya 상윳따 니까야 相應部
SA.	Saṁyutta Nikāya Aṭṭhakathā 상윳따 니까야 주석서
Thag.	Theragāthā 테라가타 長老偈
ThagA.	Theragāthā Aṭṭhakathā 테라가타 주석서
VbhA.	Vibhaṅga Aṭṭhakathā 위방가 주석서
Vin.	Vinaya Piṭaka 위나야 삐따까 律藏
Vis.	Visuddhimagga 위숫디막가 清淨道論

일러두기

1. 본문에 인용된 빠알리 문헌은 모두 제6차 결집본이다.

2. M.ii.165는 제6차 결집본 『맛지마 니까야』 제2권 165쪽을 뜻하고, M74는 『맛지마 니까야』의 74번째 경을 뜻한다. Dhp.277은 『담마빠다』 277번째 게송을 뜻한다.

3. 법문자인 마하시 사야도의 번역은 **대역**이나 **해석**으로 표시했고 역자의 번역은 **역해**로 표시하거나 소괄호로 표시했다.

4. 대역할 때 한 단어의 여러 의미는 쌍반점';'으로 표시했다. 원저자의 보충 설명은 겹화살 괄호 '《 》', 역자의 보충 설명과 청중의 대답은 소괄호 '( )', 관찰할 때 명칭은 홑화살 괄호 '〈 〉'로 표시했다.

5. 법문자인 마하시 사야도의 주석은 ㉯원으로 표시했고, 한국마하시 우 소다나 사야도의 주석은 ㉯한으로 표시했다. 표시가 없거나 ㉯역으로 표시된 것은 역자의 주석이다. 본문의 내용을 주석으로 옮긴 내용은 ㉯본으로 표시했다.

6. 빠알리어는 정체로 표기했고, 영문은 이탤릭체로 표기했다. 미얀마어는 영어로 표기한 후 이탤릭체로 표기했다.

7. 약어에 전체 빠알리어가 제시된 문헌은 본문에 따로 빠알리어를 표기하지 않았다.

8. 미얀마어로 된 참고문헌은 영어의 이탤릭체로 표기한 뒤 그 의미를 이어서 소괄호 안에 표기했다. 저자도 영어의 이탤릭체로만 표기했다.

9. 반복 인용된 문헌은 처음에만 저자를 표기하고 두 번째부터는 책의 제목만 표기했다.

10. 인용문과 게송은 들여쓰기를 했다.

11. 우리말 어순이나 표현법 등에 어울리지 않는 부분이 더러 있지만 불교적/경전적 표현으로 허용해 사용했다.

마하시 사야도 일대기

장차 '마하시 사야도*Mahāsi Sayadaw*'라고 불리게 될 귀한 아들이 1904년 7월 29일 금요일 새벽 3시, 사가인 주, 쉐보 시, 세익쿤 마을에서 아버지 우 깐도와 어머니 도 쉐오욱 사이의 둘째 아들로 태어났다. 어릴 때의 이름은 마웅 뜨윈이었다.

마웅 뜨윈은 1910년 6세 때 세익쿤 마을 인진또 정사의 뻬마나 짜웅 사야도 밧단따 아딧짜Bhaddanta Ādicca 스님에게 기초학문을 배웠다. 1916년 12세 때는 부모님의 후원으로 어릴 적 스승이었던 밧단따 아딧짜 스님에게 사미계를 수지했다. 법명은 아신 소바나Ashin Sobhana였다. 그리고 1923년 11월 26일 월요일[1] 오전 8시, 인진또 정사의 밧다Baddha 계단戒壇에서 우 아웅보와 도 띳의 후원으로 탄신 마을에 있는 수메다 짜웅 사야도 밧단따 니말라Bhaddanta Nimmala 장로를 은사로 비구계를 수지하셨다.[2]

1924년[3] 9월 2일, 비구로서 한 번의 안거도 나기 전에 정부가 주관

1 저본에는 10월 26일로 되어 있으나 1923년 10월 26일은 금요일이다. 미얀마 본에는 미얀마 대왕력 1285년 음력 10월 하현의 4일로 나온다. 미얀마 만세력인 Mycal 어플에 따르면 이날은 양력으로 11월 26일, 월요일이다. 또한 *Ashin Sīlānandabhivaṁsa*, 『*Biography of The most venerable Mahāsi Sayādaw*』, part I, p.23에도 1923년 11월 26일로 돼 있다.

2 저본에 이 단락부터 경어체를 써서 그대로 따랐다.

3 저본에는 1925년으로 돼 있으나 저본에 병기한 미얀마력 1286년과 양력의 9월 1일이라는 표현, 그리고 비구로서 한 번의 안거도 지내지 않았다는 사실을 고려하면 1924년도가 돼야 한다. 미얀마 만세력인 Mycal 어플과도 일치한다.

하는 빠알리어 시험 중 초급에 합격했고, 1927년 중급에 이어 1928년 고급단계까지 합격하셨다. 1942년에는[4] 정부가 두 번째로 시행한 '정부 주관 담마짜리야' 시험에서 필수 세 과목과 함께 특별 다섯 과목에 합격함으로써 사사나다자 시리빠와라 담마짜리야Sāsanadhaja Sīripavara Dhammācariya 칭호를 받으셨다.

1929년에는 어릴 때의 여러 스승을 포함해서 만달레이 시 서쪽 외곽에 있는 킨마깐 짜웅다익의 브와도 짜웅에 주석하던 찬다지 다익 사야도 밧단따 락카나Bhaddanta Lakkhaṇa, 킨마깐 다익띠짜웅 사야도 밧단따 인다왐사비왐사Bhaddanta Indavaṁsābhivaṁsa 등 교학으로 유명했던 여러 사야도에게 성전과 주석서 등을 배우고 익혀 교학에 능통하게 되셨다. 1930년 음력 6월, 이전에 스승이었던 밧단따 아딧짜 장로의 청으로 몰라먀인의 따운와인갈레이 강원으로 가서 비구와 사미 등 학인들에게 교학을 가르치셨다.

1932년 1월 29일, 사마타와 위빳사나 수행을 실천하기 위해 도반이었던 밧단따 떼자완따Bhaddanta Tejavanta와 함께 진짜익, 따토웅, 껠라사, 먀더베익 산, 짜익티요우 산, 쉐이야운빠 산, 우오웅칸 숲속 정사 등에서 여러 수행주제를 실천하면서 검증하고 익힌 뒤 마지막에는 따토웅 시의 밍군 쩨따완 사야도에게 가서 새김확립 관찰방법을 배우고 실천하셨다. 그러던 중 1932년 7월 9일, 고향이 같은[5] 아딧짜 장로의 건강이 좋지 않다는 소식을 듣고 따토웅에서 몰라먀인 따운와인갈레이 강원으로 다시 가셨다.

---

4 이전 책들에는 1941년으로 나오는데 미얀마 음력과 양력의 차이 때문에 생긴 오류다.

5 이전 본에는 '스승이었던'이라고 설명했다.

1938년 5월에는 친척들을 섭수하기 위해[6] 고향인 세익쿤 마을 마하시 짜웅다익으로 가셨다. 그곳에서 7개월 정도 머무시면서 당신의 친척이었던 우 툰에이, 우 포우초웅, 사야 짠 세 명에게 새김확립 위빳사나 수행을 처음 지도하셨다. 그리고 1941년에 다시 몰라마인 따운와인갈레이 강원으로 돌아가셨다.

1941년 12월,[7] 제2차 세계대전으로 몰라마인 따운와인갈레이 강원에서 고향인 세익쿤 마을로 다시 돌아오셨으며, 바로 그해부터 새김확립 위빳사나 수행법을 본격적으로 설하셨고 수행자들이 매년 늘어났다. 이때 주석하시던 곳이 마하시 짜웅*Mahāsi kyaung*이었다. 마하시 짜웅은 세익쿤 마을의 수행자들에게 수행시간을 알리면서 쳤던 큰*Mahā* 북*si*이 있는 정사*kyaung*라는 뜻이다. '마하시 사야도'라는 이름은 여기에서 유래됐다.

1944년에는 총 950쪽이나 되는 『*Vipassanā Shunyikyan*(위빳사나 수행방법론)』(전체 2권)을[8] 7개월 만에 저술하셨고, 이후로 여러 쇄가 출판됐다. 이 외에도 『*Visuddhimagga Mahāṭīkā Nissayakyan*(위숫디막가 마하띠까 대역)』(전체 4권)을 비롯해 설하신 법문집과 저술하신 책이 80권이 넘는다.

1947년 11월 13일, 거룩하신 부처님의 교학과 실천의 가르침을 진흥하고 선양하려는 목적으로 불교진흥회*Buddhasāsanānuggaha Organization*가 사우뜨윈을 회장으로 양곤에 설립됐다. 다음 해 1948년 9월 6일에

6 이전 본에는 '동생의 부고 소식을 전해듣고'라고 설명했다.

7 저본에 1941년 음력 11월로만 나와 있는데, 이는 양력으로 11월과 12월에 걸쳐 있다. 그중 12월을 택했다.

8 이전 본에는 '위빳사나 수행의 실제와 경전 근거에 관해 총망라한 위대한 책이다'라는 설명이 첨가돼 있다.

는 사우뜨윈이 양곤 시 바한 구의 대지 5에이커를 불교진흥회에 보시해 수행센터를[9] 개원하게 됐다. 이 수행센터는 현재 20에이커까지 확장됐고, 수행하는 법당이나 수행 지도자가 머무는 건물, 남녀 출가자와 재가자가 머무는 건물 등이 속속 들어서 있다.

1949년 11월 10일, 당시 수상이었던 우 누와 사우뜨윈 등의 요청으로 사야도께서는 그해 12월 4일부터 양곤 수행센터에서 집중수행자 25명에게 위빳사나 수행법을 지도하셨다. 그 후 몇 년 지나지 않아 미얀마 전역에서 마하시 수행센터가 개원됐고, 현재 그 수가 미얀마 국내, 국외를 합쳐 696곳에 이른다. 태국이나 스리랑카 등 여러 이웃 나라에도 수행센터가 개원돼 마하시 사야도의 위빳사나 수행법을 지도하고 있다. 2018년 12월 31일까지의 통계에 따르면 마하시 방법으로 위빳사나 수행을 경험한 미얀마 국내, 국외 수행자들의 수는 무려 518만 3천 15명에 이른다.[10]

마하시 수행센터에 오신 지 2년 정도 지난 1952년에는[11] 사야도의 계의 덕목, 삼매의 덕목, 지혜의 덕목을 존중하고 기리면서 정부에서 수여하는 최승대현자Aggamahāpaṇḍita 칭호를 받으셨다.

1954년 5월 17일, 음력 4월의 보름날(수요일)을 시작으로 2년간 제6차 결집Chaṭṭhasaṅgayanā이 열렸다. 마하시 사야도께서는 제6차 결집에서 매우 중요한 여러 모임에 합류해 의무를 다하셨다. 먼저 성전과 주석서, 복주서를 최종적으로 검증해 결정하는 최종결정회osānasodheyya의 위원으로서 여러 성전과 주석서를 독송하고 결정하셨다. 그 밖에도

9 저본에는 '마하시 수행센터'라고 표현했다.

10 2018년도 자료는 마하시 사사나 수행센터 불교진흥회 71번째 연례보고서를 참조했다.

11 이전 여러 본에서는 1957년, 1954년으로 되어 있다.

사야도께서는 제6차 결집 질문자pucchaka 역할도 맡으셨다. 마하시 사야도의 질문에 대답하는 송출자visajjaka 역할은 밍군 삼장법사께서 맡으셨다.

중요한 내용 한 가지를 덧붙이자면, 부처님께서 완전한 열반에 드신 뒤 열린 첫 번째 결집에서 마하깟사빠Mahākassapa 존자가 질문자를 맡고 우빨리Upāli 존자와 아난다Ānanda 존자가 독송하고 송출하며 첫 번째 결집에 올리셨던 것과 마찬가지로 삼장 성전을 독송하며 결집한 뒤 주석서와 복주서는 마하시 사야도의 주도로 편집하고 교정, 검증해서 제6차 결집에 올리셨다.

마하시 사야도와 관련된 책은 100권이 넘는다. 그중 『*Visuddhimagga Mahāṭīkā Nissayakyan*(위숫디막가 마하띠까 대역)』 초고는 직접 저술하신 지 6년여 만인 1967년 2월 23일에 완성됐다. 제1권이 1966년에 출간됐고 1967년에 제2권, 1968년에 제3권, 1969년에 제4권까지 모두 출간됐다. 또한 『위숫디막가 마하띠까』의 「사마얀따라Samayantara」 부분을 발췌해 『*Visuddhimagga Mahāṭīkā Samayantara Ganṭhi Nissaya*(위숫디막가 마하띠까 사마얀따라 간티 대역)』라는 제목으로 편집, 출간되기도 했다.

마하시 사야도께서는 태국, 라오스, 캄보디아, 스리랑카, 네팔, 인도, 인도네시아, 일본 등[12] 동양의 여러 국가와 미국, 영국, 프랑스, 이탈리아 등 서양의 여러 국가에 가서 새김확립 위빳사나 수행법을 지도하시면서 테라와다 불교 교법Theravāda Buddhasāsana을 널리 보급하셨다.

12 이전 본에는 싱가포르, 말레이시아, 베트남도 언급됐다.

현재 세계 곳곳에서 마하시 새김확립 위빳사나 관찰방법을 받아들여 지도하고 있는 정사들, 수행센터들이 늘어나고 있다. 양곤과 만달레이에 있는 국립불교대학의 교과 과정에 수행이 포함돼 있는데, 교학 과정을 마친 뒤 양곤과 만달레이의[13] 마하시 수행센터에서 수행과정을 이수해야만 학위를 받을 수 있다.

1982년 8월 13일 저녁, 마하시 사야도께서는 평상시처럼 수행자들에게 수행방법에 관해 법문하신 뒤 밤중에 심각한 마비 증세가 왔고, 다음날인 8월 14일 토요일 오후 1시 36분, 마하시 싼자웅 건물에서 세랍 78세, 법랍 58하夏로 입적하셨다. 다비식은 1982년 8월 20일 열렸다.

드문 용모와 예리한 지혜, 특별한 위빳사나 지혜를 두루 갖춘 마하시 사야도께서는 교학과 실천을 통해 여러 법문을 설하고, 새김확립 위빳사나 법을 능숙하게 지도하셨다.

사야도께서 한평생 설하고 지도하고 저술하신 위빳사나 법은 동서양을 막론하고 온 세계에 퍼져 수많은 사람에게 많은 이익을 주었다. 이렇듯 직접 실천하고 닦으셨던 위빳사나 수행, 평생 짊어지셨던 법과 관련된 업적으로 마하시 사야도께서는 테라와다 교법에서 특별하고 거룩하고 뛰어난 한 분으로 추앙받고 있다.

2018년 8월에 새로 고쳐 실었다.[14]

---

13 저본에는 양곤으로만 되어 있으나 만달레이 국립불교대학 학인들은 만달레이의 마하시 센터에서 수행한다.

14 *Mahāsi Sayadaw*, 『*Cittānupassanā tayatogyi hnin Dhammānupassanā tayato*(마음 거듭관찰의 큰 가르침과 법 거듭관찰의 큰 가르침)』의 서문에서 인용했다.

마하시 사야도의 『아낫딸락카나숫따 법문』 제6쇄 발간사

마하시 사야도는 『아낫딸락카나숫따 법문』을 양곤 시, 마하시 사사나 수행센터 페인 담마용 법당에서 1963년 5월 30일 시작해서 전체 8강으로 열두 번을 설했으며, 같은 해 9월 10일 끝마치셨습니다.

「아낫딸락카나숫따」는 제6차 결집본으로 분량이 두 쪽[15] 정도밖에 안 되는 매우 짧은 경이지만 마하시 사야도는 대중들이 이해하기 쉽도록 자애와 연민으로 자세하게 설명해 주셨습니다. 그 법문을 판사를 역임한 우 떼인 한*U thein han*이 녹음해 두었다가 420쪽 분량으로 녹취해 마하시 사야도에게 전했습니다. 사야도는 이 녹취본을 꼼꼼히 교정한 뒤 책의 출판을 승낙했습니다.

이에 따라 불교진흥회*Buddhasāsanānuggaha Organization*는 1977년 8월 4일 『아낫딸락카나숫따 법문』 제1쇄를 발행했고, 가바에이*Gabaei* 종교성 출판부를 통해 1만 부를 배포했습니다.

「아낫딸락카나숫따」는 이미 수다원이 된 오비구에게 부처님께서 설하신 법문입니다. 마하시 사야도는 『아낫딸락카나숫따 법문』에서 「아낫딸락카나숫따」 내용에 덧붙여 위빳사나 관찰방법과 무아가 드러나는 모습, 도와 과에 도달해 열반을 실현하는 모습 등을 여러 경전과 주석서에 나오는 근거를 인용해 자세하게 설명해 주셨습니다.

15 저본에는 네 쪽이라고 했으나 본서 p.29와 영역본의 서문에는 두 쪽(한 장)이라고 설명했다. 실제로 제6차 결집본도 두 쪽이다.

자아에서 벗어나 무아를 보도록 정확하게 설명해 놓은『아낫딸락카나숫따 법문』은 2014년 제5쇄까지 발행됐지만 현재 재고가 얼마 남지 않았습니다. 이에 불교진흥회에서는 이 법문을 듣고 싶어 하는 불자들을 위해 제6쇄를 발행하고자 합니다.

모든 중생들 위험에서 벗어나 행복하기를...

2017년 6월
띤소울린 박사
불교진흥회 회장
마하시 사사나 수행센터
양곤

웹렉 마소예인 사야도 우 띳사의 서문

• **자아집착이 심하다** 집착하는 성품인 탐욕을 비롯한 여러 가지 번뇌는 범부 중생들에게 매우 깊이 자리 잡고 있습니다. 그렇게 깊이 자리 잡은 번뇌는 형색 대상 등 여섯 대상을 비롯해 집착할 만한 것이면 무엇이든 집착합니다. 그중 영혼이나 나라고 집착하는 '자아집착'은 모든 집착의 뿌리일 뿐만 아니라 제일 심한 집착이어서 떨쳐내기가 매우 어렵습니다. 보통의 노력과 정진으로는 스스로도 떨쳐버릴 수 없고 다른 이로 하여금 떨쳐버리게 할 수도 없습니다.

벽지불 존자들은 스스로의 노력과 정진을 통해 자신들의 자아집착은 버릴 수 있습니다. 하지만 다른 이의 자아집착을 떨쳐버리게 할 수는 없습니다. 다른 이의 자아집착을 떨쳐버리게 하려면 네 가지 진리를 그들이 이해하도록 설법하는 지혜의 힘이 좋아야합니다. 하지만 벽지불 존자들은 설법하는 지혜의 힘이 그 정도로 좋지는 못합니다. 그렇기 때문에 부처님의 가르침이 존재하지 않는 시기에 홀로[16] 출현해서 제자를 단 한 명도 깨달음으로 인도하지 못한 채 완전열반에 듭니다.

• **담마짝깝빠왓따나숫따** 정등각자 부처님들께서는 벽지불 존자들보다 지혜의 힘이 훨씬 좋습니다. 정등각자 부처님들께서는 스스로

16 '스승 없이'라는 뜻이다. 「이시길리숫따Isigilisutta(이시길리 경)」에 500명의 벽지불에 대한 내용이 나온다.(M116)

도 네 가지 진리를 꿰뚫어 아실 뿐만 아니라 다른 이들에게도 네 가지 진리를 깨닫도록 가르치실 수 있습니다. 정등각자가 되신 뒤 오비구와 여러 천신·범천에게 네 가지 진리를 설하신 경이 「담마짝깝빠왓따나숫따Dhammacakkappavattanasutta(초전법륜경)」라는 이름으로 분명히 존재합니다. 이 경은 정등각자가 되시고 2개월이 지난 음력 6월 보름날 설하신 최초의 법문입니다. 그 법회에서 오비구 중 꼰단냐Koṇḍañña 존자가 먼저 수다원이 됐습니다. 하지만 수다원 성자가 되어 의심과 존재더미사견이라는 집착이 사라진 꼰단냐 존자에게도 '나는 할 수 있다. 나는 말할 수 있다. 나는 생각할 수 있다'라는 '나라는 자만asmimāna집착'은 여전히 남아 있었습니다. 왑빠Vappa 존자 등 다른 수행자들은 그 법문에서 어떤 특별한 법도 얻지 못했습니다.

• **헤마와따숫따** 해가 갓 저물기 시작할 때부터 설하신 「담마짝까숫따」는 음력 6월 보름날 토요일 초야初夜까지 이어졌습니다.[17] 중야中夜에 접어들었을 때 사따기리Sātāgiri 야차천신과 헤마와따Hemavata 야차천신이 대중 천 명과 함께 부처님께 와서 열 가지 질문을 했고 부처님께서는 「담마짝까숫따」 법문 도중에 「헤마와따숫따Hemavatasutta」를 설하셨습니다. 그 법회 끝에 두 야차천신도 자아집착이 사라져 수다원이 됐습니다.[18] 윤회하면서 오랫동안 집착해 오던 자아집착이 그때 완전히 끊어진 것입니다. 부처님께서는 이어서 「담마짝까숫따」를 자세히 분석해서 설하셨습니다.

17 저본에는 '끝났다'라고 돼 있으나 뒤의 내용을 감안해 '이어졌다'라고 번역했다.
18 함께 온 다른 야차천신들 천 명도 수다원이 됐다.

• **다른 수행자들도 법을 얻다** 꼰단냐 존자에게는 '나'라는 자만집착이 아직 남아 있었고, 왑빠 존자 등 나머지 수행자들은 어떠한 특별한 법도 얻지 못했습니다. 그래서 부처님께서는 「담마짝까숫따」를 계속 설하시면서 그들 모두 위빳사나 수행에 힘쓰게 하셨습니다. 이렇게 부처님의 격려를 통해 음력 6월 16일 왑빠 존자가, 그 다음날 밧디야Bhaddiya 존자가, 또 그 다음날 마하나마Mahānāma 존자가, 마지막으로 19일에는 앗사지Assaji 존자가 네 가지 진리를 꿰뚫어 알고서 수다원 성자가 됐습니다. 그들에게서도 자아집착이 끊어졌습니다.

• **아낫딸락카나숫따** 부처님께서는 음력 6월 20일 목요일, 수다원 성자가 된 오비구를 모두 모이게 한 뒤 「아낫딸락카나숫따」 가르침을 설하셨습니다. 그날 「아낫딸락카나숫따」를 들은 후 오비구는 모든 번뇌가 사라져 아라한이 됐습니다. '나'라는 자만집착까지 남김없이 사라져 모든 자아집착이 끊어졌습니다. 「아낫딸락카나숫따」에서 부처님께서는 "'나'라거나 '영혼'이 있다"라고 고집하는 자아론자들의 견해는 잘못됐다는 사실을 분명하게 밝히기 위해 매우 적확한 이유를 드러내 보이며 분석해서 설하셨습니다.

• **관찰방법이 포함되지 않았다** 「아낫딸락카나숫따」는 짧은 경입니다. 제6차 결집본으로 두 쪽 정도의 분량입니다. 이 경에는 「마하사띠빳타나숫따Mahāsatipaṭṭhānasutta(새김확립 긴 경大念處經)」와 달리 관찰방법이 포함되지 않았습니다. 부처님께서 법성품만 설하신 경입니다.[19]

19 '물질 등의 법들은 무아다'라고 법들의 성품만 설하셨지 그것을 깨닫기 위한 구체적인 방법은 포함되지 않았다는 뜻이다.

위빳사나 수행을 올바른 방법에 따라 정확하게 닦아 본 적이 없는 이라면 이 경의 내용만으로는 자아집착을 끊어내고 무아가 드러나도록, 무아를 직접 경험해서 볼 수 있을 정도까지 관찰하기가 매우 어려울 것입니다. 당시에는 법을 설하는 분이 부처님이셨고, 법을 듣는 이들도 오비구라는 특별한 이들이었기 때문에 무아의 성품을 분명하게 직접 알고 볼 수 있었습니다. 「담마짝까숫따」를 설하실 때 이미 오비구는 정확하게 관찰할 수 있는 이들이었습니다. 또한 그들 모두가 수다원으로 바라밀이 무르익고 번뇌가 잠재워졌기 때문에 빠르게 지혜가 향상돼 아라한이 된 것입니다.

• **관찰하지 않고서는 법을 얻지 못한다** 부처님 당시 바라밀이 무르익어 관찰의 힘이 매우 좋은 이들은 오비구처럼 부처님의 법문을 듣는 동안 도와 과를 얻었습니다. 하지만 위빳사나 수행을 하지 않고 얻은 것은 아닙니다. 빠르게 관찰하고 새길 수 있었기 때문에 도와 과를 얻은 것입니다. 다른 사람들의 눈에는 애써 수행하지 않고서 특별한 법을 얻은 것처럼 보였습니다. 하지만 일부에게만 이렇게 빠르게 법을 얻을 수 있고 관찰할 수 있는 바라밀이 있습니다. 대부분은 빠르게 법을 얻거나 관찰할 수 없습니다. 이러한 사실을 알면서도 어떤 나태한 수행자들은 "설하는 이가 설해 주어 듣는 이가 무아의 성품을[20] 듣고 알면 충분하다. 수행할 필요가 없다. 단지 법문을 듣는 것만으로 하나의 도와 하나의 과 정도는 얻을 수 있다"라고 자신이 도달하고자 하는 성자의 단계를 마음대로 정하고서 성자인 척합니다. 이는 게으르거나 경솔

20 무아란 무아의 성품을 가진 물질 등의 법을 뜻하고 무아의 성품이란 마음대로 되지 못하는 특성을 말한다. 본서 p.220 참조.

한 이들이 좋아하는 가르침이며, 그러한 가르침을 받아들여 단지 법을 듣는 것만으로 '가짜 성자'가 된 이들이 적지 않습니다. 위빳사나 관찰과 노력 없이 단지 법문을 듣는 것만으로 알게 된 무아법은 스스로 꿰뚫어서 아는 직접적인 앎이 아니라 책을 통하거나 들어서 아는 것일 뿐입니다. 만일 단지 들어서 아는 것만으로 하나의 도, 하나의 과를 얻을 수 있다면 불자 대부분이 무아의 성품을 들어서 알고 있기 때문에 모두가 성자이어야 합니다. 하지만 그러한 이들에게서는 진짜 성자들이 갖춘 구성요소나 특성을 찾아볼 수 없기 때문에 진짜 성자가 아니라는 사실이 분명합니다. 이렇게 사실이 아닌 주장과 관련해서 올바름에 도달하도록 마하시 사야도께서는『아낫딸락카나숫따 법문』에서(본서 p. 182) 그 점을 지적하고 설하셨습니다.

• **관찰방법을 포함하다** 「아낫딸락카나숫따」는 성자의 상태에 도달한 오비구에게 설하신, 고유성품만 보여주는 부처님의 가르침이기 때문에 관찰하고 노력하는 방법이 포함돼 있지 않습니다. 하지만 마하시 사야도의『아낫딸락카나숫따 법문』에는 관찰하고 노력하는 방법과 더불어 무아가 드러나는 모습, 도와 과, 열반에 도달하는 모습까지 설명돼 있습니다. 그 설명도 문헌의 근거 없이 생각나는 대로 설한 것이 아닙니다. 스스로 위빳사나에 힘쓰지도 않으면서 다른 이로 하여금 노력하게 설한 것도 아닙니다. 마하시 사야도께서는 여러 성전과 주석서를 두루 살피고 숙고하고서, 스승에게 수행방법을 배워 몸소 노력한 뒤에 청법 대중들이 잘 이해할 수 있도록 자세하게 설하신 것입니다.

마하시 사야도의 그 법문을 판사를 역임한 우 떼인 한*U thein han*이 한 글자도 빠짐없이 녹취해서 420쪽에 이르는 방대한 초고를 만들었습니다. 우 떼인 한은 다른 이들도 이 법문을 들었으면 하는 마음에 사야도께 녹취한 초고를 드리며 출판을 승낙해 달라고 청했습니다. 이에 마하시 사야도께서는 너무 두꺼운 책이 되는 것을 바라지 않으셨기 때문에 이를 152쪽[21] 정도로 간략하게 다듬은 후 출판하라고 하셨습니다.

• **매우 능숙하시다** 　마하시 사야도께서는 간략한 것을 자세하게 설하는 것은 물론이고 자세한 것을 간략하게 요약하는 데도 매우 능숙하십니다. 『아낫딸락카나숫따 법문』만 그렇게 요약하고 다듬으신 것이 아닙니다. 『담마짝까 법문』과 『위빳사나 수행방법론』을 출판할 때도 능숙하게 요약하고 다듬으신 것을 볼 수 있습니다. 자세하게 설명할 때도 간략한 내용에 따라서 광범위하게 펼칠 수 있고, 간략하게 설명할 때도 자세한 내용이 잘 담기도록 간단하게 요약하실 수 있습니다. 그렇기 때문에 간략한 것을 좋아하는 이들과 자세한 것을 좋아하는 이들 모두가 마하시 사야도의 법문을 듣고 볼 수 있는 것입니다.

• **본래 의미를 더욱 중시하다** 　마하시 사야도께서는 법문을 설하거나 책을 저술하실 때 문법적 의미보다 본래 의미를 더욱 중시하셨습니다. 예를 들어 'bārāṇasiyaṁ'이라는 단어를 대역할 때 다른 대역 스승들은 'bārāṇasiyaṁ바라나시 성에'라고 문법적 의미를 중시해서 그대로 대역했습니다. 이 대역이 틀린 것은 아니지만 실제로 살펴보면 부처님께서는 바라나시에 머무신 것이 아니라 바라나시 성 근처의 미가다야 숲에 머무셨습니다. 그래서 마하시 사야도께서는 'bārāṇasiyaṁ바라나시

21 6쇄본은 국판 A5크기로 387쪽이다.

성의; 바라나시 성 근처의'라고 본래 의미에 맞으면서도 문법에도 어긋나지 않게 번역하셨습니다.(본서 p.46) 『마하사띠빳타나숫따닛사야(새김 확립 긴 경 대역)』에서도 다른 대역들은 'kurūsu꾸루국들에서'라고 복수인 'su' 접사의 의미 그대로 문법을 중시해서 번역했지만 마하시 사야도께서는 "그 나라는 여러 왕이 다스렸기 때문에 빠알리어 문법에 따라 복수로 표현했지만 사실 꾸루라는 나라는 여러 개가 아니다. 한 나라다. 미얀마에서는 왕이 여럿이라고 나라 이름을 복수로 표현하는 예가 없다"라고 이유를 밝히면서 'kurūsu꾸루국에서'라고 단수로 번역하셨습니다.[22]

• **관습을 따르지 않고 사실만을 좋아하다** "본래 의미를 중시하신다"라고 해서 마하시 사야도께서 문법을 무시하고 다른 의미로 설하신다는 것은 아닙니다. 문법도 중시하지만 그보다 본래 의미를 더 중요하게 여기셨다는 뜻입니다. 그래서 일반적으로 받아들여지는 해석이 본래 의미와 일치하지 않으면 관례를 따르지 않고 올바른 의미가 드러나도록 잘 살펴 바른 의미대로 번역하셨습니다. 그리고 번역한 구절에 대한 견해도 바르게 정리하셨습니다. 이것은 『위빳사나 수행방법론』 제1권, 「비구의 계」 중 필수품 관련 계에 대한 설명을 통해 알 수 있습니다. 『위숫디막가 마하띠까』의 "마치 빚진 이가 원하는 대로 갈 수 없듯이 빚수용에 해당되는 이는 세상에서 벗어날 수 없다"라는(Pm.i.74) 내용에 대해 일부 스승이 "숙고하지 않고 네 가지 필수품을 사용하면 빚수용iṇaparibhoga, 즉 빚을 내서 사용하는 것이 되어 다시 빚을 갚아야 하기 때문에 도와 과를 얻을 수 없다"라고 말하는 것에 대해 그렇게 말해서는 안 된

22 마하시 사야도 지음, 비구 일창 담마간다 옮김, 『마하사띠빳타나숫따 대역』, p.36 참조.

다는 사실을 여러 근거를 보이면서 설명하셨습니다.[23]

그 외에 『아낫딸락카나숫따 법문』에서도 그렇게 설명하신 예가 있습니다.

> 여기서 'ābādhāya'라는 단어를 고찰해 보아야 합니다. 이전의 여러 스승은 'ābādhāya'를 '아프기 위한 것'이라고 번역했습니다. 그 번역은 문법적·의미적으로 적당하지 않다고 생각합니다. 이유는 다음과 같습니다.
>
> 먼저 문법적으로 'ābādhāya'는 'ā'라는 접두사와 'bādh'라는 어근으로 이루어진 단어입니다. 이렇게 분석하면 이 단어는 '아프다'라는 의미를 지닐 수 없습니다. 'bādh'라는 어근은 '괴롭힌다'라는 의미만 있습니다. 'ābādha'를 미얀마의 여러 스승이 '아픔'으로 번역한 것은 아프게 해서 괴롭히기 때문에 전통적인 표현에 따라서 그렇게 번역한 것이지 'ābādha'가 '아픔'이라는 뜻을 가지기 때문이 아닙니다. 따라서 'ābādhāya'라는 단어를 '아프기 위한 것'이라고 번역하는 것은 괴롭힌다는 의미가 있는 'ābādha'가 'bādh'라는 어근으로 이루어졌다는 문법적 설명에 근거해서도 적당하지 않습니다.
>
> 또한 의미적으로 살펴보더라도 물질에는 아픈 성품이 없습니다. 인식, 형성들, 의식에도 아픈 성품이 없습니다. 느낌만 아파할 수 있습니다.(본서 pp.55~56)

23 마하시 사야도 지음, 비구 일창 담마간다 옮김, 『위빳사나 수행방법론』 제1권, pp.73~81 참조.

이와 같이 "ābādhāya괴롭히기 위한 것에 na saṁvatteyya해당하지 않아야 한다"라고 번역한 뒤 그 이유를 문법적 근거saddayutti와 의미적 근거atthayutti 두 가지 모두를 들면서 자세하게 설명하셨습니다.

또한 "māro pāpimā aññataraṁ brahmapārisajjaṁ anvāvisitvā"라는 성전 구절을 일반적으로는 "사악한 마라가 어떤 범중천에 빙의해서" 라고 번역하지만 마하시 사야도께서는 " … 욕계 천신인 마라는 범천의 보통 몸조차 볼 수 없다는 사실을 언급하는 확고한 여러 문헌이 있기 때문에(D.ii.270; DA.ii.233) 여기서 '마라'라는 단어는 어떤 범중천의 마음에 생겨날 수 있는 무명과 사견 등 번뇌로서의 마라라고 그 의미를 취하는 것이 적절합니다"(본서 p.64)라고 설명하셨습니다. 이 설명을 통해 마하시 사야도께서 기존의 해석을 그대로 따르지 않고 본래 의미에 일치하게 조사하고 살핀 뒤 설하신 것을 알 수 있습니다.

• **쉬워 보이나 어렵다** 무상과 괴로움과 무아라는 세 가지 법은 불자라면 누구나 입에 달라붙게 외울 정도로 익숙합니다. 그루터기에 부딪혀 갑자기 소리를 지를 때 이 세 가지 법으로 외칩니다. 입에 익숙해서 이미 알고 있다고도 생각합니다. 하지만 이렇게 아는 것은 들어서 아는 정도로 어설프게 아는 것입니다. 이 세 가지 법은 쉬워 보이지만 스스로 경험해서 알기에 매우 어렵습니다. 그중 무아법은 더욱 어렵고 심오합니다. 부처님께서 삿짜까Saccaka 유행자, 바까Baka 대범천처럼 자아론자들과 장황하게 대론하신 것은 무아법이 어렵고 심오하기 때문입니다.

부처님께서 설하시지 않으면 알 수 없는 이 무아법은 물질과 정신, 이 두 가지와 관련해서 자아와 근접해 있습니다. 물질과 정신, 이 두

가지를 자아론자들이 자아라고 고집할 때 부처님께서는 물질과 정신, 이 두 가지를 무아라고 설하셨습니다. 윤회하는 내내 자아라고 강하게 집착하고 있는 이들에게 무아라고 알도록 설하는 것은 매우 어려운 일입니다. 만약 무아법이 전혀 어렵지 않고 쉽게 이해할 수 있는 법이라면 부처님께서 출현하실 필요도 없었을 것입니다. 부처님의 제자들, 예를 들어 마하시 사야도 같은 제자들이 『아낫딸락카나숫따 법문』을 힘들게 다시 설할 필요도 없었을 것입니다. 하지만 이렇게 거듭거듭 설하더라도 사실대로 알지 못합니다. 무아법이 얼마나 심오하고 알기 어려운지 가늠할 수 있는 대목입니다. 무아의 성품뿐만 아니라 각자가 견지하는 자아라는 것도 그 본래 성품에 일치하게 아는 이가 매우 적습니다. 자아라는 것을 잘 안다고 말하는 이들 중 일부는 잘못되게, 그릇되게 알기도 합니다. 이렇게 잘못 아는 이들이 바르게 알도록 마하시 사야도께서는 『아낫딸락카나숫따 법문』에서(본서 p.66) 분명하게 설명해 놓으셨습니다.

• **무시하지 마라** 절대 성품[24] 가르침인 아비담마만을 중시하는 '절대 성품 중시자'들은 경전 가르침이라고 하면 쉽다고 생각해서 무시하기도 합니다. 부처님의 가르침은 모두 일체지로 설하신 것이어서 일체지로 보면 쉽지만 일반 중생들의 지혜로는 생각만큼 쉽지 않습니다. 『아낫딸락카나숫따 법문』에는 아비담마 성품과 함께 관습적 표현의 성품까지 포함돼 있어 절대 성품만을 중시하는 이들의 지혜로는 '이 내용은 아비담마에 나오는 것, 이 내용은 경전에 나오는 것'이라고 정확하

24 절대 성품paramattha이란 스스로 직접 알 수 있는, 틀리지 않은 성품, 즉 마음, 마음부수, 물질, 열반이라는 법들을 말한다.

게 구별해서 알 수 없습니다. 이러지도 못하고 저러지도 못한 채[25] 두 손을 들 것입니다. 절대 성품과 관습적 표현 둘 모두에 능숙해야 바르게 알고 이해할 수 있습니다.

아비담마 가르침에서는 볼 때, 들을 때, 맡을 때, 맛을 알 때 괴로움도 없고 행복도 없고 평온한 느낌만 있다고 합니다. 하지만 경전 가르침에서는 볼 때, 들을 때 등 여섯 문 모두에서 행복과 괴로움을 포함해서 세 가지 느낌 모두를 관찰해야 한다고 말합니다. 이러한 아비담마와 경전 내용 두 가지가 서로 모순되지 않도록 의미를 취하기란 매우 어렵습니다. '절대 성품 중시자'들이 무시하는 경전 가르침 안에도 이렇게 이해하기 어려운 내용이 있습니다. 이것을 마하시 사야도께서는『아낫딸락카나숫따 법문』(본서 p.86)에서 서로 모순되지 않도록 분명하게 설명해 놓으셨습니다.

• **관습적 표현도 쉽지 않다** 불교 교법에서는 관습적 표현이 많이 포함된 경전 가르침을 '관습적 표현의 가르침vohāra desanā'이라고 말합니다. 그 관습적 표현의 정확한 가르침을 위해 여러 문법서가 저술됐습니다. 이것을 근거로 관습적 표현도 쉽지 않다는 사실을 알 수 있습니다. 심지어 빠꾹꾸 알레따익 사야도 우 빤냐 스님은『띠까 쬬』를 강설하실 때 빠알리어 문법과 관련해 그 의미를 설명하면서 "아비담마는 3년 배우면 통달할 수 있지만 빠알리어 문법은 10년을 배우더라도 통달하지 못한다"라고까지 말한 적이 있습니다. 관습적 표현과 관련된 문법이란 사람들이 말하는 언어saṅketa에 따라 서로 약속된 규칙을 정리

25 직역하면 "(물에 빠져) 스스로도 헤엄쳐 나오지 못해 숨도 못 쉬고 구해 줄 다른 이도 없는 상태"를 말한다.

한 것입니다. 민족이 다르면 문법이 달라지듯이 지역이 달라도 표현이 다르기 때문에 문법이 달라지기도 합니다. 그래서 이전 여러 큰스님은 "문법이란 일반적 엄밀안취해"라는[26] 게송까지 설하셨습니다. 시대가 달라져도 마찬가지로 표현이 서로 달라집니다. 그래서 『Vohāradīpanī(표현 해설서)』 등의 여러 문헌이 각 시대마다 출판되는 것입니다.

관습적 표현과 문법을 이해하기 어려운 만큼 그 관습적 표현의 가르침인 경전 가르침도 이해하기 매우 어렵습니다. 또한 부처님께서 설하신 시대로부터 2,500년이 더 지난 시기이기 때문에 당시와 비교하면 표현이 많이 달라졌을 것입니다. 그래서 어떤 구절은 빠알리어 표현과 미얀마어 표현이 문장구성과 그것이 의미하는 측면에서 서로 다르기도 합니다. 일례로 「디가나카숫따Dīghanakhasutta(디가나카 경)」에서 디가나카 유행자가 부처님께 말한 "sabbaṁ me nakkhamati(모든 것이 나에게는 받아들여지지 않는다)"라는(M74/ M.ii.165) 빠알리어 문장을 소개하고자 합니다. 이 문장은 미얀마어에서 사용되는 표현과 다릅니다. 그래서 미얀마식 표현으로 바꾼다면 "sabbaṁ 모든 것이"라는 주어를 "모든 것을"이라고 직접 목적어로 바꾸고, "me 나에게"라는 간접 목적어를 "나는"이라고 주어로 바꾸어야 합니다. 관습적 표현에도 능통하신 마하시 사야도께서는 『아낫딸락카나숫따 법문』에서(본서 p.109) 위와 같이 빠알리어 문장의 의미가 분명히 드러나도록 설명해 놓으셨습니다.

• **단견과 열반** 본승이 웨렉 마소예인 짜웅에 온 지 얼마 되지 않았을 때의 일입니다. 웨렉 시에서 열린 한 법회에서 법문을 하시기 위해

26 문법은 일반적으로 그렇다고 알아야지 엄밀하게 의미를 취해서는 안 된다.

쉐이세띠 사야도께서 오셨습니다. 그때 사야도와의 대화 도중에 “생이 끊어진다고 견지하는 단견과 열반이 서로 다른 점이 있습니까, 아니면 동일합니까?”라고 사야도의 견해를 알고자 질문한 적이 있습니다. 그때 사야도께서는 “다르고말고. 어찌 다르지 않겠는가”라고만 짧게 답하시고 앞서 말하던 내용을 그대로 이어가셔서 “어떻게 다릅니까?”라고 다시 물어볼 기회를 얻지 못했습니다. 쉐이세띠 사야도께서는 그 대화를 잊어버렸을 수 있습니다. 하지만 본승은 『아낫딸락카나숫따 법문』에서 생이 끊어진다는 단견과 열반의 다른 점을 설명한 구절을 읽고서 그때의 일이 떠올랐습니다. 마하시 사야도께서는 『아낫딸락카나숫따 법문』에서(본서 p.114) 단견론자들이 ‘생의 끊어짐과 열반은 같다’라고 하는 주장에 대해 서로 다르다는 사실을 분명하게 설명해 놓으셨습니다.

• **다음 생이 없는 이** 단견과 관련해서 주목할 점이 하나 더 있습니다. 미얀마력 1333년 정도(서기 1971~1972년)에 본승의 친척은 지역 사람들로 하여금 새김확립 법문을 듣게 하려는 의도로 당시 마하시 법사였던 우 상와라와 우 조띠까를 고향으로 초청해서 새김확립 법회를 연 적이 있습니다. 인차운 마을에도 친척들이 많아 그곳에서도 따로 법회를 열었습니다. 그 법회에 마웅찌라는 사람이 법문을 듣고 있었는데 그는 공산당을 이끄는 지도자 중 한 사람이어서 다음 생은 없다고 생각했습니다. 그 법회에 여러 친척이 왔기 때문에 본승이 섭섭하지 않도록 일부러 와서 법문을 들은 듯합니다. 그 사실을 안 우 상와라가 그를 염두에 두고 법문을 설했습니다. 그 법문은 당시 법문을 듣던 다른 사람들도 좋아했습니다. 다음 생을 받아들이지 않는 한 사람이 법문을 들었다는 사실 정도가 아니라 그를 연유로 큰 법회까지 열렸다는 사실은 흥

미롭다면 흥미로운 일입니다. 법회가 끝나고 다음 날 오전에 스님들이 공양을 하는 신도집에도 마웅찌가 왔습니다. 그 자리에서 마웅찌는 먼저 "엊저녁에 우 상와라 스님이 설하신 법문을 저는 받아들입니다"라고 말하고는 "하지만 정신을 인정하는 이가 됐다고는 생각하지 마십시오. 스님들 같은 불자들은 다음 생이 있으니 생에 대한 집착으로 선행을 해야 하지만 저는 다음 생이 없다고 생각하니 생에 대한 집착이 없습니다. 생에 대한 집착이 끊어졌습니다"라고 덧붙였습니다. 그래서 본승이 "누구나 자신의 견해를 가질 수는 있지요. 불교 가르침에 따르자면 생에 대한 족쇄가 진짜 끊어지는 것은 아라한이 돼야 가능합니다. 그대를 보아하니 아라한인 것 같지는 않습니다. 생이 끊어지지 않았는데도 끊어졌다고 말하면 불교에서는 단견이라고 말합니다. 단견이라는 꼬리표가 붙은 채 죽으면 그 때문에 바로 다음 생에 지옥에 떨어진다고 말합니다. 부처님께서는 이렇게 말씀하셨습니다"라고 말해 주었습니다.

마웅찌는 생의 집착을 끊었다고 하지만 그의 아내는 아직 끊지 못했는지 어느 정도 자란 아들을 이제 막 단기로 출가시키려던 참이었습니다. 그때 마웅찌가 "내 다음 생을 위해서라면 출가행사를 전혀 할 필요가 없소. 당신은 하고 싶으면 당신의 가르침에 따라 출가행사를 하시오. 단지 하나만 약속해 주시오. 출가행사 때 출가후원자, 보시자라고 하면서 발우를 어깨에 메고 부채를 들고 따라가는 일을 나는 하지 못하오"라고 말했습니다. 그러자 아내는 "출가후원자 없이는 저도 출가행사를 할 수 없어요. 당신이 출가후원자가 되기 싫다면 다른 사람을 고용해서라도 출가행사를 해야겠네요"라고 말했습니다. 단멸론자 마웅찌는 대신 출가후원자가 돼 줄 사람을 찾지 못해 그 일과 관련해서 이러지도 저러지도 못한 채 곤란하게 됐다고 마을 사람들이 말했습니다.

단멸론자들의 단멸과 열반이 조금 비슷해 보이는 점이 있어 마하시 사야도께서는『아낫딸락카나숫따 법문』에서(본서 p.114) 다른 점을 분명하게 설하셨습니다.

그 밖에도 인식으로 인식하는 것과 새김으로 새기는 것을 구별해서 알지 못하는 이들을 위해 비슷한 것처럼 보이지만 다른 모습을 본서 p.138에서 설하셨습니다. "가면서 팔 흔들기"라는 말처럼 마하시 사야도께서는『아낫딸락카나숫따 법문』을 설하시면서 이러한 여러 어려운 사항에 대해 분명하게 설명하셨습니다.

• **이전의 여러 법문처럼** 마하시 사야도께서는『아낫딸락카나숫따 법문』만 설하신 것이 아니라 다른 경들도 설하셨습니다. 그렇게 이전에 설하신 여러 경전 가르침들이『아낫딸락카나숫따 법문』에 앞서 출판됐기 때문에 지금 법문을 듣는 대중이나 이 책을 읽을 대중들은 이미 접해서 알고 있을 것입니다. 그들은 앞으로 듣거나 보게 될 마하시 사야도의『아낫딸락카나숫따 법문』에도 이전에 설하셨던 법문들처럼 기억하고 따를 만한 점이 가득하다는 사실을 모두 확신할 것입니다. 이전에 설하신 법문들을 듣고 읽을 때 믿음이 늘어나고 많은 이익이 생겨났던 것처럼『아낫딸락카나숫따 법문』을 읽을 때도 믿음이 늘어나 많은 이익이 생겨날 것이라고 확신합니다.

웨렉 마소예인 우 띳사
불기 2520년
미얀마력 1338년 음력 10월 21일
1976년 11월 17일

제1강

1963년 음력 5월 8일

(1963.05.30)

오늘은 1963년 음력 5월 8일입니다. 작년에 『담마짝까 법문』을 설한 뒤 이어서 『헤마와따숫따 법문』을 지난 음력 4월 보름날 마쳤습니다. 오늘부터는 부처님께서 설하신 가르침의 차례대로 「아낫딸락카나숫따Anattalakkhaṇasutta(무아특성경)」(S22:59)를 설하겠습니다.

서문

「아낫딸락카나숫따」는 매우 중요한 경이어서 그 가르침을 잘 알고 이해해야 합니다. 부처님의 가르침을 한마디로 요약한다면 '무아법'이라고 말할 수 있기 때문입니다.[27] 부처님의 가르침 밖의 여러 견해는 모두 자아교리입니다. 자아교리란 살아 있는 실체라고 불릴 만한 어떤 자아가 있다고 고집하고 주장하는 교리입니다. 자아교리를 가진 자들은 '사람이라는 것도 살아 있는 어떤 실체, 천신이라는 것도 살아 있는 어떤 실체, 소나 물고기나 개 등의 축생이라는 것도 살아 있는 어떤 실체'라고 살아 있는 실체나 자아가 실제로 존재한다고 믿습니다.

그렇게 자아교리를 가진 자들이 많았던 세상에서 거룩하신 부처님께서는 "살아 있는 실체란 실제로 존재하지 않는다. 세상의 명칭에 따

27 ㉻부처님께서 "appamādena sampādetha 불방일로 구족하라"라는(D.ii.127/D16) 유훈을 통해 불방일appamāda이라는 새김으로 계·삼매·통찰지라는 모든 선법을 구족하도록 노력하라고 설하셨기 때문에 실천의 측면으로는 새김이라는 한 법으로도 요약할 수 있다. 비구 일창 담마간다 지음, 『부처님을 만나다』, pp.488~490 참조.

라 표현하고 부르는 것일 뿐이다. 빠라맛타paramattha, 절대 성품으로[28] 분명하게 존재하는 것은 물질과 정신의 연속일 뿐이다"라고 설하셨습니다. 따라서 부처님께서 설하신 무아법을 근거와 함께 확실하게 알고 이해해야 합니다.

사실 부처님께서는 무아법을 「담마짝깝빠왓따나숫따Dhammacakkappavattanasutta(초전법륜경)」에서(이하 「담마짝까숫따」) 이미 네 가지 진리로 분석해서 설하셨습니다. 「헤마와따숫따Hemavatasutta(헤마와따 경)」에서도 다시 "chasu loke samuppanno 여섯에서 세상은 생겨난다네"라는 등으로 설하셨습니다.[29] 그렇게 설하셨던 무아법을 「아낫딸락카나숫따」에서는 이유를 나타내는 여러 구절과 함께 분명하게 거듭 설하셨습니다. 이처럼 중요하기도 하고, 마침 법문의 차례이기도 한 「아낫딸락카나숫따」 가르침을 오늘부터 법문하겠습니다.

경의 서문

이 경의 서문을 결집에 올린 대장로들께서 『칸다왁가상윳따Khandhavaggasaṁyutta(무더기 품 상응)』 성전에 다음과 같이 설명해 놓았습니다.

0-1 Evaṁ me sutaṁ. Ekaṁ samayaṁ bhagavā bārāṇasiyaṁ viharati isipatane migadāye. (S.ii.55)

28 본서 p.36 주24에서 언급했듯이 절대 성품paramattha이란 스스로 직접 알 수 있는, 틀리지 않은 성품, 즉 마음, 마음부수, 물질, 열반이라는 법들을 말한다.

29 마하시 사야도 법문, 비구 일창 담마간다 옮김, 헤마와따숫따 법문』, p.270 참조.

대 역

Me저 아난다는 evaṁ sutaṁ이와 같이 듣고 기억했습니다.[30] ekaṁ samayaṁ한때 bhagavā거룩하신 세존께서는 bārāṇasiyaṁ바라나시 성의; 바라나시 성 근처의 isipatane migadāye이시빠따나 미가다야에; 이시빠따나라는 미가다야 숲에 viharati머무셨습니다.

설하신 시기

부처님께서는 최초설법인 「담마짝까숫따」의 가르침을 지금으로부터 2551년 전 음력 6월 보름날 설하셨습니다.[31] 그 「담마짝까숫따」를 설하셨을 때 오비구 중에서 꼰단냐Koṇḍañña 존자가 수다원 도와 과에 도달해 수다원이 됐습니다. 부처님의 가르침을 지혜로 꿰뚫어 동요하지 않고 확신하는 믿음을 갖췄기 때문에 꼰단냐 존자는 부처님의 교단에 비구가 되고자 청했습니다. 나머지 왑빠Vappa 존자, 밧디야Bhaddiya 존자, 마하나마Mahānāma 존자, 앗사지Assaji 존자는 아직 성스러운 도와 과라는 특별한 법을 얻지 못했습니다. 그래서 부처님께서는 그 네 명에게 계속 수행하도록 격려하셨습니다. 그들은 탁발도 나가지 않고 밤낮으로 수행했습니다. 부처님께서도 탁발을 나가시지 않고 미가다야 숲에 그대로 머무시면서 수행주제와 관련해서 그들이 겪는 여러 장애를 제거하고 고쳐 주셨습니다. 그렇게 부처님께서 직접 지도하고 보호

30 ㊊㊔이 구절은 "「아낫딸락카나숫따」를 어느 지역에서 누구에게 누가 설했는가?"라고 질문하는 마하깟사빠 존자의 질문에 대답하는 소개말이다. 여러 문헌을 통해 이미 알고 있는 내용이어서 법문할 때는 생략했다.

31 2021년도는 5월 26일부터 불기 2565년이다. 따라서 2021년 후반부를 기준으로는 2610년 전이다.

해 주시기도 했고, 또한 그들도 끊임없이 닦고 노력했기 때문에 왑빠 존자가 음력 6월 16일에 수다원 도와 과에 도달해 수다원이 됐습니다. 밧디야 존자는 음력 6월 17일에, 마하나마 존자는 음력 6월 18일에, 앗사지 존자는 음력 6월 19일에[32] 수다원 도와 과에 도달해 수다원이 됐습니다.

이 내용은 『담마짝까 법문』 마지막 부분에서 자세하게 설명했습니다. 왑빠 존자 등 네 명은 단지 법문을 듣는 것만으로는 특별한 법을 얻을 수 없고 열심히 노력해야만 수다원 도와 과라는 특별한 법을 얻을 수 있는 이들이었기 때문에 부처님께서는 그 네 명을 수행하도록 지도하셨습니다. 이를 근거로 "수다원쯤은 법문을 듣고 아는 정도로 성취된다. 위빳사나 수행을 할 필요가 없다"라고 불경스럽게 말하는 삿된 교리를 믿어서는 안 된다는 내용도 『담마짝까 법문』 마지막 부분에서 주의를 주며 언급했습니다.[33]

지금 설명한 대로 오비구 모두가 수다원이 된 뒤 불교 교단에서 비구가 된 음력 6월 20일에 부처님께서 「아낫딸락카나숫따」 가르침을 설하셨다고 여러 주석서에 언급돼 있습니다. 그래서 여기서는 "한때"라고 일반적으로 표현했지만 「아낫딸락카나숫따」를 설한 시기는 「담마짝까숫따」 가르침을 설하신 뒤 5일째 되는 음력 6월 20일, 부처님께서 바라나시 성 근처의 미가다야 숲에 머무실 때였습니다.

32 성전에서는 전통적으로 음력을 상현과 하현으로 나누어 헤아린다. 본서에서는 독자들의 편의를 위해 30일로 나누어 표시했다. 참고로 음력 16일은 하현의 초하루, 17일은 하현의 2일, 18일은 하현의 3일, 19일은 하현의 4일이다.

33 마하시 사야도 법문, 비구 일창 담마간다 옮김, 『담마짝까 법문』, pp.473~486 참조.

0-2 Tatra kho bhagavā pañcavaggiye bhikkhū āmantesi - "bhikkhavo"ti. "Bhadante"ti te bhikkhū bhagavato paccassosuṁ. Bhagavā etadavoca. (S.ii.55)

대 역

Tatra kho그때; 바라나시 성, 미가다야 숲에 머무실 그 때 bhagavā세존께서는 pañcavaggiye bhikkhū오비구를; 다섯 명의 모임이어서 오비구라고 불리는 다섯 비구에게 "bhikkhavo"ti"비구들이여"라고 āmantesi말씀하셨습니다; 부르셨습니다. te bhikkhū그 비구들은; 그 오비구는 "bhadante"ti"존자시여"라고 bhagavato세존께 paccassosuṁ대답했습니다.[34] bhagavā세존께서는; 여러 덕목을 모두 갖추신 거룩하신 세존께서는 etaṁ이것을; 이제 독송할 가르침을 avoca말씀하셨습니다; 설하셨습니다.

이 내용은 제1차 결집 때 마하깟사빠 존자의 질문에 아난다 존자가 대답한 서문 구절입니다. 이 서문에 이어 부처님께서는 다음과 같이 법을 설하셨습니다.

34 ㉯㉤부처님께서는 당신이 설하실 가르침에 주의를 기울이게 하고자 "비구들이여"라고 부르셨고, 그때 오비구가 "존자시여"라고 대답했다는 말이다. 요즘 법사 스님이 법을 설할 때 "청신사, 청신녀들이여"라고 부르면 신도들이 "예, 스님"이라고 대답하는 것과 같은 종류다.

다섯 무더기는 무아다

물질은 무아다

1-1 Rūpaṁ, bhikkhave, anattā. (S.ii.55)

대역

Bhikkhave비구들이여, rūpaṁ물질은 anattā무아다; 자아가 아니다.

부처님께서는 먼저 "비구들이여, 물질은 무아다"라고 설하셨습니다.[35] 지금 사람들은 스스로도 살아 있는 어떤 실체라고 생각하고, 다른 이도 살아 있는 어떤 실체라고 생각합니다. 그렇게 살아 있는 어떤 실체라고 생각하는 것을 빠알리어로 'atta'라고 합니다. 산스크리트어로는 '아트만ātman'이라고 합니다. 그 자아atta를 '목숨jīva'이라고도 부릅니다. '영혼'이라고도 부릅니다. 살아 있는 어떤 실체를 뜻하는 단어들입니다. 그렇게 살아 있는 자아로 생각하고 집착하는 것을 자아집착, 즉 자아사견attadiṭṭhi이라고 합니다. 범부에게는 자아집착이 없을 수 없습니다. 확고한 집착과 확고하지 않은 집착, 분명한 집착과 분명하지 않은 집착, 이 정도 차이만 있습니다. 물질·정신과 관련된 교학적 배움을 갖춘 이라면 자아집착의 힘이 매우 적습니다. 하지만 완전히 없다고는 말할 수 없습니다. 스스로 생각하고 행위하고 말하고 있는 것, 좋고 나

35 ㉺부처님께서는 다섯 무더기 중에 물질부터 설하셨다. 거칠고 분명해서 잘 드러나고 이해하기도 쉽기 때문이다. 대림스님 옮김, 『청정도론』 제2권, p.495 참조.

쁜 것을 느끼고 있는 것을 '나'라고 생각하며 집착하기도 합니다. 위빳사나 지혜가 예리하게 생겨나고 있는 수행자가 관찰하거나 숙고할 때는 '자아라는 것은 없다. 물질과 정신 성품일 뿐이다'라고 계속 알기 때문에 자아집착이 없습니다. 하지만 관찰하지 않고, 새기지 않고 수행을 멈추면 자아집착이 다시 생겨날 수 있습니다.

그렇게 중생들이 자신의 물질·정신과 다른 이의 물질·정신을 살아 있는 자아라고 생각하고 집착하고 있기 때문에 그렇지 않다는 사실을 분명하게 알도록 확실하게 분석하여 설하시고자 부처님께서 "rūpaṁ, bhikkhave, anattā 비구들이여, 물질은 무아다"라고 물질 무더기를 시작으로 설하셨습니다.

자아라고 생각할 만한 물질

자아라고 생각하고 집착할 만한 물질이란, 볼 수 있게 하는 눈 감성물질, 들을 수 있게 하는 귀 감성물질, 맡아서 알 수 있게 하는 코 감성물질, 맛을 보아서 알 수 있게 하는 혀 감성물질, 닿아서 알 수 있게 하는 몸 감성물질, 생각해서 아는 마음의 토대인 물질[36], 생명 물질, 이러한 물질들을 기본으로 말합니다. 생각해 보십시오. 눈 감성물질이 있어서 볼 수 있습니다. 보아서 알기 때문에 살아 있는 자아라고 생각합니다. 그와 마찬가지로 귀, 코, 혀, 몸 감성물질이 있어서 들을 수 있고, 맡아서 알 수 있고, 먹어서 알 수 있고, 닿아서 알 수 있습니다. 그렇기 때문에 마찬가지로 살아 있는 자아라고 생각합니다. 또한 생명 물질이라는 것이 있기 때문에 물질들이 썩지 않고 무너지지 않고 생생하게 끊

36 심장토대 물질을 말한다.

임없이 생겨나고 생명이 지속되는 것입니다. 그래서 그렇게 생명을 지속시키는 물질을 자아라고 생각합니다.

지금 언급했던 눈 감성물질 등이 없다면 살아 있는 자아라고 생각하거나 집착하지 않습니다. 생각해 보십시오. 나무로 사람의 형상을[37] 만들어 놓은 조각상은 살아 있는 사람과 모습은 같지만 눈 감성물질 등 대상을 아는 데 바탕이 되는 물질이 없습니다. 그래서 사람 모양의 그 조각상을 살아 있는 자아라거나 중생이라고 생각하지 않습니다. 갓 죽은 사람의 시체조차 자아라고 집착하지 않습니다. 눈 감성물질 등이 없기 때문입니다. 눈 감성물질 등이 있으면 그 눈 감성물질 등과 직접적으로 연결되어 하나의 무더기로 생겨나고 있는 다른 물질들도 자아라고 생각하게 됩니다. 어떠한 물질들인가 하면, 보이는 형색 물질, 들리는 소리 물질, 맡게 되는 냄새 물질, 먹게 되는 맛 물질, 닿게 되는 《땅·불·바람 요소라는》 감촉 물질, 그 감촉에서 연결돼 알게 되는 축축한 요소이자 흐르는 요소인 물 요소 물질, 남성이나 여성의 모습 등을 생겨나게 하는 물질 등입니다. 그래서 눈 감성물질 등과 직접적으로 연결돼 생겨나고 있는 그 형색, 소리, 감촉 등을 보고 듣고 닿고 알게 됐을 때 그 형색 물질 등도 살아 있는 자아라고 생각하게 됩니다.

요약하자면 눈 등과 함께 유지되고 있는 온몸 전체 물질을 '살아 있는 자아'라고 생각하고 집착합니다. 세상의 표현으로도 그 물질 무더기 전체를 자아라거나 중생이라고 말합니다. 이것은 관습적 진리sammuti-sacca로는 거짓이라고 말할 수 없습니다. 하지만 절대적 진리paramattha-sacca로는 그렇게 온몸 전체에 있는 물질은 개인이나 중생이나 자아가

37 여섯 대상 중 형색이 아니라 일반적인 의미의 형상을 말한다.

아닙니다. 물질 성품의 집합체, 물질 무더기rūpakkhandha일 뿐입니다. 그래서 부처님께서 "그 물질 무더기를 중생들은 살아 있는 어떤 자아라고, 영혼이라고 생각하지만 자아가 아니다. 성품법일[38] 뿐이다"라고 분명하게 설하셨습니다.[39]

하지만 자신의 온몸 물질 무더기를 자신의 자아라고 생각하고 집착하고 있는 이들이 "무엇 때문에 물질이 자아가 아닌가?"라고 반문할 여지가 있습니다.[40] 그래서 무아인 이유도 다음과 같이 분명하게 설명하셨습니다.

물질이 자아라면

1-2 Rūpañca hidaṁ, bhikkhave, attā abhavissa, nayidaṁ rūpaṁ ābādhāya saṁvatteyya, labbhetha ca rūpe - 'evaṁ me rūpaṁ hotu, evaṁ me rūpaṁ mā ahosī'ti. (S.ii.55)

대 역

Ca hi그리고 실로; 자아가 아니라 무아라고 알아야 하는 이유를 이어서 설명하자면, bhikkhave비구들이여, idaṁ rūpaṁ이 물질이 attā abhavissa자아라면 (evaṁ sati그렇다면) idaṁ rūpaṁ이 물질은 ābādhāya괴롭히기 위한 것에 na saṁvatteyya해당하지 않아야 한다. ca그리고; 그

38 미얀마 문헌의 전통적 표현으로 무아 등의 성품을 가진 절대 성품 법이라는 뜻으로 줄여서 '성품법'이라 표현한다.

39 관습적 진리와 절대적 진리에 대해서는 pp.79~82 참조.

40 ⓗ예를 들어 "팔이나 다리를 움직이고 싶은 대로 움직일 수 있기 때문에 몸을 자아라고 할 수 있지 않는가?"라고 질문할 수 있다.

밖에도 'me rūpaṁ나의 물질이 evaṁ hotu이와 같이 되기를; 이와 같이 좋게만 되기를. me rūpaṁ나의 물질이 evaṁ mā ahosi이와 같이 되지 않기를; 이와 같이 나쁘게 되지 않기를'이라고 iti이렇게; 이렇게 조정하고 마음대로 하는 성품을 rūpe물질에서 labbhetha얻을 수 있어야 한다; 얻을 수 있을 것이다.

물질이 괴롭히는 모습

"물질이 자아라면[41] 물질은 자신을 괴롭히지 않을 것이다"라고 설하셨습니다. 그렇다면 물질이 자신을 어떻게 괴롭힐까요? 이 몸이란 물질은 젊고 어린 상태로 유지되지 않고 늙고 쇠퇴해서 괴롭힙니다. 건강하지 않고 병들어서도 괴롭힙니다. 죽어서도 괴롭힙니다. 물질이 없다면 검은 머리털이 백발이 되고, 치아가 빠지고, 허리가 굽고, 귀가 잘 안 들리고, 눈이 침침해지고, 피부가 주름지는 일들이 생겨나겠습니까? 생겨나지 않습니다. 백발이 되는 것 등은 물질이 있기 때문에 생겨나는 것입니다. 그래서 물질이 괴롭히고 있다고 말할 수 있습니다.

물질이 없으면 눈병, 귓병, 치통, 근육통, 더위나 추위로 인한 괴로움, 가려움, 종기, 피부병, 위장병, 당뇨병, 고혈압, 중풍 등의 여러 질병이 생겨나겠습니까? 생겨나지 않습니다.[42] 물질이 있기 때문에 물질을 의지해서 그러한 병들이 생겨나는 것입니다. 배고픔과 목마름도 물

41 저본에는 '자기, 자기편', 혹은 '자기, 내부자'라고 표현했다. '자기편'이나 '내부자'라는 표현을 생략했다.

42 ㉻구체적으로 설명하면 "눈은 왜 아픈가?"라고 물으면 "눈이 있어서 아픈 것이다"라고, "귀는 왜 아픈가?"라고 물으면 "귀가 있어서 아픈 것이다"라는 등으로 말할 수 있다. 심장병은 심장이 있어서, 위장병은 위장이 있어서 아픈 것이다.

질 때문입니다. 모기에게 물리는 것도 물질 때문입니다. 힘센 자들에게 괴롭힘을 당하는 것도 물질 때문입니다. 지옥의 고통, 아귀의 고통이라는 것도 물질이 있기 때문입니다.[43] 간략하게 말하자면 몸에서 받아들이기에 좋지 않은 모든 아픔, 고통, 괴로움은 모두 물질이 있기 때문에 생겨나는 것들입니다. 그래서 몸에서 아프도록, 받아들이기에 좋지 않도록 괴롭히고 있는 것은 물질법이 하는 일입니다. 물질법이 괴롭히고 있는 것입니다.[44]

그리고 사람의 생에서 죽어야 한다는 것도 사실 물질을 기반으로 합니다. 몸 안에 있는 물질이 잘못되거나 무너지기 때문에 죽는 것입니다. 그래서 물질은 죽도록 부추기면서도 괴롭힌다고 말합니다.

따라서 '만약 물질이 자아라면 지금 언급한 대로 늙음과 병듦, 죽음을 통해 괴롭히지 말아야 할 것이다'라고 숙고해 볼 수 있습니다. 맞습니다. '괴롭힌다'라는 것은 일반적으로 다른 이만을 괴롭힙니다. 자신이 자신을 괴롭히지는 않습니다. 그래서 물질이 자아라면 늙음 등으로 무너져서 괴롭히지 말아야 할 것입니다.

또한 늙기 전, 병들기 전, 죽기 전에도 이 물질은 항상 괴롭힙니다. 어떻게 괴롭힐까요? 병이 없는 젊은이라 하더라도 앉고 서고 가고 눕는 네 가지 자세 중 한 자세로 오랫동안 머물 수 없습니다. 자주 자세를 바꿔주어야 합니다. 이것은 직접 실험해 볼 수 있습니다. 앉아서든

43 ㊞더 자세하게 설명하면 과거생에 행한 불선업으로 지옥에 태어났기 때문에, 지옥 탄생지에 물질과 정신이 생겨났기 때문이다.

44 ㊞위빳사나 수행자라면 좌선할 때 괴로운 느낌이 생겨나면 즉시 〈아픔, 아픔〉 등으로 관찰하고, 그렇게 관찰해서 괴로운 느낌이 사라지면 다시 〈부풂, 꺼짐〉 등 기본으로 관찰하던 대상을 관찰해야 한다. 하지만 어떤 경우는 관찰해도 고통이 사라지지 않는 경우가 있다. 그때는 위의 법문처럼 '몸이 있어서 아픈 것이다'라는 등으로 잠시 숙고를 통해 괴로움에 대처할 수도 있다.

누워서든 자신이 좋아하는 자세로 있어 보십시오. 전혀 움직이지 않고, 자세를 바꾸지 않고 얼마나 오랫동안 있을 수 있습니까? 손발 등 몸의 한 부분을 전혀 움직이지 않고 얼마나 오랫동안 머물 수 있습니까? 앉는 자세라면 30분에서 한 시간 정도도 유지하기 힘듭니다. 누운 자세라도 두세 시간을 유지하기 힘듭니다. 뻐근하고 저려서 자주 자세를 바꿔 주어야 합니다. 그렇게 지내기에 불편한 것, 받아들이기에 좋지 않은 것도 물질이 있기 때문입니다. 이것은 물질이 괴롭히는 성품입니다.

그래서 '물질이 자아라면 그렇게 지내기에 불편하게 하면서, 받아들이기에 좋지 않게 하면서 괴롭히지 말아야 할 것이다'라고 숙고해 볼 수 있습니다.

ābādhāya의 의미 고찰

여기서 'ābādhāya'라는 단어를 고찰해 보아야 합니다. 이전의 여러 스승은 'ābādhāya'를 '아프기 위한 것'이라고[45] 번역했습니다. 그 번역은 문법적·의미적으로 적당하지 않다고 생각합니다. 이유는 다음과 같습니다.

먼저 문법적으로 'ābādhāya'는 'ā'라는 접두사와 'bādh'라는 어근으로 이루어진 단어입니다. 이렇게 분석하면 이 단어는 '아프다'라는 의미를 지닐 수 없습니다. 'bādh'라는 어근은 '괴롭힌다'라는 의미만 있습니다. 'ābādha'를 미얀마의 여러 스승이 '아픔'으로 번역한 것은 아프게 해서 괴롭히기 때문에 전통적인 표현에 따라서 그렇게 번역한 것이지 'ābādha'가 '아픔'이라는 뜻을 가지기 때문이 아닙니다. 따라서 'ābādh-

45 빠알리어의 특수한 표현이라 직역했다. '아파하는 것'이라는 뜻이다.

āya'라는 단어를 '아프기 위한 것'이라고 번역하는 것은 괴롭힌다는 의미가 있는 'ābādha'가 'bādh'라는 어근으로 이루어졌다는 문법적 설명에 근거해서도 적당하지 않습니다.

또한 의미적으로 살펴보더라도 물질에는 아픈 성품이 없습니다. 인식, 형성들[46], 의식에도 아픈 성품이 없습니다. 느낌만 아파할 수 있습니다. 느낌 세 가지 중에서도 행복한sukha 느낌과 평온한upekkhā 느낌은 아파할 수 없습니다. 괴로운dukkha 느낌 한 가지만 아파할 수 있습니다.[47] 그래서 '물질은 아프기 위한 것이 아니어야 할 것이다. 인식은, 형성들은, 의식은 아프기 위한 것이 아니어야 할 것이다'라고 한다면[48] 원래 아파하지 못하는 법들을 아파한다고 말하는 것이 되어 버리기 때문에 의미와 법체의 측면으로도 적당한 근거가 없습니다. 자아교리에 집착하는 이들도 '우리들이 말하는 자아에는 아파함이 없다'라고 말하지 않습니다. '나쁜 감촉과 닿았을 때 바로 그 자아가 아파한다'라고 말합니다. 그래서 '자아가 맞다면 아파하지 않을 것이다'라고 말하거나 가르쳐서는 안 됩니다. 이렇게 의미적으로도 적당한 근거가 없습니다.

'괴롭힌다'라는 의미는 다섯 무더기 모두와 관련됩니다. 다섯 무더기 모두 괴롭히는 성품을 가지고 있습니다. 그래서 문법적·의미적으로 모두 적당한 근거가 있기 때문에 "ābādhāya괴롭히기 위한 것에 na saṁvatteyya해당하지 않아야 한다"라고 번역한 것입니다.

46 모든 법을 다섯 무더기로 분류할 때 형성 무더기는 여러 정신작용을 뜻하는 복수이므로 '형성들'이라고 표현했다.

47 ㉻머리가 아프면 '머리가 아프다'라고 표현한다. 하지만 머리 자체는 아파하는 성품이 없다. 단지 관습적 진리로 아픈 곳을 지시해서 '머리가 아프다'라고 표현하는 것일 뿐이다. 실제로 아픔을 느끼는 성품은 느낌일 뿐이다.

48 "원래 '물질은 괴롭히기 위한 것이 아니어야 할 것이다'라고 번역해야 하는데 그렇게 번역하지 않고 '물질은 아프기 위한 것이 아니어야 할 것이다'라고 번역한다면"이라는 뜻이다.

물질은 바라는 대로 되지 않는다

"물질이 자아라면 괴롭히기 위한 것이 아니어야 한다"라고 설하신 뒤 이어서 "물질이 자아라면 '나의 물질은 이렇게 좋게만 되기를. 나쁘게는 되지 않기를'이라고 조정하고 마음대로 하는 것도 가능해야 할 것이다"라고 설하셨습니다. 맞습니다. 물질이 자아라면 자기가 바라는 대로 돼야 할 것입니다. 중생들이라면 자신의 상속에서 생겨나고 있는 물질이 젊고 건강한 그대로 유지되길 바랍니다. 늙지 않길 바랍니다. 병들지 않길 바랍니다. 죽지 않고 무너지지 않길 바랍니다. 하지만 물질은 자신의 바람대로 되지 않습니다. 계속 젊길 바라지만 늙어 버립니다. 계속 건강하길 바라지만 건강하지 않고 병들어 버립니다. 죽지 않고자 해도 죽어 버립니다. 이것은 바람대로 되지 않는 것, 마음대로 하지 못하는 것입니다. 그렇기 때문에도 물질은 자신의 자아가 아니라고 알 수 있습니다. 이 내용을 간략하게 다음과 같이 해석했습니다. 같이 독송합시다.

> 비구들이여, 물질은 자기의 내부자, 실체, 자아가 아니다.
> 만약 물질이 자아라면
> 물질은 자신을 괴롭히기 위한 것이 아니어야 한다.
> 또한 '나의 물질이 이렇게 좋게만 되기를,
> 이렇게 나쁘게는 되지 않기를'이라고
> 물질에 대해 조정하고 마음대로 할 수도 있어야 한다.[49]

49 게송으로 다음과 같이 표현할 수 있다.
물질은 자기자신 자아가 아니라네
물질이 자아라면 자신도 안괴롭혀
물질이 이와같이 좋게만 될지어다
물질이 이와같이 나쁘게 안되기를
이렇게 물질대해 마음대로 하건만

물질이 내부자, 실체, 자아가 맞다면 어떻게 스스로를 괴롭히겠습니까? 괴롭히지 않을 것입니다. 자기가 바라는 대로 조정하고 마음대로 할 수 있어야 할 것입니다. 다른 이라면 조정하지 못하고 마음대로 못하지만 스스로는 자신이 원하는 대로 되게 할 수 있어야 할 것입니다. 자신이 거느리는 매우 가까운 이조차 마음대로 할 수 있을 정도입니다. 그렇기 때문에 내부자, 실체, 자아가 맞다면 자신이 바라는 대로 조정하고 마음대로 할 수 있어야 한다는 사실도 분명합니다. 하지만 물질은 내부자, 실체, 자아가 아닙니다. 그래서 물질은 자신을 괴롭히기도 합니다. 물질은 자기가 바라는 대로 조정하고 마음대로 할 수 없습니다. 그 내용을 다음과 같이 설명하셨습니다.

물질이 무아인 직접적인 이유

1-3 Yasmā ca kho, bhikkhave, rūpaṁ anattā, tasmā rūpaṁ ābādhāya saṁvattati, na ca labbhati rūpe - 'evaṁ me rūpaṁ hotu, evaṁ me rūpaṁ mā ahosī'ti. (S.ii.55)

대 역

Bhikkhave비구들이여, ca kho또한; 사실; 실제로는 rūpaṁ물질은 (yasmā~이기 때문에) anattā무아다; 내부자, 자아가 아니다. tasmā그래서; 그렇게 자아가 아니기 때문에 rūpaṁ물질은 ābādhāya괴롭히기 위한 것에 saṁvattati해당된다. ca그리고; 그 밖에도 'me rūpaṁ나의 물질이 evaṁ hotu이와 같이 되기를; 이와 같이 좋게만 되기를. me rūpaṁ나의 물질이 evaṁ mā ahosi이와 같이 되지 않기를; 이와 같이 나쁘게 되지 않기를'이라고 iti이렇게; 이렇게 조정하고 마음대로 하는 것을 rūpe물질에서 na labbhati얻을 수 없다.

사실 물질은《자기편, 실체인》자아가 아닙니다. 그래서 물질은 스스로를 늙음이나 죽음 등으로 괴롭힙니다. 그 밖에도 '나의 물질은 이렇게 좋게만 되기를. 이렇게 나쁘게는 되지 않기를'이라고 자신이 물질에 대해 조정하고 마음대로 하는 것도 할 수 없다는 뜻입니다. 이 내용을 간략하게 다음과 같이 해석했습니다. 같이 독송합시다.

사실 물질은 자기의 내부자, 실체, 자아가 아니다.
실로 자아가 아니기 때문에
물질은 자신을 괴롭히기 위한 것이기도 하다.
또한 '나의 물질이 이렇게 좋게만 되기를,
이렇게 나쁘게는 되지 않기를'이라고
물질에 대해 조정하고 마음대로 할 수도 없다.[50]

이 내용 중에서 "물질은 무아이기 때문에 괴롭히기 위한 것이다"라는 내용을 통해 '무아이기 때문에 괴로움이다'라는 사실을 나타내는 듯 보인다는 사실, 하지만 원래는 '물질은 괴롭히기 위한 것이기 때문에, 즉 괴롭히는 것이기 때문에 무아다'라는 사실을 알게 하려는 것이라고

50 계송으로 다음과 같이 표현할 수 있다.
물질은 자기자신 자아가 아니라네
자아가 아니기에 자신도 괴롭히고
물질이 이와같이 좋게만 될지어다
물질이 이와같이 나쁘게 안되기를
이렇게 물질대해 마음대로 못하네

『사랏타디빠니Sāratthadīpanī(율장 복주서)』에서 설명해 놓았습니다.

따라서 지금 독송했던 성전 구절을 통해 "물질은 늙음이나 병듦 등을 통해 자신을 괴롭히기 때문에도 자아가 아니다"라고 알 수 있습니다. 그리고 "자기가 바라는 대로 조정하고 마음대로 할 수 없는 것, 지배할 수 없는 것이기 때문에도 자아가 아니다"라고도 알 수 있습니다.

이러한 의미를 드러내는 이 성전 구절을 의지해서 여러 주석서에서는 "'asāmikaṭṭhena', 지배하는 자나 주인이 없는 성품이기 때문에도 무아라고 한다. 'avasavattanaṭṭhena', 마음대로 되지 않는 성품이기 때문에도 무아라고 한다"라는 등으로 설명했습니다. 이 주석을 의지해서 일부 스승은 'anatta'를 '지배할 수 없는 성품'이라고 번역하기도 합니다. 여기서 지배할 수 없다는 의미는 무아anatta의 문법적 의미가 아닙니다. 무아가 가진 성품으로서의 의미입니다. 그 성품의 의미대로 무아라는 단어를 번역하면 매끄럽지 않은 부분이 있는 것을 알 수 있습니다. 예를 들어 (그 의미대로) 다음의 성전 구절을 번역해 보겠습니다.[51]

Eso me attāti samanupassati.

대역

Eso이것은 me나의 attā지배자다. iti이렇게 samanupassati명상한다; 생각한다.

이렇게 번역하면 '내가 따로, 지배하는 자아가 따로'인 것처럼 됩니다. 번역이 매끄럽지 않습니다. 다음과 같이 번역해야 부드럽습니다.

51 저본에서는 "번역해 보십시오"라고 표현했지만 "번역해 보겠습니다"라고 의역했다.

Eso이것은 me나의 attā《내부 자신인》 자아다. iti이렇게 samanupassati명상한다; 생각한다.

이렇게 문법적 의미로 번역해야 부드럽고 매끄럽습니다. 그와 마찬가지로 여기서도 'anattā《내부 자신인》 자아가 아니다'라고 번역하는 문법적 의미가 더욱 부드럽고 매끄럽습니다.

영혼자아와 절대자아

자아라는 표현과 관련해 자아교리자들, 즉 자아에 집착하는 자들은 자아의 법체를 '영혼자아jīva atta'와 '절대자아parama atta' 두 가지로 나누어 설명합니다. '영혼자아'란 사람이나 천신, 축생 등 중생들의 내부자, 실체, 자아를 말합니다. 중생마다 각각 자아가 하나씩, 실체로서 존재한다고 생각하고 집착하는 것입니다. 그 자아atta라고 부르는 영혼을 일부는 '조물주가 창조했다'라고 말합니다. 일부는 "조물주의 대자아에서 빠져 나온 소자아를 영혼자아라고 부른다"라고 말합니다.

'절대자아'란 중생을 포함해서 온 우주, 세상을 창조할 수 있는 창조주의 자아, 실체를 말합니다. 일부는 그 창조주의 대자아가 온 우주, 세상 곳곳에 널리 퍼져 있다고 말합니다. 일부는 하늘에 머물러 있다고 말합니다. 그렇게 말하는 것은 생각과 사유만으로 말하는 것입니다. 그 절대자아라고 불리는 창조주라는 존재를 누구도 직접 본 적이 없습니다. 조물주가 창조했다는 것도 단지 생각일 뿐입니다. 그러한 생각과 견해는 부처님께서 출현하시기 전부터 있었습니다. 이러한 모습은 부처님께서 바까Baka 대범천을 제도하며 말씀하시는 것을 통해 분명하게 알 수 있습니다.

바까 대범천을 제도하시다

한때 부처님께서는 바까 대범천의 사견을 없애주고자 범천 세상에 가셨습니다. 부처님께서 범천 세상에 도착하시자 바까 대범천이 자신의 탄생지와 자신의 생을 다음과 같이 칭송하며 초청했습니다.

"오십시오, 고따마 존자여. 잘 오셨습니다. 왜 이제야 오셨습니까? 이 탄생지는 영원합니다. 견고합니다. 항상 그대로 유지됩니다. 모든 것이 구족돼 있습니다. 멸하거나 죽음이 없습니다."[52]

그러자 부처님께서는 바까 대범천을 나무라며 다음과 같이 말씀하셨습니다.

"참으로 바까 범천은 모르는구나.[53] 바로 그렇게 모르기 때문에 항상하지 않은 자신의 탄생지, 자신의 생을 항상하다고[54] 말하는구나."

그렇게 부처님께서 말씀하시자 바까 대범천의 무리 중 한 범천이 그 말을 받아들일 수 없다는 의미로 부처님께 다음과 같이 아뢰었습니다.

---

52 참고로 원문과 대역은 다음과 같다.

Idaṁ niccaṁ, idaṁ dhuvaṁ, idaṁ sassataṁ, idaṁ kevalaṁ, idaṁ acavanadhammaṁ, idañhi na jāyati na jīyati na mīyati na cavati na upapajjati, ito ca panaññaṁ uttari nissaraṇaṁ natthi. (M.i.401)

대 역

Idaṁ이것은; 이 몸과 더불어 범천 세상은 niccaṁ항상하고 dhuvaṁ견고하고 sassataṁ상주하고; 영원하고 kevalaṁ=akaṇḍa완전하고; 깨지지 않고; 온전하고; 유일하고 acavanadhammaṁ옮겨가는 법이 없고; 불멸의 법이고, idañhi여기에서는; 이 범천 세상에는 na jāyati생겨나지 않고; 재생연결하는 이가 없고 na jīyati늙지 않고; 늙는 이가 없고 na mīyati죽지 않고; 죽는 이가 없고 na cavati없어지지 않고; 멸하는 이가 없고 na upapajjati화생하지 않고; 없어진 후 다시 재생연결하는 것으로 가까이 이르는 이가 없다. ito이보다; 이 범천의 몸과 더불어 범천 세상보다 panaññaṁ uttari더 수승한 nissaraṇaṁ벗어남은; 벗어난 곳은 natthi없다.

53 원문에는 "avijjāgato 무명에 싸여 있다"라고 표현했다.

54 '항상하다'라는 단어가 표준대사전에는 없으나 '항상성'이라는 단어가 있고, 불교 책에서는 종종 쓰는 표현이기도 하며, 시적 허용처럼 경전적 허용이 가능하다고 생각해 사용했다.

Bhikkhu, bhikkhu, metamāsado metamāsado, eso hi, bhikkhu, brahmā mahābrahmā abhibhū anabhibhūto aññadatthudaso vasavattī issaro kattā nimmātā seṭṭho sajitā vasī pitā bhūtabhabyānaṁ.

(M.i.401/M49)

대 역

Bhikkhu, bhikkhu비구여, 비구여[55], etaṁ이분을; 이 바까 대범천을 mā āsado[56]나무라지 마시오. bhikkhu비구여, eso hi brahmā이 범천은 실로; 이 바까 범천은 mahābrahmā대범천이고; 범천의 왕이고 abhibhū지배자이고; 다른 모든 이를 지배할 수 있는 이고, anabhibhūto지배되지 않는 자이고, aññadatthudaso전지자이고; 모든 것을 보는 자이고 vasavattī자재자이고; 모든 중생을 자신이 바라는 대로 되게 할 수 있는 자이고, (issaro권능자이고,)[57] kattā조물주이고; 온 세상을 만든 자이고, nimmātā창조주이고; 온 세상을 창조한 이고, seṭṭho최고자이고; 제일 수승한 자이고, sajitā주재자이고; 왕이나 바라문 등, 혹은 천신이나 사람이나 축생 등으로 고귀하거나 저열하게 되도록 주재하는 자이고, vasī통치자이고; 바라는 대로 다스릴 수 있는 자이어서 bhūtabhabyānaṁ pitā존재하는 것들과 존재할 것들의 아버지이십니다.[58]

55 ㉥㉦부처님을 그 범천이 부르는 모습일 뿐이다.

56 'metamāsado'를 'mā+etaṁ+āsado'라고 분석했다.

57 저본에 대역이 없어 첨가했다.

58 대림스님 옮김, 『맛지마 니까야』 제2권, p.378 참조.

이렇게 그 범천은 바까 대범천을 칭송하며 말했습니다.

《여기서 살펴볼 점이 있습니다. 이 성전에는 "māro pāpimā aññataraṁ brahmapārisajjaṁ anvāvisitvā"라는 구절이 포함돼 있습니다. 직역하자면 "사악한 마라가 어떤 범중천에 빙의해서"라고 번역할 수 있습니다. 하지만 욕계 천신인 마라는 범천의 보통 몸조차 볼 수 없다는 사실을 언급하는 확고한 여러 문헌이 있기 때문에(D.ii.270; DA.ii.233) 여기서 '마라'라는 단어는 어떤 범중천의 마음에 생겨날 수 있는 무명과 사견 등 번뇌로서의 마라라고 그 의미를 취하는 것이 적절합니다. 이 설명을 받아들이지 않을 이유도 없습니다. 그 번뇌 마라가 부추겨서 한 범중천이 말한 것을 "마라가 빙의해서 말했다"라고 취해 "한 범중천이 말했다"라고 말한 것입니다. 지금 인간 세상에서[59] 무명과 사견 등의 번뇌가 부추겨서 부처님의 가르침에 대해 불경하게 말하는 것도 이 번뇌 마라가 빙의한 것으로 봐야 합니다. 이 내용은 성전에 해박한 이들이 특히 주의해야 할 부분입니다. "māro pāpimā"에 해당하는 것이 마라 천신 자체를 의미한다면 이 「브라흐마니만따니까숫따Brahmanimantanikasutta(범천초대경)」 전체가 근거가 없게 된다고 일부 현자들은 언급해 놓았습니다. 이 내용도 주의해야 합니다.》[60]

59 '범중천에서처럼 인간 세상에서도'라는 뜻이다.

60 『맛지마 니까야』의 주석에서는 다르게 설명한다. 마라는 가끔 부처님을 예의주시하고는 했는데, 부처님께서 범천 세상으로 가신 것을 알고 뒤따라가 몸을 보이지 않게 해서 범천 대중의 모임에 참석한 뒤 바까 범천이 비난받는 것을 보고 한 범중천의 몸에 들어가 말한 것이라고 설명한다. 마라는 대범천이나 범보천의 몸에는 들어갈 수 없다고도 덧붙여 밝혔다.(MA.ii.302) 『맛지마 니까야』 제2권, p.377 주386 참조.

창조론의 시작

부처님께서는 「브라흐마잘라숫따Brahmajālasutta(범망경)」에서 일부 상주론ekaccasasassatavāda, 즉 일부 개인은 영속하다는 교리가 생겨나는 모습에 대해서도 설해 놓으셨습니다. 우주가 무너지고 난 뒤 새로 우주가 생겨났을 때 초선정천에 제일 처음 태어난 범천이 '나는 대범천이고 지배자이고 지배되지 않는 자이고 전지자이고 자재자이고 권능자이고 조물주이고 창조주이고 최고자이고 주재자이고 통치자이고 존재하는 것들과 존재할 것들의 아버지이다'라는 등으로 생각하고 믿었습니다.[61] 그 범천 탄생지에 나중에 도착한 다른 범천들도 그 최초의 대범천이 생각한 그대로 믿었습니다. 나중에 범천 탄생지에 태어난 범천들 중 일부가 그곳에서 죽어 인간 세상에 태어났을 때도 과거생을 돌이켜 기억할 수 있는 이는 "그 대범천이 중생들을 창조했다. 창조한 그 대범천은 죽지 않고 무너지지 않고 그대로 영속한다. 창조된 다른 중생들은 항상하지 않다. 죽어야 한다"라는 등으로 설했습니다. 자신의 체험으로 자신 있게 말하는 것을 들은 이들도 그대로 믿었습니다. 그렇게 설하고 믿는 것에서 시작해서 창조주라는 일부만 영속한다고 믿는 교리가 처음 생겨났다고 부처님께서 직접 설해 놓으셨습니다.[62]

방금 언급한 부처님의 성전을 근거로 살펴본다면 '중생들을 창조했다는 하느님, 하늘 세상에 그대로 머물고 있는 하느님이라는 것은 범천 탄생지에서 우주 초기에 태어났던 대범천이다'라고 생각해야 합니

61 각묵스님 옮김, 『디가 니까야』 제1권, p.119 참조.

62 ㉻백 명의 눈 먼 이가 자기 앞사람은 눈이 멀지 않았을 것이라고 생각하면서 나란히 가다가 결국 절벽에 떨어진다는 '장님 줄서기 비유andhaveṇūpama'와 비슷하다.(M95) 또한 염소를 짊어지고 가는 사람에게 다른 다섯 명이 연이어 염소를 개라고 말하자 그 사람도 그대로 개라고 믿었다는 이야기와 비슷하다. '잘못된 것도 많이 들으면 그대로 믿게 된다'는 내용의 일화다.

다. 마찬가지로 절대자아parama atta라는 것도 그 대범천의 자아라고 생각해야 합니다. 그렇다면 "그 대범천의 자아도 다른 중생들의 영혼자아와 같은 종류이다. 끊임없이 생멸하는 물질과 정신의 연속인 것을 자아라고 생각하고 집착하는 것일 뿐이다. 그 자아는 물질과 정신의 연속이 아닌, 다른 어떤 존재하는 것이 아니다. 그렇다고 믿고 집착하는 것일 뿐이다"라는 사실이 부처님의 가르침을 통해 분명히 드러납니다.

그리고 그 대범천의 물질·정신은 보통 중생들의 물질·정신처럼 항상하지 않은 성품법일 뿐입니다. 수명이 다하면 그 대범천도 죽고 무너집니다. 자신의 마음대로 할 수 없습니다. 그래서 그 대범천의 상속에서 생겨나는 물질도 자신이 원하는 대로 할 수 없기 때문에 자신의 내부자, 실체, 자아가 아닙니다. 무아법일 뿐입니다.[63]

물질을 자아라고 집착하는 모습

하지만 대부분의 중생은 개인이나 중생으로 불리는 자아가 죽기 전까지는 평생 그대로 유지된다고 생각합니다. 《이것은 죽은 뒤에는 더 이상 존재하지 않는다고 견지하는 단멸론자ucchedavādī들의 견해입니다.》 상주론자sassatavādī들은 죽은 뒤에도 자아는 무너지지 않고 다른 새로운 무더기에[64] 생겨나 그대로 항상 유지된다고 생각합니다.

상주론자들은 그들의 문헌에서 "중생들의 몸에는 거친 몸이 하나,

63 ⓗ관련된 게송을 소개하면 다음과 같다.
늙지않길 기원해도 그리안돼 늙어야 무아무더기
안아프길 기원해도 그리안돼 아파야 무아무더기
죽지않길 기원해도 그리안돼 죽어야 무아무더기
다하잖길 기원해도 그리안돼 다해야 무아무더기
소멸않길 기원해도 그리안돼 멸해야 무아무더기

64 새로운 생의 물질·정신 무더기를 말한다.

미세한 몸이 하나, 이렇게 두 종류의 몸이 있다. 각각의 생마다 죽을 때 거친 몸은 무너져 버린다. 미세한 몸은 이전의 몸 무더기에서 빠져나와 새로운 몸 무더기에 들어가 머문다. 죽고 무너져 버리는 일이 없다"라는 등으로 분명하게 밝혀 놓았습니다. 상주론자들의 이러한 주장은 『위숫디막가 마하띠까 닛사야』 제4권, pp.217~218에 설명돼 있습니다.

지금처럼 자아라고 집착하는 모습을 근본 내용과 함께 드러내 자세하게 분석해서 설명하는 것은 무아라는 성품을 분명하게 알게 하기 위해서입니다. 불자라고 자칭하는 이들 중에서도 문헌과 정확하게 일치하지 않는데도 살아 있는 자아가 있다고 믿는 이가 꽤 많이 있을 것입니다. 이들은 죽을 때 영혼이 콧구멍이나 입에서 빠져 나간다고 생각하기도 합니다. 모태에 들어갈 때도 어머니의 콧구멍이나 입을 통해, 혹은 배를 뚫고 들어간다고 생각하기도 합니다. 태어나서 죽을 때까지 그대로 무너지지 않고 머물고 있다고 생각하기도 합니다. 이러한 것들은 모두 살아 있는 자아가 있다고 믿기 때문입니다.

하지만 진실은 죽을 때 마지막 임종 마음이 소멸한 뒤 그 생에서 새로운 물질·정신이 생겨나지 않은 채 끊어져 버립니다. 그러한 현상을 두고 세상의 표현으로 '죽었다'라고 말하는 것입니다. 빠져 나가는 다른 어떤 영혼은 없습니다. 새로운 생에 생겨나는 것도 이전 생의 업 때문에 임종즈음에 집착했던 업이나 업 표상, 거취 표상이라는[65] 세 가지 중 어느 하나를 집착해서, 대상으로 해서 새로운 생, 새로운 장소에서 의지처인 물질과 함께 새로운 마음이 생겨나는 것일 뿐입니다. 그 마음은 이전 생에

65 업은 행위 자체, 업 표상은 그 행위와 관련된 물건 등의 모습, 거취 표상은 태어날 곳의 상황이 드러나는 것이다. 예를 들어 임종에 즈음해서 이전에 부처님께 꽃을 올리는 행위 자체가 드러났다면 업이 드러난 것이고, 꽃이나 부처님의 모습이 드러났다면 업 표상이 드러난 것이고, 천궁이 드러났다면 거취 표상이 드러난 것이다.

이어서 생겨나기 때문에 재생연결 마음이라고 합니다.[66] 그 재생연결 마음이 소멸된 뒤에도 이전의 업 때문에 존재요인bhavaṅga이라는[67] 마음들이 이어서 끊임없이 생겨납니다. 그러다가 보이고 들리는 등 특별한 대상이 드러날 때는 그 존재요인에서 벗어나 보는 마음, 듣는 마음, 닿아서 아는 마음, 생각해서 아는 마음 등이 조건에 따라 계속 생겨납니다. 그렇게 이전 생의 업 때문에 새로운 생에서 새로운 마음이 생겨나는 것을 세상의 표현으로 "이전 생에서 새로운 생으로 옮겨 왔다"라고 말하는 것입니다. 하지만 이전 생에서 옮겨 온 영혼 같은 것은 없습니다.

자아집착 모습을 모르면 무아를 아는 모습도 확실치 않다

일부는 지금 언급한 자아라고 집착하는 모습을 알지 못하기 때문에 무아가 드러나는 모습, 무아를 아는 모습도 잘 이해하지 못합니다. 그러한 이들은 '형체나 모양 개념이 드러나면 자아집착이다'라고 고집하며 말하기도 합니다. 예를 들어 나무를 나무라고 아는 것, 바위를 바위라고 아는 것, 집이나 사찰을 집이나 사찰이라고 아는 것, 이렇게 아는 것도 자아집착이라고 고집하며 말하기도 합니다. 그들은 형체나 모양 개념은 사라지고 절대 성품만 드러나고 보아야 무아의 지견이 생겨

66 ㉻예를 들어 인간 세상에서 죽어 멀리 떨어져 있다고 하는 욕계 천상 세상에 태어날 때 임종 마음이 소멸한 뒤 중간에 전혀 틈이 없이 재생연결 마음이 천상에 생겨난다. 이것은 자신이 가본 적이 있던 외국을 떠올렸을 때 전혀 시간이 걸리지 않고 바로 그곳을 생각할 수 있는 것과 마찬가지다.

67 한 생의 제일 첫 번째 마음을 재생연결 마음이라고 한다. 그 뒤 인식과정과 인식과정 사이에도 마음의 연속이 끊어지지 않도록 재생연결 마음과 같은 마음이 계속 생겨나면서 존재를 유지시켜 준다. 그렇게 존재bhava가 유지되는 데 중요한 요소aṅga, 즉 요인이기 때문에 그 마음을 존재요인bhavaṅga 마음이라고 한다. 그 생의 제일 마지막 마음인 임종 마음도 이 재생연결 마음, 존재요인 마음과 동일한 마음이다. 대림스님·각묵스님 옮김, 『아비담마 길라잡이』 제1권, pp.329~332 참조.

난다고 고집합니다. 사실은 형체나 모양 개념이 드러나는 것 정도는 아직 자아집착이 아닙니다. 형체나 모양 개념이 사라지는 것 정도도 아직 무아의 지견이 아닙니다. 생명과 의식이 있는 것이 아닌 나무나 바위, 집, 사찰 등을 나무나 바위, 집, 사찰 등이라고 알고 기억하는 것 정도는 아직 자아집착이 아닙니다. 개념집착일 뿐입니다. 생명과 의식이 있는 사람, 천신, 축생 등을 살아 있는 자아로 생각하고 보고 집착해야 자아집착이 생겨납니다. 자기 자신을 살아 있는 어떤 자아라고 생각하고 다른 이도 자아라고 생각하면 그것이 자아집착입니다. 무색계 탄생지의 범천들에게는 몸이 없기 때문에 자신의 몸을 형체나 모양 개념으로는 생각하지 않습니다. 하지만 범부 범천들에게는 살아 있는 어떤 자아로 생각하는 자아집착 사견이 생겨납니다. 따라서 자신이든 남이든 살아 있는 어떤 자아로 생각하지 않고 단지 물질·정신 성품법으로만 생각하고 보아야 무아의 앎과 지혜가 생겨납니다. 그렇게 진짜 무아의 앎과 지혜가 생겨나도록 하는 것이 매우 중요합니다.

자아집착 네 가지

살아 있는 자아로 생각하고 보고 집착하는 것에는 ① 주인자아sāmī atta집착, ② 거주자아nivāsī atta집착, ③ 행위자아kāraka atta집착, ④ 감수자아vedaka atta집착이라는 네 종류가 있습니다.

① 주인자아집착 자신 안에 가고 싶으면 가고, 서고 싶으면 서고, 앉고 싶으면 앉고, 눕고 싶으면 눕고, 말하고 싶으면 말하는 등으로 원하는 것이 성취되도록 지배할 수 있는 나라는 것이 있다고 생각하고 보는 것이 주인자아sāmī atta집착입니다. '자아나 내가 지배한다'라고 생각

하고 보고 집착하는 것입니다. 이것을 다음과 같이 게송으로 표현했습니다. 같이 독송합시다.

자신안에 마음대로 지배하는 자아라는
나있다는 생각집착 주인자아 집착이네[68]

「아낫딸락카나숫따」 가르침은 바로 이 주인자아집착을 제거하도록 설하신 것입니다. 그렇다면 "「아낫딸락카나숫따」는 오비구에게 설하신 것이 아닌가? 그 오비구는 이미 수다원이 되지 않았는가? 수다원에게 자아집착이 남아 있는가?"라고 질문할 수 있습니다.

• 수다원에게 자아집착은 없어도 자만집착은 아직 있다 수다원은 존재더미사견sakkāyadiṭṭhi, 의심vicikicchā, 행실의례집착sīlabbataparāmāsa이라는 세 가지 족쇄를 남김없이 제거했기 때문에 자아사견집착이 없습니다. 하지만 '나'라는 자만으로asmīmāna 집착하는 것은 아직 사라지지 않았습니다. 아직 존재합니다. '나는 할 수 있다. 나는 고귀하다'라는 등으로 덕목을 취해 '나'라고 우쭐하는 자만을 '나'라는 자만이라고 합니다. 그 자만도 수다원에게는 사실인 덕목만을 의지해서 생겨납니다. 사실이 아닌 덕목, 존재하지 않는 덕목을 의지해서는 생겨나지 않습니다.[69]

---

68 자신 안에 마음대로 지배하는 나가 있다고 생각하는 것이 주인자아집착이다.

69 자만에는 아홉 가지가 있다. 먼저 자신을 다른 이보다 우월하다고 여기는 '우월자만', 동등하다고 여기는 '동등자만', 저열하다고 여기는 '저열자만', 이렇게 세 종류로 분류한다. 이것을 바탕으로 실제로 우월하면서 우월하다고 여기거나 동등하면서 동등하다고 여기거나 저열하면서 저열하다고 여기는 사실자만이 세 가지, 실제로 우월하면서 동등하거나 저열하다고 여기거나 동등하면서 우월하거나 저열하다고 여기거나 저열하면서 우월하거나 동등하다고 여기는 비사실자만이 여섯 가지, 모두 아홉 가지이다. 비사실자만은 수다원도에 의해 제거되고 사실자만은 아라한도에 의해 제거된다.(ItA.i.47) 전재성 역주, 『이띠붓따까-여시어경』, p.235 주423 참조.

그래서 수다원이라면 자신에게 아직 사라지지 않은 '나'라는 자만집착을 제거하도록 위빳사나 수행에 노력해야 합니다. 위빳사나가 무르익었을 때 사다함도를 통해 자만의 힘을 약하게 해서 일부분을 제거합니다. 하지만 아직 완전히 제거한 것은 아닙니다. 아나함도를 통해서도 다시 제거합니다. 그래도 아직 다 제거하지는 못합니다. 아라한도를 통해서 제거해야 '나'라는 자만이 완전히 사라져 버립니다. 그래서 수다원이 된 오비구의 상속에 아직 남아 있는 '나'라는 자만을 제거하도록 부처님께서 「아낫딸락카나숫따」 가르침을 설하신 것이라고 기억해야 합니다.

② 거주자아집착 자신 안에 살아 있는 나라는 것이 항상 머물고 있다고 생각하는 것이 거주자아nivāsī atta집착입니다. 이것을 다음과 같이 게송으로 표현했습니다. 같이 독송합시다.

자신안에 늘언제나 거주하는 자아라는
나있다는 생각집착 거주자아 집착이네[70]

일반인들은 태어나서 죽을 때까지 자신이 항상 살아 있으며 그대로 유지된다고 생각합니다. 이것이 거주자아집착입니다. 일부는 '죽은 뒤에는 더 이상 존재하지 않는다'라고 생각합니다. 이것은 단견uccheda-diṭṭhi입니다. 일부는 '죽은 뒤에도 새로운 생, 새로운 무더기에 들어가서 그대로 유지된다. 절대로 무너지는 일이 없다'라고 위와 일치하게 생각합니다. 이것은 상견sassatadiṭṭhi입니다. 이 사견집착 두 가지와 함

70 자신 안에 언제나 머물고 있는 나가 있다고 생각하는 것이 거주자아집착이다.

께 '나'라는 자만을 제거할 수 있도록 부처님께서 「아낫딸락카나숫따」 가르침을 설하신 것입니다. 오비구와 함께 다른 성자들에게는 아직 남아 있는 '나'라는 자만을 제거하도록, 범부들에게는 사견집착까지 포함해서 제거하도록 설하신 것입니다.

무엇 때문인가 하면 살아 있는 '나'라는 것이 항상 유지되고 있다고 집착하면 자기 자신을 자기가 바라는 대로 지배할 수 있다고도 집착하기 마련입니다. 그래서 「아낫딸락카나숫따」 가르침을 통해 주인자아집착만 제거하도록 설하신 것이 아닙니다. 거주자아집착도 제거하도록 설하신 것입니다. 그리고 주인자아집착을 제거할 수 있으면 나머지 자아집착 사견들도 모두 사라져 버립니다.

③ **행위자아집착** 몸의 행위, 말의 행위, 마음의 행위, 어떠한 행위든 관계없이 행동할 때마다, 말할 때마다, 생각할 때마다 내가 행한다고 생각하고 집착하는 것이 행위자아kāraka atta집착입니다. 자아나 내가 행한다고 생각하고 집착하는 것입니다. 이것도 다음과 같이 게송으로 표현했습니다. 같이 독송합시다.

몸과말과 마음이란 모든행위 바로내가
행한다는 생각집착 행위자아 집착이네[71]

행위자아집착은 형성 무더기와 밀접하게 관련이 있습니다. 그래서 행위자아집착에 관한 것은 형성 무더기를 설명할 때 자세하게 설명하겠습니다.

71 몸과 말과 마음의 모든 행위를 바로 내가 행한다고 생각하는 것이 행위자아집착이다.

④ **감수자아집착** 좋고 나쁜 모든 것을 느끼는 것, 감수感受하는 것을 나라고 생각하는 것이 감수자아vedaka atta집착입니다. 이것도 다음과 같이 게송으로 표현했습니다. 같이 독송합시다.

좋고나쁜 느낌이란 모든것을 바로내가
느낀다고 생각집착 감수자아 집착이네[72]

감수자아집착은 느낌 무더기와만 관련됩니다. 그래서 다음 포살날인 음력 5월 보름날 법회에서 느낌 무더기를 설명할 때 자세하게 설명하겠습니다.

물질 무더기라는 물질법은 살아 있는 자아가 아니라는 사실, 무아의 성품법일 뿐이라는 사실을 어느 정도 충분하게 설명했습니다. 하지만 지금 수행자들이 위빳사나 관찰을 하면서 '마음대로 할 수 없기 때문에 무아의 성품법일 뿐이다'라고 알고 보는 모습을 설명할 필요가 있습니다. 그래서 그렇게 알고 보는 모습을 설명하고자 합니다.

위빳사나 관찰을 하면서 무아 거듭관찰이 생겨나는 모습

위빳사나 관찰 모습에 관한 설명은 본승이 설해 놓은 여러 법문집에 실려 있으니 여기서는 간략하게만 설하겠습니다.

위빳사나란 볼 때, 들을 때, 맡을 때, 먹어서 알 때, 닿아서 알 때, 생각해서 알 때 등에 분명하게 드러나는 취착무더기들을 관찰해서 아는 것입니다. 하지만 볼 때마다, 들을 때마다, 닿을 때마다, 알 때마다 모두를 자세하게 관찰한다는 것은 처음 수행을 시작하는 이들에게는

72 좋고 나쁜 모든 것을 바로 내가 느낀다고 생각하는 것이 감수자아집착이다.

쉽지 않습니다. 그래서 특별히 분명하고 많지 않은 대상을 시작으로 관찰해야 합니다. 앉아 있을 때라면 몸에서 뻣뻣하고 지탱하는 성품에 집중해서 〈앉음, 앉음〉이라고 관찰해도 됩니다. 앉음 하나만 계속 관찰해서 너무 단조로워 정진의 힘이 적다고 생각되면 어느 곳의 닿음과 결합하여 〈앉음, 닿음; 앉음, 닿음〉이라고 관찰해도 됩니다.

하지만 배가 부푸는 것, 꺼지는 것이 더욱 분명합니다. 그래서 배가 부풀 때 〈부푼다〉라고, 꺼질 때 〈꺼진다〉라고 관찰하면 배의 뻣뻣함, 팽팽함, 밀어줌, 홀쭉함, 움직임을 분명하게 알 수 있습니다. 이것은 바람 요소의 특성과 역할, 나타남입니다.[73] 그래서 그것들을 관찰해서 아는 것은 '물질·정신 성품법들을 특성과 역할 등을 통해 파악해야 한다. 관찰해서 알아야 한다'라는『위숫디막가』와 일치하게 아는 것입니다.[74]

따라서 본승은 처음 수행을 시작하는 수행자들에게 배의 부풂과 꺼짐을 시작으로 관찰하도록 지도해 왔습니다. 하지만 그 부풂과 꺼짐 두 가지만 관찰해야 하는 것은 아닙니다. 〈부푼다, 꺼진다〉라고 관찰하다가 생각해서 아는 성품이 생겨나면 그것도 관찰해야 합니다. 저리고 뜨겁고 아프고 받아들이기 힘든 느낌이 생겨나면 그것도 관찰해야 합니다. 손발을 굽히는 것, 펴는 것이 드러나면 그것도 관찰해야 합니다. 앉은 자세에서 일어나면 그것도 관찰해야 합니다. 걸어가면서는 걸음마다 〈든다, 간다, 놓는다〉 등으로 관찰해야 합니다. 관찰하고 새길 수

73 Vāyodhātu vitthambhanalakkhaṇā, samudīraṇarasā, abhinīhārapaccupaṭṭhānā. (DhsA.368)

해 석 바람 요소는 지탱하는 특성, 이동하는 역할, 이끄는 나타남이 있다.
지탱팽팽 느슨하네 움직이고 이동하네
원하는곳 밀고끄네 바람을 아는수행자 (마하시 사야도 게송)

74 Vis.ii.222;『위빳사나 수행방법론』제1권, pp.324~326 참조.

만 있다면 눈을 감는 것과 뜨는 것을 비롯해 몸의 모든 행위를 따라서 모두 관찰하고 새겨야 합니다. 특별히 관찰할 다른 대상이 없다면 〈부푼다, 꺼진다〉라고 끊임없이 관찰해야 합니다. 이것이 관찰하는 모습의 요약입니다.

지금 설명한 대로 〈부푼다, 꺼진다; 앉음, 닿음〉 등으로 계속해서 드러나는 것들을 끊임없이 관찰하다 보면 굽힌 팔이나 다리가 저리거나 뜨겁거나 아파서 자세를 바꾸려고 하게 됩니다. 그것을 〈바꾸려 함, 바꾸려 함〉 등으로 관찰하여 자세를 바꾸지 않고 참을 수 있는 만큼 참고 계속 새기던 그대로 새겨 나가야 합니다. 다시 바꾸려는 마음이 생겨나도 바로 바꾸지 말고 그대로 관찰하던 대로 관찰해야 합니다. 참을 수 없을 정도가 되면 〈편다, 편다〉 등으로 관찰하면서 바꿔야 합니다. 그렇게 도저히 참기 힘들면 자세를 바꿔야 하는데, 바꿔야 하는 상황이 많아지면 몸이 괴롭히는 모습이 분명하게 드러납니다. 한두 시간 전혀 움직이지 않은 채 고요하게 앉아 있고 싶지만 자신이 원하는 대로 되지 않습니다. 자세를 바꾸지 않고서는 견디지 못하는 경우도 분명하게 드러납니다. 그때에는 '이 물질, 몸은 바꾸지 않고서는 견디지 못할 정도로 계속해서 괴롭히기 때문에도 내부자인 자아, 나가 아니다. 조건에 따라 생겨나고 있는 성품법일 뿐이다'라고 이해하게 됩니다. 이것도 무아 거듭관찰의 지혜anattānupassanā ñāṇa입니다.

자세를 바꾸지 않고서는 오랫동안 앉아 있을 수 없습니다. 누워 있을 수도 없습니다. 서 있을 수도 없습니다. 그래서 '물질은 원하는 대로 되지 않는다. 마음대로 할 수 없다. 마음대로 할 수 없기 때문에 내부자인 자아, 나가 아니다. 조건에 따라 생겨나고 있는 성품법일 뿐이다'라고 이해하게 됩니다. 이것도 무아 거듭관찰의 지혜입니다.

앉거나 혹은 누워서 관찰하다가 크고 작은 여러 현상이 생겨나서 자주 일어나 해결해야 할 때도 몸이 괴롭히는 모습, 자신이 바라는 대로 되지 않고 마음대로 할 수 없는 모습, 마음대로 할 수 없기 때문에 무아의 성품법일 뿐이라는 모습이 분명합니다. 그리고 몸의 행위를 관찰하는 중에 콧물이나 침, 가래, 눈곱, 눈물이 흘러나와서 몸을 괴롭히고 있는 모습도 분명합니다. 깨끗하게 되기를 바라지만 자신의 바람대로 되지 않아 마음대로 되지 않는 모습, 그래서 무아인 모습도 분명합니다.

또한 목마르거나 배고파서 괴롭히는 모습도 분명합니다. 늙거나 병드는 것으로 괴롭히는 모습도 분명합니다. 이것은 보통 사람들도 숙고해 보면 알 수 있습니다. 하지만 관찰하거나 새기지 않고 아는 것만으로는 자아집착이 사라지지 않을 수 있습니다. 관찰하고 새기다가 그러한 모습이[75] 드러나는 경우는, '살아 있는 자아'라는 개념이 포함되지 않습니다. 순간도 끊임없이 생멸하고 있는 물질로만 분명합니다.

지금까지 설명한 것은 맛보기에 불과합니다. 관찰하고 있는 수행자라면 물질이 괴롭히는 모습, 물질이 있어서 여러 가지로 괴롭힘을 당해야 하는 모습, 자신이 바라는 대로 되지 않는 모습, 마음대로 할 수 없기 때문에 무아의 성품법일 뿐이라는 사실을 매우 다양한 모습을 통해 알 수 있습니다. 그렇게 〈부푼다, 꺼진다; 앉음, 닿음; 굽힌다, 편다〉 등으로 몸의 행위를 관찰하면서 몸이 괴롭히고 있는 모습, 자신이 바라는 대로 되지 않고 마음대로 할 수 없는 모습을 스스로의 지혜로 직접

75 목마르거나 배고프거나 늙거나 병드는 것으로 괴롭히는 모습을 말한다.

알고 보아 '자신의 물질을 나의 몸이라고, 나라고 생각하지만 그 물질은 괴롭히고 있기 때문에 나의 내부자, 자아가 아니다. 자신이 원하는 대로 되지 않아 마음대로 할 수 없기 때문에도 나의 내부자, 자아가 아니다. 자아라거나 영혼이라고 생각해 온 것은 실로 잘못이었다. 바라는 대로 되지 않아 마음대로 할 수 없기 때문에 무아의 성품법일 뿐이다'라고 스스로의 지혜로 이해하게 됩니다. 이것이 진짜 무아 거듭관찰의 지혜입니다.

지금까지 물질법에 대해 무아라고 생각하는 모습, 아는 모습 등에 대해 설명했습니다. 이 성전 내용의 간략한 해석과 자아집착 게송을 독송한 뒤 법문을 마치겠습니다. 같이 독송합시다.

> 비구들이여, 물질은 자기의 내부자, 실체, 자아가 아니다.
> 만약 물질이 자아라면
> 물질은 자신을 괴롭히기 위한 것이 아니어야 한다.
> 또한 '나의 물질이 이렇게 좋게만 되기를,
> 이렇게 나쁘게는 되지 않기를'이라고
> 물질에 대해 조정하고 마음대로 할 수도 있어야 한다.
>
> 사실 물질은 자기의 내부자, 실체, 자아가 아니다.
> 실로 자아가 아니기 때문에
> 물질은 자신을 괴롭히기 위한 것이기도 하다.
> 또한 '나의 물질이 이렇게 좋게만 되기를,
> 이렇게 나쁘게는 되지 않기를'이라고
> 물질에 대해 조정하고 마음대로 할 수도 없다.

❶ 자신안에 마음대로 지배하는 자아라는
나있다는 생각집착 주인자아 집착이네
❷ 자신안에 늘언제나 거주하는 자아라는
나있다는 생각집착 거주자아 집착이네
❸ 몸과말과 마음이란 모든행위 바로내가
행한다는 생각집착 행위자아 집착이네
❹ 좋고나쁜 느낌이란 모든것을 바로내가
느낀다고 생각집착 감수자아 집착이네

「아낫딸락카나숫따」 가르침을
정성스럽게 들은 청법선업 의도의 공덕으로
자신의 상속에 생겨나는 물질과 정신을 관찰하고 새겨
무상특성, 괴로움특성과 함께 무아특성을 잘 알고 보아
각자 원하는 열반을
도와 과의 지혜로 빠르게 실현하기를.

사두, 사두, 사두.

『아낫딸락카나숫따 법문』 제1강이 끝났다.

제1강 역자 보충설명

관습적 진리와 절대적 진리

틀리지 않고 옳은 것을 '진리sacca'라고 부릅니다. 진리에는 ① 관습적 진리sammuti sacca와 ② 절대적 진리paramattha sacca, 두 가지가 있습니다.

관습적 진리

먼저 '관습적 진리'란 세상 사람들의 동의에 따라, 세상에서 부르는 명칭으로 결정된 진리를 말합니다. 자아atta, 영혼jīva, 중생satta, 개인 puggala, 남자, 여자, 머리, 몸, 손, 발, 머리카락, 털, 손톱·발톱, 이빨, 피부, 살, 힘줄, 뼈 등 사람이나 중생과 관련된 용어와 개념, 또는 중생과 관련되지 않은 나무, 넝쿨, 덤불, 집, 절, 침대, 침상, 숲, 산, 바다 등의 용어와 개념을 관습적 진리라고 말합니다.

이런 관습적 진리는 형체saṇṭhāna 개념, 즉 형체나 모양을 통해 생겨나는 개념(산, 남자 등), 또는 상속santati 개념, 즉 연속된 흐름을 하나로 생각해서 생겨나는 개념(촛불, 강물 등)의 명칭입니다. 예를 들면 실제로는 물질과 정신의 연속일 뿐인데 남성의 모습이 분명히 드러나는 존재를 '남자'라고 부르는 것, 혹은 실제로는 순간순간 연소해서 불꽃이 일어나고 있는 것인데 그런 순간순간 연속된 흐름을 뭉뚱그려서 촛불이라고 부르는 것을 말합니다. 이렇게 세속적 관습lokasammuti으로 명칭 붙여진 대상의 성품들은 절대 성품으로 분명히 존재하는 법들이 아닙니다. 형체 개념이나 상속 개념일 뿐입니다.

그렇다면 세속적 관습으로 만들어 놓은 개념을 왜 진리sacca라고 부를까요? "남자가 있다. 여자가 있다. 나무가 있다. 산이 있다"라는 등으로 세상 사람들이 부르고 말하는 것에 따라서 사용하고 말하면 거짓말이 아닙니다. 사실을 말하는 것입니다. 그래서 '진리'라고 합니다. 말하는 사람도 진실을 말하는 사람이라고 합니다. 왜냐하면 그렇게 말한다고 해서 다른 사람을 혼란스럽게 한다든지 스스로 거짓말을 하는 게 아니기 때문입니다.

그러한 관습적 진리는 그것과 관계된 곳에서는 많은 이익을 줍니다. 보살들도 그러한 관습적 진리를 사용해서 깨달음을 성취했습니다. 업과 업의 결과, 보시, 계, 사마타 수행은 관습적 진리가 적용되는 영역입니다.

관습적 진리의 반대는 거짓말입니다. 성품으로 옳든지 옳지 않든지, 사견이든지 정견이든지 관습적 진리의 측면에서는 "자아atta가 있다. 영혼jīva이 있다. 남자가 있다. 여자가 있다"라고 말하는 이에게 거짓말은 성립되지 않습니다. 왜냐하면 어떤 사람을 속이면서 거짓말을 하는 것이 아니기 때문입니다.

절대적 진리

절대 성품paramattha으로 분명한 진리를 절대적 진리paramattha sacca라고 합니다. 절대 성품이란 "틀리지 않기 때문에, 직접 알 수 있기 때문에, 수승한 의미이기 때문에 절대 성품이다"라는(AhVṬ.73; AhPdṬ.49) 설명처럼 각각의 고유 성품으로 분명하게 존재하는 법들, 즉 마음, 마음부수, 물질, 열반, 무더기, 감각장소, 요소 등을 말합니다. 예를 들어

"대상을 생각하고 아는 마음이 있다. 접촉하는 접촉이 있다. 느끼는 느낌이 있다. 딱딱한 땅 요소가 있다. 결합하는 물 요소가 있다. 적정한 성품인 열반이 있다"라는 등으로 각각의 법에 분명히 존재하는 성품에 따라서 말하는 것은 사실에 어긋나지 않습니다. 이렇게 말하는 사람도 바른말을 하는 사람이고, 이렇게 말해진 것도 바른말입니다. 그래서 절대 성품도 진리라고 부릅니다. 위빳사나 수행이나 아비담마 가르침의 대부분은 절대적 진리가 적용되는 영역입니다.

절대적 진리의 반대는 전도vipallāsa입니다. 그릇되고 왜곡된 것을 전도라고 합니다. 전도에는 ① 무상anicca을 영원nicca으로 생각하는 것, ② 괴로움dukkha을 행복sukha으로 생각하는 것, ③ 무아anatta를 자아atta로 생각하는 것, ④ 깨끗하지 않은 것asubha을 깨끗한 것subha으로 생각하는 것 등 네 가지가 있고, 또한 각각에 대해 ❶ 인식이 그릇된 것인 인식의 전도saññā vipallāsa, ❷ 앎이 그릇된 것인 마음의 전도citta vipallāsa, ❸ 견해가 그릇된 것인 견해의 전도diṭṭhi vipallāsa가 있습니다. 두 가지를 조합하면 모두 12가지 전도가 있습니다.

앞서 관습적 진리에서 언급했듯이 "자아atta가 있다. 영혼jīva이 있다. 남자가 있다. 여자가 있다"라고 말하는 이에게 거짓말은 성립되지 않지만 전도는 생겨납니다. 왜냐하면 자아나 영혼 등이라고 할 만한 것이 아닌 성품법일 뿐인데 자아나 영혼 등으로 취해 말하기 때문입니다. 또한 절대적 진리의 측면에서 "자아가 없다. 영혼이 없다. 중생이 없다. 개인이 없다. 남자가 없다. 여자가 없다. 성품법만이 있다. 그 성품법은 자아가 아니다. 무아인 법들일 뿐이다"라고 말하는 것은 거짓말도 아니고 전도도 생겨나지 않습니다.

그렇다면 그렇게 무상하고 괴로움이고 무아인 법들을 중생들은 언제부터 항상하고 행복하고 자아라고 집착했을까요? 시작을 알 수 없는 과거로부터 윤회하는 동안 중생들은 절대적 진리 영역보다 관습적 진리 영역에서 오랜 시간을 보내 왔습니다. 윤회하면서 위빳사나 수행을 하고 부처님의 무아법을 만나는 등 절대적 진리 영역에서 머문 시간은 매우 짧고, 관습적 진리의 영역, 즉 '남자다, 여자다. 중생이다. 영혼이다'라고 표현하는 곳에서만 계속 지내왔기 때문에 깨달음을 얻지 못해 자아집착이 없어지지 않아서 '나다. 자아다. 남자다. 여자다'라고 계속 집착하는 것입니다.

그렇게 오랫동안 관습적 진리 영역에서만 지내왔기 때문에, 지금도 어떠한 것을 보거나 들으면 절대적 진리 영역에서 멈추지 않고 바로 관습적 진리 영역으로 계속 달아나 버립니다. 이때 관습적 진리 영역으로 달아나게 하지 않고 절대적 진리 영역에 멈추게 하는 것이 바로 위빳사나 관찰입니다. 위빳사나 관찰을 하면 그때마다 관습적 진리 영역으로 넘어가지 않고 절대적 진리 영역에 잘 머물게 됩니다. 그래서 부처님께서 「아낫딸락카나숫따」에서 "다섯 무더기를 일반사람들은 살아 있는 어떤 자아나 영혼이라고 생각하지만, 실제로는 그러한 자아나 영혼이 아니라 무아의 성품법일 뿐이다"라고 분명하게 설하신 것입니다.

이러한 관습적 진리와 절대적 진리를 각각의 경우에 어느 진리가 적용되는지 잘 알고 상황에 따라 올바르게 적용해서 알아야 합니다.[76]

76 자세한 내용은 우 소다나 사야도 법문, 비구 일창 담마간다 편역, 『아비담마 강설 1』, pp.91~100 참조.

제2강

1963년 음력 5월 보름

(1963.06.06)

「아낫딸락카나숫따」를 음력 5월 8일부터 법문하기 시작했습니다. 제1강에서 물질 무더기는 자아가 아니라 무아라는 내용은 어느 정도 설명한 것 같습니다. 오늘은 느낌 무더기가 무아인 모습에 대해 설명하겠습니다. 중생들은 좋은 대상과 만나 좋은 느낌이 생겨나는 것을 원합니다. 나쁜 느낌은 원하지 않습니다. 그리고 이 두 가지 느낌에 대해 '내가 느낀다. 내가 행복하다. 내가 괴롭다'라고 생각합니다. 하지만 사실 그렇게 느끼는 성품은 자아가 아닙니다. '나'가 아닙니다. 무아인 성품법일 뿐입니다. 그러한 사실을 부처님께서 다음과 같이 분석하여 설하셨습니다.

느낌은 무아다

2-1 Vedanā, bhikkhave,[77] anattā. (S.ii.55)

대 역

Bhikkhave비구들이여, vedanā느낌은 anattā무아다; 자아가 아니다.

먼저 "비구들이여, 느낌은 무아다; 자아가 아니다"라고 설하셨습니다. 느낌vedanā에는 세 종류가 있습니다.

① 좋은 대상을 느끼는 행복한 느낌sukhavedanā

② 나쁜 대상을 느끼는 괴로운 느낌dukkhavedanā

77 'bhikkhave'가 저본에 첨가됐다.

③ 좋지도 않고 나쁘지도 않은 중간의 보통인[78] 대상을 느끼는 평온한 느낌upekkhāvedanā

더위가 심할 때 시원한 바람을 맞으면 기분이 좋습니다. 추위가 심할 때 따뜻한 외투를 입으면[79] 기분이 좋습니다. 발이나 다리가 뻐근할 때 뭉친 근육을 풀어주면 기분이 좋아집니다. 그렇게 좋은 감촉들과 닿아서 기분이 좋아지는 것을[80] '행복한 느낌sukhavedanā'이라고 합니다. 그렇게 좋은 느낌을 중생들은 '나'라고 생각합니다. '내가 좋다. 내가 행복하다'라고 생각합니다. 그래서 그런 좋은 감촉과 닿기 위해 찾고 노력합니다.

나쁜 감촉과 닿아서 아프고 쓰린 것, 뻐근한 것, 뜨거운 것, 차가운 것, 가려운 것 등 받아들이기 힘든 괴로움을 '괴로운 느낌dukkhavedanā'이라고 합니다. 그렇게 괴로운 느낌이 생겨나서 받아들이기 힘들어 괴로워하고 있는 것도 '나'라고 생각합니다. '내가 아프다. 내가 뜨겁다. 내가 가렵다. 내가 괴롭다'라고 생각합니다. 그래서 가능한 한 그런 나쁜 감촉을 피하기 위해 애를 씁니다. 하지만 몸속에서 생겨나는 질병과의 접촉은 피할 수 없어 조건에 따라 괴로움을 겪어야 합니다. 지금 말한 느낌들은 몸에서 생겨나는 행복한 느낌과 괴로운 느낌입니다.

마음에서 생겨나는 느낌은 기뻐할 만한 대상을 생각할 때는 마음의 즐거움인 행복한 느낌이 생겨나고 기분을 상하게 하는 것, 언짢은 것, 슬픈 것, 걱정거리나 근심거리, 두려워할 만한 것 등을 생각할 때는 마

78 '중간의'와 '보통인'이 비슷한 의미나 저본의 표현을 따랐다.

79 저본에는 '외투를 둘러 그것과 닿으면'이라고 표현됐다.

80 저본에서 '대상'과 '느낌' 모두에 '좋은, 좋지 않는'이라는 수식어를 붙였다. 엄밀하게 표현하면 '좋은 대상'은 '원하는 대상', '좋지 않은 대상'은 '원하지 않는 대상', '좋은 느낌'은 '행복한 느낌', '나쁜 느낌'은 '괴로운 느낌'이다.

음의 불편함인 괴로운 느낌이 생겨납니다. 일반적인 대상을 생각할 때는 좋지도 않고 나쁘지도 않은 무덤덤한 '평온한 느낌upekkhāvedanā'이 생겨납니다. 이것은 생각만으로 세 가지 느낌이 생겨나는 모습입니다. 마음에서 이 세 가지 느낌이 생겨날 때도 '내가 즐겁다. 내가 행복하다. 나는 기분이 나쁘다. 나는 괴롭다. 나는 괴롭지도 않고 행복하지도 않고 그저 그렇다'라고 생각하며 집착합니다.

그리고 좋은 것들을 보고 듣고 맡고 먹어서 알게 될 때 좋은 느낌인 행복한 느낌이 생겨납니다. 이때도 '나는 좋다. 나는 행복하다'라고 생각합니다. 그래서 원하는 볼거리나 공연 등을 찾아서 축제가 열리는 곳이나 공연장으로 달려갑니다. 좋은 냄새를 느끼기 위해 향수를 뿌리거나 꽃향기를 맡습니다. 좋은 맛을 느끼기 위해 할 수 있는 만큼 맛있는 음식을 찾아다니며 먹고 마십니다.

나쁜 것들을 보고 듣고 맡고 먹을 때 받아들이기 힘든 괴로운 느낌이 생겨납니다. 이 괴로운 느낌도 '나'라고 생각합니다. 그래서 보고 듣기를 원하지 않는 대상들로부터 피할 수 있을 만큼 피하려 합니다.

좋지도 않고 나쁘지도 않은 대상, 늘 접하던 대상을 보거나 들을 때는 좋다고도 생각하지 않고 받아들이기 힘들다고도 생각하지 않습니다. 그것은 좋지도 않고 나쁘지도 않은 느낌, 즉 평온한 느낌이 생겨난 것입니다. 이 평온한 느낌도 '나'라고 생각합니다. 또한 평온한 느낌으로는 만족하지 못해 행복한 느낌이 생겨나도록 노력합니다.

아비담마와 경전의 비교

아비담마 가르침에 따르면 보는 찰나, 듣는 찰나, 맡는 찰나, 맛을 아는 찰나에는 행복한 느낌도 없고 괴로운 느낌도 없고 평온한 느낌만 있다고 합니다.[81] 하지만 여러 경전을 통해 부처님께서는 여섯 문 모두에서 행복한 느낌과 괴로운 느낌을 포함해서 세 가지 느낌 모두가 생겨나는 모습에 대해 설하셨습니다. 볼 때, 들을 때 등에도 세 가지 느낌 모두를 사실대로 알기 위해 관찰하도록 밝혀 놓으셨습니다.[82] 볼 때, 들을 때 등에서 행복한 느낌과 괴로운 느낌이 분명한 모습을 『위숫디막가 마하띠까』에서는 "눈 의식 등이 평온과만 결합한다고 하지만 불선의 결과인 과보는 괴로운 성품이 있다. 불선의 결과라면 좋은 성품이 없다. 선의 결과인 과보도 평온이라고 말하지만 행복한 성품이 있다. 선의 결과라면 좋고 행복한 성품일 뿐이다"라고 설명해 놓았습니다.(Pm.ii.137; 326)

이 설명은 매우 적절합니다. 직접 경험할 수도 있습니다. 훌륭하고 멋진 형색을 볼 때 보고 있는 바로 그 순간에 행복한 성품, 즐거운 성품이 분명히 드러납니다. 두려운 것, 싫은 것, 혐오스러운 것을 볼 때는 보고 있는 바로 그 순간에 괴로운 성품, 받아들이기에 좋지 않은 성품이 분명히 드러납니다. 볼 때보다 들을 때 더욱 분명합니다. 좋은 소리를 들으면 듣기에 달콤해 받아들이기 좋습니다. 나쁜 소리를 들으면 받아들이기 매우 힘듭니다. 냄새를 맡을 때는 더욱 분명합니다. 향기로운 냄새를 맡으면 행복합니다. 썩는 냄새를 맡으면 기분이 좋지 않고 두통이 생기기도 합니다. 심하게 고약한 냄새를 맡으면 죽을 만큼 받아들이기 힘듭니다. 먹어서 알 때는 그보다 더 분명합니다. 맛있는 음

81 형색을 보아서 아는 마음인 눈 의식은 평온한 느낌과 결합한다. 귀 의식과 코 의식과 혀 의식도 마찬가지다. 『아비담마 길라잡이』 제1권, pp.146~147; 『아비담마 강설 1』, pp.190~191 참조.

82 ㊟실제로 수행할 때도 몸과 관련된 행복한 느낌이나 괴로운 느낌뿐만 아니라 눈으로 보았을 때 등에 행복하거나 괴로운 느낌이 생겨나면 그대로 〈행복함, 행복함; 괴로움, 괴로움〉 등으로 관찰해야 한다. 관찰하지 않으면 행복한 느낌은 즐기려고 하고 괴로운 느낌은 사라지기를 바라는 성품인 탐욕, 혹은 괴로운 느낌에 대해 거부하는 성품인 성냄이 생겨날 수 있기 때문이다. 단지 각각의 성품을 바르게 알도록 즉시 관찰하기만 해야 한다.

식을 먹으면 혀에서 이미 좋습니다. 쓴 약 같은 나쁜 맛을 먹으면 매우 받아들이기 힘듭니다. 독을 먹으면 죽을 정도로 힘든 고통과 괴로움에 처합니다. 그래서 "눈 의식 등이 평온과만 결합한다고 하지만 원하지 않는 대상을 느끼는 불선 과보의 평온은 받아들이기 힘든 괴로운 성품이 있다. 원하는 대상을 느끼는 선 과보의 평온은 행복한 성품이 있다"라는 설명은 매우 적절합니다.

이러한 이유로 여러 성전 가르침에서 보는 순간 등에서도 세 가지 느낌 모두를 설하셨습니다. 마음에 잘 새기기 바랍니다. 또 다른 방법으로는 보는 인식과정 등에서 속행의 순간이 되면 세 가지 느낌 모두가 생겨날 수 있기 때문에 경전 가르침에서 보는 순간 등에서도 세 가지 느낌을 모두 설하셨습니다. 이것도 잘 새기기 바랍니다.[83]

느낌을 자아로 집착하는 모습

이렇게 볼 때마다, 들을 때마다, 닿을 때마다, 알 때마다 좋고 나쁜 여러 대상을 느끼는 성품이 느낌vedanā입니다. 미얀마어로는 보통 '느낀다'라고 표현하지 않습니다. "좋다. 좋지 않다. 받아들이기 힘들다. 좋지도 않고 나쁘지도 않고 보통이다"라는 등으로만 말합니다.

그렇게 느낄 때 좋으면 '내가 좋다'라고 '나'라는 것으로 집착합니다. 좋지 않아도 '내가 좋지 않다. 이전에는 좋았는데 지금은 좋지 않게 됐다'라고 '나'라는 것으로 집착합니다. 좋지도 않고 나쁘지도 않을 때도 '나는 좋지도 않고 나쁘지도 않다. 보통이다. 그대로다'라고 '나'라는 것으로 집착합니다. 이것은 느끼는 성품인 느낌을 '나'로 집착하는 것입

83 『아비담마 길라잡이』 제1권, pp.427~431 참조.

니다. 이를 감수자아vedaka atta집착이라고 합니다. '자아가 느낀다. 내가 느낀다. 좋고 나쁜 것을 느끼는 것이 나다'라고 집착하는 것입니다. 감수자아집착을 제1강에서 아래와 같이 게송으로 표현했습니다. 다시 독송합시다.

좋고나쁜 느낌이란 모든것을 바로내가
느낀다고 생각집착 감수자아 집착이네

범부라면 누구나 이렇게 생각하고 집착합니다. 인도의 여러 문헌에는 이렇게 느끼는 성품인 느낌을 자아로, 혹은 자아의 능력이나 힘으로 설명돼 있습니다. 미얀마에서는 책으로 나올 정도로 확고하게 집착하는 모습은 없습니다. 하지만 '좋고 나쁜 것과 만나 느끼고 있는 것은 나다. 좋은 것도 나다. 좋지 않은 것, 괴로운 것도 나다'라는 정도로는 집착합니다.

그렇게 집착하는 이유는 '생명이나 의식이 없는 바위나 막대기는 불과 닿아도 뜨거운 줄 모른다. 물과 닿아도 차가운 줄 모른다. 어떠한 좋고 나쁜 것과 닿더라도 괴롭거나 행복하다고 느끼지 못한다. 생명이나 의식이 있는 중생은 나쁜 것과 만나면 괴롭다. 좋은 것과 만나면 행복하다. 그래서 생명이나 목숨이 있는 중생이란 살아 있는 자아이다. 이 자아가 좋고 나쁜 것을 느끼고 있다'라고 생각하기 때문입니다. 하지만 '느끼는 성품'인 '느낌'은 자아가 아닙니다. 조건에 따라 새로, 거듭 생겨나서는 사라져 버리는 성품법일 뿐입니다. 그래서 부처님께서 "bhikkhave 비구들이여, vedanā느낌은 anattā무아다"라고 확실하게 명심해 두어야 할 바른 법을 먼저 드러내어 설하셨습니다. 그렇게 드러내신 뒤 느낌이 자아가 아니라고 알아야 할 이유를 다음과 같이 설하셨습니다.

느낌이 자아라면

2-2 Vedanā ca hidaṁ, bhikkhave, attā abhavissa, nayidaṁ vedanā ābādhāya saṁvatteyya, labbhetha ca vedanāya - 'evaṁ me vedanā hotu, evaṁ me vedanā mā ahosī'ti.

(S.ii.55)

대 역

Ca hi그리고 실로; 느낌이 자아가 아니라 무아라고 알아야 하는 이유를 이어서 설명하자면, bhikkhave비구들이여, idaṁ vedanā이 느낌이 attā abhavissa자아라면 (evaṁ sati그렇다면) idaṁ[84] vedanā이 느낌은 ābādhāya괴롭히기 위한 것에 na saṁvatteyya해당하지 않아야 한다. ca그리고; 그 밖에도 'me vedanā나의 느낌이 evaṁ hotu이와 같이 되기를; 이와 같이 좋게만 되기를. me vedanā나의 느낌이 evaṁ mā ahosi이와 같이 되지 않기를; 이와 같이 나쁘게 되지 않기를'이라고 iti이렇게; 이렇게 조정하고 마음대로 하는 성품을 vedanāya느낌에서 labbhetha얻을 수 있어야 한다; 얻을 수 있을 것이다.

"느낌이 자신의 내부자, 자아가 맞다면 이 느낌은 자신을 괴롭히는 것이 아니어야 한다. '나의 느낌이 이렇게 좋게만 되기를. 나쁘게는 되지 않

84 ㉯이 'idaṁ'은 불변사라고 알아야 한다. 그래서 여성명사에 해당하는 곳에서나 다음에 형성들 saṅkhārā이라는 남성복수에 해당하는 곳에서나 'idaṁ'이라는 한 형태로만 설하셨다. 이 내용은 빠알리어에 해박한 이들을 위한 주석이다.

기를’이라고 자신이 바라는 대로 조정하고 마음대로 할 수 있어야 한다”라고 설하셨습니다. 맞습니다. 느낌이 자신의 실체, 자아가 맞다면 느낌은 자신을 괴롭힐 이유가 없습니다. 자신이 자신을 괴롭히는 법은 없습니다. 그리고 느낌이 자신의 실체, 자아가 맞다면 자신이 원하는 대로만 돼야 할 것입니다. 이것은 ‘자아가 맞다면’이라는 가정하에 그래야 하는 모습을 설명한 것입니다. 다시 말하자면 ‘느낌이 자신을 괴롭히지 않는다면, 그리고 괴로운 느낌은 생겨나지 않고 행복한 느낌, 좋은 느낌만 자신의 바람에 따라 생겨난다면 느낌은 자아라고 할 수 있다’라는 내용을 가정법으로 설명한 것입니다. 즉, ‘느낌이 자신을 괴롭히지 않는가? 자신의 바람대로 좋은 느낌만 생겨나는가?’라고 숙고해 보도록 설명한 것입니다. 그렇게 숙고해 보면 느낌은 자신을 거의 항상 괴롭히고 있으며, 자신의 바람대로 되지 않고 조건에 따라서 달라진다는 사실을 분명하게 경험할 수 있습니다. 그렇게 경험하면 느낌이 자신의 내부자, 자아가 아니라는 사실이 분명하게 드러납니다. 이 성전 내용의 간략한 해석을 독송합시다.

> 비구들이여, 느낌은 자기의 내부자, 실체, 자아가 아니다.
> 만약 느낌이 자아라면
> 느낌은 자신을 괴롭히기 위한 것이 아니어야 한다.
> 또한 ‘나의 느낌이 이렇게 좋게만 되기를,
> 이렇게 나쁘게는 되지 않기를’이라고
> 느낌에 대해 조정하고 마음대로 할 수도 있어야 한다.[85]

85 느낌은 자기자신 자아가 아니라네
느낌이 자아라면 자신도 안괴롭혀
느낌이 이와같이 좋게만 될지어다
느낌이 이와같이 나쁘게 안되기를
이렇게 느낌대해 마음대로 하건만

어떻습니까, 느낌이 자신을 괴롭히지 않습니까? 자주 괴롭히고 있지 않습니까? 그리고 자신이 바라는 대로 좋은 것만 보고 좋은 것만 듣습니까? 좋은 냄새만 맡고 좋은 맛만 느낍니까? 좋은 감촉만 닿고 좋은 앎만 생겨납니까? 좋은 느낌은 적고 나쁜 느낌만 많지 않습니까? 그렇게 자신이 바라는 대로 되지 않는 것은 느낌이 자신의 내부자, 자아가 아니기 때문입니다. 그래서 그 이유에 대해서도 부처님께서는 다음과 같이 설하셨습니다.

느낌이 무아인 직접적인 이유

2-3 Yasmā ca kho, bhikkhave, vedanā anattā, tasmā vedanā ābādhāya saṁvattati, na ca labbhati vedanāya - 'evaṁ me vedanā hotu, evaṁ me vedanā mā ahosī'ti. (S.ii.55)

대 역

Bhikkhave비구들이여, ca kho또한; 사실; 실제로는 vedanā느낌은 (yasmā~이기 때문에) anattā무아다; 내부자, 자아가 아니다. tasmā그래서; 그렇게 자아가 아니기 때문에 vedanā느낌은 ābādhāya괴롭히기 위한 것에 saṁvattati 해당된다. ca그리고; 그 밖에도 'me vedanā나의 느낌이 evaṁ hotu이와 같이 되기를; 이와 같이 좋게만 되기를. me vedanā나의 느낌이 evaṁ mā ahosi이와 같이 되지 않기를; 이와 같이 나쁘게 되지 않기를'이라고 iti이렇게; 이렇게 조정하고 마음대로 하는 것을 vedanāya느낌에서 na labbhati얻을 수 없다.

사실 느낌은 자신의 내부자, 실체, 자아가 아닙니다. 그래서 느낌은 아픔, 통증 등을 통해서도 괴롭힙니다. 마음의 불편함 등을 통해서도 괴롭힙니다. 그 밖에 '나의 느낌이 이렇게 좋은 것만 생겨나기를. 이렇게 나쁜 것은 생겨나지 않기를'이라고 느낌에 대해 조정하고 마음대로 하는 것도 얻을 수 없습니다. 이 성전 내용의 간략한 해석을 독송합시다.

> 사실 느낌은 자기의 내부자, 실체, 자아가 아니다.
> 실로 자아가 아니기 때문에
> 느낌은 자신을 괴롭히기 위한 것이기도 하다.
> 또한 '나의 느낌이 이렇게 좋게만 되기를,
> 이렇게 나쁘게는 되지 않기를'이라고
> 느낌에 대해 조정하고 마음대로 할 수도 없다.[86]

이 구절을 통해 '느낌은 자신을 괴롭히기 때문에도 자신의 내부자, 자아가 아니다. 자신이 바라는 대로 되지 않기 때문에도 자신의 내부자, 자아가 아니다'라는 사실을 알 수 있습니다.

여기서 느낌이 괴롭히는 것도 분명합니다. 자신이 바라는 대로 되지 않는 것도 분명합니다. 하지만 자아집착 사견과 갈애가 매우 심한 이들은 즐겁고 행복한 느낌을 의지하여 느낌을 자아라고 집착하며 즐깁니다. 하지만 자세히 살펴보면 행복한 느낌이 생겨나서 행복하게 지내는 시간은 매우 적고 괴로운 느낌이 생겨나서 괴로워하는 시간이 더 많습니다.

---

86 느낌은 자기자신 자아가 아니라네
자아가 아니기에 자신도 괴롭히고
느낌이 이와같이 좋게만 될지어다
느낌이 이와같이 나쁘게 안되기를
이렇게 느낌대해 마음대로 못하네

느낌이 괴롭히는 모습

우리 몸은 항상 자세를 바꿔주어야 합니다. 바꿔주지 않으면 몸이 뻐근하거나 뜨겁거나[87] 아프거나 하며 자주 괴롭힙니다. 눈 하나만 살펴보더라도 느낌이 괴롭히는 모습이 매우 분명합니다. 눈이 편하도록 눈꺼풀을 자주 깜박거려 주어야 합니다. 그러지 않으면 눈이 불편해서 괴로움을 겪습니다. 몸의 다른 부분들도 마찬가지입니다. 그렇게 바꿔주더라도 조건이 적당하지 않을 때는 통증이 생겨나 괴로움을 겪습니다. 업이 좋지 않거나 조건이 적당하지 않은 이들이라면 중병에 걸려 극심한 괴로움을 겪어야 합니다. 죽고 싶을 만큼 힘든 고통에 신음하기도 합니다. 일부는 느낌이 괴롭히는 충격을 견디지 못해 스스로 목숨을 끊기도 합니다. 그렇게 몸의 고통이 괴롭힐 때는 느낌만 괴롭히는 것이 아닙니다. 물질도 느낌의 바탕이 되므로 괴롭히는 것이라고 말해야 합니다. 그래서 물질이 괴롭히는 모습을 설명할 때도 여러 괴로운 느낌과 함께 괴롭히는 모습을 설명했습니다. 물질이 괴롭히는 모습은 느낌이 괴롭힌다는 내용에도 포함됩니다.

그리고 정신적 고통cetasikadukkha, 즉 마음의 고통이라는 느낌은 물질의 도움 없이도 괴롭힙니다. 어떻게 괴롭힐까요? 부모, 자식, 남편, 아내, 친척들이 죽거나 병에 걸리면 걱정과 슬픔이 생겨납니다. 이것은 정신적 고통이라는 느낌이 괴롭히는 것입니다. 재산을 잃거나 사업에 실패한 것을 연유로도 정신적 고통이 심하게 생겨나 괴롭힙니다. 그러한 마음의 고통 때문에 어떤 이들은 죽기까지 합니다. 의식주가 충분하지 않은 것, 친구와 헤어지거나 관계가 끊어지는 것, 기대하고 바라던

87 수행할 때 분명하게 경험한다.

것을 이루지 못하는 것 등으로도 정신적 고통이 심하게 생겨나 괴롭힙니다.

그리고 행복한 느낌도 그것이 있는 동안에는 지내기에 편안하고 좋습니다. 하지만 행복함이 사라졌을 때는 그것을 그리워하며 마음이 불편하고 좋지 않습니다. 마치 야차녀가 자신의 미모에 빠져들게 해서 괴롭히는 것과 마찬가지입니다.[88] 사람들은 행복한 느낌을 갖추도록 항상 끊임없이 일하고 구하고 도모합니다. 목숨을 버리면서까지 일하고 구하고 도모합니다. 그렇게 구하고 도모하기 때문에도 괴롭고 힘듭니다. 만일 정상적이지 않은 방법으로 구하다가 적발되면 처벌을 당하는 괴로움을 겪어야 합니다. 사악도에 떨어져서도 괴로움을 겪어야 합니다. 그래서 행복한 느낌도 결국에는 괴롭히는 것일 뿐입니다.

평온한 느낌은 행복함처럼 지내기에 편하기 때문에 그 평온함을 구족하기 위해 애쓰고 신경 쓰느라 괴로움을 겪어야 합니다. 그렇게 노력해서 평온을 갖춘다 하더라도 그 행복함과[89] 평온함은 항상 그대로 유지되지 않습니다. 그래서 새로 거듭 갖추기 위해 끊임없이 노력해야 합니다. 그렇게 끊임없이 노력해서 겪는 괴로움을 '형성 괴로움 saṅkhāradukkha'이라고 합니다.[90] 형성 괴로움 때문에도 괴롭힘을 당합니다. 지금까지 세 가지 느낌이 괴롭히는 모습을 간략하게 설명했습니다.

만약 느낌이 없다면 어떠한 몸의 괴로움이나 마음의 괴로움은 생겨날 수 없을 것입니다. 어떠한 괴로움도 괴롭힐 수 없습니다. 기둥이나

88 본서 pp.126~127 참조.

89 '행복한 느낌'을 '행복'이라고 표현하지 않고 '괴로움'과 대비되도록 '행복함'이라고 표현했다. '평온한 느낌'도 마찬가지로 '평온함'이라고 표현했다.

90 참고로 괴로운 느낌을 '고통 괴로움dukkhadukkha', 행복한 느낌을 '변화 괴로움vipariṇāmadukkha'이라고 한다. 『담마짝까 법문』, pp.232~236 참조.

벽, 바위, 땅을 생각해 보십시오. 그것들은 느낌이 없기 때문에 괴로워하지 않습니다. 칼로 자르고 쟁기로 파고 불로 지져도 기둥이나 벽, 바위, 땅은 어떠한 괴로움도 느낄 수 없습니다. 이것은 '느낄 수 있는 성품'인 '느낌'이 없기 때문입니다. 느낌과 결합된 물질·정신의 연속에는 여러 괴로움이 생겨나기 때문에 괴로움을 겪어야 합니다. 그래서 괴롭히는 그 느낌은 자신의 내부자, 자아가 아니라는 사실이 분명합니다.

느낌은 바라는 대로 되지 않는다

느낌은 마음대로 할 수 없습니다. 자신이 바라는 대로 되지 않습니다. 숙고해 보십시오. '좋은 봄과 좋은 들음만 생겨나기를'이라고 조정하고 바라더라도 그렇게 되지 않습니다. '좋은 맡음, 좋은 먹음, 좋은 닿음, 좋은 앎들만 생겨나기를'이라고 바라더라도 그렇게 되지 않습니다.[91] 그렇게 좋은 것들을 경험하고 느끼고 싶으면 좋은 형색을 구해서 보아야 합니다. 좋은 소리를 구해서 들어야 합니다. 좋은 냄새를 구해서 맡아야 합니다. 좋은 음식, 좋은 감촉을 구해서 사용해야 합니다. 그렇게 보고 듣고 맡고 사용해서 좋은 형색 등을 느끼더라도 잠깐일 뿐입니다. 시간이 지나면 그 좋은 대상들은 사라져 버립니다. 그때는 '좋은 봄' 등도 다시 사라집니다. 그래서 '좋은 봄 등 좋은 것들만 생겨나기를. 좋은 것들이 사라지지 않기를'이라고 바라더라도 그렇게 되지 않습니다.

좋은 형색이 사라졌을 때는 나쁜 형색과 만나 괴롭습니다. 나쁜 형색보다 나쁜 소리가 더욱 받아들이기 힘듭니다. 그보다 나쁜 냄새가 더

91 ㉻'좋은 형색만 보기를. 좋은 소리만 듣기를. 좋은 냄새만 맡기를. 좋은 맛만 보기를. 좋은 감촉만 닿기를'이라는 뜻이다.

욱 받아들이기 힘듭니다. 그보다 나쁜 맛이 더욱 받아들이기 힘듭니다. 독이 든 음식을 먹으면 죽을 정도로 고통과 괴로움을 겪는다는 사실을 앞에서 언급했습니다. 나쁜 맛보다 나쁜 감촉이 더욱 받아들이기 힘듭니다. 가시에 찔려서, 그루터기에 부딪혀서, 넘어지고 굴러서, 나무나 칼에 찔리거나 총에 맞아서, 불에 타서, 심한 병에 걸려서 경험하게 되는 나쁜 감촉들은 더욱 받아들이기 힘듭니다. 죽음에 임박해서는 너무 아픈 나머지 비명을 지르거나 통곡하기도 합니다. 죽을 정도로 아프게 해서 괴롭히는 경우도 있습니다. 이것은 모두 나쁜 느낌들입니다. 그렇게 '나쁜 느낌들이 생겨나지 않기를'이라고 바꿀 수 없습니다. 이것이 바로 마음대로 되지 않는 성품입니다. 그렇게 자신이 바라는 대로 되지 않고, 마음대로 되지 않는 느낌을 자신의 내부자, 자아라고 어떻게 말할 수 있겠습니까? 그래서 그러한 느낌을 자신의 내부자, 자아라고 집착하는 것은 옳지 않습니다.

지금까지 언급한 것은 인간 세상의 느낌과만 관련된 것입니다. 사악도의 느낌은 더욱 심합니다. 소, 닭, 돼지 등 축생들을 숙고해 보십시오. 축생들은 거의 언제나 나쁜 감촉과 닿아 느낌의 괴롭힘을 당해야 합니다. 괴로운 느낌으로부터 보호하거나 좋은 느낌으로 바꿔 줄 이도 없습니다. 참지 못할 정도로 심한 고통과 괴로움을 당해야 합니다. 축생들보다 아귀들이 더욱 괴롭습니다. 아귀들보다 지옥 중생들이 더욱 괴롭습니다. 범부라면 "그러한 괴로움들은 나와 관계없다"라고 말할 수 없습니다. 성자의 단계에 도달하기 전에는 그러한 축생, 아귀, 지옥의 고통과 언제든지 만날 수 있습니다. 그렇게 태어나는 곳마다 그 생에서 느낌이 괴롭히기 때문에 느낌을 각자 중생들의 내부자, 자아라고 말할 수 없습니다. '그러한 나쁜 느낌들이 생겨나지 않기를'이라고 조정하거나 마음대로 할 수 없습니다. 각각의 조건에 따라 원하지 않는 느낌이 계속 생겨납니다. 마음의 괴로움들도 원하지 않아도 계속 생겨납니다. 이것이 바로 원하는 대로 되지 않는 성품, 마음대로 되지 않는 성품입니다. 중생들은 각자의 상속에서 생겨나는 느낌들을 마음대로 할 수 없습니다. 그렇게 마음대로 할 수 없기 때문에도 무아라고 해야 합니다. 자신의 내부자, 자아, 영혼, '나'가 아니라는 뜻입니다. 이 성전 내용의 간략한 해석을 독송합시다.

> 비구들이여, 느낌은 자기의 내부자, 실체, 자아가 아니다.
> 만약 느낌이 자아라면
> 느낌은 자신을 괴롭히기 위한 것이 아니어야 한다.
> 또한 '나의 느낌이 이렇게 좋게만 되기를,
> 이렇게 나쁘게는 되지 않기를'이라고
> 느낌에 대해 조정하고 마음대로 할 수도 있어야 한다.
>
> 사실 느낌은 자기의 내부자, 실체, 자아가 아니다.
> 실로 자아가 아니기 때문에
> 느낌은 자신을 괴롭히기 위한 것이기도 하다.
> 또한 '나의 느낌이 이렇게 좋게만 되기를,
> 이렇게 나쁘게는 되지 않기를'이라고
> 느낌에 대해 조정하고 마음대로 할 수도 없다.

부처님의 성전 가르침 그대로 자신의 상속에서 생겨나는 느낌은 자신을 괴롭히기 때문에, 또한 자신의 바람대로 조정할 수 없고 마음대로 할 수 없기 때문에 자신의 내부자, 자아가 아니라는 것이 매우 분명합니다. 하지만 일반 사람들은 '내가 행복하다가 괴롭게 됐다. 내가 괴롭다가 상황이 좋아져 행복하게 됐다'라고 집착합니다. 이 자아집착을 완전히 제거하는 것은 매우 어렵습니다.[92] 부처님께서 설법하신 대로 중도의 실천majjhimapaṭipadā이라는 새김확립 위빳사나 방법을 통해 느낌이 생겨날 때마다 관찰하여 스스로의 지혜로 알아야만 자아집착을 제거할 수 있습니다. 이제 수행자들이 느낌을 관찰하여 자아집착을 제거하는 모습을 설명하겠습니다.

위빳사나 관찰 모습은 이미 제1강에서 간략하게 설명했습니다.[93] 그 설명에 따라 〈부푼다, 꺼진다; 앉음, 닿음〉 등으로 관찰하고 있는 수행자라면 몸에서 아픔이나 뻐근함, 뜨거움 등 받아들이기 힘든 괴로운 느낌이 생겨나면 그것에 집중해서 〈아픔, 아픔; 뻐근함, 뻐근함; 뜨거움, 뜨거움〉 등으로 관찰하고 새겨야 합니다. 삼매와 지혜의 힘이 아직 좋아지지 않은 때라면 그렇게 관찰했을 때 더욱 아프기도 합니다. 더욱 뻐근하기도 합니다. 더욱 뜨거워지기도 합니다. 하지만 참을 수 있는 만큼 참고서 관찰하던 그대로 관찰해 나가야 합니다.[94] 삼매와 지혜의 힘이 좋아졌을 때라면 〈아픔, 아픔〉 등으로 관찰하는 바로 그 사이에 아픔 등 괴로운 느낌이 차츰 사라져 버리기도 합니다. 삼매와 지혜

92 ㉻자아집착을 제거하기 어려운 이유는 보고 듣고 맡고 먹고 닿고 생각할 때 관찰하지 않으면 어리석음이 바른 성품을 뒤덮고, 그것에 따라서 사견이 '내가 본다. 내가 듣는다'라는 등으로 집착하기 때문이다. 다르게 표현하면 집착하는 인식과정이 이어서 빠르게 생겨나기 때문이다. 또한 자아로 집착한 기간이 오래 됐기 때문이라고, 시작을 알 수 없는 과거로부터 집착해 왔기 때문이라고도 말할 수 있다.

93 본서 pp.73~75 참조.

94 ㉻참지 못하고 바로 자세를 바꾸거나 긁는 동작을 하면 새김이 끊어진다. 고통을 참을 수 있는 수행자라면 그 고통이 사라질 때까지 관찰하고, 그렇지 않은 경우는 10번이나 15번 정도까지 고통을 관찰한 뒤 다시 원래 주제인 부풂과 꺼짐을 관찰했다가 다시 아픔이 분명하면 그 고통을 관찰해도 된다. 도저히 참을 수 없으면 자세를 바꾸려는 마음을 먼저 관찰하고 천천히 자세를 바꾸면서 그 동작을 관찰해야 한다.

의 힘이 매우 강해졌을 때는 집중해서 관찰하면 마치 그 괴로운 느낌을 잡아다가 내동댕이치는 듯 단번에 사라져 버리기도 합니다. 그렇게 즉시 사라져 버리면 그러한 괴로운 느낌들은 다시 드러나지 않은 채 없어져 버립니다.[95]

이것이 바로 깨달음 구성요소의 가르침을 듣고서 마하깟사빠Mahā-kassapa 존자 등에게 질병으로 인한 느낌들이 사라져 버린 모습이라고 말할 수 있습니다.(S46:14~16) 하지만 삼매와 지혜의 힘이 아직 좋아지기 전에는 한 곳에서 괴로운 느낌이 사라져 버린 뒤에 다른 곳에서 다른 종류의 괴로운 느낌이 다시 생겨나기도 합니다. 그 느낌을 관찰해서 느낌이 사라지더라도 다른 곳에서 다시 새로운 종류의 느낌이 생겨납니다. 이러한 방법으로 괴로운 느낌을 거듭 관찰했을 때 "느끼는 느낌이 괴롭히고 있는 것이구나. '받아들이기 힘든 느낌들이 생겨나지 않기를'이라고 조정하거나 마음대로 할 수도 없구나. 지배할 수 없구나. 그래서 좋은 것이든 나쁜 것이든 그 모든 느낌은 내부자, 자아, '나'가 아니구나. 무아의 성품법일 뿐이구나"라고 스스로의 지혜로 이해하고 알고 보게 됩니다.[96] 이것이 진짜 무아 거듭관찰의 지혜anattānupassanā ñāṇa입니다.[97]

95 ㊞이렇게 관찰해서 제거돼야 다시 생겨나지 않는다. 아프다고 자세를 바로 바꾸면 당장은 괴로운 느낌이 생겨나지 않는다. 하지만 시간이 지나면 다시 또 괴로운 느낌이 생겨난다. 관찰하지 않고 대상을 바꾸거나 자세를 바꾸거나 해서 사라진 괴로운 느낌들은 다시 또 생겨나기 마련이다.

96 ㊞정리하면 괴로운 느낌을 관찰해서 사라지지 않더라도 '마음대로 할 수 없는 법이어서 무아구나'라고 알 수 있다는 뜻이다.

97 ㊞괴로운 느낌이 나쁜 것만은 아니다. 괴로운 느낌이 분명할 때는 졸음이나 망상도 없다. 잘 관찰하면 삼매도 빨리 성숙된다. 특히 위빳사나 지혜가 성숙한 단계에서도 괴로운 느낌이 많이 생겨날 때가 있는데, 이때 잘 관찰하면 '이렇게 계속 아프고 괴로운 물질과 정신이 없는 성품에 도달하면 좋으리라'라고 물질과 정신이 완전히 사라진 성품 쪽으로 마음이 기울어진다. 괴로운 느낌이 '내가 없는 곳으로 빨리 가라'라고 보내주는 것이라고 할 수 있다. 따라서 괴로운 느낌이 생겨났을 때 싫어하지 말고 생겨나는 대로 관찰해야 한다.

관찰해서 괴로운 느낌이 사라져 버린 수행자의 경우에도 "괴로운 느낌이 생겨나고 있을 때 괴롭혔던 것도 분명하게 경험했다. 사라져 버린 것도 '사라지기를'이라고 단지 기원하거나 명령하는 것만으로 사라진 것이 아니었다. 관찰하는 삼매와 지혜의 힘 때문에 조건이 형성되어 사라져 버린 것이었다. 마음대로 할 수 없는 성품법일 뿐이다"라는 것을 알게 됩니다. 그래서 '좋은 것이든 나쁜 것이든 느끼는 느낌은 조건에 따라 생겨나고 있는 성품법일 뿐이다. 자아나 나가 아닌 무아의 성품법일 뿐이다'라고 스스로의 지혜로 알고 보게 됩니다. 또한 관찰할 때마다 계속해서 좋고 나쁜 그 느낌들이 생겨나서는 즉시 사라져 버리는 것을 경험하기 때문에도 무아의 성품법일 뿐이라고 알게 됩니다.

그리고 생멸의 지혜 등에 도달해서 새김이 특별히 좋아졌을 때라면 관찰도 잘 되어 앉기에도 편해집니다. 그렇게 좋은 것은 특별히 행복한 느낌sukhavedanā입니다. 그 행복한 느낌이 사라지지 않고 계속 생겨나기를 바랍니다. 하지만 삼매와 지혜의 힘이 무너졌을 때 그렇게 좋은 느낌은 더 이상 없습니다. 다시 그 좋은 느낌을 생겨나게 하고자 해도 생겨나지 않기도 합니다. 그것도 '자신의 바람대로 되지 않는 성품이다. 마음대로 할 수 없는 성품이다. 그렇게 마음대로 할 수 없기 때문에도 느낌은 자기의 내부자, 자아가 아니다. 무아의 성품법일 뿐이다'라고 수행자가 스스로의 지혜로 알고 보고 이해하게 됩니다.

관찰할 때마다 계속해서 느낌이 사라져 버리는 것을 경험하기 때문에도 무아의 성품법일 뿐이라는 사실을 수행자는 분명하게 알게 됩니다. 처음 관찰을 시작한 수행자는 뻐근함, 뜨거움, 아픔, 가려움 등 몸의 고통과 괴로움을 경험하게 됩니다. 때때로 언짢음, 두려움 등 마음의 고통과 괴로움도 경험하게 됩니다. 그렇게 경험하는 고통스러운 느낌도 관찰해야 합니다. 괴로운 느낌이 생겨날 때는 행복하고 좋은 느낌은 없습니다. 그것도 알게 됩니다. 때때로 몸에서 특별히 좋은 몸의 행복함도 경험하게 됩니다. 관찰해서 좋을 때는 방금 설명했던 마음의 특별한 행복함도 경험하게 됩니다. 기뻐할 만한 내용을 숙고했을 때 기뻐하는 행복함도 경험합니다. 그렇게 경험하는 행복한 느낌도 관찰하고 있어야 합니다. 그렇게 관찰하고 있으면 행복한 느낌이 생겨날 때 괴로운 느낌은 없다는 사실도 알게 됩니다. 일반적으로는 괴로움과 행복함으로 분명하지 않고 부푸는 것, 꺼지는 것 등 보통인 몸의 감촉과 보통의 생각들만 관찰하는 경우가 많습니다. 이것은 평온함이 분명한 성품입니다. 그때는 행복함과 괴로움을 경험하지 못합니다. 그래서 좋지도 않고 나쁘지도 않은 채 보통인 상태에는 괴로움도 없고 행복함도 없다고 수행자가 알게 됩니다. 이렇게 알기 때문에 '느낌은 자신의 순간과 차례에 따라서 생겨나서는 계속해서 사라져 버리기 때문에도 항상 그대로 유지된다고 생각하는 자아, 나가 아니다'라는 사실을 스스로의 지혜로 알고 보고 이해하게 됩니다. 그렇게 알고 보고 이해하도록 부처님께서 설해 놓으신 「디가나카숫따Dīghanakhasutta(디가나카 경)」를 첨가해서 설명하고자 합니다. 그리고 이와 관련된 내용으로 사리뿟따 존자가 법을 얻는 모습도 설명하겠습니다.

사리뿟따 존자가 법을 얻는 모습과 수행하는 모습

나중에 사리뿟따Sāriputta 존자로 불릴 우빠띳사Upatissa와 마하목갈라나Mahāmoggallāna 존자로 불릴 꼴리따Kolita는 늙지 않고 병들지 않고 죽지 않는 법을 구하기 위해 산자야Sañjaya 문하에서 유행자로 출가했습니다. 산자야의 교리를 며칠 만에 정통한 뒤 그 스승의 교리에는 아무런 진수가 없다는 사실을 알게 되어 우빠띳사와 꼴리따 유행자는 잠부디빠Jambudīpa[98] 전역을 다니면서 바른 법을 구했습니다. 하지만 어디에서도 바른 법을 찾지 못해 다시 라자가하 성으로 돌아왔습니다. 그때 우빠띳사는 오비구 중에 제일 어렸던 앗사지Assaji 존자가 탁발하는 모습을 보고서 존자의 뒤를 따라갔습니다. 그리고 앗사지 존자가 공양을 드시도록 자리를 깔아 드리고, 자신의 물주머니에서 물도 올렸습니다. 존자가 공양을 마쳤을 때 존자의 스승은 누구인지, 그 스승은 어떠한 법을 설하는지 물었습니다. 앗사지 존자는 자신의 스승은 정등각자 부처님이시고, 자신은 부처님의 교법에 입문한 지 얼마 되지 않아 법을 조금만 설할 수 있다고 대답했습니다. 그러자 우빠띳사는 "설하실 수 있는 만큼 조금이라도 법을 설해 주십시오. 자세한 것은 스스로 유추해서 알 수 있습니다"라고 말했습니다. 그러자 앗사지 존자는 다음과 같이 설했습니다.

Ye dhammā hetuppabhavā, tesaṁ hetuṁ tathāgato āha;
Tesañca yo nirodho, evaṁvādī mahāsamaṇo. (Vin.iii.51)

해 석

어떤 법들은 원인에서 생겨나니
그것들의 원인을 여래께선 설하시네.
그것들의 소멸도 설하시나니
대사문은 이와 같이 설법하시네.

98 인도를 말한다.

대 역

Ye dhammā어떤 법들은; 괴로움의 진리에 해당하는 법들은 hetuppabhavā원인이라는 처음 시작이 있다네; 생겨남의 진리라는 원인이 처음 시작이라네. tesaṁ그것들의; 원인이 처음 시작인 그 괴로움의 진리라는 결과법들의 hetuṁ원인을; 원인인 생겨남을 tathāgato여래께서는; 나의 스승이신 부처님께서는 āha말씀하신다네; 설하신다네. tesaṁ그것들의; 그 원인과 결과법들의 yo nirodho어떤 소멸이; 어떤 소멸됨, 소멸된 곳인 열반이 《atthi》있는데 tañca그것도; 그 소멸됨, 소멸된 곳인 열반도 āha설하신다네. mahāsamaṇo대사문은; 위대한 사문인 나의 스승이신 부처님께서는 evaṁ vādī이와 같이 설법하시네.

앗사지 존자가 설한 내용은 매우 간략합니다. "원인 때문에 생겨난 결과법들이 있다. 그 결과법들의 원인법을 나의 스승이신 부처님께서는 설하신다"라고 듣는 것만으로 나중에 사리뿟따 존자라고 불릴 우빠띳사는 수다원 도와 과에 도달하여 수다원이 됐다고 합니다. 매우 빨랐습니다. 지금 수행자들은 밤낮으로 수행한 지 하루가 지나도 특별한 진전이 없습니다. 7일 정도 지나면 물질과 정신의 생멸, 무상과 괴로움과 무아의 성품을 겨우 알기 시작합니다. 대부분 한 달이나 한 달 반 이상 지나야 수다원 도와 과에 도달했다고 믿을 정도의 상태가 됩니다. 일부는 두 달, 석 달이 지나야 그러한 단계에 도달했다고 생각되는 상태가 됩니다.[99]

99 ㊞석 달이 걸리더라도 수다원이 된다면 그 이후로는 사악도에 떨어지지 않고 선처에서 윤회하다가 아무리 많아도 일곱 생 안에 아라한이 돼 윤회에서 완전히 벗어난다. 그래서 출세간의 재산을 구하는 것은 매우 가치 있는 일이라고 할 수 있다. 반면에 세간의 재산은 한 번 구해서 누리면 사라져 버리기 때문에 다시 구하기 위해 거듭 애쓰면서 괴로움을 겪어야 한다.

우빠띳사가 이렇게 빠르게 특별한 법을 얻게 된 것은 이전 여러 생에서 도와 과에 거의 도달할 정도로 위빳사나 수행을 닦아 왔기 때문입니다. 그 이전의 여러 생에서 이미 도와 과에 도달할 수 있었지만 상수제자aggasāvaka가 되길 서원했고, 그래서 나중에 상수제자가 될 것이기 때문에 그 당시에 도와 과에 도달하지 않았던 것입니다.[100] 지금은 마지막 생이기 때문에 이전에 수행했던 위빳사나의 여세로 짧은 시간 안에 즉시 위빳사나 지혜가 차례대로 향상돼 수다원 도와 과에 도달한 것입니다. 들은 법문은 매우 짧았지만 위빳사나 지혜, 도의 지혜가 생겨나기에 필요한 조건은 다 포함됐습니다. 포함된 모습은 다음과 같습니다.

부처님의 가르침을 아직 듣지 못한 사람들은 자기 자신을 한평생 그대로 살아 있는 자아, 나라고 생각합니다. 그 자아라는 것은 조건 때문에 지금에서야 새로 생겨난 것이 아니라, 항상 그대로 무너지지 않고 유지된다고 생각합니다. 앗사지 존자가 드러내어 설법한 부처님의 가르침에 자아라는 것은 없습니다. 앗사지 존자는 생겨남의 진리인, 애착하고 들붙는 갈애라는 원인 때문에 생겨나는 결과인 물질과 정신, 즉 괴로움의 진리 정도만 있다는 사실을 드러내어 설명했습니다. 괴로움의 진리도 다른 어떠한 것이 아닙니다. 자신의 상속에 존재하고 있는 봄, 들림 등의 물질법과 정신법일 뿐입니다. 그래서 우빠띳사는 '자신의 생과 자신을 애착하고 들러붙는 갈애 때문에 재생연결을 시작으로 앎, 닿음, 봄, 들림 등의 결과법들, 즉 물질법과 정신법만 순간도 끊임

100 그 당시 수다원이 됐다면 나중에 고따마 부처님의 상수제자로서 아라한이 되지 못하기 때문이다. 상수제자가 되려면 1아승기 10만 대겁 동안 바라밀을 닦아야 하는데 수다원이 되면 그 전에 아라한이 돼 완전열반에 든다.

없이 생겨나고 있다'라고 이해하고서 그렇게 법문을 들을 때 분명하게 생겨나고 있는 법들을 관찰하여 위빳사나 지혜를 생겨나게 했고, 한순간에 수다원 도와 과에 도달했다고 알아야 합니다.

그렇게 수다원이 됐을 때 우빠띳사는 부처님께서 머무시는 장소를 물은 뒤 앗사지 존자에게 먼저 가시라고 하고, 자신도 나중에 부처님을 찾아뵙겠다고 말했습니다. 그 뒤 도반인 꼴리따를 찾아갔습니다. 꼴리따는 우빠띳사의 얼굴을 보고서 "어떤가? 도반이여, 죽음없음amata인 감로법을 얻었는가?"라고 물었습니다. 우빠띳사는 법을 얻었다고 장담한 뒤 그 동안 있었던 일을 말해 주었습니다. 그러면서 앗사지 존자가 설했던 게송을 독송하자 꼴리따도 수다원 도와 과에 도달하여 수다원이 됐습니다.[101]

그리고 두 사람은 부처님을 찾아뵙기 전에 이전의 스승이었던 산자야에게 가서 부처님께 같이 가자고 청했습니다. 하지만 산자야는 "그대들만 가라. 나는 따라가지 않겠다. 물을 받는 물항아리에서 물을 붓는 물항아리가 될 수는 없다"라고 거절했습니다.[102] 한 종파의 스승이었다가 이제 와서 다른 이의 제자가 될 수는 없다는 뜻이었습니다. 산자야가 거절하자 "스승이시여, 진짜 부처님께서 출현하셨기 때문에 많은 이가 부처님께 갈 것입니다. 스승님은 잘 숙고하십시오"라고 주의를 주며 말했습니다. 그러자 산자야는 다음과 같이 말했습니다.

101 ㊞태자라면 '언젠가 왕이 되리라'라고 기대할 수 있지만 다리 밑에서 잠을 자며 구걸하는 이는 그러한 생각조차 하지 않는다. 마찬가지로 열심히 위빳사나 수행을 실천하는 수행자라면 이렇게 '누가 수다원이 됐다'라는 소식을 듣거나 읽으면 '나도 수다원이 되리라'라고 기대할 수 있다. 그러한 기대를 바탕으로 더 열심히 수행하게 된다. 수행을 전혀 하지 않는 사람이라면 이러한 생각조차 하지 않는다.

102 비구 일창 담마간다 편역, 『보배경 강설』, p.185 참조.

"그것 때문이라면 걱정할 것 없다. 세상에 지혜로운 사람과 어리석은 사람 중에 누가 더 많은가? 어리석은 자들이 더 많다. 그러니 지혜로운 이들은 사문 고따마에게 가더라도 많은 어리석은 이가 나에게 올 것이다. 그러니 그대들만 가라."[103]

요즘도 산자야와 비슷한 견해를 가진 가짜 스승, 사이비 스승들이 있습니다. 특히 주의해야 합니다.[104]

그 뒤 우빠띳사와 꼴리따는 그들을 뒤따르던 250명의 유행자와 함께 부처님께 갔습니다. 부처님의 가르침을 들은 유행자 250명은 모두 아라한이 됐습니다. 우빠띳사와 꼴리따, 그리고 250명의 유행자는 부처님께 출가를 청했습니다. 부처님께서는 "etha bhikkhave 오라, 비구들이여"라고 부르시며 '에히 비구'로[105] 출가시켜 주셨습니다. 그때부터 우빠띳사를 사리뿟따 존자라고, 꼴리따를 마하목갈라나 존자라고 불렀습니다. 그렇게 불교 교단에 출가한 뒤 계속 수행하여 마하목갈라나 존자는 7일째에 아라한이 됐습니다. 사리뿟따 존자는 음력 1월 보름날까지 '차례대로 법 관찰 위빳사나anupadadhammavipassanā'라는 위빳사나 관찰법을

103 ㉻레디 사야도에 따르면 부처님 당시 어떤 마을은 한 도시 전체가 육사외도의 가르침을 따랐다고 한다. 그래서 그 도시 전체 사람이 죽은 뒤에 마치 산 정상에서 떨어지듯이 지옥으로 떨어졌다고 한다. 미얀마 속담에 "사업실패 한 번 실패, 결혼실패 한 생 실패, 스승실패 윤회실패"라는 표현이 있다. 사업은 실패해도 다시 재기가 가능하다. 결혼에 실패하더라도 한 생 정도만이다. 현대의 기준으로는 반 생, 1/3생이라고도 표현할 수 있다. 하지만 스승을 잘못 만나면 윤회하는 오랫동안 고통을 겪어야 한다.

104 ㉻"바라밀이 없는이는 열반소리 매우쓰네"라는 표현이 있다. 이전에 부처님 법을 수행하거나 법문을 듣는 것 등의 바라밀이 없거나 부족한 이들에게는 '열반', '윤회윤전의 고통에서 벗어나기 위해서', '위빳사나' 등의 단어나 구절이 귀에 매우 쓰다. 미얀마어에서는 듣기 싫은 소리를 '귀에 쓰다'라고 표현한다. 듣고 싶어 하지 않는 것을 말한다.

105 수계자가 한 명일 때는 부처님께서 "ehi bhikkhu"라고 말씀하시고 여러 명일 때는 "etha bhikkhave"라고 복수형으로 말씀하신다. 하지만 이렇게 부처님께서 말씀하시는 것만으로 구족계를 받은 비구를 모두 '에히 비구'라고 말한다. '에히 비구'는 빠알리어 '에히'와 빠알리어 '빅쿠bhikkhu'를 우리말로 표현한 '비구'의 합성어이다.

통해 노력하는 중이었습니다.[106] 그 음력 1월 보름날에 산자야의 회상에 남았던 디가나카Dīghanakha라는 유행자가 다음과 같이 생각했습니다.

'삼촌인 우빠띳사는 다른 종파들에 갔을 때는 오래 지나지 않아 돌아오곤 했다. 지금 고따마 존자의 회상에 가서는 15일이 지났는데도 아무런 소식이 없다. 진짜 진수가 있는지 없는지 가서 살펴보리라.'

이렇게 숙고하고서 디가나카 유행자는 사리뿟따 존자가 있는 부처님의 회상으로 찾아갔습니다.

디가나카숫따

당시 부처님께서는 깃자꾸따Gijjhakūṭa 산의 라카따Rakhata 동굴에 머물고 계셨습니다. 사리뿟따 존자는 부처님 뒤에 서서 부채질을 해 드리고 있었습니다. 그때 디가나카 유행자가 부처님께 가까이 다가와서 기뻐할 만한, 기억할 만한 말로 인사를 한 뒤 다음과 같이 말했습니다.

Ahañhi, bho gotama, evaṁvādī evaṁdiṭṭhi - 'sabbaṁ me nakkhamatī'ti. (M74/ M.ii.165)

대 역

Bho gotama보시오, 고따마 존자여, ahaṁ나는 'sabbaṁ me nakkhamatī'ti'모든 것이 나에게는 받아들여지지 않는다'라는 evaṁvādī evaṁdiṭṭhi이와 같은 교리와 이와 같은 견해가 있소.

여기서 "sabbaṁ 모든 것"이란 새로운 생에 태어나는 모든 것을 뜻합

106 '차례대로 법 관찰 위빳사나'에 대해서는 『위빳사나 수행방법론』 제1권, pp.341~349 참조.

니다. 빠알리어에서 'khamati'라는 동사는 미얀마어와 조금 다르게 사용됩니다.[107] 미얀마어로 하자면 "나는 모든 것을 좋아하지 않는다"라는 견해를 가지고 있다는 말입니다. 어떠한 모든 것을 좋아하지 않는가 하면 새로운 생에 다시 태어난다는 모든 견해를 좋아하지 않는다는 뜻입니다. 구체적으로 말하자면 "죽은 뒤에 새로운 생에 태어난다는 모든 견해를 좋아하지 않는다"라는 말입니다. 하지만 그의 말에서 '모든 것을 좋아하지 않는다'라고 했기 때문에 자신의 단견도 좋아하지 않는다는 뜻이 되고 맙니다. 그래서 부처님께서 "'모든 것을 좋아하지 않는다'라는 그대의 견해도 좋아하지 않는가?"라고 되물으셨습니다.

"모든 것을 좋아하지 않는다는 견해를 좋아한다면 그 말도 마찬가지일 것입니다"라고 디가나카 유행자는 명확하지 않게 대답했습니다. 잘못된 견해에 집착하는 이들은 이와 같습니다. 자신의 견해, 자신의 말이 잘못된 것을 알면서도 어떤 식으로든 회피하며 말하곤 합니다.

그러자 그의 견해가 분명하게 드러나도록 부처님께서 "상주한다는 견해는 애착하기에[108] 가깝고, 들러붙기에 가깝고, 즐기기에 가깝고, 놓아버리지 않고 거머쥐기에 가깝고, 취착하기에 가깝다.[109] 단멸한다는 견해는 애착없음에 가깝고, 들러붙지 않음에 가깝고, 즐기지 않음에 가깝고, 거머쥐지 않음에 가깝고, 취착하지 않음에 가깝다"라고 말씀하셨습니다.[110]

---

107 'khamati'는 '받아들이다, 인정하다, 동의하다, 참다'라는 의미다.

108 '애착에'라고 번역할 수도 있으나 대응하는 구절들이 모두 동사라 '애착하기에'라고 표현했다.

109 Sārāgāya santike, saññogāya santike, abhinandanāya santike ajjhosānāya santike upādānāya santike.(M.ii.164)

110 반대되는 이 내용은 다른 경에 나온다. Asārāgāya santike, asaṁyogāya santike, anabhinandanāya santike, anajjhosānāya santike, anupādānāya santike.(M.ii.165)

부처님의 이러한 말씀에 디가나카 유행자는 "저의 견해를 사문 고따마께서 치켜세워 주시는군요"라고 말했습니다. 부처님께서는 상주한다는 견해와 단멸한다는 견해의 허물과 덕목을 사실대로 설하신 것입니다. 상주한다는 견해를 가진 이들은 다음의 여러 생에서 괴롭지 않도록 불선을 두려워하여 삼가고 선을 행합니다. 하지만 윤전의 행복은 즐기고 있습니다. '자아나 중생은 절대로 무너지지 않는다. 항상 그대로 유지된다'라는 상주론을 버리기란 매우 어렵다고 주석서에서 설명해 놓았습니다.(MA.iii.143) 그래서 불자라고 장담하는 이들 중에서도 '자아라는 것은 없다. 물질과 정신의 연속만 존재한다. 아라한에게는 갈애가 다했기 때문에 완전열반의 죽음 다음에 새로운 생에 물질·정신 무더기가 다시 생겨나지 않는다. 물질·정신의 연속인 괴로움이 완전히 끊어져 버린다'라는 가르침을 이해하지 못해 받아들이지 않기도 합니다. 그러한 이들은 완전열반에 든 이후에도 특별한 물질, 특별한 정신이 있는 것을 더욱 좋아하기도 합니다. 그래서 이 구절에 대해 주석서에서는 다음과 같이 설명해 놓았습니다.

Ettha ca sassatadassanaṁ appasāvajjaṁ dandhavirāgaṁ, ucchedadassanaṁ mahāsāvajjaṁ khippavirāgaṁ. Kathaṁ? (MA.iii.143)[111]

해석

또한 여기서 상견은 허물은 작고 애착을 버리기에는 더디다. 단견은 허물은 크고 애착을 버리기에는 빠르다. 어떻게 그러한가?

111 빠알리어 원문은 역자가 첨가했다.

Sassatavādī hi idhalokaṁ paralokañca atthīti jānāti, sukatadukkaṭānaṁ phalaṁ atthīti jānāti, kusalaṁ karoti, akusalaṁ karonto bhāyati, vaṭṭaṁ assādeti, abhinandati. Buddhānaṁ vā buddhasāvakānaṁ vā sammukhībhūto sīghaṁ laddhiṁ jahituṁ na sakkoti. Tasmā taṁ sassatadassanaṁ appasāvajjaṁ dandhavirāganti vuccati.

(MA.iii.143)

대 역

Sassatavādī hi상견을 가진 자는 idhalokaṁ paralokañca atthīti jānāti'이 세상과 저 세상이; 현생과 다음 생이 있다'라고 안다. sukatadukkaṭānaṁ phalaṁ atthīti jānāti'선행과 악행의 결과가; 좋은 결과와 나쁜 결과가 있다'라고 안다. kusalaṁ karoti선을 행한다. akusalaṁ karonto bhāyati불선을 행하면서; 행하는 것을 두려워한다. vaṭṭaṁ assādeti윤전을; 윤전의 행복을 즐긴다. abhinandati좋아한다. buddhānaṁ vā부처님들이나 buddhasāvakānaṁ vā부처님의 제자들과 sammukhībhūto대면하더라도 sīghaṁ laddhiṁ jahituṁ na sakkoti얻은 것을; 견해를 빠르게 버리지 못한다. tasmā taṁ sassatadassanaṁ그래서 그 상견을 appasāvajjaṁ dandhavirāganti vuccati'허물은 작고 애착을 버리기에는 더디다'라고 말한 것이다.

반면에 단견을 가진 자에 대해서는 주석서에서 다음과 같이 설명했습니다.

Ucchedavādī pana idhalokaparalokaṁ atthīti na jānāti, sukatadukkaṭānaṁ phalaṁ atthīti na jānāti, kusalaṁ na karoti, akusalaṁ karonto na bhāyati, vaṭṭaṁ na assādeti, nābhinandati, buddhānaṁ vā buddhasāvakānaṁ vā sammukhībhāve sīghaṁ dassanaṁ pajahati. Pāramiyo pūretuṁ sakkonto buddho hutvā, asakkonto abhinīhāraṁ katvā sāvako hutvā parinibbāyati. Tasmā ucchedadassanaṁ mahāsāvajjaṁ khippavirāganti vuccati. (MA.iii.143)[112]

대 역

Pana반면에 ucchedavādī단견을 가진 자는 idhalokaṁ paralokañca atthīti na jānāti'이 세상과 저 세상이; 현생과 다음 생이 있다'라고 알지 못한다. 《다른 세상에서 이 세상으로 올 수 있다는 것도 모르고 현생에서 다음 생으로 도달할 수 있다는 것도 모른다는 뜻이다.》 sukatadukkaṭānaṁ phalaṁ atthīti na jānāti'선행과 악행의 결과가; 좋은 결과와 나쁜 결과가 있다'라고 알지 못한다. kusalaṁ na karoti 선을 행하지 않는다. akusalaṁ karonto na bhāyati불선을 행하면서 두려워하지 않는다. 《불선을 행하는 것을 두려워하지 않는다는 뜻이다.》 vaṭṭaṁ na assādeti윤전을; 윤전의 행복을 즐기지 않는다. nābhinandati좋아하지 않는다. 《그렇게 즐기지 않고 좋아하지 않는 것은 다음 생이 없다고 믿기 때문이다.》 buddhānaṁ vā부처님들이나 buddhasāvakānaṁ vā부처님의 제자들과 sammukhībhāve대면하면 sīghaṁ dassanaṁ pajahati빠르게 견해를 버린다. Pāramiyo pūretuṁ sakkonto바라밀을 쌓는 것이 가능하다면 buddho hutvā붓다가 된 뒤 asakkonto(정등각자 부처님이 되기 위해 바라밀을 쌓는 것이) 가능하지 않다면 abhinīhāraṁ katvā서원을 세워 sāvako hutvā제자가 된

112 빠알리어 원문은 역자가 첨가했다.

뒤; 제자로서 아라한이 된 뒤 parinibbāyati완전열반에 든다. tasmā ucchedadassanaṁ그래서 그 단견을 mahāsāvajjaṁ khippavirāganti vuccati'허물은 크나 애착을 버리기에는 쉽다'라고 말한 것이다.[113]

디가나카 유행자는 부처님의 의도를 이해하지 못했기 때문에 '죽으면 아무것도 존재하지 않는다'라고 견지하는 자신의 견해를 부처님께서 지지한다고 생각해서 "저의 견해를 치켜세워 주시는군요"라고 말했던 것입니다. 그러자 부처님께서는 디가나카 유행자가 자신의 견해를 버리도록 모든 것을 좋아한다는《받아들인다는, 인정한다는》 상주론 sassatavāda, 모든 것을 좋아하지 않는다는《받아들이지 않는다는, 인정하지 않는다는》 단멸론ucchedavāda, 일부만 좋아하고 일부는 좋아하지 않는다는 일부상주론ekaccasassatavāda이라는[114] 세 가지 교리를 분석하여 설하셨습니다. 간략하게 말하자면 이 세 가지 교리 중에서 어느 한 가지를 믿고 고집하면 다른 교리 두 가지를 가진 자들과 논쟁하게 되고, 논쟁하면 마음의 괴로움이 생겨나고, 마음의 괴로움이 생겨나면 피곤하게 될 여지가 있기 때문에 그러한 세 가지 교리 모두를 버리는 것이 적당하다고 설하셨습니다.

여기서 "'부처님의 가르침에 의하면 업에 따라 다음 여러 생에 태어나야 한다'라는 견해도 상주론과 동일하지 않은가?"라고 질문할 수 있습니다. 동일하지 않습니다. 무엇 때문인가 하면, 업에 따라 새로운 생에 태어나야 한다는 부처님의 가르침은 자아라는 것이 옮겨간다는 뜻이 아닙

113 저본에는 해석만 돼 있으나 대역으로 설명했다. 저본에서는 뒷부분을 "바라밀을 쌓고 실천할 수 있다면 부처님이나 아라한이 되어 완전열반에 들 수 있다"라고만 해석했다.

114 일부상주론에 대해서는 본서 p.65 참조.

니다. 현생의 물질·정신 어느 하나도 옮겨 간다고 말하지 않습니다. 과거 업 때문에 새로운 생에 새로운 물질·정신이 생겨나는 것만을 뜻합니다. 상주론자의 견해는 현생에서 존재하고 있는 자아라는 바로 그것이 다음 새로운 생에 옮겨 간다고 말합니다. 그래서 동일하지 않다고 말한 것입니다.

또한 "'아라한이 완전열반에 들면 새로운 생에 물질·정신 무더기가 새로 생겨나지 않고 완전히 소멸해 버린다'라는 부처님의 가르침은 '죽은 뒤에 아무것도 존재하지 않는다'라는 단멸론과 동일하지 않은가?"라고 질문할 수 있습니다. 그것도 동일하지 않습니다. 단멸론에 따르면 '죽기 전에는 자아라는 것이 존재한다. 그러다 죽은 뒤에는 그렇게 존재하던 자아가 사라져 버린다'라고 말합니다. 또한 '그렇게 자아가 사라지는 것은 전혀 노력하지 않아도 저절로 사라져 버린다'라고 고집합니다. 그리고 물질론자rūpavāda 등은 자신들의 견해에 자아집착이 없다고 생각하고 있을지 몰라도 '죽은 뒤에는 아무것도 존재하지 않는다. 죽기 전에만 좋고 나쁜 것을 느낄 수 있다'라는 견해가 있기 때문에 '죽기 전에 느낄 수 있다'라는 그들의 집착은 자아집착일 뿐입니다. 부처님의 가르침에서는 아라한이 완전열반에 들기 전에도 끊임없이 생멸하고 있는 물질·정신의 연속만 존재합니다. 자아라고는 전혀 없습니다. 완전열반에 든 뒤 새로운 물질·정신이 더 이상 생겨나지 않고 끊어져 버린다는 것도 저절로 끊어져 버리는 것이 아닙니다. 성스러운 도의 위력 때문에 번뇌와 업이라는 원인법들이 소멸한 성품입니다. 원인법이 소멸하기 때문에 결과법인 새로운 물질·정신이 생겨나지 않고 끊어지는 것입니다. 그래서 부처님의 가르침에서 완전열반에 든 뒤 소멸하는 모습과 단멸론자들의 견해에서 끊어지는 모습은 같지 않습니다. 크게 다르다고 기억해야 합니다.

그리고 "상주론자들이 단멸론자들과 논쟁하는 것처럼 거룩하신 부처님의 무아교리를 가진 이가 자아교리를 가진 이와 논쟁하면 안 되는 것 아닌가?"라고 질문할 수도 있습니다. 바른 견해에 따라 말하고 설하는 것을 '논쟁한다'라고 말하면 안 됩니다. 바른 법을 많은 이가 알도록 설하고 뒷받침하는 것일 뿐입니다. "새것과 옛것이 바뀌면서 끊임없이 생겨나고 있는 물질·정신의 연속만 존재한다. 항상 그대로 유지되고 있는 자아라는 것은 없다"라는 무아의 교리는 정견, 바른 견해의 가르침입니다. 그 바른 견해의 가르침을 설하는 것은 논쟁하는 것에 해당되지 않습니다. 아직 알지 못하는 이들이 바른 법을 알도록 뒷받침하는 것에 해당됩니다. 그래서 무아의 교리라는 바른 견해를 가진 이의 경우에는 '논쟁할 여지가 있다'라고 말해서는 안 됩니다. 이점에 대해서 부처님께서 직접 설명하신 내용을 나중에 소개하겠습니다.[115]

앞서 설명한 대로 부처님께서는 상주론, 단멸론, 일부상주론이라는 세 가지 사견 모두를 버려야 한다는 사실을 분석해서 설하신 뒤에 자신의 몸에 대해 즐기고 애착하는 것을 버리도록 다음과 같이 설하셨습니다.

Ayaṁ kho panaggivessana, kāyo rūpī cātumahābhūtiko mātāpettikasambhavo odanakummāsupacayo aniccucchādanaparimaddanabhedanaviddhaṁsanadhammo, aniccato dukkhato rogato gaṇḍato sallato aghato ābādhato parato palokato suññato anattato samanupassitabbo. Tassimaṁ kāyaṁ aniccato … anattato samanupassato yo kāyasmiṁ kāyachando kāyasneho kāyanvayatā sā pahīyati. (M.ii.167)[116]

115 본서 pp.121~122 참조.

116 빠알리어 원문은 역자가 첨가했다.

해 석

악기웻사나여; 악기웻사나 가문인 디가나카 유행자여, 물질이고《변하고 무너지는 성품이 있고》, 네 가지 근본물질의 모임일 뿐이고, 부모에게서 생겨났고, 밥과 빵으로 성장했고, 무상하고 파괴되고 분쇄되고 무너지고 부서지기 마련인 법인《튼튼하지 않아 항상 발라 주고 문질러 주어야 하고, 그렇게 보살피더라도 무너지기 마련인 성품이 있는》 이 몸을 무상하다고, 괴로움이라고, 고질병이라고《고질병과 같다고》, 종기라고, 화살이라고, 죄악이라고, 몸살이라고, 남이라고, 부서진다고, 공하다고, 무아라고 관찰해야 한다. 그렇게 이 몸을 무상하다고 … 무아라고 관찰하면 몸에 대한 바람과 몸에 대한 애정과 몸에 복종함이 제거된다.[117]

이 구절에서 부처님께서는 물질 수행주제를 설하셨습니다. 이렇게 물질 수행주제를 설하신 뒤 정신 수행주제에 대해 세 가지 느낌을 분석하여 자세하게 설하셨습니다. 내용을 요약하면 다음과 같습니다.

악기웻사나여; 악기웻사나 가문인 디가나카 유행자여, 느낌에는 행복한 느낌과 괴로운 느낌과 괴롭지도 않고 행복하지도 않은 무덤덤한 느낌, 이렇게 세 가지가 있다. 행복한 느낌이 생겨나고 있는 중에는 괴로운 느낌이 없다. 무덤덤한 느낌도 없다. 괴로운 느낌이 생겨나고 있는 중에는 다른 두 가지 느낌이 없다. 무덤덤한 느낌이 생

117 몸에 대한 바람kāyachanda은 몸에 대한 갈애이고, 몸에 대한 애정kāyasneha은 몸에 대한 갈애를 동반한 애정이고, 몸에 복종함kāyanvayatā은 몸에 순종하는 번뇌kilesa를 말한다.(MA.iii.144) 『맛지마 니까야』 제3권, p.114 참조.

겨나고 있는 중에는 다른 두 가지 느낌이 없다. 그렇게 한 가지씩 만 생겨나기 때문에 행복한 느낌도, 괴로운 느낌도, 무덤덤한 느낌도 "aniccā", 무상한 것이고, "saṅkhatā", 형성된 것이고《관련된 조건들이 형성시켜 주어야 생겨나는 것이고》, "paṭiccasamuppannā", 조건생성된 것이고《관련된 조건들을 의지해서 생겨나는 것이고》,[118] "khayadhammā", 다하기 마련인 법이고《다하는 성품이 있고》, "vayadhammā", 사라지기 마련인 법이고《사라지는 성품이 있고》, "virāgadhammā", 빛바래기 마련인 법이고《빛바래는 성품이 있고》, "nirodhadhammā", 소멸하기 마련인 법이다《소멸하는 성품이 있다》.[119](M.ii.168)

지금 본승이 지도하는 대로 부풂과 꺼짐을 시작으로 생겨나고 있는 물질·정신을 끊임없이 관찰하고 있는 수행자들은 아픔이라는 괴로운 느낌이 생겨날 때 그 느낌에 집중해서 〈아픔, 아픔〉이라고 관찰해야 합니다. 마음의 불편함이 생겨날 때는 〈불편함, 불편함〉 등으로 관찰해야 합니다. 받아들이기에 좋은 느낌이 생겨날 때는 〈편안함, 편안함〉 등으로 관찰해야 합니다. 기쁠 때는 〈기쁨, 기쁨〉 등으로 관찰해야 합니다. 좋고 나쁜 것이 분명하지 않을 때는 분명한 물질이나 분

118 ㉯㉶이 구절은 "무상한 것이라고 알 수 있다. 형성된 것이라고 알 수 있다. 조건생성된 것이라고 알 수 있다"라는 뜻이다. 즉 생겨나는 순간의 느낌을 관찰하면서 아는 모습을 설명한 내용이다. 따라서 생겨날 때의 물질·정신을 관찰하고 있으면 연기paṭiccasamuppāda도 알 수 있다는 사실이 분명하다.

119 ㉯㉶이 구절도 마찬가지로 "다하기 마련인 법이라고 알 수 있다. 사라지기 마련인 법이라고 알 수 있다. 빛바래기 마련인 법이라고 알 수 있다. 소멸하기 마련인 법이라고 알 수 있다"라는 뜻이다. 이 내용을 통해 생겨나고 있는 느낌을 관찰하고 있으면 조건에 따라 새로 거듭 생겨나는 것도 알 수 있다는 사실, 즉시 사라져 버리고 없어져 버리는 것도 알 수 있다는 사실을 보여준다. 이 내용에 특히 주의해야 한다.

명한 마음을 관찰해야 합니다. 그렇게 관찰하고 있으면 좋고 나쁜 것을 느끼는 미세한 성품이 새로 거듭 생겨나는 모습도 분명합니다. 사라져 버리는 모습도 분명합니다. 비유하자면 우산을 쓰지 않은 채[120] 비를 맞으며 가는 이가 빗방울이 몸에 떨어져 내리는 모습, 사라져 버리는 모습을 분명하게 알 수 있는 것과 마찬가지입니다. 빗방울이 외부에서 떨어져 도달하는 것처럼 느낌도 외부에서 계속 떨어져 오듯이 분명합니다.[121] 그렇게 분명하게 알게 되면 느낌은 항상하지 않다는 것을 알게 됩니다. 순간도 끊임없이 생멸하고 있기 때문에 괴로운 법, 좋지 않는 법이라는 것도 알게 됩니다. 자신의 내부자, 자아가 아닌 무아의 성품법일 뿐이라는 것도 알게 됩니다. 그렇게 알기 때문에 'nibbidā'라는 염오의 지혜 등이 생겨나는 모습을 다음과 같이 설하셨습니다.

느낌을 관찰해 염오한다

> 악기웻사나여; 악기웻사나 가문인 디가나카 유행자여, 지금 말한 대로 세 가지 느낌을 무상 등의 양상으로 알고 보면 그는 '행복하다, 좋다'라는 행복한 느낌에 대해서도 염오한다. '괴롭다, 받아들이기 힘들다'라는 괴로운 느낌에 대해서도 염오한다. 좋지도 않고 나쁘지도 않은 중간의 느낌이라는 평온한 느낌에 대해서도 염오한다.(M.ii.168)

120 '숱을 두르지 않은 채'라는 원문을 의역했다.

121 ⓗ원래 존재하던 느낌이 그대로 무너지지 않고 드러나는 것이 아니라 원래는 전혀 존재하지 않다가 조건이 형성되는 그 순간에 새로운 느낌이 생겨나는 모습을 말한다.

이 구절에 특히 주의해야 합니다. 위빳사나 관찰을 하는 것은 넌더리치는 염오의 지혜를 생겨나게 하기 위해서입니다. 위빳사나 관찰을 통해 순간도 끊임없이 생멸하고 있는 성품법들을 스스로의 지혜로 경험하고 보아야만 무상 등의 양상을 확실하게 구분해서 알 수 있습니다. 그렇게 확실하게 구분해서 알아야 염오의 지혜가 생겨납니다. 지금 이 「디가나카숫따」에서는 물질법을 자세하게 분석해서 관찰하도록 따로 설명하지 않았습니다. 전체를 아울러 몸으로만, 물질로만 관찰하도록 설명했습니다. 이 내용에도 주의를 기울여야 합니다. 이 구절을 통해 물질을 아비담마 방법에 따라 자세하게 분석해서 관찰하지 않아도 염오의 지혜 등이 생겨날 수 있다는 사실을 기억해 두어야 합니다. 그리고 정신법을 관찰할 때도 세 가지 느낌만 설해 놓으셨습니다. 다른 마음, 마음부수 정신법들은 드러내어 설명하시지 않았습니다. 이 사실에도 주의해야 합니다. 그 구절을 통해서 세 가지 느낌을 생겨나는 순간에 관찰해서 아는 것만으로도 염오의 지혜 등이 생겨날 수 있다는 사실을 기억해 두어야 합니다. 그중에서도 괴로운 느낌 한 종류만 관찰해야 하는 것이 아닙니다. 생겨나는 세 가지 느낌 모두를 관찰해야 합니다. 세 가지 느낌 모두가 분명하게 생겨난다는 사실도 알고 이해해 두어야 합니다.[122] 그렇게 넌더리치는 염오의 지혜가 생긴 뒤 성스러운 도의 지혜, 과의 지혜, 반조의 지혜가 생겨나는 모습도 다음과 같이 설하셨습니다.

122 ㊞그렇다고 수행자가 선택해서 세 가지 느낌을 모두 관찰하는 것이 아니라 세 가지 느낌 중 어느 것이든 분명한 느낌을 관찰해야 한다.

염오해서 도와 과의 지혜가 생겨난다

Nibbindaṁ virajjati, virāgā vimuccati. Vimuttasmiṁ, vimuttamiti ñāṇaṁ hoti. 'Khīṇā jāti, vusitaṁ brahmacariyaṁ, kataṁ karaṇīyaṁ, nāparaṁ itthattāyā'ti pajānāti. (M.ii.168)

대 역

Nibbindaṁ염오하여; 염오하기 때문에 virajjati빛바랜다; 애착이 사라진다; 성스러운 도의 지혜가 생겨난다. virāgā빛바래어; 애착이 사라지기 때문에; 애착을 사라지게 하는 도의 지혜 때문에 vimuccati 해탈한다; 해탈하는 성스러운 과가 생겨난다. vimuttasmiṁ해탈하면 vimuttamiti'나는 해탈했다; 나의 마음은 해탈했다'라는 ñāṇaṁ hoti 지혜가 생겨난다. 'khīṇā jāti'새로운 생에 태어남은 다했다. vusitaṁ brahmacariyaṁ청정범행을 완수했다. kataṁ karaṇīyaṁ모든 할 바를 다 행했다. nāparaṁ itthattāyā'ti이 일을 위해; 도의 작용을 위해 더 이상 해야 할 것이 없다'라고 pajānāti숙고하여 안다.

이 구절을 통해 아라한이 된 뒤 반조의 지혜가 생겨나는 모습까지 보이셨습니다. 그렇게 아라한이 된 뒤 해탈한 이는 논쟁하지 않는다는 사실도 다음과 같이 설하셨습니다.

Evaṁ vimuttacitto kho, aggivessana, bhikkhu na kenaci saṁvadati, na kenaci vivadati, yañca loke vuttaṁ tena voharati, aparāmasaṁ. (M.ii.168)

대 역

Aggivessana악기웻사나여; 악기웻사나 가문인 디가나카 유행자여, evaṁ vimuttacitto bhikkhu이와 같이; 지금 말한 대로 마음이 해탈한 비구는; 모든 누출로부터 마음이 해탈한 비구는 na kenaci saṁvadati어느 누구와도 논의하지 않는다; 견해에 집착해서 말하지 않는다. na kenaci vivadati어느 누구와도 논쟁하지 않는다; 반대하면서 말하지 않는다. yañca loke vuttaṁ세상에서 통용되는 말을 aparāmasaṁ 집착하지 않고; 잘못되게 생각하지 않고 tena voharati사용할 뿐이다; '나, 그, 여자, 남자' 등 세상의 표현을 통해서도 《진짜 사실인 것으로》 그릇되게 사용하는 일이 없이 말한다.

그렇게 어느 누구와도 논쟁하는 일이 없는 것은 바른 법을 알고서 바른 법만 말하기 때문입니다. 이 사실을 『상윳따 니까야(무더기 상윳따)』「뿝파숫따Pupphasutta(꽃경)」에서 다음과 같이 설하셨습니다.

바른 말을 하는 이는 논쟁하는 것에 해당하지 않는다

Nāhaṁ, bhikkhave, lokena vivadāmi, lokova mayā vivadati. Na, bhikkhave, dhammavādī kenaci lokasmiṁ vivadati.

(S.ii.113/S22:94)

대 역

Bhikkhave비구들이여, ahaṁ나는; 나 여래는 lokena세상과; 여러 많은 사람과 na vivadāmi논쟁하지 않는다. lokova세상만이; 삿짜까 유행자, 웃띠야 유행자, 웨카낫사 유행자, 앗살라야나 젊은이,

우빨리 장자[123] 등 세상 사람들만이 mayā나와; 나 여래와 vivadati 논쟁한다. bhikkhave비구들이여, dhammavādī법답게 말하는 이는; 바른 법을 말하는 이는 lokasmiṁ세상에서 kenaci어느 누구와도 na vivadati논쟁하지 않는다; 사실을 말하기 때문에 논쟁하는 것이라고 말하지 않는다.

이 내용을 통해 부처님뿐만 아니라 어느 누구든 부처님의 바른 법을 말하고 설하는 이라면 상대편이 반박했을 때 그것에 대해 설명하고 있더라도 논쟁하는 것에 해당하지 않는다는 사실, 모르는 이에게 바른 것을 알고 이해하도록 도와주는 것에만 해당한다는 사실을 알 수 있습니다.

사리뿟따 존자가 아라한이 되는 모습

앞에서 설명한 대로 디가나카 유행자에게 부처님께서 세 가지 느낌을 관찰하는 모습과 그렇게 관찰하여 아라한이 되는 모습을 설하고 계실 때 사리뿟따 존자는 부처님의 뒤에 서서 부처님께 부채질을 해 드리고 있었습니다. 그렇게 부채질을 해 드리면서 세 가지 느낌에 대한 법문을 들어 수다원의 상태에서 아라한의 상태까지 도달하게 됐다고 합니다. 「아누빠다숫따Anupadasutta(차례대로 경)」에서는 초선정 등의 선정에 입정한 뒤 바로 다음에 그 선정 마음 등을 관찰해서 15일째 되는 날에 아라한 도와 과에 도달해 아라한이 됐다고 설명합니다.(M111) 「깔

123 삿짜까Saccaka 유행자와의 대화는 M35, 웃띠야Uttiya 유행자와의 대화는 A10:95, 웨카낫사Vekhanassa 유행자와의 대화는 M80, 앗살라야나Assalāyana 젊은이와의 대화는 M93, 우빨리Upāli 장자와의 대화는 M56 참조.

라라숫따Kaḷārasutta(깔라라 경)」에서는 내부법을 관찰하고 난 바로 다음에 아라한이 됐다고 사리뿟따 존자 본인이 직접 말한 내용을 언급했습니다.(S.i.285/S12:32) 그 세 가지 경을 합하여 "사리뿟따 존자는 법문을 들으면서 선정에 입정한 뒤 출정한 바로 다음에 그 선정에 포함된 느낌을 관찰해서 아라한 도와 과에 도달했다"라고 기억해야 합니다.

사리뿟따 존자의 조카인 디가나카 유행자도 그 세 가지 느낌 법문을 들으면서 수다원 도와 과에 도달해 수다원이 됐다고 합니다. 이것은 자신의 상속에 생겨나고 있는 느낌을 관찰해서 생겨난 위빳사나 지혜가 향상돼 수다원이 된 것이라고 기억해야 합니다.

제자의 모임이 열리다

부처님께서 「디가나카숫따」 가르침을 설하시고 깃자꾸따 산에서 웰루와나 정사로 신통을 통해 가신 뒤 제자집회sāvakasannipāta라는 제자들의 모임이 열렸습니다. 사리뿟따 존자도 지혜로 숙고해 보고서 그 모임에 관한 사실을 알고 신통으로 그 모임에 참석했습니다. 제자집회가 열리려면 네 가지 조건을 충족해야 합니다.

① 마가Māgha 별자리와 일치하는 음력 1월 보름날이어야 합니다.
② 모임에 참석하는 비구는 어느 누구도 초청 받지 않고 스스로 와야 합니다.
③ 참석하는 비구는 육신통 모두를 구족한 아라한이어야 합니다.
④ 참석하는 비구는 모두 '에히 비구'이어야 합니다.

당시 제자집회에 참석한 비구의 수는 1,250명이었다고 합니다.

「아낫딸락카나숫따」에서 느낌이 무아라는 가르침을 말씀드리면서 「디가나카숫따」에서 세 가지 느낌과 관련된 가르침을 첨가해서 설명하느라 법문이 잠시 끊겼습니다. 느낌이 무아인 사실을 설해 놓으신 성전의 간략한 해석을 독송하고 법문을 마치겠습니다.

비구들이여, 느낌은 자기의 내부자, 실체, 자아가 아니다.
만약 느낌이 자아라면
느낌은 자신을 괴롭히기 위한 것이 아니어야 한다.
또한 '나의 느낌이 이렇게 좋게만 되기를,
이렇게 나쁘게는 되지 않기를'이라고
느낌에 대해 조정하고 마음대로 할 수도 있어야 한다.

사실 느낌은 자기의 내부자, 실체, 자아가 아니다.
실로 자아가 아니기 때문에
느낌은 자신을 괴롭히기 위한 것이기도 하다.
또한 '나의 느낌이 이렇게 좋게만 되기를,
이렇게 나쁘게는 되지 않기를'이라고
느낌에 대해 조정하고 마음대로 할 수도 없다.

「아낫딸락카나숫따」 가르침을
정성스럽게 들은 청법선업 의도의 공덕으로
자신의 상속에 생겨나는 물질과 정신을 관찰하고 새겨
무상특성, 괴로움특성과 함께 무아특성을 잘 알고 보아
각자 원하는 열반을
도와 과의 지혜로 빠르게 실현하기를.

사두, 사두, 사두.

『아낫딸락카나숫따 법문』 제2강이 끝났다.

제2강 역자 보충설명

느낌이 괴롭히는 모습(한국 마하시 우 소다나 사야도)

본서 p.95에 "행복한 느낌도 그것이 있는 동안에는 지내기에 편안하고 좋습니다. 하지만 행복함이 사라졌을 때는 그것을 그리워하며 마음이 불편하고 좋지 않습니다. 마치 야차녀가 자신의 미모에 빠져들게 해서 괴롭히는 것과 마찬가지입니다"라고 설명했습니다. 이와 관련해서 숲속 보물을 보호하는 야차녀가 근처를 지나가는 사람들을 자신의 미모 등으로 홀려서 잡아먹는 일화가 『담마빠다 주석서』에 나옵니다.

한때 다섯 비구가 "눈을 보호하는 것이 제일 어렵다", "귀를 보호하는 것이 제일 어렵다"라는 등으로 서로 논쟁을 했지만 해결이 나지 않자 부처님께 갔습니다. 부처님께서는 "다섯 감각기관을 다스리는 것 모두가 어렵다"라고 설하신 뒤 『자따까』 일화를 설해 주셨습니다.(Dhp.360, 361 일화)

과거 어느 나라에 막내로 태어난 왕자가 왕이 되고자 다른 나라로 가려했습니다. 두 나라 사이에는 야차들이 출몰하는 매우 위험한 길이 있었습니다. 왕자의 친구 다섯 명도 같이 따라가고자 했습니다. 왕자는 친구들에게 "감각대상으로 유혹하는 야차들이 출몰하니 절대로 그것에 넘어가서는 안 된다"라는 다짐을 받고서 함께 이웃 나라로 떠났습니다. 왕자는 자신의 눈, 귀 등 감각기관을 잘 단속하며 갔지만 친구들은 한 명씩 유혹에 넘어가고 말았습니다. 첫 번째 친구는 아름다운 여인의 모습으로 변신한 야차녀의 유혹에 넘어갔습니다. 왕자가 야차녀라고 말렸지만 그는 말을 듣지 않았습니다. 그 친구는 아름다운 여인이라고 생각한 야차녀를 따라가서 잠깐은 즐겼을지 모르지만 곧바로 야차녀의 먹이가 되고 말았습니다. 다른 친구는 아름다운 소리를 내는 야차녀의 유혹에 넘어가서 잡아먹혔습니다. 남은 친구들도 좋은 냄새, 좋은 맛, 좋은 감촉으로 유혹하는 야차녀에게 차례대로 넘어가서 잡아먹히고 말았습니다.(J96) 이 일화를 교훈 삼아서 좋은 형색을 볼 때는 '오, 내가 야차녀에게 홀리고 있구나'라고 숙고하는 것도 바람직합니다.

제3강

1963년 음력 5월 그믐

(1963.06.20)

「아낫딸락카나숫따」를 음력 5월 8일부터 설했습니다. 그동안 물질과 느낌이 무아라는 가르침은 충분히 설명했습니다. 이제 인식이 무아인 모습을 설명하겠습니다.

인식은 무아다

3-1 Saññā, bhikkhave,[124] anattā. (S.ii.55)

대 역

Bhikkhave비구들이여, saññā인식은 anattā무아다; 자아가 아니다.

부처님께서는 "인식은 무아다; 자아가 아니다"라고 설하셨습니다. 인식에는 ① 보이는 형색을 인식하는 인식이 하나, ② 들리는 소리를 인식하는 인식이 하나, ③ 맡아지는 냄새를 인식하는 인식이 하나, ④ 먹어서 알게 된 맛을 인식하는 인식이 하나, ⑤ 닿아서 알게 된 감촉을 인식하는 인식이 하나, ⑥ 생각해서 알게 된 성품 대상을 인식하는 인식이 하나, 이렇게 여섯 종류가 있습니다.

일반 사람들은 볼 때마다, 들을 때마다, 닿을 때마다, 알 때마다 '여러 대상을 인식하는 것이 나다'라고, '바로 내가 인식한다'라고 생각하고 집착합니다. 보이는 형색이라면 '사람을 본다. 여자를 본다. 남자를 본다. 어떠한 것을 본다. 어떤 시간에 보았다. 어느 장소에서 보았다'라는 등으

124 'bhikkhave'가 저본에 첨가됐다.

로 보게 된 형색 대상을 잊지 않고 인식하고 기억합니다. 들게 된 소리 대상 등도 같은 방법으로 인식하고 기억합니다. '그렇게 인식하고 기억하는 것이 나다. 기억력이 좋은 것이 나다'라는 등으로 인식하고 기억할 수 있는 성품인 인식을 나라고 생각하고 집착합니다. 하지만 인식은 그렇게 생각하고 집착하는 대로 나가 아닙니다. 무아의 성품법일 뿐이라고 부처님께서 설하셨습니다. "무엇 때문에 나가 아닌가?"라고 질문할 수 있기 때문에 '나'가 아닌 이유도 다음과 같이 설하셨습니다.

인식이 자아라면

3-2 Saññā ca hidaṁ, bhikkhave, attā abhavissa, nayidaṁ saññā ābādhāya saṁvatteyya, labbhetha ca saññāya - 'evaṁ me saññā hotu, evaṁ me saññā mā ahosī'ti. (S.ii.55)

대 역

Ca hi그리고 실로; 자아가 아니라 무아라고 알아야 하는 이유를 이어서 설명하자면, bhikkhave비구들이여, idaṁ saññā이 인식이 attā abhavissa자아라면 (evaṁ sati그렇다면) idaṁ saññā이 인식은 ābādhāya괴롭히기 위한 것에 na saṁvatteyya해당하지 않아야 한다. ca그리고; 그 밖에도 'me saññā나의 인식이 evaṁ hotu이와 같이 되기를; 이와 같이 좋게만 되기를. me saññā나의 인식이 evaṁ mā ahosi이와 같이 되지 않기를; 이와 같이 나쁘게 되지 않기를'이라고 iti이렇게; 이렇게 조정하고 마음대로 하는 것을 saññāya인식에서 labbhetha얻을 수 있어야 한다; 얻을 수 있을 것이다.

인식이 자신의 내부자, 자아가 맞다면 인식은 자신이 힘들도록 괴롭히는 것이 아니어야 한다고 말씀하셨습니다. 맞습니다. 자신이 자신을 괴롭히는 일은 없습니다. 그리고 '좋은 인식만 생겨나기를. 나쁜 인식은 생겨나지 않기를'이라고 조정하고 마음대로 할 수도 있어야 할 것이라고 했습니다. 맞습니다. 인식이 자아가 맞다면 자신이 바라는 대로 돼야 할 것입니다. 하지만 인식은 자신을 괴롭히는 것이기도 합니다. 자신이 바라는 대로 되지도 않습니다. 그래서 자아가 아니라는 것을 알 수 있습니다. 그렇게 직접적으로 이유를 밝히는 구절도 다음과 같이 설하셨습니다.

인식이 무아인 직접적인 이유

3-3 Yasmā ca kho, bhikkhave, saññā anattā, tasmā saññā ābādhāya saṁvattati, na ca labbhati saññāya - 'evaṁ me saññā hotu, evaṁ me saññā mā ahosī'ti. (S.ii.55)

대 역

Bhikkhave비구들이여, ca kho또한; 사실; 실제로는 saññā 인식은 (yasmā~이기 때문에) anattā무아다; 내부자, 자아가 아니다. tasmā그래서; 그렇게 자아가 아니기 때문에 saññā 인식은 ābādhāya괴롭히기 위한 것에 saṁvattati해당된다. ca그리고; 그 밖에도 'me saññā나의 인식이 evaṁ hotu이와 같이 되기를; 이와 같이 좋게만 되기를. me saññā나의 인식이 evaṁ mā ahosi이와 같이 되지 않기를; 이와 같이 나쁘게 되지 않기를'이라고 iti이렇게; 이렇게 조정하고 마음대로 하는 것을 saññāya인식에서 na labbhati얻을 수 없다.

인식에는 좋은 점도 있습니다. 세간의 기술이나 선법들 등 알아야 할 내용을 기억하는 것은 좋은 일입니다. 세간적·출세간적 통찰지를 익히고 배울 때 기억하는 지혜가 좋은 것은 인식이 가진 힘과 능력 덕분입니다. 그렇게 좋은 것들을 기억하는 인식은 자신을 뒷받침하고 지지하면서 이익을 많게 합니다. 하지만 기분 나쁜 것, 혐오스러운 것, 무서운 것, 좋지 않은 것들을 기억하고 있는 인식은 자신을 힘들게 하기 때문에 괴롭힌다고 해야 합니다. 일부 사람들은 아들의 죽음,[125] 남편의 죽음, 아내의 죽음,[126] 재산의 무너짐, 이러한 것들을 잊지 못하고 자주 떠올립니다. 기억하기 때문에 계속 마음이 불편하여 슬퍼하고 걱정하고 때로는 통곡하기도 합니다. 시간이 어느 정도 지나서 그것들을 잊게 된 뒤라야 더 이상 그로 인해 슬퍼하지 않습니다. 이것은 마음을 불편하게 하는 것들을 잊지 못하고 기억하고 있는 인식이 괴롭히는 것입니다. 슬픔 때문에 먹지도 못하고 자지도 못하면서 그리워하고 비탄하다가 병까지 걸려 괴로워합니다. 어떤 이들은 슬픔이 지나쳐 죽기까지 합니다. 이러한 것들도 마찬가지로 마음을 괴롭게 할 만한 것들을 기억하고 있는 인식이 괴롭히는 모습입니다.

어떤 이들은 밥을 먹는 중에 혐오스러운 것이 드러나서 맛있게 먹을 수 없기도 합니다.[127] 어떤 이들은 시체를 보고, 그날 밤 잠을 잘 때 낮에 본 시체가 마음에 드러나서 두려움으로 잠을 이루지 못하기도 합니다.

---

125 ⓗ자식을 먼저 떠나보낸 어머니는 마루에 걸터앉아 '우리 아들이 언제나 다시 돌아올까, 지금 돌아올까'라고 하면서 밖을 하염없이 바라보기도 한다. 이것도 인식이 괴롭히는 것이다.

126 ⓗ한 할아버지는 아내가 죽자 밥도 못 먹고 잠도 못 이루면서 아내를 그리워하다 열 달 만에 세상을 떠났다고 한다. 이것도 인식이 괴롭히는 것이다.

127 ⓗ미얀마의 한 큰스님이 공양을 하고 있을 때 밖에서 사미가 어떤 이유로 개를 때렸다. 개가 낑낑거리자 그 소리를 들은 큰스님이 갑자기 구토를 했다. 옆에 있던 스님이 왜 토하는지 묻자 스님은 "개가 저렇게 낑낑거릴 정도로 맞았으면 똥도 쌌지 않겠는가. 갑자기 개의 똥이 생각나서 구토를 했다네"라고 대답했다. '손도 안 씻고 음식을 만들지 않았을까'라는 생각으로 밖에서는 절대로 밥을 먹지 않는 사람도 있다.

어떤 이들은 실제로 경험해야 할 위험이 아닌데도 실제로 경험해야 할 위험으로 인식해 미리 걱정하고 떨면서 두려워하기도 합니다. 이것도 마음을 괴롭히는 대상을 잊어버리지 않고 기억하고 있는 인식이 괴롭히는 모습입니다. 그렇게 괴롭히기 때문에 인식은 자아가 아닙니다. 단지 자신의 조건에 따라 생겨나는 무아의 성품법일 뿐이라는 것을 알 수 있습니다.

그리고 '마음을 기쁘게 하고 이익을 가져다주는 것들을 잊어버리지 않도록 기억하는 좋은 인식만 생겨나기를. 마음을 괴롭히고 피곤하게 하는 것들을 기억하는 나쁜 인식은 생겨나지 않기를'이라고 조정하고 마음대로 할 수 없습니다. 자신의 바람대로 되지도 않고 지배할 수도 없습니다. 그렇게 조정하고 마음대로 할 수 없고, 자신의 바람대로 되지 않고, 지배할 수 없기 때문에도 인식은 자아가 아닙니다. 자신의 조건에 따라 생겨나는 무아의 성품법일 뿐이라는 것을 알 수 있습니다. 이 성전 내용의 간략한 해석을 독송합시다.

> 비구들이여, 인식은 자기의 내부자, 실체, 자아가 아니다.
> 만약 인식이 자아라면
> 인식은 자신을 괴롭히기 위한 것이 아니어야 한다.
> 또한 '나의 인식이 이렇게 좋게만 되기를,
> 이렇게 나쁘게는 되지 않기를'이라고
> 인식에 대해 조정하고 마음대로 할 수도 있어야 한다.[128]

128 인식은 자기자신 자아가 아니라네
인식이 자아라면 자신도 안괴롭혀
인식이 이와같이 좋게만 될지어다
인식이 이와같이 나쁘게 안되기를
이렇게 인식대해 마음대로 하건만

사실 인식은 자기의 내부자, 실체, 자아가 아니다.
실로 자아가 아니기 때문에
인식은 자신을 괴롭히기 위한 것이기도 하다.
또한 '나의 인식이 이렇게 좋게만 되기를,
이렇게 나쁘게는 되지 않기를'이라고
인식에 대해 조정하고 마음대로 할 수도 없다.[129]

이러한 부처님의 말씀 그대로 자신의 상속에서 생겨나는 인식은 괴롭히기도 합니다. 원하는 대로 조정하거나 마음대로 할 수도 없습니다. 자신의 바람대로 되지 않습니다. 그래서 자신의 내부자, 자아가 아니라는 사실이 분명합니다. 하지만 일반 사람들은 이전에 경험했던 것을 돌이켜 숙고했을 때 잊지 않고 기억하기 때문에 '이전에 기억했던 것도 나다. 지금 돌이켜 기억하고 있는 것도 나다. 이전에 기억하던 바로 그 내가 지금 돌이켜 다시 기억한다. 나라는 한 존재다'라고 이렇게 생각하고 집착합니다. 이것은 볼 때, 들을 때 등에 관찰해서 위빳사나 지혜로 아직 바르게 알지 못하기 때문입니다. 관찰하고 새겨서 볼 때마다, 들을 때마다, 닿을 때마다, 알 때마다 즉시, 계속해서 사라져 버리는 것만을 위빳사나 지혜로 사실대로 알게 되면 인식도 순간도 끊임없이 생멸하고 있는 성품법일 뿐이라고 스스로의 지혜로 결정할 수 있습니다.

---

129 인식은 자기자신 자아가 아니라네
자아가 아니기에 자신도 괴롭히고
인식이 이와같이 좋게만 될지어다
인식이 이와같이 나쁘게 안되기를
이렇게 인식대해 마음대로 못하네

하지만 이전에 기억해 두었던 것을 다시 기억하는 것은 무엇 때문인지 질문하고 숙고해 볼 여지가 있습니다. 그렇게 돌이켜 기억할 수 있는 것은 이전의 여러 인식이 기억해 두었던 것을 뒤의 여러 인식이 계속 이어받아서 기억해 두었기 때문입니다. 그래서 연속된 인식의 힘이 좋아져 이전 생의 여러 상황까지 돌이켜 기억하는 이들도 있습니다. 이것은 이전 생의 존재요인 인식, 죽음 인식에서 현재 생의 재생연결 인식, 존재요인 인식 등이 힘이 좋아서 계속 이어졌기 때문입니다.[130]

그렇게 이전의 여러 인식이 기억해 두었던 것을 뒤의 여러 인식이 이어 받아서 기억해 왔기 때문에 좋은 것들도 나쁜 것들도 돌이켜 거듭 기억하게 되는 것입니다. 가끔씩은 일부러 숙고하지 않아도 이전의 일들이 저절로 기억나기도 합니다. 새김확립 방법에 따라 관찰하고 있는 수행자들 중에도 처음 수행을 시작해서 삼매의 힘이 어느 정도 좋아졌을 때 이전에 있었던 일들이 저절로 기억나기도 합니다. 수십 년 동안 잊고 지냈던 이전의 일들이 기억나기도 합니다. 어린아이 시절의 상황들이 드러나기도 합니다. 수행자들은 이렇게 드러나는 것들을 모두 관찰하고 새겨서 제거해 나가야 합니다.

이전에 잘못 말하고 행했던 것들도 떠올라서 근심하고 걱정하는 후회kukkucca가 생겨나기도 합니다. 장애nīvaraṇa법 중 하나인 후회도 관찰해서 제거해야 합니다. 그 후회를 제거하지 못하면 삼매와 지혜가 생겨나는 것을 가로막기도 합니다. 그렇게 후회가 생겨나도록 인식이 괴

130 ㉻부탄의 한 왕자가 일곱 살 정도에 출가한 뒤 인도에 계속 가고 싶다고 말해 인도 성지순례를 하게 됐다. 어느 날 날란다 대학에 도착했을 때 "800년 전에 저는 여기에서 경전을 가르치는 강사 스님이었어요. 이 방이 제 방이에요"라고 말했다고 한다.

롭히는 것입니다.[131] 그렇기 때문에도 인식은 자아가 아닙니다. 무아입니다.

제1강에서 언급한 자아집착 네 가지 중에 인식과 관련된 자아집착은 ①주인자아sāmī atta집착, ②거주자아nivāsī atta집착, ③행위자아kāraka atta집착입니다.

이 세 가지 중에서 '자신이 기억하고 싶으면 기억할 수 있다. 기억하고 싶지 않으면 기억하지 않을 수 있다'라고 생각하고 집착하는 것이 ①주인자아집착입니다. 기억과 관련해 스스로 지배할 수 있다고 생각하고 집착하는 것입니다. 이 주인자아집착을 「아낫딸락카나숫따」에서는 "이렇게 좋게만 되기를. 이렇게 나쁘게는 되지 않기를"이라고 조정하고 마음대로 하지 못한다는 사실을 설명하는 것으로 배제했습니다.

'기억할 수 있는 나라는 것은 자신 안에 항상 존재한다. 언제든지 기억하고 있다'라고 생각하고 집착하는 것이 ②거주자아집착입니다. 거주자아집착은 마음이 일어날 때마다 관찰을 통해 제거할 수 있습니다. 왜냐하면 분명하게 드러나는 인식을 관찰하는 것을 통해서도 새로 거듭 생겨나서는 즉시 계속 사라져 버리는 성품을 스스로의 지혜로 분명하게 경험할 수 있기 때문입니다. 그리고 이전의 상황을 돌이켜 기억했을 때 그 인식을 관찰하는 것을 통해서도 '항상 유지되고 있는 인식이란 없다. 순간도 끊임없이 거듭 새로 생멸하고 있는 성품법일 뿐이다'

131 ㊞후회를 잘 다스려야 한다. 이미 행한 악행은 어찌할 수 없다. 그것을 자꾸 돌이키면 갓 나은 상처를 다시 긁는 것과 같이 아무런 이익이 없다. 오히려 불선업만 늘어날 뿐이다. 후회가 생겨나면 빨리 〈후회함; 불편함〉 등으로 관찰해야 한다. 그래도 안 되면 '이전에 잘못 말하고 행한 것은 되돌릴 수 없다. 다시는 잘못 말하거나 행동하지 않겠다'라고 결의하고 계속 수행해 나가야 한다.

라고 알 수 있습니다. 그렇게 알기 때문에 '자신 안에 항상 머물고 있는 인식하는 자, 자아, 나라는 것이 없다'라는 사실을 스스로의 지혜로 결정할 수 있습니다.

'자아, 나, 바로 그것이 기억하고 있다'라고 생각하고 집착하는 ③ 행위자아집착도 관찰을 통해서 제거할 수 있습니다. 왜냐하면 형색을 인식하는 것, 소리를 인식하는 것 등 여러 인식이 생겨날 때마다 그 것을 관찰하고 있으면 새로 생겨나서는 사라져 버리는 것을 알게 되어 '인식하는 것은 나가 아니다. 거듭 생멸하고 있는 성품법일 뿐이다'라고 알 수 있기 때문입니다. 그리고 「아낫딸락카나숫따」 가르침에 따라 "'좋은 인식이 사라져 버리지 않고 계속 유지되기를'이라고 조정하거나 마음대로 할 수 없다.[132] '마음을 번민하게 하는 인식들이 생겨나지 않기를'이라고도 조정하거나 마음대로 할 수 없다. 그렇게 조정할 수 없고, 마음대로 할 수 없고, 지배할 수 없기 때문에 인식은 자아가 아니다. 조건에 따라 거듭 생멸하고 있는 성품법일 뿐이다"라고 알고 보고 이해할 수 있습니다. 그렇게 알고 보고 결정하고서 자아집착을 제거하도록 「아낫딸락카나숫따」 가르침을 부처님께서 설하신 것입니다.

여기서 "인식saññā이 기억하는 것과 새김sati확립 방법에 따라 물질·정신이 생겨날 때마다 그것을 새기는 것은[133] 어떻게 다른가?"라

132 ⓗ관찰하다가 좋은 아이디어가 떠올랐을 때 '기억해 둬야지'라고 인식해 놓고 다시 부풂과 꺼짐을 관찰해 나간 뒤 한 시간이 지나서 그것을 떠올리면 다시 기억하지 못하는 경우가 있다. 부풂과 꺼짐에 대한 새김의 힘은 강하고 아이디어에 대한 인식의 힘은 약해진 까닭이다.

133 미얀마어로는 'မှတ်(*hma*, ㅎ마)'라고 같은 단어를 쓰지만 의미의 차이가 있어서 지금까지 "기억하다"와 "새기다"라고 다르게 번역했다.

고 질문할 수 있습니다. 인식이 기억하는 것은 보거나 들을 때 등에 드러나는 대상을 잊지 않도록 기억해 두는 성품입니다.[134] 새김확립 방법에 따라 새기는 것은 생겨나는 물질·정신을 그것의 성품과 생멸, 무상·고·무아의 양상으로 알도록 새김과 지혜로 집중해서 관찰해서 아는 것입니다. 형체나 명칭과 관련된 것을 기억하고 붙잡아 두는 성품이 아닙니다. 하지만 새김sati이라는 단어에도 '잊지 않다. 기억하다'라는 의미가 있습니다. 주시sallakkhaṇa라는 단어도 '잘 기억하다'라는 의미가 있습니다. 그 성전의 용어와 일치하도록 생겨날 때의 물질·정신을 '새긴다'[135]라고 말할 수 있습니다. 직접적으로 말하자면 사실대로 알도록 관찰하는 것, 바로 그것을 '새긴다', '관찰하여 새긴다'라고 말하는 것입니다. 그래서 인식이 기억하여 거머쥐는 것과 새김과 통찰지를 통해 관찰하여 새기는 것은 명칭으로는 비슷해도[136] 의미로는 차이가 큽니다. 반대라고, 상반된다고, 다르다고도 할 수 있습니다.[137]

인식 무더기가 무아라는 사실은 충분히 설명했습니다. 이제 형성 무더기가 무아라는 사실을 설명하겠습니다.

134 ㉻인식은 먼저 파란색이나 빨간색 등으로 색을 기억하고, 네모나 세모 등으로 형체를 기억하고, 마지막으로 사과나 포도 등으로 명칭을 기억한다.

135 여기서도 'မှတ်(*hma*)'라는 단어를 썼지만 '새긴다'라고 번역했다.

136 미얀마의 경우이다.

137 ㉻아는 성품에는 인식으로 아는 것, 의식으로 아는 것, 통찰지로 아는 것, 세 가지가 있다. 형체나 모양, 명칭을 통해 같은 것으로 잊지 않는 정도로만 기억해서 아는 것이 인식으로 아는 것이다. 대상이 드러나는 대로 아는 것, 대상을 취하는 정도로 아는 것이 의식으로 아는 것이다. 대상이 가지고 있는 바른 성품까지 꿰뚫어서 아는 것이 통찰지로 아는 것이다. 『아비담마 강설 1』, p.63 참조.

형성들은 무아다

4-1 Saṅkhārā, bhikkhave,[138] anattā. (S.ii.55)

대역

Bhikkhave비구들이여, saṅkhārā형성들은; 형성시키고 애쓰는 형성들은 anattā무아다; 자아가 아니다.

"비구들이여, 형성들은; 형성시키고 애쓰는 형성들은 무아다; 자아가 아니다"라고 설하셨습니다. 여기서 형성saṅkhāra에는 간략하게 '형성된 형성abhisaṅkhata saṅkhāra'과 '형성시키는 형성abhisaṅkhāra saṅkhāra',[139] 두 종류가 있습니다.

'형성된 형성'이란 업, 마음, 온도, 음식 등 여러 조건으로 인해 생겨나는 물질·정신' 법들입니다. 중생들의 상속에 재생연결 마음을 시작으로 업 때문에 생겨나고 있는 결과인 과보 마음과 마음부수들, 그리고 심장토대 물질과 눈·귀·코·혀·몸 감성물질, 이러한 업 생성물질들은 형성된 형성들입니다. 이것들은 업 때문에 생겨나기 때문에 '업에서 형성된 결과 형성들'입니다.

몸을 굽히거나 펴거나 움직이거나 가거나 서거나 앉거나 말하거나 웃거나 하는 등으로 분명한 몸과 말의 행위들은 마음 생성물질입니다. 이 물질들은 마음으로 인해 생겨나기 때문에 '마음에서 형성된 결과 형성들'입니다.

138 'bhikkhave'가 저본에 첨가됐다.

139 '형성된 형성abhisaṅkhata saṅkhāra'과 '형성시키는 형성abhisaṅkhāra saṅkhāra'의 빠알리어는 저본에 없어 역자가 표기했다.

추위나 더위 같이 온도 때문에 생겨나는 물질들은 '온도에서 형성된 결과 형성들'입니다.[140] 음식 때문에 생겨난 물질들은 '음식에서 형성된 결과 형성들'입니다.[141]

또한 마음과 마음부수라는 정신법들은 서로 형성시키는 원인인 형성들이기도 하고, 서로 형성된 결과인 형성들이기도 합니다. 뒤의 여러 마음과 마음부수라는 정신법들은 앞의 여러 정신법 때문에 생겨난 결과인 형성들입니다. 이렇게 업, 마음, 온도, 음식 등 여러 조건 때문에 생겨난 물질·정신 법들은 각각 관련된 조건들에 의해 형성됐기 때문에 형성들이라고 부릅니다. 조건들에 의해 생겨난 법들이라는 뜻입니다. 그러한 형성들을 부처님께서는 다음과 같이 설하셨습니다.

Sabbe saṅkhārā aniccā, sabbe saṅkhārā dukkhā. (S.ii.35)

대 역

Sabbe saṅkhārā모든 형성은; 관련된 조건들에 의해서 각각 알맞게 형성된 물질·정신 법들은 aniccā무상하다. sabbe saṅkhārā모든 형성은; 관련된 조건들에 의해서 각각 알맞게 형성된 물질·정신 법들은 dukkhā괴로움이다.

여기서 "모든 형성법"이란 볼 때마다, 들을 때마다, 닿을 때마다, 알 때마다 분명하게 생겨나고 있는 물질·정신 법들입니다. 위빳사나 지혜로 무상·고·무아라고 관찰하고 볼 수 있는 다섯 취착무더기 법들입니

140 ㉾더울 때 땀이 나는 것, 추울 때 콧물이 나는 것이 해당된다.

141 ㉾밥을 잘 먹으면서 지낼 때의 얼굴과 밥을 며칠 동안 굶었을 때의 얼굴은 분명히 차이가 난다.

다. "다섯 취착무더기, 물질·정신 법이라는 형성들은 항상하지 않다고 알고 보아야 한다. 괴로움이라고 알고 보아야 한다"라고 부처님께서는 설하셨습니다. 그렇다면 물질·정신 형성들을 무상이라고, 괴로움이라고 보려면 어떻게 해야 할까요? 물질·정신 형성들이 생겨날 때마다 거듭 그것들을 새김과 지혜로 끊임없이 관찰해야 합니다. 그렇게 관찰하다가 삼매의 힘이 좋아졌을 때 물질·정신 형성들이 순간도 끊임없이 생멸하고 있는 것을 경험하게 됩니다. 그렇게 경험하여 'hutvā abhāvato aniccā'라는 주석서의 구절과 일치하게 '생겨나서는 사라지기 때문에 무상하다'라고 알게 됩니다.(DA.ii.96) 'udayabbayapaṭipīḷanato dukkhā'라는 주석서의 구절과 일치하게 '생겨남과 사라짐이 끊임없이 괴롭히기 때문에 두려워할 만한 것이다. 괴로움이다'라고도 알게 됩니다.(ThagA.ii.471) 이것은 부처님의 바람과 일치하게 관찰하는 모습, 알고 보는 모습입니다.

부처님의 말씀과 정반대의 가르침

"모든 형성을 무상하다고, 괴로움이라고 알고 보아야 한다"라는 부처님의 가르침을 무너뜨리는 자들은 부처님의 바람과 정반대로 설합니다. 어떻게 설하는가 하면, 'sabbe saṅkhārā dukkhā'라는 구절에서 'sabbe saṅkhārā'를 조건에 의해서 형성된 결과인 물질·정신 법으로, 즉 형성된 형성으로 취하지 않고 형성시키는 형성으로 취한 뒤 'sabbe saṅkhārā 애쓰고 행위하는 모든 것은 dukkhā괴로움일 뿐이다'라고 해석해서 "보시·지계·수행이라는 선업들을 행하는 것도 괴로움일 뿐이다. 행하는 모든 것은 괴로움일 뿐이다. 아무것도 행하지 않고 마음을 마음 그대로 가만히 두어야만 행복하다"라고 설합니다. 그러한 설법을 배움이 적은 이들, 선업을 행하려고 하지 않는 이들이 옳다고 생각하여 따르기도 합니다.[142] 이러한 설명이 부처님의 설법과 정반대라는 사실을 어느 정도 배움이 있는 이라면 알 수 있습니다. 그렇게 부처님의 가르침과 반대되는 법을 받아들이는 것은 부처님의 말씀, 부처님의 가르침을 믿지 않고 버리는 행위입니다. 부처님의 말씀을 저버리는 내용이라면 부처님 가르침의 밖에 해당하지 않겠습니까? 잘 숙고해 보십시오. 매우 중요한 내용입니다.

'sabbe saṅkhārā dukkhā'라는 구절에서 'saṅkhārā'는 조건 때문에 생겨난 결과인 형성들, 즉 형성된 형성들을 말합니다. 애쓰는 것, 즉 형성시키는 형성들을 말하는 것이 아닙니다. 그래야 부처님의 바람과 일치합니다. 이 내용에 대해 여러분께 질문해 보겠습니다. 바른 가르침에 따라 대답해 보십시오.

"'모든 형성은 괴로움이다'라는 것은 조건 때문에 생겨난 결과인 물질·정신 형성들을 말하는 것입니까?"

"그렇습니다, 스님."

"형성시키고 애쓰는 것을 말합니까?"

"아닙니다, 스님."

"선업을 행하고 노력하는 것을 말합니까?"

"아닙니다, 스님."

"모든 형성은 무상하다고 관찰하라고 설하신 것은 조건 때문에 생겨난 물질·정신 형성들을 관찰하여 보도록 설하신 것입니까?"

"그렇습니다, 스님."

"괴로움이라고 보도록 관찰하라고 설하신 것도 그 조건 때문에 생겨난 물질·정신 형성들을 관찰하여 보도록 설하신 것입니까?"

142 ⓗ모르는 이가 설법해서 이해하지 못하는 이가 믿는다.

"그렇습니다, 스님."

"그렇게 물질·정신 형성들을 괴로움이라고 드러나도록 관찰하라고 설하실 때 애쓰는 행위, 노력하는 행위를 괴로움이라고 관찰하도록 설하신 것입니까?"

"아닙니다, 스님."

사실은 자신 상속의 물질·정신 형성들을 무상·고·무아로 알고 보아 형성들을 넌더리치는 염오의 지혜nibbidā ñāṇa가 생겨나도록 설하신 것입니다. 이것을 확실하게 기억해 두어야 합니다.

여기서의 형성

형성saṅkhāra이라는 단어와 관련해서 잠시 진실과 거짓을 분석해 보았습니다. 「아낫딸락카나숫따」에서 설하신 형성은 업, 마음, 온도, 음식 등의 조건 때문에 생겨난 형성들이 아닙니다. 이 경에서 설하신 형성들은 다섯 무더기에 포함된 형성 무더기라는 형성들입니다. 이것은 형성시키는 형성들, 행위하는 형성들입니다. 그 형성들에 대해서 『상윳따니까야(칸다왁가 상윳따)』 성전에서 다음과 같이 설해 놓으셨습니다.

Saṅkhatamabhisaṅkharontīti kho, bhikkhave, tasmā 'saṅkhārā'ti vuccati. (S.ii.72)

대 역

Bhikkhave비구들이여, saṅkhataṁ형성되는 것들을; 형성되는 물질이나 느낌 등을; 형성되는 몸의 행위와 말의 행위와 마음의 행위를 abhisaṅkharonti형성시킨다. iti kho tasmā그래서; 그렇게 형성시키기 때문에 'saṅkhārā'ti'형성들'이라고 vuccati말한다.

요약하면 물질·정신 현상들이 생겨나도록 행할 수 있는[143] 법들을 형성들《형성 무더기saṅkhārakkhandha》이라고 부른다는 뜻입니다. 다섯 무더기 중에서 물질은 반대되는 조건들과 만났을 때 다른 종류, 다른 것으로 변하기만[144] 할 뿐입니다. 물질 혼자서는 아무것도 생겨나도록 행하지 못합니다. 하지만 물질은 형체로 분명하게 드러나기 때문에 형성들이 행위하고 말하는데도 물질이 행위하고 말하는 것처럼 드러납니다. 느낌도 좋고 나쁘고 중간인 대상들을 단지 느끼는 정도일 뿐이지[145] 느낌 혼자서는 아무것도 생겨나도록 행하지 못합니다. 인식도 경험한 대상을 잊지 않도록 기억해 주는 정도일 뿐입니다.[146] 관청 직원들이 잊지 않도록 내용을 기록해 두는 것처럼 단지 기억해 두는 정도일 뿐입니다. 인식도 아무것도 생겨나도록 행하지 못합니다. 의식도 드러나는 대상을 단지 아는 정도일 뿐입니다. 단지 볼 뿐, 단지 들을 뿐, 이렇게 대상을 단지 아는 정도일 뿐입니다.[147] 의식도 아무것도 생겨나도록 행하지 못합니다. 가고 서고 앉고 눕고 굽히고 펴고 움직이고 웃고 말하고 생각해서 알고 보고 듣는 등의 몸과 말과 마음의 행위, 물질·정신 성품법들을 생겨나도록 행할 수 있는 것은 바로 이 형성 무더기 법입니다.[148] '가고 싶다. 서고 싶다. 앉고 싶다. 눕고 싶다'라는 등으로 말할 수 있는 것은 이 형성 무더기입니다.[149] 이 형성 무더기의 자극과 부추

143 '형성시킬 수 있는'을 뜻한다.

144 '무너진다ruppati'고 해서 '물질rūpa'이다. 자세한 내용은 본서 p.162 참조.

145 '느낀다vedayati'고 해서 '느낌vedanā'이다. 자세한 내용은 본서 p.162 참조.

146 '인식한다sañjānāti'고 해서 '인식saññā'이다. 자세한 내용은 본서 p.163 참조.

147 '식별한다vijānāti'고 해서 '의식viññāṇa'이다. 자세한 내용은 본서 p.164 참조.

148 '형성된 것들을 계속 형성한다saṅkhatamabhisaṅkharonti'라고 해서 '형성들saṅkhārā'이다. 자세한 내용은 본서 p.163 참조.

149 형성 무더기는 느낌과 인식을 제외한 50가지 마음부수를 말한다. 본서 p.148 참조.

김 때문에 몸과 말과 마음의 모든 행위가 이루어지는 것입니다.

그래서 '몸과 말과 마음의 모든 행위를 내가 행하고 있다'라고 생각하고 집착하는 것은 이 형성 무더기라는 법 무더기를 자아로 집착하기 때문입니다. 이것을 행위자아kāraka atta집착이라고 부릅니다. 앞에서 언급했던 행위자아집착 게송을 독송합시다.

몸과말과 마음이란 모든행위 바로내가
행한다는 생각집착 행위자아 집착이네[150]

이렇게 행할 수 있는 나라는 것이 자신 안에 항상 머물고 있다고 생각하고 집착하는 것은 거주자아nivāsī atta집착입니다. 이 게송도 독송합시다.

자신안에 늘언제나 거주하는 자아라는
나있다는 생각집착 거주자아 집착이네[151]

그리고 그렇게 행할 수 있는 '나'가 하고 싶으면 할 수 있고, 하기 싫으면 하지 않을 수 있다고, 자신의 바람대로 지배할 수 있다고 생각하고 집착하기도 합니다. 이것은 주인자아sāmī atta집착입니다. 이 게송도 독송합시다.

자신안에 마음대로 지배하는 자아라는
나있다는 생각집착 주인자아 집착이네[152]

150 몸과 말과 마음의 모든 행위를 바로 내가 행한다고 생각하는 것이 행위자아집착이다.

151 신체 안에 항상, 언제나 거주하고 있는, 머물고 있는 나가 있다고 생각하는 것이 거주자아집착이다.

152 신체 안에 마음대로 지배하는 나가 있다고 생각하는 것이 주인자아집착이다.

주인자아집착, 거주자아집착, 행위자아집착이라는 이 세 종류의 자아집착 모두를 통해 형성법들을 집착합니다. 사실 형성은 그렇게 집착할 만한 자아가 아닙니다. 조건에 따라 생겨나고 있는 성품법일 뿐입니다. 그래서 부처님께서 형성시킬 수 있는 형성들은 자아가 아니라고 설하신 것입니다.[153] 그렇게 설하셨을 때 일반 중생들의 시각으로는 "가고 서고 앉는 등을 행하고 있는 나라는 것이 분명한데 왜 자아, 나가 아닌가?"라고 질문할 수 있습니다. 그 질문이 해결되도록 부처님께서 다음과 같이 이유를 설하셨습니다.

형성들이 자아라면

4-2 Saṅkhārā ca hidaṁ, bhikkhave, attā abhavissaṁsu, nayidaṁ saṅkhārā ābādhāya saṁvatteyyuṁ, labbhetha ca saṅkhāresu - 'evaṁ me saṅkhārā hontu, evaṁ me saṅkhārā mā ahesun'ti. (S.ii.55)

대 역

Ca hi그리고 실로; 자아가 아니라 무아라고 알아야 하는 이유를 이어서 설명하자면, bhikkhave비구들이여, idaṁ saṅkhārā이 형성들이 attā abhavissaṁsu자아라면 (evaṁ

153 ⓗ위빳사나 지혜가 향상됐을 때는 예를 들어 경행할 때, 관찰할 때마다 가려는 의도나 마음이 단계 단계 생겨나는 것, 그 때문에 다리의 움직임이 단계 단계 생겨나는 것을 알게 되어 '가려는 의도 때문에 가는 물질만 생겨나는구나. 가게 하는 어떠한 자아나 절대자는 존재하지 않는구나'라고 사실대로 바르게 알게 된다. 그래서 관찰할 때마다, 관찰하지 않으면 생겨날 행위자아집착, 거주자아집착, 주인자아집착이 부분부분 제거된다. 10분 정도 지속되게 관찰했다면 억압해서 제거했다고도 말할 수 있다. 요약하면 관찰할 때마다 계속해서 이러한 집착을 제거한다고 말할 수 있다.

sati그렇다면) idaṁ[154] saṅkhārā이 형성들은 ābādhāya괴롭히기 위한 것에 na saṁvatteyyuṁ해당하지 않아야 한다. ca그리고; 그 밖에도 'me saṅkhārā나의 형성들이 evaṁ hontu이와 같이 되기를; 이와 같이 좋게만 되기를. me saṅkhārā나의 형성들이 evaṁ mā ahesuṁ이와 같이 되지 않기를; 이와 같이 나쁘게 되지 않기를'이라고 iti이렇게; 이렇게 조정하고 마음대로 하는 것을 saṅkhāresu형성들에서 labbhetha얻을 수 있어야 한다; 얻을 수 있을 것이다.

여기서 형성들이란[155] 마음부수 52가지 중에서 느낌과 인식을 제외한 나머지 50가지 마음부수입니다.[156] 자극하고 부추기는 의도를 대표로 한 마음부수법들을 말합니다. 여러 경전 가르침에서는 제일 주된 의도cetanā만 형성법인 것으로 법체를 드러내어 설하셨습니다. 아비담마 가르침에서는 접촉phassa, 마음기울임manasikāra, 사유vitakka, 고찰vicāra, 희열pīti, 열의chanda, 탐욕lobha, 성냄dosa, 어리석음moha, 탐욕없음alobha, 성냄없음adosa, 어리석음없음amoha 등 다른 여러 마음부수도 형성 무더기에 포함시켜 설하셨습니다. 그래서 형성 무더기라고 하면 느낌과 인식을 제외한 나머지 50가지 마음부수라고 기억해야 합니다. 이 마음부수 50가지는 몸과 말의 여러 행위가 생겨나도록 자극하고 부추깁니다. 실제로 말은 하지 않지만 '가라. 서라. 앉아라. 누워라. 굽혀라. 펴라. 웃

154 ㉜㉝'idaṁ'이라는 단어가 불변사이기 때문에 'saṅkhārā'라는 복수형과 같은 위치에 두고 설하셨다.

155 이하 다섯 무더기에 해당하는 형성법들은 '형성들'이라고 복수로 표기했다.

156 마음부수 52가지는 본서 pp.456~459 참조.

어라. 말해라'라는 등으로 마치 진짜 말하고 있는 것처럼 몸과 말로 여러 행위를 행하도록 자극하고 부추깁니다. 형성들이 자극하고 부추기는 것에 따라 몸과 말의 여러 행위가 생겨나고 있습니다. 봄, 들음, 생각함 등이 생겨나도록 하는 것도 바로 형성들이 '보라. 들어라. 생각해라'라는 등으로 마치 명령하는 것처럼 시키고 부추기기 때문입니다. 이런 식으로 봄, 들음, 생각함, 앎 등 마음의 행위들도 생겨나고 있습니다.

형성들이 괴롭히는 모습

부처님께서는 "'그렇게 몸과 말과 마음의 행위를 생겨나게 하는 형성들이 자신의 내부자, 자아라면 자신을 괴롭히기 위한 것이 아닐 것이다. 아니어야 한다'라고도 숙고해 보아야 한다"라고 설하셨습니다. 그렇다면 형성들이 어떻게 자신을 괴롭힐까요? 좋아하고 애착해서[157] 행하는 것 때문에 몸과 마음이 괴롭습니다. 적당하지 않은 말을 해서 부끄러움과 함께 나쁜 결과도 생겨나게 할 수 있습니다. 적당하지 않은 행위를 해서 현생에서 형벌 등으로 괴로움을 겪어야 합니다. 원하는 것을 생각하고 궁리하는 것도 마음을 피곤하게 합니다. 먹지도 못하고 잠도 못 자면서, 근심에 잠겨 괴로움을 겪어야 합니다. 탐욕이 지나쳐서 도둑질을 하거나 거짓말을 하는 등 악행을 저지르면 사악도에 떨어져서도 심하게 괴로움을 겪어야 합니다.

그와 마찬가지로 성냄과 함께 생겨나는 의도가 부추기는 것에 따라 적당하지 않은 말과 행위를 해서 부끄러움과 함께 나쁜 결과가 생겨나는 등의 괴로움을 겪어야 합니다. 어리석음, 자만, 사견 등 나쁜 법들

157 ㉻탐욕이란 형성이 괴롭히는 모습이다.

과 함께 생겨나는 의도의 부추김에 따라 적당하지 않은 것을 말하고 행해서도 괴로움을 겪어야 합니다. 근심하고 마음이 피곤해지는 괴로움을 겪어야 합니다. 생각하고 말하고 행하는 중에도 괴로움을 겪어야 합니다. 악행이 지나치면 사악도에 떨어져서도 심하게 괴로움을 겪어야 합니다. 그렇게 형성들이 괴롭힙니다. 형성들이 진짜 내부자, 자아가 맞다면 그렇게 괴롭히지 않을 것입니다.

형성들은 바라는 대로 되지 않는다

또한 부처님께서는 "형성들이 자신의 내부자, 자아가 맞다면 '좋고 행복하게 할 수 있는 좋은 행위만 생겨나기를. 나쁜 행위는 생겨나지 않기를'이라고 자신이 바라는 대로 조정하고 마음대로 할 수 있어야 한다"고 설하셨습니다. '그렇게 자신이 바라는 대로 되는가? 마음대로 할 수 있는가?'라고도 숙고해 보도록 설하신 것입니다. 그렇게 숙고해 보면 자신이 바라는 대로 되지 않는다는 사실, 마음대로 할 수 없다는 사실을 분명하게 경험할 것입니다. 적당하지 않은 말을 해 버리는 경우도 경험할 것이고[158] 적당하지 않은 행위를 하는 경우도 경험할 것이고 적당하지 않은 생각을 하는 경우도 경험할 것입니다. 생겨나지 않았으면

158 ㊥미얀마에는 '마을 입구는 막을 수 있어도 손가락 두 개 너비인 입은 못 막는다'라는 속담이 있다. 집에서 멀리 떨어진 지역에서 일을 하던 남편이 죽었다는 소식을 듣고 아내가 친구와 함께 시신을 수습하려고 그곳으로 갔다. 그곳에 도착하니 마침 상여가 출발할 때였다. 아내는 즉시 상여로 다가가서 "그렇게 가지 말라고 했는데 왜 갔습니까. 나 혼자 어떻게 살아야 합니까"라고 땅을 치며 통곡했다. 이를 이상하게 여긴 상주가 "돌아가신 분과 어떤 관계입니까?"라고 물었다. "제 남편입니다"라고 그녀가 대답하자 상주는 "지금 돌아가신 분은 저희 할머니입니다. 잘못 아셨습니다"라고 말해주었다. 남편의 장례를 치르고 돌아오던 중에 그녀는 친구에게 다른 사람의 상여 앞에서 통곡한 일이 몹시 부끄럽고 민망하니 마을 사람들한테 얘기하지 말아달라고 부탁했다. 그러면서 그 부탁을 들어주면 쌀 한 가마니를 주겠다고 약속했다. 그 말에 친구는 친구끼리인데 절대 말하지 않을 것이고, 쌀도 줄 필요가 없다고 다짐했다. 그러나 정작 마을 입구에 도착하자 그 친구는 "친구야, 쌀도 필요 없다. 도저히 말하지 않고서는 못 참겠다"라며 주위 사람들에게 말해 버렸다고 한다.

하는 몸과 말과 마음의 행위들을 행하고 말하고 생각하는 것은 자신이 바라는 대로 지배할 수 없기 때문입니다. 지배할 수 없기 때문에 '형성시키고 애쓰는 성품인 형성들은 자아나 나가 아니다. 자신의 조건에 따라 생겨나고 있는 무아의 성품법일 뿐이다'라고 알 수 있습니다. 그렇게 알고 본 뒤 주인자아집착을 제거할 수 있도록 부처님께서 다음과 같이 직접적으로 이유를 밝히셨습니다.

형성들이 무아인 직접적인 이유

4-3 Yasmā ca kho, bhikkhave, saṅkhārā anattā, tasmā saṅkhārā ābādhāya saṁvattanti, na ca labbhati saṅkhāresu - 'evaṁ me saṅkhārā hontu, evaṁ me saṅkhārā mā ahesun'ti. (S.ii.55)

대 역

Bhikkhave비구들이여, ca kho또한; 사실; 실제로는 saṅkhārā형성들은 (yasmā~이기 때문에) anattā무아다; 내부자, 자아가 아니다. tasmā그래서; 그렇게 자아가 아니기 때문에 saṅkhārā형성들은 ābādhāya괴롭히기 위한 것에 saṁvattanti해당된다. ca그리고; 그 밖에도 'me saṅkhārā나의 형성들이 evaṁ hontu이와 같이 되기를; 이와 같이 좋게만 되기를. me saṅkhārā나의 형성들이 evaṁ mā ahesuṁ이와 같이 되지 않기를; 이와 같이 나쁘게 되지 않기를'이라고 iti이렇게; 이렇게 조정하고 마음대로 하는 것을 saṅkhāresu형성들에서 na labbhati얻을 수 없다.

형성들은 자신의 내부자, 자아가 아닙니다. 자신의 조건에 따라 생겨나고 있는 무아의 성품법일 뿐입니다. 그렇기 때문에도 형성들은 자신을 괴롭히는 것입니다. 괴롭히는 모습은 앞에서 설명했습니다. 'pāpamitta'라는 나쁜 친구, 나쁜 스승을 의지해서든, 'ayoniso manasikāra'라는 비합리적인, 적당하지 않은 마음 기울임 때문이든 행하기에 적당하지 않은 것을 행합니다. 말하기에 적당하지 않은 것을 말합니다. 생각하기에 적당하지 않은 것을 생각합니다. 행위하는 모습, 말하는 모습, 생각하는 모습은 다음과 같습니다.

먼저 세간적인 측면으로는 다른 이들이 비난할 만한 일을 행합니다. 범죄에 해당하는 일을 저지릅니다. 재산을 잃게 하는 원인인 술, 마약 등을 합니다. 도박을 즐깁니다. 원하고 애착하는 것, 화내고 성내는 것 때문에 하지 말아야 할 말을 합니다. 그렇게 행위하고 말하는 것 때문에 재산을 잃고 벌을 받고 친구와 헤어지고 친지와 소원해지는 등 여러 괴로움을 겪습니다. 윤회의 측면으로는 다른 이의 목숨을 뺏는 것, 다른 이의 재산을 훔치는 것 등의 악행을 행하면 그 악행들이 나쁜 결과를 줍니다. 사악도에 떨어지게 하여 괴로움을 겪게 합니다. 이렇게 나쁜 결과를 생겨나게 하는 것으로 형성들은 괴롭힙니다. 여기서 이간질하는 불선 형성 때문에 괴로움을 겪게 된 일화 하나를 소개하겠습니다.

• **바늘침 아귀 일화** 한때 락카나Lakkhaṇa 존자와 마하목갈라나Mahāmoggalāna 존자가 탁발을 위해 깃자꾸따 산에서 내려오고 있었습니다. 도중에 마하목갈라나 존자가 한 아귀를 천안통으로 보았습니다. 그 아귀는 많은 바늘이 자신의 몸을 꿰뚫는 고통을 당하고 있었습니다. 어떤 바늘은 머리를 뚫고 들어가서 얼굴이나 입을 뚫고 나왔습니다. 어떤 바늘

은 얼굴이나 입을 뚫고 들어가서 가슴을 뚫고 나왔습니다. 어떤 바늘은 가슴을 뚫고 들어가서 배를 뚫고 나왔습니다. 어떤 바늘은 배를 뚫고 들어가서 허벅지를 뚫고 나왔습니다. 어떤 바늘은 허벅지를 뚫고 들어가서 장딴지를 뚫고 나왔습니다. 어떤 바늘은 장딴지를 뚫고 들어가서 발바닥을 뚫고 나왔습니다. 그 아귀는 너무 고통스러워 비명을 지르며 계속 달아났지만 바늘들이 계속 뒤를 따라가며 몸을 찔러댔습니다.

그 모습을 본 마하목갈라나 존자는 자신에게는 그렇게 아귀로 태어나게 하는 형성들이 이미 사라졌다는 사실을 숙고하고 반조해서 법희열 dhammapīti이 생겨나 미소를 지었습니다. 그렇게 미소 짓는 모습을 보고 락카나 존자가 이유를 물었습니다. 락카나 존자는 그 아귀를 보지 못했기 때문입니다. 목갈라나 존자는 바로 대답하는 대신 부처님 앞에서 다시 물어봐 달라고 말했습니다. 그 아귀에 대한 사실을 말했는데 락카나 존자가 믿지 않으면 아라한의 이야기를 믿지 않는 허물을 범하게 됩니다. 그래서 그 사실을 뒷받침해 줄 증인이 있을 때 말하는 것이 적당하기 때문입니다.

탁발을 마치고 부처님이 계신 곳에 도착했을 때 락카나 존자는 마하목갈라나 존자에게 깃자꾸따 산에서 내려올 때 왜 미소를 지었는지 다시 물었습니다. 그러자 마하목갈라나 존자는 수많은 바늘이 몸의 여러 곳을 뚫고 관통해서 심한 고통을 겪고 있는 아귀를 보았고, 자신에게는 그러한 불선 형성들이 완전히 사라졌다는 사실을 숙고했기 때문에 미소를 지었다고 대답했습니다.

그때 부처님께서 "나 여래의 제자가 지혜의 눈을 갖췄구나"라고 칭찬하신 뒤 보리수 아래 불패의 금강좌에서 붓다가 될 바로 그날 밤, 당신도 그 아귀를 보았다는 사실, 하지만 뒷받침해 줄 증인이 없어 그 아귀에 대한 내용을 설하지 않았다는 사실, 지금 마하목갈라나가 있어 그 아귀에 대한 내용을 드러내어 설하시겠다는 것 등을 말씀하셨습니다.

그 아귀는 이전에 사람의 생에서 이간하는 말을 한 불선업 형성 때문에 지옥에 떨어져 몇 십만 년 이상 지옥의 고통을 겪어야 했고, 지옥에서 벗어났어도 그 불선업이 남아 이번 생에 아귀로 태어나 심한 고통을 겪고 있다고 부처님께서는 설하셨습니다.

그 아귀는 보통의 눈으로는 볼 수 없고, 천안으로만 볼 수 있습니다. 그래서 락카나 존자도 볼 수 없었던 것입니다.[159] 그 아귀의 몸을 찌르고 뚫는 바늘은 사람이나 다른 중생들은 찌르고 뚫지 않습니다. 불선 형성을 행했던 그 아귀의 몸만 찌르고 뚫으면서 괴롭힙니다. 이것이 바로 형성들이 괴롭히는 모습입니다.

당시 마하목갈라나 존자가 보았던 아귀들은 바늘침 아귀 말고도 많습니다. 소 도살업자였던 아귀는 독수리나 까마귀, 매 등이 따라다니며 쪼아대 너무 아픈 나머지 비명을 지르며 계속 달아났습니다.

새 사냥꾼이었던 살덩어리 아귀는 독수리나 까마귀, 매 등이 따라다니며 살점을 쪼아대 비명을 지르며 달아났습니다.

양 도살업자였던[160] 아귀는 피부가 없어 붉은 피가 그대로 드러난 채, 따라다니며 쪼아대는 독수리나 까마귀, 매 등을 피해 비명을 지르며 달아났습니다.

돼지 도살업자였던 아귀는 수많은 칼에 온몸이 찔리고 베이는 고통을 당했습니다. 사냥꾼이었던 아귀는 수많은 창에 온몸이 찔리고 베이는 고통을 당했습니다. 그 아귀들도 비명을 지르며 달아났습니다.

---

159 락카나 존자도 천안통을 갖췄지만 그 대상에 마음을 기울이지 않아 보지 못한 것이다. 각묵스님 옮김, 『상윳따 니까야』 제2권, p.589 주612 참조.

160 양을 죽여 털과 가죽을 벗겨냈다.

그 밖에도 다른 이를 괴롭히거나 삿된 음행을 저지르는 등 여러 불선 형성 때문에 아귀로 태어나 심하게 고통 받는 아귀들을 마하목갈라나 존자는 보았습니다. 그 아귀들이 고통을 당하는 것은 불선 형성들의 괴롭힘을 받는 것입니다.(S19)

지옥 중생들, 축생들이 고통을 당하는 것도 그들이 행했던 불선 형성들의 괴롭힘을 받는 것입니다. 인간 세상에서 의식주의 부족, 심한 병, 괴롭힘 등으로 고통을 당하는 것도 불선 형성들 때문입니다.[161] 이것은 모두 형성들이 내부자, 자아가 아니기 때문에 괴롭히는 것입니다.

그리고 '불선 형성들이 생겨나지 않기를'이라고 조정하고 마음대로 할 수도 없습니다. '선 형성들만 생겨나기를'이라고 조정하고 마음대로 할 수도 없습니다. 이 사실은 수행자라면 분명하게 경험합니다. 수행자는 관찰하는 위빳사나 형성들만 생겨나길 바랍니다. 하지만 수행 초기에는 관찰하고 새기는 중에도 망상들이 생겨나는 것을 경험합니다. 탐욕이 우두머리가 되어 '이렇게 하면 좋겠다. 저렇게 하면 좋겠다'라고 생각하고 계획합니다. 성냄이나 자만 등이 우두머리가 되어 생각하고 계획합니다. 이러한 것들은 생겨나게 하고 싶지 않은 형성들입니다. 그것들도 '이렇게 해라. 저렇게 해라'라고 조장하고 부추깁니다. 수행자들은 이렇게 망상하는 형성들을 〈좋아함; 원함; 계획함〉 등으로 관찰해서 제거해야 합니다.

지금까지 설명한 대로 도모하고 형성하는 성품, 애쓰는 성품인 형성들은 자신에게 괴로움이 생겨나도록 부추깁니다. 자신이 바라는 대로 좋게만 되지 않습니다. 그래서 자신의 내부자나 자아, 나가 아니라 조건에 따라 생겨나고 있는 무아의 성품법일 뿐이라고 알 수 있습니다.

161 ㉻과거의 업이 원인일 수도 있고 현생에 노력하지 않거나 지혜가 없는 것이 원인일 수도 있다.

이것은 비가 오는 것, 날이 더운 것, 바람이 부는 것과 같습니다. 비는 자신과 전혀 관계가 없습니다. 그래서 비가 내리길 바라더라도 구름이나 수증기, 바람 요소라는 조건이 갖춰지지 않으면 내리지 않습니다. 비가 그치길 바라더라도 조건이 갖춰지면 비는 내립니다. 해도 자신과 전혀 관계가 없습니다. 햇빛이 비치길 바라더라도 구름이 가리면 햇빛은 비치지 않습니다. 햇빛이 비치지 않길 바라더라도 구름이 가리고 있지 않으면 불가능합니다. 바람도 자신과 전혀 관계가 없습니다. 바람이 불기를 바라더라도 조건이 갖춰지지 않으면 불지 않습니다. 바람이 불지 않기를 바라더라도 조건이 갖춰지면 바람은 붑니다. 비나 바람이나 해가 자신과 전혀 관계가 없기 때문에 자신이 바라는 대로 되지 않는 것처럼 자신의 형성들도 자신의 내부자, 자아가 아니기 때문에 자신의 바람대로 되지 않습니다. 조건에 따라서만 생겨납니다. 그래서 형성들도 자아가 아니라는 뜻입니다. 이 성전 내용의 간략한 해석을 독송합시다.

> 비구들이여, 형성들은 자기의 내부자, 실체, 자아가 아니다.
> 만약 형성들이 자아라면
> 형성들은 자신을 괴롭히기 위한 것이 아니어야 한다.
> 또한 '나의 형성들이 이렇게 좋게만 되기를,
> 이렇게 나쁘게는 되지 않기를'이라고
> 형성들에 대해 조정하고 마음대로 할 수도 있어야 한다.[162]

162 형성은 자기자신 자아가 아니라네
형성이 자아라면 자신도 안괴롭혀
형성이 이와같이 좋게만 될지어다
형성이 이와같이 나쁘게 안되기를
이렇게 형성대해 마음대로 하건만

사실 형성들은 자기의 내부자, 실체, 자아가 아니다.
실로 자아가 아니기 때문에
형성들은 자신을 괴롭히기 위한 것이기도 하다.
또한 '나의 형성들이 이렇게 좋게만 되기를,
이렇게 나쁘게는 되지 않기를'이라고
형성들에 대해 조정하고 마음대로 할 수도 없다.[163]

관찰하면서 무아가 드러나는 모습

물질·정신이 생겨날 때마다 그것을 끊임없이 관찰하고 새기는 수행자에게는 자신의 바람대로 되지 않는 모습, 마음대로 하지 못하는 모습이 매우 분명합니다. 〈부푼다, 꺼진다; 앉음, 닿음〉 등으로 관찰하다가 뻐근하면 〈뻐근함, 뻐근함〉이라고 관찰해야 합니다. 그렇게 관찰하다가 자세를 바꾸려는 마음이 생겨납니다. '마음'이라고 했지만 실은 자세를 바꾸려는 의도를 비롯한 여러 형성입니다. 그 의도가 "바꿔, 바꿔"라고 비록 말은 하지 않더라도 마치 말을 하는 것처럼 부추깁니다. 수행자가 자세를 바꾸고 싶지 않아도[164] 의도가 부추기기 때문에 시간이 지나면 뻐근함 등을 견디지 못해서 자세를 바꾸고 맙니다. 그렇게 자세를 바꾸고 싶어하는 것과 자세를 바꾸는 것은 생겨나게 하고 싶지

163 형성은 자기자신 자아가 아니라네
자아가 아니기에 자신도 괴롭히고
형성이 이와같이 좋게만 될지어다
형성이 이와같이 나쁘게 안되기를
이렇게 형성대해 마음대로 못하네

164 ㊉일반적으로 "계속 자세를 바꾸지 않고 관찰을 해야 수행이 빨리 향상된다"라고 지도하기 때문에 수행자는 되도록 자세를 바꾸고 싶어 하지 않는다.

않은 형성들입니다.[165] 그와 마찬가지로 아픔, 뜨거움, 가려움 등 괴로운 느낌들을 관찰하고 있으면서도 자세를 바꾸려고 하는 의도가 생겨나고, 또 그 의도 때문에 자세를 바꿉니다. 이것도 생겨나게 하고 싶지 않은 형성들입니다. 또한 관찰하면서 생겨나게 하고 싶지 않은 감각욕망 사유 등이[166] 생겨나는 것도 경험하게 됩니다. 이것도 생겨나게 하고 싶지 않은 형성들입니다. 그러한 생각들은 관찰해서 제거해야 합니다. 그리고 관찰하는 중에 다른 곳으로 가려고, 어떤 사람과 만나거나 말하려고, 이리저리 둘러보려고, 어떤 일을 하려고 꾸미고 부추기는 것들도 가끔 생겨납니다. 그것도 생겨나게 하고 싶지 않은 형성들입니다. 그러한 형성들도 받아들이지 말고 관찰해서 제거해야 합니다.[167] 이러한 것들이 바로 바라는 대로 되지 않는 것, 마음대로 되지 않는 것입니다. 그렇게 마음대로 할 수 없는 모습과 반대되는 주인자아집착 게송을 독송합시다.

---

165 ㉻고통을 관찰하지 못하고 계속 자세를 바꾸면 삼매가 잘 형성되지 않는다. 삼매가 형성되지 않으면 위빳사나 지혜가 생겨나지 않고, 위빳사나 지혜가 생겨나지 않으면 도와 과의 지혜가 생겨나지 않고, 도와 과의 지혜가 생겨나지 않으면 열반을 증득하지 못한다. 그래서 일반적으로 수행자는 자세를 바꾸지 않고 관찰하면서 참으려 하지만 형성들이 부추기고 자극하면 '모르겠어'하고 자세를 바꾼다. 하지만 관찰하면서 자세를 바꾸면 관찰이 끊어지지 않는다. 그래서 본서 p.99 주94에도 설명했듯이 초보 수행자가 고통을 너무 참으면서 수행할 경우 수행을 두려워하게 되기 때문에 〈아픔, 아픔〉 등으로 열 번이나 열다섯 번 정도 관찰하고, 고통이 사라지지 않으면 다시 부풂과 꺼짐을 관찰하고, 다시 고통을 관찰하고, 이렇게 반복하면서 관찰한다. 그러다가 고통을 도저히 참을 수 없을 때 관찰하면서 자세를 바꾼 뒤 계속 수행을 이어 나가면 된다. 한 시간 정도 참을 수 있는 숙련된 수행자라면 좌선을 시작할 때 '한 시간 안에는 몸을 전혀 움직이지 않겠다'라고 결의를 한 뒤 관찰하는 것이 좋다. 그러면 그 결의 때문에 한 시간 정도 몸을 움직이지 않고 관찰할 수 있다.

166 ㉻'~등'이라는 표현은 분노 사유과 해침 사유도 포함되는 것을 나타낸다. 수행하다가 싫어하는 사람의 얼굴이 떠올랐을 때 관찰하지 않으면 '저 사람이 망했으면'이라는 분노 사유나 그 사람을 해치려는 해침 사유까지 생겨날 수 있다. 얼굴이 떠오를 때부터 〈본다, 본다〉 등으로 관찰해야 하고, 분노나 해침까지 진행됐다면 그때부터 〈분노함〉 등으로 관찰해야 한다.

167 ㉻괴로운 느낌 등을 '그냥 지켜본다'거나 '받아들인다'라고 표현하지 않고 "관찰해서 제거하라"라고 표현했다는 점에 유의해야 한다.

자신안에 마음대로 지배하는 자아라는
나있다는 생각집착 주인자아 집착이네

물질·정신이 생겨날 때마다 그것을 끊임없이 관찰하고 있는 수행자라면 자기가 바라는 대로 되지 않는 것, 바라지 않는 대로 계속되는 것을 경험하기 때문에 주인자아집착을 제거할 수 있습니다. 각각 조건에 따라 순간도 끊임없이 빠르게 생멸하고 있는 것을 경험하기 때문에, 사라지게 하고 싶지 않은 좋은 앎조차 계속 사라져 가는 것을 경험하기 때문에도 '마음대로 할 수 있다'라고 생각하는 주인자아집착을 제거할 수 있습니다. 또한 사라지지 않고 그대로 유지되고 있는 것을 경험하지 못합니다. 순간도 끊임없이 계속 사라져 버리는 것만 경험하고 있기 때문에 자신 안에 '나'라는 것이 항상 머물고 있다고 생각하는 거주자아집착도 제거할 수 있습니다. 거주자아집착 게송을 독송합시다.

자신안에 늘언제나 거주하는 자아라는
나있다는 생각집착 거주자아 집착이네

그리고 각각 관련된 조건이 갖추어져야 생겨나는 성품을 경험하게 됩니다. 경험하는 모습은 다음과 같습니다. 눈도 있고, 보이는 형색도 있고, 적당한 빛도 있고, 마음 기울임도[168] 있어야 보아서 아는 것이 생

168 마음기울임manasikāra에 세 가지가 있다. ① 인식과정 유도 마음기울임vīthipaṭipādaka manasikāra은 눈 문 등에서 인식과정을 일으키는 오문전향 마음을 말한다. ② 속행 유도 마음기울임javana paṭipādaka manasikāra은 맘 문에서 인식과정을 일으키는 맘문전향 마음을 말한다. ③ 대상 유도 마음기울임ārammaṇapaṭipāka manasikāra은 대상을 취하게 하는 마음부수로서의 마음기울임을 말한다.(AhBṬ.108) 여기서는 눈 문에서 인식과정을 일으키는 오문전향 마음을 말한다. 이하 귀 문 등에서도 마찬가지다.

겨납니다. 눈과 형색 등이 분명하게 있으면 보고 싶지 않아도 보입니다. 그와 마찬가지로 귀와 소리와 가로막히지 않은 공간과 마음기울임이 있어야 듣습니다. 귀와 소리 등이 분명하게 있으면 듣고 싶지 않아도 들립니다. 몸과 감촉과 받아들이는 물질과[169] 마음기울임, 이러한 조건들이 있어야 닿아 압니다. 몸과 감촉 등이 분명하게 있으면 닿고 싶지 않아도 닿아 압니다. 이렇듯 각각 관련된 조건들이 있어서 봄, 들림 등 각각 관련된 결과들이 생겨나는 것을 경험하기 때문에 보는 것이나 듣는 것 등을 형성시킬 수 있는 자아나 나라는 것은 존재하지 않는다고 알고 보고 결정할 수 있습니다. 그래서 모든 행위를 바로 내가 행한다고 생각하는 행위자아집착도 제거할 수 있습니다. 행위자아집착 게송을 독송합시다.

몸과말과 마음이란 모든행위 바로내가
행한다는 생각집착 행위자아 집착이네

부처님께서는 행위자아집착도 제거하도록 '형성시키는 형성들은 자아가 아니다'라고 분명하게 설하셨습니다. 형성들이 자아가 아닌 모습을 분명하게 설한 내용은 충분히 설명됐을 것이라고 생각합니다. 법문을 마치겠습니다.

「아낫딸락카나숫따」 가르침을
정성스럽게 들은 청법선업 의도의 공덕으로
자신의 상속에 생겨나는 물질과 정신을 관찰하고 새겨

169 여기서 '받아들이는 물질'이란 땅 요소를 말한다. 『아비담마 길라잡이』 제1권, p.391 참조.

무상특성, 괴로움특성과 함께 무아특성을 잘 알고 보아
각자 원하는 열반을
도와 과의 지혜로 빠르게 실현하기를.

사두, 사두, 사두.

『아낫딸락카나숫따 법문』 제3강이 끝났다.

제3강 역자 보충설명

다섯 무더기 단어분석

물질

Ruppatīti kho, bhikkhave, tasmā rūpanti vuccati. Kena ruppati? Sītenapi ruppati, uṇhenapi ruppati, jighacchāyapi ruppati, pipāsāyapi ruppati, ḍaṁsamakasavātātapasarīsapasamphassenapi ruppati.

(S.ii.71)

해 석

비구들이여, 무너진다. 그래서 물질이라고 부른다. 무엇으로 무너지는가? 추위에 의해서도 무너진다. 더위에 의해서도 무너진다. 갈증에 의해서도 무너진다. 허기에 의해서도 무너진다. 모기, 등에, 바람, 뱀과 접촉하는 것에 의해서도 무너진다.

느낌

Vedayatīti kho, bhikkhave, tasmā 'vedanā'ti vuccati. Kiñca vedayati? Sukhampi vedayati, dukkhampi vedayati, adukkhamasukhampi vedayati.

(S.ii.71)

해 석

비구들이여, 느낀다, 그래서 느낌이라고 부른다. 무엇을 느끼는가?

행복도 느낀다. 괴로움도 느낀다. 괴로움도 아니고 행복도 아님을 느낀다.

인식

Sañjānātīti kho, bhikkhave, tasmā 'saññā'ti vuccati. Kiñca sañjānāti? Nīlampi sañjānāti, pītakampi sañjānāti, lohitakampi sañjānāti, odātampi sañjānāti. (S.ii.71)

해 석

비구들이여, 인식한다. 그래서 인식이다. 무엇을 인식하는가? 푸른색도 인식한다. 노란색도 인식한다. 붉은색도 인식한다. 흰색도 인식한다.

형성들

Saṅkhatamabhisaṅkharontīti kho, bhikkhave, tasmā 'saṅkhārā'ti vuccati. Kiñca saṅkhatamabhisaṅkharonti? Rūpaṁ rūpattāya saṅkhatamabhisaṅkharonti, vedanaṁ vedanattāya saṅkhatamabhisaṅkharonti, saññaṁ saññattāya saṅkhatamabhisaṅkharonti, saṅkhāre saṅkhārattāya saṅkhatamabhisaṅkharonti, viññāṇaṁ viññāṇattāya saṅkhatamabhisaṅkharonti. (S.ii.71)

해 석

비구들이여, 형성된 것들을 계속 형성한다. 그래서 형성들이라고 부른다. 어떤 형성된 것을 계속 형성하는가? 물질이 물질이게끔 형성된 것을 계속 형성한다. 느낌이 느낌이게끔 형성된 것을 계속 형성한다. 인식이 인식이게끔 형성된 것을 계속 형성한다. 형성들이 형성들이게끔 형성된 것을 계속 형성한다. 의식이 의식이게끔 형성된 것을 계속 형성한다.

의식

Vijānātīti kho, bhikkhave, tasmā 'viññāṇa'nti vuccati. Kiñca vijānāti? Ambilampi vijānāti, tittakampi vijānāti, kaṭukampi vijānāti, madhurampi vijānāti, khārikampi vijānāti, akhārikampi vijānāti, loṇikampi vijānāti, aloṇikampi vijānāti. (S.ii.71)

해 석

비구들이여, 식별한다. 그래서 의식이라고 부른다. 무엇을 식별하는가? 신맛도 식별하고, 쓴맛도 식별하고, 매운맛도 식별하고, 단맛도 식별하고, 떫은맛도 식별하고, 떫지 않은 맛도 식별하고, 짠맛도 식별하고, 짜지 않은 맛도 식별한다.[170]

형성에 대한 상설(마하시 사야도, 『쭐라웨달라숫따 법문』에서)

여러 경전에서 형성saṅkhāra이라는 단어는 다양한 의미로 쓰입니다. 먼저 "sabbe saṅkhārā aniccā 모든 형성은 무상하다"라거나 "sabbe saṇkhāra dukkhā 모든 형성은 괴로움이다"라는(S.ii.35) 가르침에서 형

170 『상윳따 니까야』 제3권, pp.274~278 참조.

성은 관련된 여러 조건법 때문에 생겨나는, 형성된 물질·정신 법들을 말합니다. 그것들은 욕계존재kāmabhava에 포함되거나, 색계존재rūpabhava에 포함되거나, 무색계존재arūpabhava에 포함되는 물질·정신 법들입니다. 욕계, 색계, 무색계라는 세 가지 존재, 세 가지 세상에 포함된 법이기 때문에 그것들을 '삼계에 포함된 법들'이라고도 부릅니다. 위빳사나 관찰 대상인 물질·정신 법들입니다.(도와 과, 열반이라는 출세간 법은 제외)

둘째, 부처님께서 "무명 때문에 형성들이 생겨난다"라고 설하신 조건생성법緣起法에서는 욕계 선업과 색계 선업들을 공덕 업형성puññābhisaṅkhāra, 불선업을 비공덕 업형성apuññābhisaṅkhāra, 무색계 선업을 부동 업형성aneñjābhisaṅkhāra이라고 합니다. 법체로는 의도를 말합니다.

셋째, 몸으로 행하는 몸의 의도를 몸 형성kāyasaṅkhāra, 말로 말하는 말의 의도를 말 형성vacīsaṅkhāra, 마음으로 생각하는 마음의 의도를 마음 형성cittasaṅkhāra이라고 합니다. 마찬가지로 법체로는 의도입니다.

넷째, 형성 무더기saṅkhārakkhandha에서 형성은 느낌과 인식을 제외한 마음부수 50가지를 말합니다.[171]

171 *Mahāsi Sayadaw*, 『*Cūḷavedallathouk*(쫄라웨달라숫따)』, pp.163~164; 각묵스님 지음, 『초기 불교 이해』, pp.127~129 참조.

제4강

1963년 음력 6월 보름

(1963.07.05)

오늘은 음력 6월 보름, 특별하고 거룩한 날입니다. 1년 전에는 이곳에서 「담마짝까숫따」 가르침을 법문했습니다. 오늘은 법문 차례에 따라 「아낫딸락카나숫따」를 이어서 법문하겠습니다. 지난 시간에는 형성법들이 자아가 아닌 모습까지 이야기했고, 이제 의식이 자아가 아닌 모습을 설명하겠습니다.

의식은 무아다

5-1 Viññāṇaṁ, bhikkhave,[172] anattā. (S.ii.55)

대 역

Bhikkhave비구들이여, viññāṇaṁ의식은 anattā무아다; 자아가 아니다.

부처님께서는 "비구들이여, 의식은 무아다; 자아가 아니다"라고 설하셨습니다.

의식viññāṇa이란 보아서 아는 마음, 들어서 아는 마음, 맡아서 아는 마음, 먹어서 아는 마음, 닿아서 아는 마음, 생각해서 아는 마음이라는 여섯 가지입니다. 이 여섯 가지 마음을 중생들은 자아라고, 나라고 생각하고 집착합니다. '보는 것은 나다. 내가 본다. 듣는 것은 나다. 내가 듣는다'라는 등으로 그 마음 여섯 가지를 나라는 한 사람으로 생각하고 집착합니다. 그렇게 집착할 만도 합니다. 무엇 때문인가 하면 보아서 아는

172 'bhikkhave'가 저본에 첨가됐다.

것, 들어서 아는 것 등이 없는 벽이나 기둥, 바위, 땅이나 나무,[173] 석불상, 금불상 등은 살아 있는 어떤 실체라고 말하지 않고, 보아서 아는 것, 들어서 아는 것 등이 있어야 살아 있는 실체라고 알고 인정하기 때문입니다. 그래서 보아서 아는 마음 등은 살아 있는 나라고 집착할 만한 것입니다. 하지만 그렇게 생각하고 집착한 그대로 살아 있는 자아라거나 나라는 것은 사실 존재하지 않습니다. 그래서 부처님께서 의식은 자아가 아니라고 설하신 것입니다. "무엇 때문에 자아가 아니라고 알 수 있습니까?"라고 질문할 수 있기 때문에 그 이유를 다음과 같이 설하셨습니다.

의식이 자아라면

5-2 Viññāṇañca hidaṁ, bhikkhave, attā abhavissa, nayidaṁ viññāṇaṁ ābādhāya saṁvatteyya, labbhetha ca viññāṇe - 'evaṁ me viññāṇaṁ hotu, evaṁ me viññāṇaṁ mā ahosī'ti. (S.ii.55)

대 역

Ca hi그리고 실로; 자아가 아니라 무아라고 알아야 하는 이유를 이어서 설명하자면, bhikkhave비구들이여, idaṁ viññāṇaṁ이 의식이 attā abhavissa자아라면 (evaṁ sati그렇다면) idaṁ viññāṇaṁ이 의식은 ābādhāya괴롭히기 위한 것에 na saṁvatteyya해당하지 않아야 한다. ca그리고; 그 밖에도 'me viññāṇaṁ나의 의식이 evaṁ hotu이와 같이 되

173 ⓗ어떤 사람들은 '나무나 풀 등 식물에도 의식이 있다'라고 생각한다. 부처님 당시에도 이러한 견해를 가진 이들이 있었다. 불교 가르침에 따르면 식물은 윤회하는 중생이라고 할 수 없다. 비구들은 초목을 해치면 안 된다는 계율이 제정된 것은 당시 그러한 견해를 가진 이들을 고려해서일 뿐이다.

기를; 이와 같이 좋게만 되기를. me viññāṇaṁ나의 의식이 evaṁ mā ahosi이와 같이 되지 않기를; 이와 같이 나쁘게 되지 않기를'이라고 iti이렇게; 이렇게 조정하고 마음대로 하는 것을 viññāṇe의식에서 labbhetha얻을 수 있어야 한다; 얻을 수 있을 것이다.

의식이 자신의 내부자, 자아가 맞다면 의식은 자신을 괴롭히는 것이 아니어야 한다고 말씀하셨습니다. 맞습니다. 스스로 자신을 괴롭히는 일은 잘 없습니다. 그리고 의식이 자아라면 '좋은 마음만 생겨나기를. 나쁜 마음, 저열한 마음은 생겨나지 않기를'이라고 조정하거나 마음대로 하는 것도 얻을 수 있어야 한다고 말씀하셨습니다.[174] 맞습니다. 의식이 자기 자신이라면 자기가 바라는 대로 돼야 할 것입니다. 이 성전 내용의 간략한 해석을 독송합시다.

비구들이여, 의식은 자기의 내부자, 실체, 자아가 아니다.
만약 의식이 자아라면
의식은 자신을 괴롭히기 위한 것이 아니어야 한다.
또한 '나의 의식이 이렇게 좋게만 되기를,
이렇게 나쁘게는 되지 않기를'이라고
의식에 대해 조정하고 마음대로 할 수도 있어야 한다.[175]

174 ㉻'좋게만 되기를. 나쁘게는 되지 않기를'이라고 마음대로 할 수 있어야 하지만 그렇지 않다는 뜻이다.

175 의식은 자기자신 자아가 아니라네
의식이 자아라면 자신도 안괴롭혀
의식이 이와같이 좋게만 될지어다
의식이 이와같이 나쁘게 안되기를
이렇게 의식대해 마음대로 하건만

그렇게 돼야 하지만 의식은 자신을 괴롭히는 것이기도 합니다. 자신의 바람대로 되지도 않습니다. 그래서 자신의 내부자, 자아, 나가 아니라고 알 수 있습니다. 그 이유도 다음과 같이 설하셨습니다.

의식이 무아인 직접적인 이유

5-3 Yasmā ca kho, bhikkhave, viññāṇaṁ anattā, tasmā viññāṇaṁ ābādhāya saṁvattati, na ca labbhati viññāṇe - 'evaṁ me viññāṇaṁ hotu, evaṁ me viññāṇaṁ mā ahosī'ti. (S.ii.55)

대 역

Bhikkhave비구들이여, ca kho또한; 사실; 실제로는 viññāṇaṁ의식은 (yasmā~이기 때문에) anattā무아다; 내부자, 자아가 아니다. tasmā그래서; 그렇게 자아가 아니기 때문에 viññāṇaṁ의식은 ābādhāya괴롭히기 위한 것에 saṁvattati해당된다. ca그리고; 그 밖에도 'me viññāṇaṁ나의 의식이 evaṁ hotu이와 같이 되기를; 이와 같이 좋게만 되기를. me viññāṇaṁ나의 의식이 evaṁ mā ahosi이와 같이 되지 않기를; 이와 같이 나쁘게 되지 않기를'이라고 iti이렇게; 이렇게 조정하고 마음대로 하는 것을 viññāṇe의식에서 na labbhati얻을 수 없다.

세상 사람들은 마음과 마음부수 53가지 중[176] 마음을 제일 잘 압니다. 특히 미얀마 사람들은 마음으로만 표현합니다. 마음과 결합하여 생겨나는 접촉phassa, 의도cetanā, 인식saññā, 느낌vedanā 등에 대한 것을 말하는 경우는 거의 없습니다. 일반적으로 마음을 나라고 집착합니다. '보는 것은 나다. 내가 본다. 듣는 것은 나다. 내가 듣는다. 생각해서 아는 것은 나다. 내가 생각해서 알고 있다'라는 등으로 마음을 자아로 집착합니다. 사람들만 그런 것이 아닙니다. 천신들이나 다른 중생들도 마찬가지입니다. 하지만 그렇게 집착한 대로 마음은 자아나 나가 아닙니다. 나가 아니기 때문에 마음은 자신을 괴롭힙니다.

의식이 괴롭히는 모습

어떻게 괴롭히는가 하면 혐오스럽거나 두려운 것을 보고 나면 괴롭습니다. 이것이 의식이 괴롭히는 모습입니다. 듣기에 거북한 나쁜 소리나 나쁜 말을 듣고 나서도 괴롭힙니다. 나쁜 냄새를 맡고 나서도 괴롭힙니다. 나쁜 맛을 먹고 나서도 괴롭힙니다. 나쁜 감촉과 닿고 나서도 괴롭힙니다. 마음을 상하게 하거나 우울하게 하거나 슬프게 하거나 두렵게 하는 나쁜 대상을 생각하고 나서도 괴롭힙니다.

중생들은 아름답고 훌륭한, 좋은 대상만을 보고 싶어 합니다. 하지만 업에 따라 혐오스럽거나 두려운 형색도 보아야 합니다. 업이 나쁜 이들이라면 나쁜 대상을 보는 경우가 더 많습니다. 이것은 보아서 아는 눈 의식cakkhuviññāṇa 마음이 괴롭히는 것입니다. 마찬가지로 사람들은 좋은 소리나 달콤한 소리만 듣고 싶어 합니다. 하지만 업에 따라 나쁜

176 ㉻마음을 하나로 헤아리고 마음부수가 52가지이므로 합해서 53가지이다.

소리도 들어야 합니다. 업이 나쁜 이들이라면 두려운 소리나 위협하거나 비난하는 소리를 듣는 경우가 더 많습니다. 이것은 들어서 아는 귀 의식sotaviññāṇa 마음이 괴롭히는 것입니다. 또한 사람들은 좋은 향기만 맡고 싶어 합니다. 하지만 좋지 않은 냄새도 맡아야 합니다. 이것은 맡아서 아는 코 의식ghānaviññāṇa 마음이 괴롭히는 것입니다.

그렇게 나쁜 봄, 나쁜 들음, 나쁜 맡음이라는[177] 마음이 괴롭히는 것은 인간[178] 세상에서는 그리 분명하지 않습니다. 축생 세상이나 아귀 세상, 지옥 세상에서 더욱 분명합니다. 축생들은 삶의 대부분을 두려운 형색을 보며 살아야 합니다. 두려운 소리를 들어야 합니다. 구정물 속에 태어나는 축생들은 고약한 냄새를 평생 맡아야 합니다. 아귀나 지옥 중생들은 말할 필요도 없습니다. 나쁜 봄, 나쁜 들음, 나쁜 맡음으로 언제나 고통을 당합니다. 지옥에서는 보이는 모든 것, 들리는 모든 것, 맡아지는 모든 것, 먹게 되는 모든 것, 닿아지는 모든 것, 생각되어지는 모든 것 중 좋은 것이라고는 거의 없습니다. 나쁜 것들만 있습니다.[179] 그래서 지옥 중생들은 여섯 의식의 괴롭힘을 언제나 겪고 있습니다.[180]

사람들은 좋은 맛의 음식만 먹고 싶어 합니다. 하지만 업이 나쁜 이들은 나쁜 맛의 음식도 먹어야 합니다. 이것은 먹어서 아는 혀 의식

177 의식에 관한 내용이어서 '좋은 봄, 나쁜 봄' 등으로 직역했다.

178 뒤의 내용을 반영해 역자가 첨가했다.

179 예외가 있다. 예를 들어 마하목갈라나 존자가 지옥에 연꽃을 만들어 그 위에 앉아 지옥 중생들에게 법을 설할 때가 있다. 그때 존자를 보는 지옥 중생들에게 선 과보 눈 의식이 생겨난다. 소리를 들을 때 선 과보 귀 의식이 생겨난다. 존자가 짠다나와나Candanavana에서 낮을 보낸 뒤 지나갈 때 가사 냄새를 맡고 선 과보 코 의식이 생겨난다. 존자가 지옥의 불이 꺼지도록 잠시 비를 내릴 때 그것을 마실 때 선 과보 혀 의식이 생겨난다. 존자가 부드러운 바람을 일으킬 때 선 과보 몸 의식이 생겨난다.(DhsA.316)

180 ⓗ예를 들어 배설물 지옥의 냄새는 너무 독해서 일반 사람이 100요자나(1요자는 약 12km) 밖에서 그 냄새를 맡는다면 심장이 터져서 죽는다고 한다. 참고로 부모에게 허물을 범한 과보로 배설물 지옥에 태어난다.

jivhāviññāṇa 마음이 괴롭히는 것입니다. 그것도 인간 세상보다 사악도에서 더욱 분명합니다. 사람들은 좋은 감촉만 닿고 싶어 합니다. 하지만 상황이 여의치 않을 때는 나쁜 감촉과도 닿아야 합니다. 이것은 병에 걸린 이들에게 매우 분명합니다. 일부는 '죽고 싶다'라고 할 정도로 신음하면서 괴로움을 겪습니다. 이것도 인간 세상보다 사악도에서 더욱 심합니다. 인간 세상에서 항상 즐겁고 행복하게 지내고 싶어 합니다. 하지만 조건에 따라 마음을 상하게 하는 대상 때문에 마음이 불편하고 우울하고 슬퍼하고 비탄하게 됩니다. 어떤 사람들은 사는 동안 내내 마음이 행복하지 못한 채 삶이 끝나기도 합니다. 그렇게 마음이 괴로운 것은 맘 의식manoviññāṇa이라는[181] 생각해서 아는 마음이 괴롭히는 것입니다.[182]

의식은 바라는 대로 되지 않는다

의식은 자신을 괴롭히는 것뿐만 아니라 자신이 바라는 대로 되지도 않습니다. 조건에 따라 계속 생겨납니다. 마음대로 할 수 없는 성품입니다. 어떻게 마음대로 할 수 없는가 하면, '좋은 것만 보게 되기를'이라고 바라더라도 아름답고 좋은 대상이 없으면 좋은 봄은 생겨나지 않습니다. 아름답고 좋은 대상이 있어야 좋은 봄이 생겨납니다. 나쁜 봄은 생겨나게 하고 싶지 않지만 혐오스러운 것, 싫어하는 것, 두려운 대상들이 있으면 (눈도 떠져 있으면) 생겨나게 하고 싶지 않아도 나쁜 봄들이 계속 생겨납니다. 이것은 보아서 아는 것인 눈 의식 마음이 자신의 바람대로 되지 않고 그것의 조건에 따라 생겨나고 있는 모습입니다.

181 맘 의식manoviññāṇa에 대해서는『아비담마 강설 1』, p.439 참조.

182 ㉻여기서는 의식, 즉 마음이 괴롭히는 모습을 설명했다. 실제로 괴롭힘을 당할 때 괴롭다고 느끼는 것은 느낌이다. 느낌과 함께 마음이 일어나기 때문에 마음을 대표로 해서 '마음이 괴롭힌다'라고 표현한 것이다. 느낌이 괴롭히는 모습은 본서 pp.94~96 참조.

그와 마찬가지로 '좋은 것만 듣게 되기를'이라고 바라더라도 좋은 소리나 좋은 말이 없으면 좋은 들음은 생겨나지 않습니다. 좋은 소리나 좋은 말 등 좋은 대상이 있어야 좋은 들음이 생겨납니다. 그래서 좋은 소리를 생겨나게 하고자 라디오나 악기나 음반 등을 구해 놓습니다. 나쁜 들음을 생겨나게 하고 싶지 않지만 나쁜 소리, 나쁜 말이 있으면 계속 들을 수밖에 없습니다. 이것은 들어서 아는 것인 귀 의식 마음이 자신의 바람대로 되지 않고 그것의 조건에 따라 생겨나고 있는 모습입니다.

그와 마찬가지로 '좋은 냄새만 맡게 되기를'이라고 바라더라도 좋은 향기가 없으면 좋은 맡음은 생겨나지 않습니다. 향수나 꽃향기 등 좋은 냄새가 있어야 좋은 맡음이 생겨납니다. 그래서 향수나 꽃 등을 구합니다. 나쁜 맡음을 생겨나게 하고 싶지 않지만 고약한 냄새 등이 있으면 나쁜 맡음이 생겨납니다. 썩은 냄새를 맡고서 두통이 생기기도 합니다. 이것은 맡아서 아는 것인 코 의식 마음이 자신의 바람대로 되지 않고 그것의 조건에 따라 생겨나고 있는 모습입니다.

그와 마찬가지로 '좋은 맛만 먹어 알게 되기를'이라고 바라더라도 좋은 맛의 음식이 없으면 좋은 맛을 먹어서 아는 혀 의식은[183] 생겨나지 않습니다. 좋은 음식을 먹어야 좋은 맛을 먹어서 아는 혀 의식이 생겨납니다. 그래서 맛있는 먹을거리를 구하기 위해 쉬지 않고 노력합니다. 몸이 좋지 않을 때는 쓴 약을 먹어야 합니다. 그때는 나쁜 맛을 느끼고 싶지 않지만 느껴야 합니다. 이것은 먹어서 아는 것인 혀 의식 마음이 자신의 바람대로 되지 않고 그것의 조건에 따라 생겨나고 있는 모습입니다.

그와 마찬가지로 좋은 닿음이 생겨나길 바라더라도 좋은 감촉 대상

183 '좋은 봄' 등으로 표현한 다른 곳과 달리 저본에서 '좋은 맛을 먹어서 아는 혀 의식'으로 표현을 바꾸어 그대로 따랐다.

이 없으면 좋은 닿음은 생겨나지 않습니다. 좋은 옷과 편안한 잠자리 등 좋은 감촉 대상이 있어야 좋은 닿음이 생겨납니다. 그래서 생명 있고 생명 없는 여러 좋은 감촉 대상을 구하기 위해 언제나 애쓰고 노력합니다. 나쁜 닿음은 생겨나게 하고 싶지 않지만 심한 더위나 추위 등 나쁜 기후, 가시, 그루터기, 불, 무기 등으로 인한 나쁜 감촉, 질병으로 인한 나쁜 감촉이 있으면 나쁜 닿음이 생겨나서 고통스러운 느낌을 몸 여기저기서 겪어야 합니다. 이것은 닿아서 아는 것인 몸 의식 마음이 자신의 바람대로 되지 않고 그것의 조건에 따라 생겨나고 있는 모습입니다. 이것은 질병으로 인한 느낌이 생겨나는 이에게 매우 분명합니다.

그와 마찬가지로 기쁘고 행복하길 바라더라도 사업이나 집안 상황 등이 좋아야만 가능합니다. 여건이 좋지 않으면 마음이 불편해집니다. 그래서 좋은 여건을 갖추기 위해 항상 애쓰고 노력합니다. 애쓰고 노력하는 중에도 여의치 않은 것을 생각하면 마음이 불편해집니다. 자식의 죽음, 남편의 죽음, 사업 실패, 늙음, 병듦 등을 생각하면 마음이 불편해집니다. 이것은 생각해서 아는 마음이 자신의 바람대로 되지 않고 그것의 조건에 따라 생겨나고 있는 모습입니다.[184]

조건이 있어야 결과가 생겨난다

'조건 따라 생겨난다'라는 것은 '각각 관련된 조건이 있어야 결과법이 생겨난다. 조건이 좋아야 결과도 좋다. 조건이 나쁘면 나쁜 결과만

184 ㉻위빳사나 수행 초기에는 〈부푼다, 꺼진다〉라고 네다섯 번 정도밖에 관찰하지 않았는데도 마음이 집이나 회사 등으로 달아난다. 망상이 생겨난다. 자신은 부풂과 꺼짐에만 잘 집중해서 관찰하고 싶은데 어떤 조건 때문에 망상이 생겨나는 것이다. 특히 죽음이 임박했을 때, 혹은 갑자기 죽음이 닥쳤을 때 자신은 좋은 대상을 계속 대상으로 하고 싶지만 수행을 많이 하지 않아 마음을 다스리는 힘이 부족하면 좋지 않은 생각이 떠오르고, 그 생각으로 임종하면 악처에 태어날 수 있기 때문에 조심해야 한다. 본서 p.369 참조.

생겨난다. 자신이 되고자 하는 것만으로는 되지 않는다. 자신이 바라지 않아도 그것의 조건이 있으면 그것의 결과는 생겨난다'라는 것을 말합니다.[185] 마음대로 할 수 없는 것입니다. 자신의 바람대로, 마음대로 되지 않으면 그것은 자신의 내부자, 실체, 자아가 아닌 것입니다. 그래서 의식이 그렇게 무아의 성품법일 뿐인 모습을 부처님께서 "의식은 바라는 대로 되지 않기 때문에도 자아가 아니다"라고 알 수 있다는 사실을 분명하게 설하신 것입니다. 이 성전 내용의 간략한 해석을 독송합시다.

> 사실 의식은 자기의 내부자, 실체, 자아가 아니다.
> 실로 자아가 아니기 때문에
> 의식은 자신을 괴롭히기 위한 것이기도 하다.
> 또한 '나의 의식이 이렇게 좋게만 되기를,
> 이렇게 나쁘게는 되지 않기를'이라고
> 의식에 대해 조정하고 마음대로 할 수도 없다.[186]

---

185 ㉻어느 날 거지 한 명이 미얀마 사가인의 큰절에 가서 큰스님께 쌀이나 먹을 것을 달라고 청했다. 처음에 큰스님은 남은 음식이 없다고 거절했다. 몇 번 부탁해도 음식을 얻지 못하자 거지는 "스님, 그러면 제가 게송이나 한 수 읊어 드리고 가겠습니다"라고 말했다. "빨리 빨리 읊고 가시오"라고 큰스님은 대답했다. 그러자 거지는 다음의 게송을 읊었다.

> 이전나빠 지금나빠 지금나빠 나중나빠
> 이전좋아 지금좋아 지금좋아 나중좋아

"내가 지금 먹을 것도 없이 구걸하는 것은 이전에 나빠서, 즉 선행을 하지 않아서이다. 지금 또한 선행을 하지 않는다면 나중에도 나쁠 것이다. 큰스님이 지금 먹을 것도 많고 좋은 곳에서 지내는 것은 이전에 좋아서, 즉 선업을 행해서이다. 하지만 지금도 좋아야(선행을 행해야) 나중에도 좋을 것인데, 지금 나쁘면 나처럼 나쁘게 될 것이다"라는 뜻으로 읊은 것이다. 의미를 눈치 챈 큰스님은 연민이 생겨 밥을 먹여 보냈다고 한다.

186
> 의식은 자기자신 자아가 아니라네
> 자아가 아니기에 자신도 괴롭히고
> 의식이 이와같이 좋게만 될지어다
> 의식이 이와같이 나쁘게 안되기를
> 이렇게 의식대해 마음대로 못하네

부처님의 이러한 말씀은 바람대로, 마음대로 할 수 있는 것으로 생각되는 주인자아집착을 제거하도록 설하신 것입니다. 주인자아집착 게송을 독송합시다.

자신안에 마음대로 지배하는 자아라는
나있다는 생각집착 주인자아 집착이네

주인자아집착을 제거하면 거주자아집착, 행위자아집착도 제거됩니다. 먼저 거주자아집착 게송을 독송합시다.

자신안에 늘언제나 거주하는 자아라는
나있다는 생각집착 거주자아 집착이네

그것의 조건이 있어야 그것의 결과 마음이 새로 거듭 생겨납니다. 생겨난 뒤에도 즉시 사라져 버립니다. 이 사실을 알면 항상 유지되고 있는 자아라는 것은 없다는 사실이 분명합니다. 예를 들어 설명하자면 '눈과 형색이 있어야 보아서 아는 마음이 생겨난다. 그와 마찬가지로 귀와 소리가 있어야 들어서 아는 마음이 생겨난다. 코와 냄새가 있어야 맡아서 아는 마음이 생겨난다. 혀와 맛이 있어야 먹어서 아는 마음이 생겨난다. 몸과 감촉이 있어야 닿아서 아는 마음이 생겨난다. 의지하는 토대물질과 대상이 있어야 생각해서 아는 마음이 생겨난다'라는 것을[187] 스스로의 지혜로 알게 되면 항상 그대로 유지되고 있는 자

187 ㉻부풂과 꺼짐도 마찬가지다. 부푸는 몸의 움직임이 있어서 〈부푼다〉라고 관찰해서 아는 마음이 생겨나고, 부풂이 사라지면 〈부푼다〉라고 관찰하는 마음도 사라진다. 꺼짐도 마찬가지다. 항상 유지되고 있는 어떠한 마음이라는 것은 없다. 또한 부풂과 꺼짐도 조건이 있다. 바로 호흡이다. 호흡도 조건이 있다. 호흡이 생겨나려면 배, 바람, 바람이 들어오고 나가는 구멍, 마지막으로 마음이 있어야 한다.

아라거나 나라는 것이 없다고 알게 됩니다. 이어서 행위자아집착 게송을 독송합시다.

> 몸과말과 마음이란 모든행위 바로내가
> 행한다는 생각집착 행위자아 집착이네

물질·정신이 생겨날 때마다 그것을 끊임없이 관찰하고 있는 수행자는 눈과 형색 등의 조건을 의지해서 보아서 아는 마음 등이 거듭해서 새로 생겨나고 있는 것을 분명하게 경험해서 압니다. 그렇게 알기 때문에 '보도록 행할 수 있는 나라는 것은 없다. 각각 조건에 따라 거듭해서 새로 생겨나고 있는 보아서 아는 마음만 있다'라는 등으로 의식만 존재한다는 사실을 분명하게 알기 때문에 행위자아집착도 사라져 버립니다.

지금 설명한 대로 의식을 사실대로 알도록 관찰하지 못하는 이들은 주인자아집착, 거주자아집착, 행위자아집착을 통해 집착합니다. 다른 무더기들보다 의식 무더기에 더욱 집착하는 듯합니다. 요즘 시대에도 '혼백'이라고 집착하여 말하기도 합니다. 그렇게 마음에 깊이 집착하는 것은 세상의 표현으로 마음이 더욱 분명하기 때문입니다. 미얀마 표현으로 느낌, 인식, 형성이라는 정신법들을 드러내어 말하는 경우는 잘 없습니다. 마음이 느끼고 있는 듯, 기억하고 있는 듯, 행하고 있는 듯 말하곤 합니다. 부처님 당시에도 사띠Sāti라는 비구에게 의식을 자아로 고집하는 자아사견이 생겨났습니다. 이 일화를 설명하겠습니다.

사띠 비구 일화

사띠 비구는 부처님께서 설하신 법을 자신이 이해하고 파악한 바에 대해 다음과 같이 말했습니다.

Tadevidaṁ viññāṇaṁ sandhāvati saṁsarati anaññaṁ. (M.i.322/M38)

대 역

Sandhāvati saṁsarati유전流轉하고 윤회하는; 한 생에서 한 생으로 유전하면서 옮겨 다니며 전전하는 idaṁ viññāṇaṁ이 의식은; 지금 현재 이 마음은 tadeva바로 그것이다; 이전의 여러 생에서 있었던 그 마음일 뿐이다. anaññaṁ다른 것이 아니다; 다른 어떤 것이 아니다.[188]

사띠 비구는 부처님의 가르침을 이렇게 이해하고 파악했다고 말했습니다. 예를 들어 『자따까』에 나오는 '웻산따라Vessantarā 왕자가 부처님이 됐다. 찻단따Chaddanta 코끼리가 부처님이 됐다. 부리닷따Bhūridatta 용왕이 부처님이 됐다'라는 표현을 근거로 '부처님이 된 마지막 생에는 이전에 웻산따라 왕자의 물질 무더기는 포함되지 않았다. 코끼리나 용 등의 물질 무더기도 포함되지 않았다. 웻산따라 왕자, 코끼리, 용 등이었을 때 있었던 의식만 포함됐다. 그래서 의식은 절대로 무너지지 않는다. 항상 유지되고 있다'라고 믿고 집착해서 위와 같이 말했던 것입니다. 이것은 거주자아집착으로 의식을 자아라고 생각하고 집착하는 것입니다.

사띠 비구에게 지혜로운 비구들이 그러한 견해는 바르지 않다고 분명하게 말해 주었습니다. 하지만 사띠 비구는 자신의 견해를 버리지 않았습니다. 다른 비구들은 자신처럼 '성품에 따라 확실하게 이해하지 못했다'라고 생각했습니다. 잘못된 견해를 가진 이에게 바른 법을 설하기

188 『맛지마 니까야』 제2권, pp.212~240 참조.

란 쉽지 않습니다.[189] 잘못된 견해를 믿고 있는 이들은 자신들처럼 시대에 걸맞은 앎과 지혜가 다른 이들에겐 없다고 생각하기까지 합니다. 그들의 스승과 같은 독창적인 앎과 지혜가 없다고 생각합니다. 불자라면 부처님께서 설하신 가르침과 일치하는지 일치하지 않는지 살펴보고 숙고해 볼 필요가 있습니다. 부처님의 가르침과 일치하지 않는 견해를 집착하고 믿으면 불자라고 말하기 어려울 것입니다. 이 점에 특히 주의해야 합니다.

사띠 비구가 말을 듣지 않자 지혜로운 비구들이 부처님께 가서 그 사실을 아뢰었습니다. 부처님께서는 사띠 비구를 불러 그 내용에 대해 질문하셨습니다. 부처님께서 질문하셨을 때도 사띠 비구는 "부처님께서 설하신 『자따까』에 따르자면 지금 현재 의식은 이전의 여러 생에서 있었던 바로 그 의식이고, 그 의식이야말로 무너지지 않고 이동하며 윤회하고 있다고 저는 알고 이해하고 있습니다"라고 주장했습니다.

그러자 부처님께서는 "그것은 어떠한 의식인가?"라고 질문하셨습니다.

Yvāyaṁ, bhante, vado vedeyyo tatra tatra kalyāṇapāpakānaṁ kammānaṁ vipākaṁ paṭisaṁvedeti. (M.i.324)

대역

Bhante존자시여; 부처님이시여, yo ayaṁ어떤 이가; 의식이라고 불리는 어떤 것이 vado말합니다. vedeyyo느낍니다; 알고 느낍니다. tatra tatra여기저기서; 각각의 생에서 kalyāṇapāpakānaṁ kammānaṁ vipākaṁ좋고 나쁜 업의 과보를; 선행 선업과 악행 악업의 과보를

189 ㉿한 번 사견을 강하게 거머쥐면 몇 백, 몇 천, 몇 십만의 부처님께서 설법하셔도 스스로 버리기 전까지 버리지 못한다.

paṭisaṁvedeti경험합니다. so ayaṁ바로 그것입니다; 자아라고 불리는 그러한 이것이야말로 (제가 말하는) 의식입니다.

그 대답에 부처님께서 다음과 같이 말씀하셨습니다.

"쓸모없는 자여; 도와 과를 의지하지 못하는 쓸모없는 자여, 나 여래가 누구에게 그렇게 설했다는 것인가? 나 여래는 조건 때문에 생겨나는 의식만 설한다. 조건이 없는 의식은 생겨나지 않는다고만 설한다. 그럼에도 그대는 잘못 집착하고서 나 여래도 비방한다. 악행 불선업도 많이 늘어나게 했다. 이렇게 잘못 견지하고서 말하는 악행은 오랜 기간 그대에게 불이익과 괴로움만을 생겨나게 할 것이다."(M.i.325)

하지만 부처님의 이러한 말씀에도 사띠 비구는 의식이 무너지지 않고 윤회한다는 견해를 버리지 못했습니다.

견해집착은 참으로 두려운 것입니다. 사띠 비구는 부처님의 제자이기도 했습니다. 부처님의 가르침을 믿고 받아들인다고도 했습니다. 하지만 부처님께서 직접 훈계하셨음에도 불구하고 따르지 않았습니다. 부처님조차 믿지 않게 됐다고 할 수 있습니다. 요즘도 "오계조차 수지하거나 실천할 필요가 없다. 수행도 할 필요가 없다. 내가 말하는 대로 이해하기만 하면 일이 끝난다"라고 사실이 아닌 가르침을 설하고 있는 이들이 있습니다.[190] 그렇게 불교를 무너뜨리는 가르침을 믿고 받아들

190 ㉻예를 들어 "'나라고 일컬어지는 것은 물질, 느낌, 인식, 형성들, 의식이라는 다섯 무더기, 정신과 물질이고, 조건과 결과의 연속이고, 무상하고 괴로움이고 무아다'라고 아는 정도면 충분하다. 수행할 필요가 없다"라고 가르치는 이들이 있다. 이것은 불교를 무너뜨리는 행위다.

이는 이에게, 법을 잘 알고 이해하는 이들이 부처님의 가르침과 일치하게 말해 주면 "부처님께서 설하셔도 나의 견해를 버리지 않겠다"라고 무례하게 말하는 경우까지 있다고 들었습니다. 사띠 비구의 후손인 것 같습니다.

요즘은 가르침을 설한다고는 하지만 법이 아닌, 비법을 설하는 경우도 있습니다. 그러니 법문도 살펴보고 숙고한 뒤 바르고 옳은 법만 받아들이고 새기는 것이 중요합니다.[191] 모든 부처님께서 설하신 바른 가르침은 다음과 같이 요약할 수 있습니다.

바른 가르침의 요약

Sabbapāpassa akaraṇaṁ, kusalassa upasampadā;
Sacittapariyodapanaṁ, etaṁ buddhāna sāsanaṁ.

(Dhp.183)

해 석

모든 악을 행하지 않는 것
모든 선을 구족하는 것
자신의 마음을 깨끗이 하는 것
이것이 붓다들의 가르침이네.

191 ⓗ특히 "선업과 불선업, 선업의 좋은 과보, 불선업의 나쁜 과보, 다음 생이란 없다"라고 주장하는 단견을 조심해야 한다. 다른 악행을 저질러 지옥에 태어나면 우주가 무너질 때 과거의 선업으로 무너지지 않는 색계 천상에 태어난다. 하지만 단견으로 죽어 무간지옥에 떨어지면 우주가 무너질 때 무너지지 않은 다른 우주의 무간지옥에 떨어져 그 업이 다할 때까지 고통을 겪어야 한다.

대 역

Sabbapāpassa허물 있는 모든 불선법을 akaraṇaṁ행하지 않는 것; 생겨나게 하지 않는 것과 kusalassa허물 없는 모든 선법을 upasampadā구족하는 것과 sacittapariyodapanaṁ다섯 장애라는 오염시키는 법을 제거하여 자신의 마음을 완전하게 깨끗이 하는 것, etaṁ이것이; 이러한 세 가지 법이 buddhāna=buddhānaṁ모든 부처님의 sāsanaṁ 가르침이네.

"Sabbapāpassa akaraṇaṁ", 모든 불선업을 행하지 말아야 한다는 것이 부처님들의 첫 번째 가르침입니다. 몸으로 행하는 불선업인 살생, 도둑질, 삿된 음행을 행하지 말고 삼가야 합니다. 말로 행하는 불선업인 거짓말, 이간하는 말, 거친 말, 쓸데없는 말을 하지 말고 삼가야 합니다. 마음으로 행하는 불선업인 탐애, 분노, 사견도 일으키지 말고 삼가야 합니다. 마음의 불선업은 사마타와 위빳사나 수행을 해야 제거할 수 있습니다. 이렇게 모든 불선업을 행하지 말아야 합니다.

"Kusalassa upasampadā", 모든 선업을 구족해야 한다는 것이 부처님들의 두 번째 가르침입니다. 보시 선업, 계 선업, 수행 선업이라는 모든 선업을 닦아야 합니다.[192] 선업들 중에서 계 선업은 첫 번째 훈계에 일치하게 몸과 말로 행하는 불선업들을 삼가면 적당한 만큼 구족됩니다. 하지만 성스러운 도의 계는[193] 단지 삼가는 것만으로는 구족되지 않습니다. 위빳사나를 닦아 성스러운 도에 도달해야만 구족할 수 있습

192 ⓗ'닦는다'는 것은 생겨나게 하고 늘어나게 하는 것이다.

193 성스러운 도와 같이 생겨나는 출세간의 바른 말, 바른 행위, 바른 생계를 말한다.

니다. 또한 근접삼매upacārasamādhi나 몰입삼매appanāsamādhi를 얻도록 사마타 수행 선업을 닦아야 합니다. 사마타 수행을 비방하며 말하는 이도 있지만 부처님께서는 사마타 수행에도 노력하도록 가르치고 권장하셨습니다. 사마타 수행에 노력해서 선정삼매를[194] 얻어 그 삼매를 바탕으로 위빳사나 관찰을 하는 것이 제일 좋습니다. 선정삼매까지는 못하더라도 근접삼매를 얻도록 노력해야 합니다. 근접삼매를 바탕으로 위빳사나 관찰을 해도 좋습니다. 그러한 사마타 삼매를[195] 얻도록 노력하지 못한다면 위빳사나 찰나삼매khaṇikasamādhi를 얻도록 노력해야 합니다.[196] 이 위빳사나 삼매를 얻으면 위빳사나 지혜들이 차례대로 생겨나 성스러운 도와 과에 도달할 수 있습니다. 부처님의 가르침에서는 이 위빳사나 삼매와[197] 위빳사나 지혜라는 위빳사나 선업을 닦는 것이 제일 중요합니다. 왜냐하면 위빳사나 없이는 성스러운 도와 과를 얻을 수 없기 때문입니다.[198] 그래서 성스러운 도라는 선업을 구족하도록 위빳사나 선업을 닦아야 합니다. 어떠한 선업도 배제해서는 안 됩니다. 모든

194 초선정, 제2선정 등 몰입삼매를 말한다.

195 사마타 수행을 해서 생겨나는 근접삼매나 몰입삼매를 말한다.

196 ㉻대상이 바뀌더라도 바뀌는 분명한 대상마다 찰나찰나 잘 머물고 집중되는 삼매를 말한다. 배가 부풀 때는 부푸는 그 대상에 찰나적으로 잘 집중되고, 꺼질 때는 꺼지는 그 대상에 찰나적으로 잘 집중되는 삼매를 말한다. 위빳사나 관찰을 할 때 생겨나는 삼매이기 때문에 '위빳사나 찰나삼매'라고 부른다. 마하시 사야도 법문, 비구 일창 담마간다 편역, 『위빳사나 백문백답』, pp.108~114; 『위빳사나 수행방법론』 제1권, pp.157~162 참조.

197 사마타 삼매를 첨가하지 않는 이유는 사마타 삼매만으로는 성스러운 도와 과를 얻을 수 없기 때문이다.

198 ㉻여러 주석서에 "부처님의 가르침이나 게송을 듣고 많은 이가 깨달음을 얻었다"라는 표현이 나오는데 이것은 단지 법문을 듣는 것만으로 깨달음을 얻었다는 뜻이 아니다. 「마하사띠빳타나숫따」 주석에 따르면 몸·느낌·마음·법이라는 네 가지 새김확립 대상 중 어느 한 가지나 아니면 여러 가지 분명한 대상을 계속 관찰하는 새김확립 가르침에 따라 위빳사나 수행을 통해서 위빳사나 지혜가 빠른 시간에 향상돼 성스러운 도와 과를 증득한 것이다.(DA.ii.338) 『마하사띠빳타나숫따 대역』, pp.42~47 참조.

선업을 구족해야 합니다.

그런데 요즘 이러한 부처님들의 첫 번째, 두 번째 가르침과 반대로 말하는 이들이 있다고 들었습니다. “불선 번뇌라는 것은 항상 있는 것이 아니다. 그렇게 항상 있는 것이 아닌 불선법들, 번뇌들을 제거하도록 노력할 필요가 없다. 계와 사마타, 위빳사나 선업도 행할 필요가 없다. 행하는 모든 것은 괴로움일 뿐이다”라는 내용이었습니다.[199] 이것은 부처님의 가르침과 정반대라고 확실하게 기억해 두어야 합니다.

“Sacittapariyodāpanaṁ”, 자신의 마음을 깨끗이 해야 한다는 것이 부처님들의 세 번째 가르침입니다. 위빳사나 선업을 닦아서 아라한도에 도달해야 합니다. 아라한도에 도달하면 바로 다음에 번뇌로부터 완전히 벗어나 깨끗한 아라한과가 생겨납니다. ‘자신의 마음을 깨끗하게 한다’는 것은 아라한과가 생겨날 정도로 깨끗하게 해야 한다는 뜻이라고 여러 주석서에서 설명해 놓았습니다. 이 설명은 부처님께서 설하신 성전과 모두 일치하기 때문에 부처님의 바람에 부합합니다. 하지만 어떤 이들은 “계와 삼매와 위빳사나 실천을 노력하지 마라. 노력하면 괴로움과 고통만 겪게 될 것이다. 마음으로 하여금 어떠한 일도 하게 하지 말고 마음을 가만히 내버려두어야 한다. 자신의 상속에 일어나는 마음을 불선이 아닌 비어 있는 대상에 보내 두어야 한다. 그렇게 보내 두면 마음은 깨끗하다. 그렇게 마음을 깨끗하게 해야 한다”라고 부처님의 가르침과 반대되고, 적당한 근거도 바탕도 전혀 없는 방법과 길을 말하고 지도하고 있습니다. 그렇게 가르치는 내용 중에 계·삼매·통찰지의 실천을 거부하는 것은 부처님의 가르침을 훼손하는 것입니다. 사마

199 아래 구절에 자세한 설명이 나온다. 본서 pp.398~399 참조.

타와 위빳사나가 포함되지 않고서 마음을 깨끗하게 하는 것은 가능하지 않은 일이기 때문에 전혀 근거가 없습니다. 의식, 마음이라는 것은 지배할 수 없는 무아법입니다. 그 마음을 수행하지 않고서 원하는 대로 둘 수 있다면 '나의 의식은 이렇게 좋게만 되기를. 이렇게 나쁘게는 되지 않기를'이라고 조정할 수 없고 마음대로 할 수 없다고 설해 놓으신 「아낫딸락카나숫따」의 가르침도 옳지 않다고 말하는 것이 되고 맙니다. 이 점에 특히 주의해야 합니다.

마지막으로 "etaṁ buddhānasāsanaṁ", 이 구절은 지금까지 설명한 부처님들의 바른 가르침을 마무리하는 내용입니다. 이 세 가지가 전부입니다. 따라서 부처님의 가르침을 잘 유지하고 선양하고자 한다면 모든 불선을 스스로도 할 수 있는 만큼 삼가야 합니다. 다른 이도 삼가도록 할 수 있는 만큼 가르쳐 주어야 합니다. 모든 선도 할 수 있는 만큼 행하고 노력해야 합니다. 다른 이도 행하고 노력하도록 할 수 있는 만큼 가르쳐 주어야 합니다. 불선을 삼가지 않도록, 선을 행하지 않도록 가르치는 이가 있다면 할 수 있는 만큼 제지하고 가로막아야 합니다. 자신의 마음이 깨끗하도록 수행도 할 수 있는 만큼 노력해야 합니다. 다른 이에게도 할 수 있는 만큼 가르쳐 주어야 합니다. 그래서 본승이 교법을 위험과 장애로부터 보호하기 위해 틀린 것과 바른 것을 분석하여 설명한 것입니다.[200]

삿된 견해와 관련해서 교법의 보호와 관련된 내용을 설명하느라 잠시 중단됐던 사띠 비구 일화를 이어서 설명하겠습니다. 사띠 비구가 자

200 ㉻부처님들의 훈계를 요약한 마하시 사야도의 게송을 소개하면 아래와 같다.
불선악행 삼가제거 선법선행 구족갖춰
자신마음 깨끗하게 이셋이 부처님훈계

신의 견해를 끝내 버리지 않자 부처님께서는 다른 비구들에게 의식에 대한 내용을 다음과 같이 물으셨습니다.

"비구들이여, 그대들도 사띠 비구가 말하듯이 나 여래가 설하는 것을 들은 적이 있는가?"
"그렇게 듣지 않았습니다, 그렇게 알지 않습니다, 부처님. 의식은 조건을 의지해서 생겨나고 조건 없이는 생겨나지 않는다고만 들었습니다. 알고 있습니다, 부처님."

이렇게 비구들은 대답했습니다.
그러자 부처님께서는 다음과 같이 설하셨습니다.

각각의 조건 때문에 각각의 의식이 생겨난다

"어떠어떠한 조건을 의지해서 의식이 생겨나면 그러그러한 조건을 통해서만 그 의식을 헤아리고 불러야 한다. 눈과 형색을 조건으로 의식이 생겨나면 눈 의식이라고만 헤아리고 불러야 한다. 귀와 소리를 조건으로 의식이 생겨나면 귀 의식이라고만 헤아려야 한다. 코와 냄새를 조건으로 의식이 생겨나면 코 의식이라고만 헤아려야 한다. 혀와 맛을 조건으로 의식이 생겨나면 혀 의식이라고만 헤아려야 한다. 몸과 감촉을 조건으로 의식이 생겨나면 몸 의식이라고만 헤아려야 한다. 맘과 법을; 법 성품 대상을 조건으로 의식이 생겨나면 맘 의식이라고만 헤아려야 한다. 비유하자면 장작을 의지해서 붙는 불을 장작불이라고만 부르고, 지저깨비를, 짚을, 소똥을, 왕겨를, 쓰레기를 의지해서 붙는 불을 모닥불, 짚불, 소똥불, 왕겨불, 쓰레기불이

라고만 부르는 것과 마찬가지다."(M.i.325)

사띠 비구를 연유로 설하신 여러 경 가운데 연기에 대해 자세하게 설하신 경도 있습니다. 하지만 여기서는 이 정도로 설명하기로 하고, 방금 소개한 비유를 통해 불과 의식이 동일한 모습을 살펴보겠습니다.

땔감이 탈 때마다 새로운 불이 타오르듯

산불은 쓰레기나 낙엽 등이 타는 것에서부터 시작합니다. 불붙을 것들이 끊임없이 있고, 불을 끄지도 않는다면 불은 계속해서 번져나갈 것입니다. 그렇게 불이 번질 때 보통의 눈, 관점으로는 하나의 불이 태우고 있다고 생각합니다. 하지만 잘 살펴보면 쓰레기를 태우는 불은 풀을 태우는 불이 아닙니다. 풀을 태우는 불은 낙엽을 태우는 불이 아닙니다. 낙엽들 중에서도 하나의 낙엽을 태우는 불은 다른 낙엽을 태우는 불이 아닙니다. 각각 다른 불입니다. 그와 마찬가지로 보통 사람들의 생각으로는 하나의 마음, 혹은 한 사람이 보고 듣는다고 여기지만[201] 잘 살펴보면 보는 마음이 하나, 듣는 마음이 하나, 이렇게 서로 각각 다릅니다. 보는 마음 안에서도 흰 것을 보는 마음이 하나, 검은 것을 보는 마음이 하나, 이런 식으로 색이 다른 것에 따라 보아서 아는 마음도 나누어집니다. 생멸의 지혜, 무너짐의 지혜까지 도달한 수행자라면 흰색만 계속 보고 있을 때도 〈본다, 본다〉라고 관찰하면 앞에 본 것과 뒤에 본 것이 각각 나누어지는 것을 알 수 있습니다.

201 ㊅혹은 일반 사람들은 '어린아이 때 보아서 아는 마음이나 들어서 아는 마음이나 맡아서 아는 마음이 사라지지 않고 그대로 유지돼서 지금까지도, 지금 이 순간도 보아서 알고 있고 들어서 알고 있다'라고 생각한다.

볼 때보다 들을 때 더욱 분명하게 구별됩니다.[202] 맡을 때, 먹어서 알 때도 각각 나누어져 분명합니다. 닿아서 알 때는 이 현상을 더 많이 알 수 있습니다. 새길 때마다 거듭해서 각각 나누어져 드러납니다. 아픈 느낌과 그것을 아는 마음을 〈아픔, 아픔〉이라고 관찰하고 있으면 미세한 아픔, 앎들이 한 부분씩 끊어져서 분명하게 드러납니다. 마찬가지로 생각해서 아는 맘 의식도 한 마음씩 구분하여 알게 됩니다. 〈부푼다, 꺼진다; 앉음, 닿음〉 등으로 관찰하고 있다가 생각해서 아는 마음이 생겨나면 〈생각함; 앎〉 등으로 새겨야 합니다. 한 번 정도 새기는 것만으로 그 생각해서 아는 미세한 마음이 끊어져 버리기도 합니다.[203] 끊어지지 않고 계속 그 대상만 이어서 생각해서 알고 있으면 그렇게 생각해서 알 때마다 계속해서 한 마음씩 구분하여 알게 됩니다. 다른 대상으로 옮겨 생각할 때 구분되어 드러나는 모습은 특별히 말할 필요도 없습니다.

그렇게 한 새김과 한 마음, 다시 한 새김과 한 마음이 구분되어 알아지기 때문에[204] '마음은 항상하지 않다'라고도 수행자는 스스로의 지혜로 알고 보고 이해하게 됩니다. '끊임없이 생멸하고 있기 때문에 괴로움이다'라고도 알게 됩니다. '각각의 조건에 따라 각각 생겨나고 있기 때문에 마음대로 할 수 없는 무아법일 뿐이다'라고도 알고 보고 이해합니다. 그렇게 스스로의 지혜로 알고 보고 이해하는 것이 중요합니다.

---

202 ㉻볼 때 마음이 끊어지는 것은 지혜가 예리한 이들에게만 분명하다. 본서 p.330 참조.

203 ㉻위빳사나 지혜의 힘이 좋을 때는 망상이 생겨났을 때 즉시 관찰하면 휙 하고 단번에 사라지는 것도 경험할 수 있다. 그렇게 망상이 사라진 경우는 '내가 방금 어떠한 망상을 했지?'라는 것조차 모를 정도로 빠르게 사라진다.

204 ㉻마음 한 찰나 단위로 관찰하는 것은 가능하지 않다. 인식과정 단위로 관찰할 수 있다. 예를 들어 하나의 부풂이나 하나의 꺼짐, 혹은 하나의 부풂이나 꺼짐 안에 여러 번 정도 끊어져서 드러나 관찰할 수 있다. 『위빳사나 수행방법론』 제1권, pp.401~405 참조.

물질, 느낌, 인식, 형성들, 의식이라는 다섯 무더기가 자아가 아니라 무아인 내용에 대해서는 충분히 설명했습니다. 정리하는 의미로 네 가지 자아집착 게송과 의식이 무아라는 성전의 간략한 해석을 독송합시다.

❶ 자신안에 마음대로 지배하는 자아라는
나있다는 생각집착 주인자아 집착이네
❷ 자신안에 늘언제나 거주하는 자아라는
나있다는 생각집착 거주자아 집착이네
❸ 몸과말과 마음이란 모든행위 바로내가
행한다는 생각집착 행위자아 집착이네
❹ 좋고나쁜 느낌이란 모든것을 바로내가
느낀다고 생각집착 감수자아 집착이네

비구들이여, 의식은 자기의 내부자, 실체, 자아가 아니다.
만약 의식이 자아라면
의식은 자신을 괴롭히기 위한 것이 아니어야 한다.
또한 '나의 의식이 이렇게 좋게만 되기를,
이렇게 나쁘게는 되지 않기를'이라고
의식에 대해 조정하고 마음대로 할 수도 있어야 한다.[205]

205 의식은 자기자신 자아가 아니라네
의식이 자아라면 자신도 안괴롭혀
의식이 이와같이 좋게만 될지어다
의식이 이와같이 나쁘게 안되기를
이렇게 의식대해 마음대로 하건만

사실 의식은 자기의 내부자, 실체, 자아가 아니다.
실로 자아가 아니기 때문에
의식은 자신을 괴롭히기 위한 것이기도 하다.
또한 '나의 의식이 이렇게 좋게만 되기를,
이렇게 나쁘게는 되지 않기를'이라고
의식에 대해 조정하고 마음대로 할 수도 없다.[206]

「아낫딸락카나숫따」에서 설하신 다섯 무더기가 자아가 아닌 모습에 대한 내용은 충분히 설명했습니다. 다섯 무더기와 관련해서 비유를 통해 배움suta이 늘어나도록 같은 『상윳따 니까야(칸다왁가 상윳따)』에 포함된 「페나삔두빠마숫따Pheṇapiṇḍūpamasutta(물거품 비유경)」의 게송을 인용해 설명하겠습니다.

페나삔두빠마숫따

Pheṇapiṇḍūpamaṁ rūpaṁ, vedanā pubbuḷūpamā;
Marīcikūpamā saññā, saṅkhārā kadalūpamā;
Māyūpamañca viññāṇaṁ, desitādicca bandhunā.

(S22:95)

206 의식은 자기자신 자아가 아니라네
자아가 아니기에 자신도 괴롭히고
의식이 이와같이 좋게만 될지어다
의식이 이와같이 나쁘게 안되기를
이렇게 의식대해 마음대로 못하네

해 석

물질은 물거품과 같고 느낌은 물방울과 같고,

인식은 신기루와 같고 형성은 파초와 같고,

의식은 마술과 같다고 태양의 후예는 설했네.

대 역

Rūpaṁ물질은 pheṇapiṇḍūpamaṁ물거품과 같다.[207] vedanā느낌은 pubbuḷūpamā물방울과 같다. saññā인식은 marīcikūpamā신기루와 같다. saṅkhārā형성들은 kadalūpamā파초와 같다. viññāṇaṁ의식은 māyūpamañca마술과 같다. iti이와 같이 ādicca bandhunā태양의 후예께서는 desitaṁ설하셨네.

물질은 물거품과 같다

부처님께서는 "rūpaṁ물질은 pheṇapiṇḍūpamaṁ물거품과 같다"라고 설하셨습니다. 작은 구가 여럿 많이 모인 형태인 '물거품'을 강이나 냇가에서 자주 보았을 것입니다. 어떤 것은 주먹만 하고, 어떤 것은 머리만 하고, 심지어 몸 크기만 한 것도 있습니다. 그보다 더 큰 것도 있습니다. 이러한 물거품은 얼핏 단단한 듯이 보입니다. 하지만 자세히 살펴보면 전혀 단단하지 않고, 어디에도 사용할 수 없습니다.

그와 마찬가지로 사람의 머리, 몸통, 팔다리 등 몸 물질도 단단하게 보입니다. 여자의 모습, 남자의 모습으로 아주 멋진 것처럼 보입니다. 항상 유지되는 것처럼, 아름다운 것처럼, 좋은 것처럼, 살아 있는 어떤 실체인 것처럼 생각합니다. 하지만 지혜로 분석해서 살펴보면 물질도

207 레디 사야도는 "rūpaṁ물질을 pheṇapiṇḍūpamaṁ물거품과 같다고 daṭṭhabbaṁ관찰해야 한다"라고 대역했다. *Ledi Sayadaw,* 『*Kammaṭṭhānadīpanī*(수행주제 해설서)』, p.32 참조.

물거품과 마찬가지입니다. 실체라고 할 만한 것이 전혀 없습니다. 머리카락, 몸털, 손발톱, 이빨[208], 피부, 살, 힘줄, 뼈 등 32가지 혐오스러운 신체부분들의 모임일 뿐입니다. 그것들도 다시 분석해서 살펴보면 눈으로 볼 수 없을 정도로 작은 물질묶음, 매우 작은 가루 같은 것들의 모임일 뿐입니다. 비유하자면 모래무더기가 작은 모래알갱이의 모임인 것과 마찬가지입니다. 또 다른 비유로 쌀가루, 밀가루 등을 들 수 있습니다. 쌀가루, 밀가루는 작은 알갱이에 불과하지만 적당한 양의 물과 섞으면 덩어리가 됩니다. 쌀가루와 밀가루가 많으면 많을수록 덩어리는 더욱 커집니다. 그 덩어리로 사람의 형상을 만들 수 있습니다. 하지만 진짜로 하나의 덩어리가 아닙니다. 여러 작은 알갱이들이 모여서 만들어진 것입니다. 이 비유처럼 사람의 몸도 하나의 덩어리가 아닙니다. 여러 작은 물질묶음들이 모여서 이루어진 것입니다. 물거품에 실체가 없는 것처럼 이 몸에도 실체가 없습니다.

항상한 실체가 없습니다. 좋고 아름다운 실체도 없습니다. 살아 있는 자아라는 실체도 없습니다. 이 몸에는 눈으로 볼 수 있는 형색 물질이라는 것이 한 종류 있습니다. 몸에서 그 형색 물질들을 끄집어낸다면 볼 수 있는 물질이 없기 때문에 형체로서 볼 수 없습니다. 경험할 수 없습니다. 또한 몸에는 닿을 수 있는 단단함, 부드러움 등의 땅 요소가 한 종류, 뜨겁고 따뜻하고 차가운 불 요소가 한 종류, 팽팽하고 움직이는 바람 요소가 한 종류, 이렇게 감촉과 관련된 물질이 세 종류 있습니다. 이 세 종류의 물질을 끄집어낸다면 닿을 수 있는 사람의 형체는 더 이상 존재하지 않습니다. 냄새 물질이라는 것도 이 몸에 존재합니다.

208 사람에게는 '치아'라고 표현해야 하나 혐오스러움을 강조하기 위해 '이빨'로 표현했다.

그래서 코로 냄새를 맡으면 사람의 냄새를 알 수 있습니다. 그 냄새 물질도 끄집어낸다면 냄새를 맡아서 경험할 수도 없습니다. 이렇게 사람의 몸이라는 것은 전혀 경험할 수 없게 됩니다.

또한 눈 물질이 있기 때문에 볼 수 있습니다. 눈 물질을 제거해 버리면 이 몸은 아무것도 볼 수 없습니다. 마치 맹인처럼 돼 버립니다. 귀 물질이 있기 때문에 소리를 들을 수 있습니다. 그 귀 물질을 제거해 버리면 어떠한 소리도 들을 수 없습니다. 마치 농인처럼 돼 버립니다. 마찬가지로 코 감성물질을[209] 제거해 버리면 어떤 냄새도 맡아 알 수 없습니다. 몸 감성물질을 제거해 버리면 어떠한 감촉도 닿아서 알 수 없습니다. 그렇게 유용한 물질 부분들을 모아 놓았기 때문에 사람의 형체로 유지되는 것입니다. 그러한 각각의 부분 물질들을 제거해 버리면 이 몸은 아무 쓸모가 없습니다. 사람의 모습조차 유지되지 못합니다. 앞에서 말한 것처럼 물질묶음들을 서로 분리되도록 분쇄해 버린다면 사람의 모습, 형체는 더 이상 존재할 수 없습니다. 작은 알갱이들로만 돼 버립니다. 항상 유지되는 것도 아닙니다. 새로운 것과 이전 것이 계속 바뀌면서 생멸하고 있습니다. 그래서 이 몸은 물거품처럼 실체가 없는 물질들의 더미일 뿐이라는 의미입니다.

이러한 몸, 물질을 스스로의 지혜로 관찰하고자 한다면 분명하게 드러나는 것부터 시작해서 관찰해야 합니다. 가고 있을 때라면 가는 물질, 팽팽하고 움직이는 물질이 제일 분명합니다. 그래서 "gacchanto vā gacchāmīti pajānāti(갈때는 '간다'라고 안다)"라는 새김확립 가르침에 따라(D.ii.232/D22) 〈간다, 든다, 놓는다〉 등으로 관찰해야 합니다. 서

209 저본에서 눈과 귀는 '눈 물질, 귀 물질'이라고 표현한 뒤 코와 몸은 '코 감성물질, 몸 감성물질'이라고 표현해서 그대로 따랐다.

있을 때라면 〈섬, 섬〉이라고 관찰해야 합니다. 앉아 있을 때라면 〈앉음; 앉음, 닿음; 부풂, 꺼짐〉 등으로 관찰해야 합니다. 어떠한 것이 보이면 〈보인다, 보인다〉라고 관찰해야 합니다. 어떠한 냄새를 맡으면 〈맡는다, 맡는다〉라고 관찰해야 합니다. 팔이나 다리를 굽히고 펴거나 움직이면 〈굽힌다; 편다; 움직인다; 바꾼다〉 등으로 관찰해야 합니다. 이렇게 관찰하여 삼매가 좋아지면 "'간다'라는 것은 가려는 마음과 팽팽하고 움직이는 성품일 뿐이다. '선다'라는 것도 서려는 마음과 팽팽하고 움직이는 성품이 단계 단계 생겨나는 것일 뿐이다. '앉는다'라는 것도 앉으려는 마음과 팽팽하고 움직이는 성품이 단계 단계 생겨나는 것일 뿐이다. 굽히고 펴고 움직이고 바꾼다는 것도 굽히고 펴고 움직이고 바꾸려는 마음과 팽팽하고 움직이는 성품일 뿐이다. 본다는 것도 보아서 아는 것과 보이는 형색일 뿐이다. 맡는다는 것도 맡아서 아는 것과 맡아지는 냄새일 뿐이다"라는 등으로 알고 보고 이해하게 됩니다. '각자 순간에 따라 생멸하는 성품일 뿐이다'라고도 알고 보고 이해하게 됩니다. 손, 발, 몸, 머리 등의 형체나 모습은 드러나지 않습니다. 새로 거듭 생멸하고 있는 물질의 성품만 분명합니다. 이렇게 되면 '물질은 물거품과 같다'라는 것을 스스로의 지혜로 분명하게 경험한 것입니다.[210]

그렇게 경험해서 알기 때문에 수행자는 물질법을 'anicca', 무상하다고도 알고 봅니다. 순간도 끊임없이 생멸하고 있기 때문에 두려워할 만

210 ⓗ사라지는 성품이 분명하면 손이나 발, 몸 등의 형체가 더 이상 마음에 드러나지 않는다. 원래 절대 성품에는 형체가 드러나지 않는다. 성품일 뿐이다. 그것을 사실대로 경험하는 것이다. 하지만 이러한 사실을 이전에 들어본 적이 없는 수행자의 경우, 지혜가 향상돼 이러한 경험을 하면 당황하기도 한다. 인터뷰 시간에 한 수행자가 '이렇게 몸이 사라지다가 내 아내도, 내 딸도 사라지면 어떡하지'라는 생각까지 일어났다고 보고한 적이 있다. 그래서 수행에 따라 자연스럽게 생겨나는 현상이고, 빨리 관찰하면 된다고 지도했다. 그 수행자가 잘 이해해서 이러한 단계를 잘 넘어갔다.

한 것이라는 'dukkha', 괴로움이라고도 알고 봅니다. 자기의 바람대로 되지 않고 각자의 조건에 따라 생겨나기 때문에 'anatta', 자기 내부의 자아가 아닌, 지배할 수 없는 무아의 성품일 뿐이라고도 알고 봅니다. 이렇게 관찰하는 모습, 아는 모습을 게송으로 표현했습니다.

물거품과 같은물질 무상해서 영원안해
생멸하여 괴로우니 틀림없이 무아라네

느낌은 물방울과 같다

두 번째로 "vedanā느낌은 pubbuḷūpamā물방울과 같다"라고 설하셨습니다. 좋거나 나쁘다고 느끼는 성품인 느낌은[211] 물방울과 같다는 말입니다. '물방울'이라는 것은 물고기가 빠끔거릴 때 물표면에 생겨나서 옆으로 흘러가는 것이라고 생각할 수도 있습니다. 이 성전에서 '물방울 pubbuḷa'이란 여러 작은 물 알갱이들의 모임이라는 뜻입니다. 비가 수면 위로 떨어져 내리면 물속과 수면으로 작고 투명한 물 알갱이들이 생겨납니다. 그러한 작은 물 알갱이들을 물방울이라고 합니다. 아이들이 빨대로 불어서 노는 비눗방울과도 비슷합니다.

물방울은 물 표면에서 빗물이 떨어질 때마다 계속해서 생겨나서는 즉시 사라져 버립니다. 마찬가지로 느낌도 즉시 사라져 버리기 때문에 물방울과 같다는 뜻입니다. 이것은 수행자가 직접 자신의 지혜로 경험해서 보는 것과 일치합니다. 일반 사람들의 관점으로는 일치하지 않는다고 생각할 수도 있습니다. 일반 사람들은 아름다운 것을 오랫동안 보고 있으면 보기에 좋은 것이 오랫동안 유지되고 있다고 생각합니다. 아

211 본서 p.162 참조.

름답지 않은 것을 오랫동안 보고 있으면 보기에 좋지 않은 것이 오랫동안 유지되고 있다고 생각합니다. 보기에 보통인 것도 오랫동안 유지되고 있다고 생각합니다. 항상 그대로 유지되고 있다고 생각합니다. 그와 마찬가지로 듣기에 좋고 나쁜 것도 오랫동안 유지되고 있다고 생각합니다. 특히 아프고 괴로운 느낌은 며칠, 몇 달, 몇 년간 계속해서 유지되고 있다고 생각합니다. 그래서 느낌이 물방울처럼 매우 빨리 사라진다는 내용은 일반 사람들의 관점과 일치하지 않을 수도 있습니다. 이 비유와 일치하도록 느낌이 매우 빨리 사라지는 모습을 스스로의 지혜로 알고자 한다면 자신의 존재상속에 지금 생겨나고 있는 물질·정신을 끊임없이 관찰하면 됩니다.

그렇게 물질·정신이 생겨날 때마다 계속해서 끊임없이 관찰하고 있으면 생멸의 지혜, 무너짐의 지혜에 도달했을 때 보아서 좋은 것과 좋지 않은 것이든, 들어서 좋은 것과 좋지 않은 것이든, 맡아서 좋은 것과 좋지 않은 것이든[212] 즉시 사라져 버리는 것을 경험하게 됩니다. 특히 아프고 참기 힘든 느낌이 사라져 버리는 모습을 분명하게 경험할 수 있습니다. 아프고 참기 힘든 느낌을 〈아픔, 아픔〉이라고 계속 관찰하고 있으면 새길 때마다 거듭 휙, 휙 사라져 버리는 것을 경험할 수 있습니다. 명상의 지혜 정도에서는 아프고 참기 힘든 것들을 많이 경험하게 됩니다. 새길 때마다 거듭 이곳저곳이 아프고, 또 그 아픈 것이 사라져 버리는 것을 경험하게 됩니다. 여기가 아프고 그것을 새기고 그것이 사라지고, 다시 저기가 아프고 그것을 새기고 그것이 사라지고 하면서 마치 잡아서 낚아채는 것처럼 빠르게 사라져 버리는 것을 경험할 수 있습니다.

212 닿아서 생겨나는 느낌과 생각해서 생겨나는 느낌은 뒤에 나온다.

그렇게 지혜가 예리해진 수행자의 경우, "보아서 좋은 것과 '본다'라고 새기는 것이 즉시 사라져 버린다. 눈과 보이는 것이 있어서 다시 보기는 본다. 그렇게 볼 때마다 거듭 새기면 즉시 사라져 버리기만 한다. 보아서 좋은 것도 즉시 사라져 버린다. 보아서 좋지 않은 것도 즉시 사라져 버린다. 보아서 좋지도 않고 나쁘지도 않은 것도 즉시 사라져 버린다"라고 경험해서 알게 됩니다. 들어서 좋은 것과 좋지 않은 것, 좋지도 않고 나쁘지도 않은 느낌을 새겼을 때 그것이 사라지는 모습은 더욱 분명합니다. 그와 마찬가지로 맡아서 좋은 것 등도 사라져 버립니다. 먹어서 좋은 것 등도 새기고 관찰하는 수행자에게 사라져 가는 모습이 매우 분명합니다. 음식을 먹으면서 〈먹는다, 씹는다〉 등으로 끊임없이 새기고 있어야 합니다. 그렇게 새기고 있으면, 맛이 드러날 때 새기고, 그러면 그 맛을 알고, 그것을 새기고, 다시 사라지고, 다시 알고 사라지고 하는 것을 분명하게 경험할 수 있습니다.

좋고 나쁜 감촉, 보통의 감촉과 닿아서 생기는 느낌을 새겨서 그 느낌이 사라지는 모습은 방금 설명한 대로 이미 분명합니다. 그와 마찬가지로 실망하고, 걱정하고, 슬퍼하고, 상심하는 것 등을 새기고 있으면 그러한 느낌들이 한 부분씩 빠르게 사라져 버리는 것을 경험할 수 있습니다. 그렇게 경험하기 때문에 '느낌은 물방울과 같이 매우 빠르게 사라져 버리므로 전혀 견고하지 않다. 의지할 만하지 않다. 무상하고 괴로움이고 무아의 성품법일 뿐이다'라고 스스로의 지혜로 알고 보고 이해합니다. 이렇게 관찰하는 모습, 아는 모습을 게송으로 표현했습니다.

물방울과 같은느낌 무상해서 영원안해
생멸하여 괴로우니 틀림없이 무아라네

인식은 신기루와 같다

세 번째로 "saññā인식은 marīcikūpamā신기루와 같다"라고 설하셨습니다. 보고 듣고 경험하고 알게 된 것을 진짜인 것처럼 기억하고 거머쥐게 하는 성품을 인식saññā이라고 합니다.[213] 이러한 인식은 신기루와 같다는 뜻입니다.

신기루란 "gimhānaṁ pacchime māse ṭhite majjhanhike kāle marīcikā phandati(여름의 마지막 달 정오에 신기루가 아른거린다)"라는 표현처럼(S.ii.115) 인도에서 여름의 마지막 달, 정오 즈음에 땅 위에 드러나는 아지랑이 무더기, 혹은 집이나 물 등의 모습으로 드러나는 영상일 뿐입니다.

신기루와 관련해 아비다자 마하랏타구루Abhidhaja Mahāraṭṭhaguru 머소예인 사야도는 "사가인-쉐보 기찻길 지선과 빠두역 사이에 예이메지 호수가 있다. 그 호수를 여름에 나룻배를 타고 건너갈 때 호수 수면에 근처 마을의 여러 집이 드러나는 것을 본 적이 있다"라고 말했습니다.

『미얀마 스웨소웅 짠』(제1권, p.162)에는 사막을 건너가는 이들에게 오아시스와 거리가 멀리 떨어진 곳인데도 가끔씩 물로 가득 찬 호수가 있는 듯 보인다는 사실, 그 장소로 가까이 다가가면 진짜 호수가 아니라는 사실, 그렇게 진짜 호수가 아닌데도 호수인 것처럼 드러나는 것을 신기루라고 한다는 사실, 그와 같은 신기루가 바다에서도 배들이 하늘 위를 날아가는 것처럼 드러난다는 사실, 메시나와 에일레 사이에서 메시나 시의 여러 건물과 함께 나무들, 사람들이 하늘 위를 날아가는 것

213 본서 p.145 참조.

처럼 신기루가 가끔 보인다는 사실 등을 설명해 놓고 있습니다.

《1967~1968년 즈음, 우기의 저녁에 쉐다곤 탑의 그림자가 하늘에 머물고 있는 것처럼 보인 적이 있습니다. 탑의 위아래가 뒤집어진 모습이었습니다. 이렇게 위아래가 반대로 된 모습은 빗물에 그림자가 드러난 것일 수도 있습니다. 이러한 것도 신기루라고 말할 수 있습니다.》

이렇게 신기루는 진짜가 아니며 집이나 물 등의 모습으로 드러나는 그림자, 영상입니다. 사슴 같은 동물들도 여름에 호수처럼 드러난 신기루를 보고 진짜 호수가 있다고 생각해서 물을 마시기 위해 가까이 다가갑니다. 하지만 직접 가서 보면 물은 없고 황량한 땅만 있는 것을 알고서 피곤해 한다는 사실을 여러 문헌에서 비유 등을 통해 설명하고 있습니다. 그렇게 신기루는 진짜 물이 아니지만 진짜 물인 것처럼 잘못 생각하게 합니다. 건물이나 집이 아니지만 진짜 건물이나 집인 것처럼 잘못 생각하게 합니다.

그와 마찬가지로 인식도 볼 때마다, 들을 때마다, 경험할 때마다, 알 때마다, 보고 듣고 경험하고 알게 된 것을 '사람이다. 여자다. 남자다'라는 등으로 잘못 기억하고 거머쥡니다.[214] 그렇게 인식이 기억하고 거머쥔 대로 잘못된 것을 진짜라고, 사실이라고 생각하고 집착해서 애쓰고 노력합니다. 이것은 사슴들이 신기루를 물이라고 잘못 알고서 애써 달려가서 피곤해지는 것과 마찬가지입니다. 그래서 부처님께서 인식을 신기루와 같다고 설하신 것입니다.

214 ㉻관습적 진리의 측면에서는 남자를 남자라고 아는 것은 잘못 아는 것이 아니다. 하지만 절대적 진리의 측면에서는 남자라고 할 만한 어떤 실체가 없이 물질과 정신의 연속일 뿐이기 때문에 "'남자다'라고 잘못 알 때마다"라고 말했다. 이렇게 '남자다'라는 등으로 이전에 알던 대상과 동일하게 거머쥐는 성품이 인식이다. 절대적 진리와 관습적 진리는 본서 pp.79~82 참조.

신기루와 같이 인식이 잘못 기억하고 거머쥐는 모습을 스스로의 지혜로 알고서 그러한 괴로움을 겪지 않으려면 볼 때마다, 들을 때마다, 경험할 때마다, 알 때마다 생겨나는 물질·정신을 새김과 지혜로 끊임없이 관찰해야 합니다. 그렇게 관찰해서 삼매와 지혜의 힘이 좋아지면 알아지는 물질과 아는 정신, 이 두 가지만 분명하게 존재한다는 사실을 알 수 있습니다. 그 뒤 조건과 결과만 연속돼 생겨나고 있다는 사실도 알 수 있습니다. 그 뒤 관찰할 때마다 계속해서 알아지는 것이나 아는 것이나 즉시 사라져 버리는 것만 스스로의 지혜로 경험하여 알 수 있습니다.[215]

그래서 '이전에 항상 유지되고 있는 개인, 중생, 여자, 남자, 자아라는 것이 진짜 존재하고 있다고 거머쥐었던 인식은 마치 신기루처럼 잘못 알게 해서 속이고 있는 것이다. 사실은 순간도 끊임없이 생멸하고 있는 무상하고 괴로움이고 무아인 성품법만 존재한다'라고 사실대로 알고 보고 결정할 수 있습니다. 이렇게 관찰하는 모습, 아는 모습을 게송으로 표현했습니다.

신기루와 같은인식 무상해서 영원안해
생멸하여 괴로우니 틀림없이 무아라네

형성은 파초와 같다

이어서 "saṅkhārā형성들은 kadalūpamā파초와 같다"라고 설하셨습니다. 파초란 보통의 눈으로는 단단한 통나무처럼, 심재가 있는 것처럼, 단단한 것처럼 생각됩니다. 하지만 파초를 칼로 잘라서 단면을 자세하

215 ㉻혹은 관찰하는 중에 형체나 모습이 사라진 경험, 예를 들어 팔이나 머리, 몸이 없어진 듯한 경험을 통해 인식으로 거머쥘 만한 것이 없다는 사실을 알 수 있다.

게 살펴보면 심재가 전혀 없습니다. 단단하지 않은 부드러운 줄기들만 볼 수 있습니다. 이러한 파초와 마찬가지로 형성들에도 견고한 심재란 없다는 뜻입니다.

형성saṅkhāra이란 의도cetanā를 비롯한 50가지 마음부수입니다.[216] 그중에서 분명한 법들을 설명하자면 볼 때마다, 들을 때마다 등에 대상과 닿고 접촉하는 접촉phassa도 형성입니다. 보이는 것 등에 마음을 기울이는 마음기울임manasikāra도 형성입니다. 대상에 마음이 고요하게 머물도록 집중시켜 주는 삼매samādhi도[217] 형성입니다. 생각하는 사유vitakka도 형성입니다. 숙고하는 고찰vicāra도 형성입니다. 노력하는 정진vīriya도 형성입니다.[218] 탐욕lobha, 성냄dosa, 자만māna, 사견diṭṭhi, 의심vicikicchā도 형성입니다.[219] 탐욕없음alobha, 성냄없음adosa, 어리석음없음amoha, 믿음saddhā, 새김sati, 연민karuṇā, 같이기뻐함muditā도 형성입니다.[220] 몸의 행위, 말의 행위, 마음의 행위들을 행하는 것인 의도는 형성들 중 우두머리와 같습니다. 이렇게 형성법들은 개수로도 많습니다. 행하고 작용하는 모습으로도 모든 몸과 말과 마음의 행위를 성취하게 하기 때문에 형성들은 매우 분명합니다. '모든 행위를 내가 하고 있다'라고 생각하고 집착하고 있는 것은 형성들을 뿌리로 합니다.[221]

그래서 형성 무더기를 견고한 실체가 있는 것처럼 생각하게 됩니다. 그렇지만 형성 무더기는 마치 파초처럼 전혀 견고하지 않습니다. 견고한

216 형성 무더기에 대해서는 본서 p.163 참조.

217 마음부수로는 하나됨ekaggatā에 해당된다.

218 ㉠모든 마음과 다 결합하는 공통 마음부수들을 언급했다.

219 ㉠불선 마음과 결합하는 마음부수들을 언급했다.

220 ㉠아름다운 마음과 결합하는 마음부수들을 언급했다.

221 마음부수 52가지는 본서 pp.456~459 참조.

심재란 전혀 없습니다. 그렇게 실체가 없는 모습은 물질·정신이 생겨날 때마다 그것을 끊임없이 관찰하고 있는 수행자들의 경우, 스스로의 지혜를 통해 분명하게 알 수 있습니다. 아는 모습은 다음과 같습니다.

가고 있을 때 〈간다, 간다; 든다, 간다, 놓는다〉 등으로 끊임없이 관찰하는 수행자는 삼매와 지혜의 힘이 좋아졌을 때 가려고 하는 성품도 알게 됩니다.[222] 그것을 〈가려 함〉이라고 관찰합니다. 그러면 가려하는 성품이 즉시 사라져 버리는 것을 경험합니다.[223] 그렇게 가려고 하는 성품을 '가려고 하는 마음'이라고 표현하지만 사실은 의도를 바탕으로 한 형성들입니다. 그 의도를 우두머리로 한 형성들이 '가라, 가라'라고 부추기는 것처럼 자극하고 있습니다. 그렇게 자극하기 때문에 다리를 들고 뻗고 내리면서 가는 작용이 이뤄집니다. 그래서 이렇게 아는 지혜가 아직 생겨나기 전에는 '가려는 것은 나다. 내가 가려고 해서 간다'라고 나라는 것으로 생각해 왔습니다. 지금은 가려는 것이 즉시 사라져 버리는 것을 경험하기 때문에 '내가 아니다. 성품법일 뿐이다'라고 알게 됩니다.[224] 굽히려는 것, 펴려는 것, 움직이려는 것도 마찬가지 방법으로 알게 됩니다. 또한 보려는 것, 보려고 애쓰는 것도 마찬가지입니다. 보

222 ㊥초보 수행자들이 "삼매와 지혜의 힘이 좋아졌을 때 알게 된다"라는 법문을 듣고 '그러면 가려고 하는 의도를 어떻게 관찰해야 되는가? 서려고 하는 것을 어떻게 관찰해야 되는가?'라고 생각하면 안 된다. 분명하게 드러나는 대로 계속 관찰해 나가다가 삼매와 지혜의 힘이 좋아지면 의도도 분명히 드러나고, 그래서 저절로 알게 된다.

223 ㊥가려는 의도가 분명해서 관찰하면 가려는 의도가 사라진다. 가려는 의도가 생겨나야 가는 물질이 생겨나는데 가려는 의도가 사라져 버려 가는 물질이 생겨나지 못한다. 그래서 일부 수행자는 경행 중에 오랫동안 가지 못하기도 한다. 이럴 때는 정진의 요소를 향상시키는 경행을 하고 있는 중이므로 조금 더 의도를 내어 경행을 하면서 관찰하는 것이 좋다.

224 ㊥「마하사띠빳타나숫따」 주석에는 "'가리라'는 마음이 생겨나면 바람 요소가 암시를 생겨나게 하면서 생겨난다. 마음에 의해 만들어진 바람 요소의 확산 때문에 '중생이 간다. 중생이 선다. 내가 간다. 내가 선다'라는 등으로 표현하는 명칭만 있을 뿐이다"라고 설명돼 있다.(DA.ii.357) 『마하사띠빳타나숫따 대역』, pp.80~96 참조.

려고 애쓰는 것이라는 형성들도 각각 찰나에 즉시 사라져 버리는 것을 경험하기 때문에 '전혀 실체가 없다. 나가 아니다. 성품법일 뿐이다'라고 알게 됩니다. 들으려는 것, 들으려고 애쓰는 것 등도 마찬가지 방법으로 알게 됩니다.

또한 생각하는 사유, 숙고하는 고찰, 노력하는 정진이라는 성품도 각각 생겨나는 순간에 〈생각한다; 숙고한다; 애쓴다〉 등으로 관찰해서 순간순간 즉시 사라져 버리는 것을 경험합니다.[225] 그래서 '실체가 없다. 나가 아니다. 성품법일 뿐이다'라고 알게 됩니다. 또한 탐욕, 성냄 등이 생겨날 때도 〈원한다; 좋아한다; 화난다〉 등으로 관찰해서 즉시 사라져 버리는 것을 경험합니다. 따라서 '그렇게 원하는 등의 형성들도 견고하지 않다. 나가 아니다. 성품법일 뿐이다'라고 알게 됩니다. 또한 믿음, 자애, 연민 등이 생겨날 때도 〈믿는다, 존경한다; 행복하게 해주고 싶다; 불쌍하다〉 등으로 관찰해서[226] 즉시 사라져 버리는 것을 경험합니다. 그래서 그러한 믿음 등도 '견고하지 않다. 나가 아니다. 성품법일 뿐이다'라고 알게 됩니다. 그렇게 아는 것은 파초를 쪼개어 살펴보면 심재가 전혀 없는 것을 아는 것과 마찬가지입니다. 이렇게 관찰하는 모습, 아는 모습을 게송으로 표현했습니다.[227]

파초나무 같은형성 무상해서 영원안해
생멸하여 괴로우니 틀림없이 무아라네

225 ㉬지혜가 좋아졌을 때는 중간에 떠오른 생각을 〈생각함, 생각함〉이라고 관찰하면 그 생각이 즉시 사라진다. 그렇게 사라진 뒤 방금 어떤 생각을 했는지조차 모를 정도로 확실하게 사라진다.

226 ㉬믿음은 좋은 성품이지만 수행 중에는 모두 분명한 대상에서 벗어난 것이므로 〈믿는다, 존경한다〉 등으로 관찰해야 한다.

227 『*Kammaṭṭhānadīpanī*(수행주제 해설서)』, pp.89~97 참조.

의식은 마술과 같다

마지막으로 "viññāṇaṁ의식은 māyūpamañca마술과 같다"[228]라고 설하셨습니다. 보통 마음이라고 말하는 의식이 계속해서 알고 있는 것은 마술을 보이고 있는 것과 마찬가지입니다. 일반 사람들은 볼 때 어떻게 알고 있습니까? 무엇을 알고 있습니까? '여자를 본다. 남자를 본다. 사람을 본다'라는 등으로 알고 있습니다. '내가 본다. 보는 것은 나다'라고 알고 있습니다. 그와 마찬가지로 들을 때도 '여자의 소리를 듣는다. 남자의 소리를 듣는다. 내가 듣는다. 듣는 것은 나다'라는 등으로 알고 있습니다. 맡을 때도 '무엇의 냄새를 맡는다. 누구의 냄새를 맡는다. 내가 맡는다'라는 등으로 알고 있습니다. 먹을 때도 '누가 요리해 준 것을 먹고 있다. 내가 먹는다'라는 등으로 알고 있습니다. 닿을 때도 '누구와 닿았다. 내가 닿았다'라는 등으로 알고 있습니다. 생각할 때도 '내가 생각한다. 생각하는 것은 나다'라는 등으로 알고 있습니다.[229] 이렇게 아는 것은 절대 성품, 성스러운 진리의 입장에서는 잘못 아는 것일 뿐입니다.

그렇게 잘못 아는 것도 사실은 단지 보는 것일 뿐인 눈 의식, 단지 듣는 것일 뿐인 귀 의식, 단지 맡는 것일 뿐인 코 의식, 단지 먹어서 아는 것일 뿐인 혀 의식, 단지 닿아서 아는 것일 뿐인 몸 의식이라는 다섯 가지 의식이 아는 것이 아닙니다. 보아서 아는 것 등 다섯 가지 의식만으로는 형색 물질, 소리 물질 등의 절대 성품만 압니다. '여자다,

228 의식에 대해서는 본서 p.164 참조.

229 ㉺이렇게 아는 것을 관습적 진리라고 표현한다. 세상 사람들이 서로 의사소통을 하기 위해 명칭을 붙인 것으로 서로 옳다고 여겨지는 것이다. 그래서 관습적 진리에 따르면 '남자, 여자, 나'라고 하는 것은 맞다. 하지만 절대적 진리의 측면에서는 잘못 알고 있는 것일 뿐이다. 본서 pp.79~82 참조.

남자다'라는 등의 개념으로 잘못 알지 않습니다. 하지만 그렇게 보아서 아는 눈 문 인식과정cakkhudvāravīthi 뒤에 다시 숙고하고 생각하는 맘 문 인식과정manodvāravīthi이 생겨날 때 일반 사람들은 '남자다, 여자다'라는 등 개념으로 잘못 알게 됩니다. 여기서 '보아서 아는 눈 문 인식과정' 등과 '생각해서 아는 맘 문 인식과정'이 생겨나는 모습을 교학적 지식suta이 늘어나도록 요약해서 설명해 보겠습니다.

눈 감성물질에 형색이 드러날 때 존재요인bhavaṅga[230] 마음 차례 뒤에 전향āvajjana하는[231] 마음이 생겨납니다. '무엇인가?'라고 전향하는 성품입니다. 그 마음이 소멸하면 눈에 드러난 형색을 보아서 아는 마음인 눈 의식cakkhuviññāṇa이 생겨납니다. 눈 의식은 절대 성품인 형색을 단지 보는 것일 뿐입니다. 아직 여자나 남자 등 개념을 대상으로 하지는 않습니다. 보아서 아는 마음이 소멸하면 대상을 받아들이는 접수sampaṭicchana 마음이 생겨납니다. 접수 마음이 소멸하면 대상을 살피는 조사santīraṇa마음이 생겨납니다. 조사 마음이 소멸하면 좋고 나쁜 것을 결정하는 결정voṭṭhabbana[232] 마음이 생겨납니다. 결정 마음이 소멸하면 빠르고 강력한 여세로 대상을 취하는 속행javana 마음이 일곱 번 연속해서 생겨납니다. 마지막 속행 마음이 소멸하면 아직 여세가 다하지 않아서 바로 그 대상을 다시 취하는 여운tadārammaṇa 마음이 두 번 일어납니다. 여운 마음이 소멸하면 마치 잠에 드는 것처럼 존재요인 마음이 거듭 생겨납니다. 이런 순서로 '보아서 아는 눈 문 인식과정'이

230 본서 p.68 주67 참조.

231 저본에서는 '숙고하는'이라고 표현했지만 아비담마 용어에 따라 '전향하는'으로 번역했다.

232 제6차 결집본의 표기를 따랐다. 『아비담마 강설 1』에서는 'voṭṭhapana'라는 PTS본의 표기를 따랐다.

생겨나는 모습을 게송으로 표현했습니다.[233] 같이 독송합니다.

(1) 존재요인 전향후 보고나서 접수해

눈 감성물질에 형색이 드러나면 존재요인 마음에서 일어나 전향하는 전향마음, 보아서 아는 눈 의식 마음, 받아들이는 접수 마음이 차례대로 생겨난다는 뜻입니다.

(2) 조사결정 속행칠 여운두번 생겨나
(3) 형색볼때 눈문의 인식과정 알기를

받아들이는 접수 마음 바로 다음에 조사 마음, 그 다음 결정 마음, 그 다음에 속행 마음 일곱 번, 그 다음 여운 마음 두 번이 차례대로 일어납니다. 형색을 볼 때 전향 마음에서 여운 마음 두 번까지 마음이 열네 번 일어나는 과정을 '온전히 생겨나는 인식과정'이라고 합니다. 대상의 힘이 약할 때는 속행 마음에서 끝나는 경우도 있습니다. 죽기 직전이나 매우 피곤할 때는 속행 마음이 여섯 번, 다섯 번 일어나고 끝납니다. 대상이 매우 희미할 때는 결정 마음만 두 번, 세 번 일어난 뒤 끝나버리는 경우도 있습니다. 위빳사나가 매우 예리하게 생겨날 때는 속행까지 생겨나지 않고 결정 마음이 두 번, 세 번 일어나고 멈춘 뒤 존재요인 마음으로 떨어진다고도 알아야 합니다.[234] 그렇게 생겨나는 모습은 뽓틸라Poṭṭhila 장로에게 아라한 사미가 수행주제를 줄 때 '다섯 문에서 속행에 떨어지지 않게 하십시오'라고 지도한 내용과 일

233 자세한 인식과정은 본서 p.460 참조.

234 ㉻결정 마음에 이어서 탐욕이나 성냄을 일으키는 속행 마음이 생겨나지 않고 존재요인 마음에 떨어진 뒤 위빳사나 관찰하는 속행이 이어진다는 뜻이다.

치합니다.[235]

지금 말한 대로 보아서 아는 인식과정 마음이 생겨날 때 보게 된 형색은 아직 절대 성품일 뿐입니다. 절대 성품이 아닌 여자나 남자 등의 개념은 아직 대상으로 하지 않습니다. 그렇게 보고 나서 존재요인 마음들이 적당한 정도로 생겨난 뒤 다시 숙고하는 맘 문 인식과정이 생겨납니다. 맘 문 인식과정 마음들이 차례대로 생겨나는 모습을 독송합시다.

(4) 전향후에 속행칠 여운두번 생겨나
성품알때 맘문의 인식과정 알기를

존재요인 마음에서 일어나 전향하는 전향 마음, 속행 마음 일곱 번, 여운 마음 두 번, 이렇게 열 번의 마음이 생겨난 뒤 존재요인 마음이 다시 생겨납니다.[236] 그렇게 첫 번째로 생겨나는 생각해서 아는 맘 문 인식과정에서도 보게 된 형색을 돌이켜 숙고하는 정도만 생겨납니다. 절대 성품이 아닌 개념은 아직 대상으로 하지 않습니다.

보아서 아는 마음이 마술을 보이는 것처럼 알게 하는 모습

이후 다시 한 번 더 돌이켜 숙고하는 맘 문 인식과정에 이르러야 형체나 모습 개념을 대상으로 합니다. 여자나 남자, 모습 등의 개념을 대상으로 합니다. 그 뒤 다시 한 번 더 돌이켜 숙고하는 맘 문 인식과정에서는 여자, 남자 등 명칭 개념까지 대상으로 해 버립니다. 그 뒤에는 돌이켜 숙고할 때마다 절대 성품이 아닌 개념만 대상으로 합니다. '여

235 『위빳사나 수행방법론』 제1권, pp.401~412 참조.
236 자세한 인식과정은 본서 pp.460~461 참조.

자를 본다. 남자를 본다'라는 등으로 잘못 아는 것입니다. 이것은 보아서 아는 마음이 마술을 보이는 것처럼 잘못 알게 하는 모습입니다.[237] 그렇게 보아서 아는 한 번의 눈 문 인식과정과 생각해서 아는 세 번의 맘 문 인식과정이 생겨나는 모습에 대한 게송도 독송합시다.

현전형색 먼저보고

이것은 제일 먼저 보아서 아는 눈 문 인식과정에서 형색인 절대 성품만 알고 본다는 뜻입니다.

보고난법 다시생각

이것은 본 것을 돌이켜 생각하고 숙고하는 첫 번째 맘 문 인식과정이 생겨나는 모습을 보인 게송입니다. 눈 문 인식과정과 첫 번째 맘 문 인식과정 정도에서는 절대 성품인 형색만 대상으로 합니다. 아직 잘못 아는 것이 아닙니다. 이 정도에서 〈본다, 본다〉라고 관찰할 수 있다면 개념에 도달하지 않고 절대 성품에만 머물 수 있습니다.[238]

형체개념 드러나고

237 ㉻사실 의식 혼자서 마술을 부리는 것은 아니다. 어리석음과 함께한 마음이 마술을 부리는 것이다. "이렇게 의식이 마술을 부려 잘못 안 지는 얼마나 됐는가?"라고 묻는다면 시작을 알 수 없는 과거로부터 지금까지 잘못 알고 있다고 대답할 수 있다. 기나긴 윤회에서 계속 '남자다, 여자다'라는 등의 개념 나라('범주'를 뜻하는 레디 사야도의 비유적 표현이다)에만 살았기 때문에 저절로 인식과정들이 진행돼 형체와 명칭이 드러나고 이어서 탐욕과 성냄 등이 드러나는 것이다. 위빳사나 수행을 통해 지혜가 향상됐을 때 그렇게 이어지는 인식과정이 끊어지기 시작한다.

238 ㉻'단지 무엇을 보았다'라고 절대 성품에만 머물고 형체나 명칭이 드러나지 않기 때문에 이어서 탐욕과 성냄 등 번뇌가 생겨나지 않는다.

두 번째 맘 문 인식과정부터는[239] 여자, 남자 등의 형체나 모습 개념이 드러난다는 뜻입니다.

명칭을 끝에안다네

세 번째 맘 문 인식과정에서는[240] 여자, 남자 등의 명칭 개념까지 포함해서 대상으로 하게 된다는 뜻입니다. 이 내용은 형색을 볼 때 제일 처음 보는 눈 문 인식과정과 첫 번째 생각해서 아는 맘 문 인식과정에서는 절대 성품인 형색만 대상으로 하고 잘못된 개념은 대상으로 하지 않는다는 사실, 생각해서 아는 두 번째 맘 문 인식과정과 세 번째 맘 문 인식과정에서야 잘못된 개념으로 알게 된다는 사실을 기억하도록 표현한 게송입니다.

보아서 알 때와 마찬가지로 들어서 알 때,[241] 맡아서 알 때, 먹어서 알 때, 닿아서 알 때도 마음의 차례인 인식과정이 생겨나는 모습은 동일합니다. 그 게송도 독송합시다.

(5) 듣고맡고 먹을때 닿을때도 똑같이
인식과정 볼때와 마찬가지 알기를

(1) 게송의 "존재요인 전향후 보고나서"라는 구절에서 "존재요인 전향후 듣고나서", "존재요인 전향후 맡고나서", "존재요인 전향후 먹고나서", "존재요인 전향후 닿고나서"로 바뀌는 것만 다릅니다. 소리 물

239 전체 인식과정으로는 세 번째이다.

240 전체 인식과정으로는 네 번째이다.

241 소리의 경우는 명칭이 먼저 드러나고 형체가 나중에 드러난다. 게송으로 표현하면 다음과 같다.
현전소리 먼저듣고 듣고난법 다시생각
명칭개념 드러나고 형체를 끝에안다네

질을 단지 들어서 아는 것, 냄새 물질을 단지 맡아서 아는 것, 맛 물질을 단지 먹어서 아는 것, 감촉 물질을 단지 닿아서 아는 것, 그리고 다른 마음 차례가 생겨나는 모습은 같습니다.

지금 설명한 대로 보아서 알고, 들어서 알고, 맡아서 알고, 먹어서 알고, 닿아서 알고 난 뒤, 혹은 첫 번째 생각해서 아는 마음으로 돌이켜 대상을 취했을 때 〈본다; 듣는다; 맡는다; 먹어 안다; 닿아 안다〉 등으로 즉시 관찰해서 계속 알아 나가면 개념으로 잘못 아는 것에 도달하지 않고 바르게 아는 것에만 머물 수 있습니다. 그렇게 바르게 아는 것에만 머물 수 있도록 보면 〈본다〉라고, 들으면 〈듣는다〉라고, 닿으면 〈닿는다〉라는 등으로 즉시, 끊임없이 관찰해야 합니다. 그 게송도 독송합시다.

즉시 관찰할 수 있다면 단지 보는 것 등에만 멈춘다

보자마자 관찰하여 보는것만 마음멈춰
명색구별 생멸알고 무상고 성품안다네

형색을 보면 보자마자 즉시 〈본다, 본다〉라고 새겨 알면 보는 것 정도에서 인식과정은 끊어져 버립니다. 돌이켜 생각하면서 개념 대상을 취하는 맘 문 인식과정들이 더 이상 생겨나지 않습니다. "diṭṭhe diṭṭhamattaṁ bhavissati(볼 때는 보는 것만 생겨날 것이다)"라는(S.ii.295)[242] 가르침에 맞게 보는 것에만 머뭅니다. 그리고 '눈

242 『위빳사나 수행방법론』 제1권, pp.386~397 참조.

과 형색을 포함한 몸 전체는 대상을 알지 못하는 물질, 보아서 아는 것과 새겨 아는 것은 대상을 알 수 있는 정신, 이렇게 물질과 정신도 구별해서 압니다. 보는 것이나 새겨 아는 것이 새로 생겨나서 계속 사라지고 무너져 버리는 것도 압니다. 그렇게 알기 때문에 무상anicca하고, 괴로움dukkha이고, 자아가 아닌 무아anatta의 성품법일 뿐이라는 것도 스스로의 지혜로 알고 보게 된다는 뜻입니다. 그래서 "명색구별 생멸알고 무상고 성품안다네"라고[243] 게송으로 표현한 것입니다.

들을 때, 맡을 때, 먹어서 알 때, 닿아서 알 때, 생각해서 알 때도 마찬가지입니다. 대상이 드러날 때마다 즉시 따라서 관찰하여 새기면 물질과 정신도 구별합니다. 생멸도 압니다. 무상과 괴로움과 무아의 성품법일 뿐이라는 것도 스스로의 지혜로 압니다.[244] 그렇게 알기 때문에 수행자는 다음과 같이 알고 보고 이해합니다.

> '이전에는 관찰하지 못해서 원래 마음이 아는 대로 잘못된 것을 사실이라고 생각했다. 마술을 사실이라고 생각하는 것과 같았다. 이제 볼 때마다, 들을 때마다, 맡을 때마다, 먹을 때마다, 닿을 때마다, 생각할 때마다 끊임없이 따라가 관찰해서, 살아 있는 어떤 자아, 나라는 것은 경험하지 못한다. 순간도 끊임없이 생멸하고 있는 것만 경험한다. 보아서 아는 것도 보고 나서 즉시 사라져 버린다. 오랫

243 정신을 '명名', 물질을 '색色'이라고 표현했다. 무아를 '성품'이라고 표현했다.

244 ⓗ이러한 법문을 듣고 '오, 명색을 알아야 되는구나. 정신·물질을 구별해야 되는구나. 생멸을 알아야 되는구나. 무상·고·무아를 알아야 되는구나'라고 생각해서 '생멸, 생멸', 혹은 '무상·고·무아'라고 되뇌며 관찰해서는 안 된다. 현재 분명하게 드러나는 대상들을 관찰하다가 지혜가 향상됐을 때 저절로 그러한 성품들이 분명하게 드러난다.

동안 보고 있는 것도 존재하지 않는다. 새로 새로, 단계 단계 보아서 아는 성품일 뿐이다. 들어서 아는 것도 들어 알고 나서 즉시 사라져 버린다. 오랫동안 듣고 있는 것도 존재하지 않는다. 닿아서 아는 것도 닿아서 알고 나서 즉시 사라져 버린다. 오랫동안 닿고 있는 것도 존재하지 않는다. 생각해서 아는 것도 생각해서 알고 나서 즉시 사라져 버린다. 오랫동안 생각하고 있는 것도 존재하지 않는다. 따라서 항상하지[245] 않은 것일 뿐이다. 생겨나서는 즉시 사라져 버리기 때문에 의지할 만한 것이 아니다. 두려워할 만한 것이다. 괴로운 것일 뿐이다. 스스로 바라는 대로 되지 않고 각자 조건에 따라 생멸하고 있는 성품법일 뿐이다.'

이렇게 관찰하는 모습, 아는 모습을 게송으로 표현했습니다.

마술과도 같은의식 무상해서 영원안해
생멸하여 괴로우니 틀림없이 무아라네

지금까지 설명한 「페나삔두빠마숫따」의 가르침에 따라 관찰해서 아는 것을 통해서도 물질과 느낌, 인식, 형성들, 의식이라는 다섯 무더기가 확고하고 항상한 실체, 행복하고 좋은 실체, 자신의 바람대로 마음대로 할 수 있는 실체가 없기 때문에 자아가 아닌 무아의 성품법일 뿐이라는 사실이 분명합니다. 법문을 마치겠습니다.

245 본서 p.62 주54에서도 언급했지만 '항상하다'라는 한글 표현은 없다. 하지만 '무상하다'라는 용어와 대비되도록 'nicca'라는 단어를 '항상하다'라고 번역했다.

「아낫딸락카나숫따」 가르침을
정성스럽게 들은 청법선업 의도의 공덕으로
자신의 상속에 생겨나는 물질과 정신을 관찰하고 새겨
무상특성, 괴로움특성과 함께 무아특성을 잘 알고 보아
각자 원하는 열반을
도와 과의 지혜로 빠르게 실현하기를.

사두, 사두, 사두.

『아낫딸락카나숫따 법문』 제4강이 끝났다.

제4강 역자 보충설명

게송에 대해(한국마하시 우 소다나 사야도)

본서를 비롯한 마하시 사야도의 법문집에는 게송이 많이 나옵니다. 일부에선 "게송을 만들어 독송하는 것은 어린아이들이나 하는 방법이 아닙니까?"라고 말하기도 합니다. 하지만 법문 내용이 심오하고 빠알리어로 따라 하기도 어렵기 때문에 의미를 잘 이해하도록 각 나라의 언어로 게송을 만들어 독송하면 독송하는 그 자체로 말의 선업을 일으키는 것이고, 또한 그것은 현생이든 다음 생이든 도와 과의 지혜로 열반을 증득하는 데 좋은 바탕과 원인이 됩니다. 죽으면 치아나 입, 혀 등은 모두 쓸모없게 됩니다. 살아있을 때 선업을 쌓을 말의 행위를 일으키도록 자주 사용해야 합니다.

웨부 사야도라는 미얀마 큰스님은 저녁마다 정사에 있는 보리수나무에 흙을 한 줌 뿌려주거나 부서진 정사 건물을 메우는 등의 봉사 선업, 소임 선업을 하셨습니다. 그러면서 "나는 가져갈 수 있는 만큼 다 가져가겠다"라고 말씀하셨다고 합니다. '이 몸으로 할 수 있는 모든 선업을 다하고 가겠다'라는 뜻입니다. 이 내용도 게송으로 표현하셨습니다.

이몸물질 저열하니 열반요소 구해야해
쭉지에서 실체구해 진수를 뽑아내야해

계송의 의미는 다음과 같습니다. '이몸물질 저열하니,' 이 몸이란 물질은 저열합니다. 온갖 병에 걸릴 수 있고 매일 아홉 구멍에서 더러운 것들이 흘러나오기 때문입니다. 그러니 '열반요소 구해야해', 이 몸에 만족하지 말고 열반이라는 거룩한 요소를 구해야 합니다. '쭉지에서[246] 실체구해', 쭉정이나 겉껍질에 만족하지 말고 실체를 구해야 합니다. '진수를 뽑아내야해', 핵심이라고 할 수 있는 보시, 지계, 수행 등의 진수를 할 수 있는 만큼 행해야 합니다.

246 '쭉지'는 '쭉정이'의 경상도 방언이다. 게송의 운율을 맞추기 위해 '쭉지'라고 표현했다.

제5강

1963년 음력 6월 23일

(1963.07.13)

「아낫딸락카나숫따」를 음력 5월 8일부터 시작해서 네 번의 법문으로 경의 첫 부분이 끝났습니다. 다섯 무더기가 무아라는 구절에 대해서는 다 설명했습니다. 이제부터 무상anicca특성과 괴로움dukkha특성과 무아anatta특성까지 포함해서 설하신 경의 두 번째 부분을 설명하겠습니다. 그 전에 무아특성anattalakkhaṇa과 무아특성을 알기 어려운 모습 등을 먼저 살펴보겠습니다.

무아특성

다섯 무더기, 물질·정신 법들은 자아가 아닌 무아의 성품법들일 뿐입니다. 그러한 법들을 '자아가 아니다. 무아의 성품법일 뿐이다'라고 특징짓는 양상을 '무아특성anattalakkhaṇa'이라고 합니다. 무아특성이 어떠한 것인지는 다음과 같이 여러 주석서에 설명돼 있습니다.

Avasavattanākāro anattalakkhaṇaṁ. (VbhA.47)

대 역

Avasavattanākāro통제할 수 없는 양상이; 자신의 바람대로 되지 않는 양상이 anattalakkhaṇaṁ무아특성이다; 무아라고 특징지어지는 성질이다.

이 내용은 「아낫딸락카나숫따」에서 "'evaṁ me rūpaṁ hotu 나의 물질이 이와 같이 좋게만 되기를'이라는 등으로 조정하고 마음대로 할 수 없다"라고 설해 놓으신 그대로입니다. 그것을 게송으로 표현했습니다. 같이 독송합시다.

마음대로 되지않는 특성바로 무아특성[247]

그리고 「아낫딸락카나숫따」에서 "ābādhāya saṁvattati 괴롭히는 것에 해당된다. 괴롭힌다"라는 설명에 따라 괴롭히는 것도 무아특성이라고 말할 수 있습니다. 또한 이 경의 동일한 부분에서 "바뀌고 무너지는 법을 나의 자아라고 관찰하고 보고 생각하면 적당하겠는가?"라는 질문을 통해 순간도 끊임없이 바뀌고 무너지는 양상도 무아특성이라고 말하기에 적당합니다. 생겨나고 있는 물질·정신들을 관찰하고 새길 때 그러한 무아특성을 경험하여 자아가 아닌 성품법일 뿐이라고 알고 보는 것이 무아 거듭관찰의 지혜anattānupassanā ñāṇa입니다. 이 게송을 독송합시다.

관찰할때 마음대로 되지않음 경험하여
무아라고 아는것이 무아거듭 관찰지혜

지금 설명한 것처럼 바라는 대로 되지 않음 등 무아특성을 설명하는 경이기 때문에 이 경을 「아낫딸락카나숫따Anattalakkhaṇasutta(무아특성경)」라고 이름을 붙인 것입니다.

무아특성은 알기 어렵다

무상특성과 괴로움특성은 알기 쉽지만 무아특성은 알기 어렵다고 『위방가 앗타까타』에 다음과 같이 설명해 놓았습니다.

247 관련 게송은 본서 p.386 참조.

"손에 들고 있던 그릇이 떨어져 깨져버리면 '오, 무상하구나'라고 말하기도 한다. 몸에 종기나 부스럼이 생기면, 혹은 가시에 찔리거나 그루터기에 부딪히면 '오, 괴롭구나'라고 투덜거린다. 그처럼 무상과 괴로움은 분명하고, 알기 쉽다.[248] 하지만 무아특성은 어둠 속의 물체처럼 분명하지 않다. 설명하기도 어렵다. 무상특성과 괴로움특성은 부처님의 가르침 안에서든지 밖에서든지 분명하다. 무아특성은 부처님의 가르침 안에서만 분명하게 알 수 있다. 가르침 밖에서는 알 수 없다. 가르침 밖의 시기에는 사라방가Sarabhaṅga 현자 등 위대한 수행자들조차 무상과 괴로움만 설할 수 있었다. 무아는 설하지 못했다. 그러한 큰 스승들이 무아를 설할 수 있었다면 그의 제자, 대중들이 도와 과라는 특별한 법을 얻을 수 있었을 것이다. 그렇게 설할 수 없었기 때문에 가르침 밖에서는 도와 과라는 특별한 법을 얻을 수 없었던 것이다. 그래서 무아특성을 다른 이가 이해할 수 있도록 설할 수 있는 것은 거룩하신 부처님들만의 영역이다. 가르침 밖의 사람들이 설할 수 있는 영역이 아니다. 이렇듯 무아특성은 분명하지 않고 알기 어렵다. 분명하지 않고 알기 어렵기 때문에 부처님조차 무아특성을 설하실 때는 무상특성이든 괴로움특성이든, 이 두 특성 모두든, 이러한 두 특성을 바탕으로 해서, 이 두 특성의 도움을 받아 설하신다."(VbhA.46)[249]

248 괴로움과 관련된 일화는 본서 pp.270~271 참조.

249 무상특성은 생멸에 마음 기울이지 않고 꿰뚫지 못해 상속에 뒤덮여서 드러나지 않는다. 괴로움특성은 거듭 핍박하는 것에 마음 기울이지 않고 꿰뚫지 못해 자세에 뒤덮여서 드러나지 않는다. 무아특성은 여러 요소로 분석되는 것에 마음 기울이지 않고 꿰뚫지 못해 한 더미로 뒤덮여서 드러나지 않는다.(VbhA.46)

이 내용 중에 '가르침 밖의 시기에 무상과 괴로움이 분명하다'라는 것은 개념으로서의 무상, 개념으로서의 괴로움일 뿐이라는 사실, 그 개념적 무상과 개념적 괴로움을 통해서는 무아를 알게 할 수 없다는 사실, 실재적 무상과 실재적 괴로움을 통해서만 무아를 알게 할 수 있다는 사실을 『위방가 물라띠까』에서 다시 주석해 놓았습니다. 그러한 여러 주석을 의지하여 진짜 무상·고·무아와 가짜 무상·고·무아를 『실라완따숫따Sīlavantasutta(계 구족경) 법문』에서 설명한 적이 있습니다.[250]

무상을 통해 무아를 설하시다

부처님께서 무상을 통해 무아를 보이신 모습은 『맛지마 니까야』「차착까숫따Chachakkasutta(여섯씩 여섯 경)」에 설명해 놓으신 대로입니다.

먼저 다음과 같이 설하셨습니다.

① 눈, 귀, 코, 혀, 몸, 맘이라는 내부 감각장소 여섯 가지를 알아야 한다.

② 형색, 소리, 냄새, 맛, 감촉, 법이라는 외부 감각장소 여섯 가지를 알아야 한다.

③ 보아서 앎, 들어서 앎, 맡아서 앎, 먹어서 앎, 닿아서 앎, 생각해서 앎이라는 의식 여섯 가지를 알아야 한다. (눈 의식, 귀 의식, 코 의식, 혀 의식, 몸 의식, 맘 의식)

④ 보아서 접촉함, 들어서 접촉함, 맡아서 접촉함, 먹어서 접촉함, 닿아서 접촉함, 생각해서 접촉함이라는 접촉 여섯 가지를 알아야

250 본서 pp.266~270 제5강 역자 보충설명에 요약해서 설명했다. 『*Sīlavantathouk tayato*(계구족경 법문)』, pp.126~130 참조.

한다. (눈 접촉, 귀 접촉, 코 접촉, 혀 접촉, 몸 접촉, 맘 접촉)

⑤ 보아서 느낌, 들어서 느낌, 맡아서 느낌, 먹어서 느낌, 닿아서 느낌, 생각해서 느낌이라는 느낌 여섯 가지를 알아야 한다. (눈 접촉 느낌, 귀 접촉 느낌, 코 접촉 느낌, 혀 접촉 느낌, 몸 접촉 느낌, 맘 접촉 느낌)

⑥ 형색 갈애, 소리 갈애, 냄새 갈애, 맛 갈애, 감촉 갈애, 법 갈애라는 갈애 여섯 가지를 알아야 한다.

여기서 "알아야 한다"라는 것은 '위빳사나로 관찰해서 알아야 한다. 성스러운 도의 지혜로 알아야 한다'라는 의미라고 주석서에서 설명해 놓았습니다. 따라서 볼 때마다 거듭 관찰해서 눈, 형색, 보아서 앎, 보아서 접촉함, 보아서 느낌 등을 알아야 하고, 그렇게 알도록 볼 때마다 계속해서 관찰해야 한다는 뜻입니다. 그렇게 볼 때 즐기고 갈망하는 갈애가 생겨난다면 갈애도 〈즐김〉 등으로 관찰하고 알도록 설하신 것입니다.

그와 마찬가지로 들을 때, 맡을 때, 먹어서 알 때, 닿아서 알 때, 생각해서 알 때도 귀, 소리, 들어서 앎, 들어서 접촉함, 들어서 느낌, 갈애 등의 여섯 가지 법을 알도록 설하셨습니다.[251]

그렇게 볼 때마다, 들을 때마다, 맡을 때마다, 먹어서 알 때마다, 닿아서 알 때마다, 생각해서 알 때마다 관찰해서 계속 알고 있는 수행자에게는 눈과 형색, 보아서 앎 등이 생겨나서는 즉시 사라져 버리는 것을

251 ㉻이러한 여섯 가지 법을 한꺼번에 다 알아야 하는 것은 아니다. 여섯 가지 법 중 그때 가장 분명한 법 하나를 관찰하면, 분명하지 않은 법의 관찰은 저절로 성취된다. 『위빳사나 수행방법론』 제1권, pp.413~424 참조.

스스로의 지혜로 알게 됩니다.[252] 그렇게 알게 돼 '이전에는 그대로 유지되고 있는 자아나 나라는 것이 있다고 생각했다. 지금 관찰해 보니 순간도 끊임없이 생멸하고 있는 성품법들만 경험된다. 자아라거나 나라는 것은 없다'라고 이해하고 알고 보게 됩니다. 그렇게 이해하고 알고 본 수행자는 나라는 것을 경험하지 못하기 때문에 '위빳사나 관찰하는 것은 누구를 위한 것인가?'라고까지 질문하기도 합니다. 그렇게 성품법들이 생멸하는 것을 관찰해서 자아나 나가 없다고 알고 보는 것은 무상을 보고서 무아를 알고 보는 것입니다. 그렇게 알고 보는 모습을 지지하고 격려하기 위해 부처님께서 다음과 같이 「차착까숫따」에서 설하셨습니다.

'Cakkhu attā'ti yo vadeyya taṁ na upapajjati. Cakkhussa uppādopi vayopi paññāyati. Yassa kho pana uppādopi vayopi paññāyati, 'attā me uppajjati ca veti cā'ti iccassa evamāgataṁ hoti. Tasmā taṁ na upapajjati - 'cakkhu attā'ti yo vadeyya. Iti cakkhu anattā. (M.iii.329)

대 역

'Cakkhu눈이 attāti자아다'라고 yo어떤 이가 vadeyya말한다면 (tassa그의) taṁ그 말은 na upapajjati적당하지 않다. (kasmā무엇 때문인가?) cakkhussa눈의; 눈 물질의 uppādopi vayopi paññāyati일어남도 사라짐도 분명하다; 일어남도 사라짐도 분명하게 알 수 있다. 알아진다. (tasmā바로 그렇기 때문에) pana또한; 허물을 말하자면 yassa어떤 것의; 자아라고 불리는 그 눈 물질의 uppādopi vayopi paññāyati일어남도 사라짐도 분명하다면 assa그것에게; 그 눈 물질

252 ⓗ처음에는 물질과 정신을 구별하고, 그 다음 조건과 결과를 파악하고, 처음과 중간과 끝을 아는 단계를 거쳐 생멸을 분명하게 경험하다가 사라지는 성품만 분명하게 드러난다.

에게 'attā me uppajjati ca veti cā'ti'나의 (눈이라는) 자아가 일어나기도 일어나고 사라지기도 사라진다'라고 iti이렇게; 이렇게 말할 수 있는 허물이 evaṁ āgataṁ hoti이와 같이 도달하게 된다.[253] tasmā그래서 cakkhu눈이 attāti자아라고 yo어떤 이가 vadeyya말한다면 (tassa그의) taṁ그 말은 na upapajjati적당하지 않다. iti그래서 cakkhu눈은; 눈 물질은 anattā자아가 아니다; 무아의 성품법일 뿐이다.

요약해서 말하자면 보아서 앎의 토대인 눈 감성물질은 볼 때마다 계속해서 생겨나서는 사라져 버립니다. 그래서 항상하지 않습니다. 항상하지 않기 때문에 평생 그대로 유지된다고 생각되는 자아나 나가 아닙니다. 눈을 자아라고 한다면 '나의 자아가 순간도 끊임없이 생멸하고 있다. 항상하지 않다'라고 말하는 것이 될 것입니다. 그래서 항상하지 않은 눈 물질은 자아가 아니라고 알아야 한다는 뜻입니다. 그와 마찬가지로 보이는 형색, 보아서 앎, 보아서 접촉함, 보아서 느낌, 형색을 갈망하고 즐기는 갈애도 자아가 아니라고 알아야 하는 모습을 같은 방법으로 설하셨습니다. 이것은 볼 때 분명한 여섯 법이 무아라는 사실을 설하신 것입니다.

그와 마찬가지로 들을 때, 맡을 때, 먹어서 알 때, 닿아서 알 때, 생각해서 알 때도 각각 여섯 가지의 법을 무아라고 알아야 한다는 사실을 같은 방법으로 설하셨습니다.[254]

253 저본의 대역에 따라 "허물이 도달한다"라고 직역했다. 계속 존재해야 할 자아가 생겨났다가 사라진다는 잘못이 생기게 된다는 뜻이다.

254 부처님께서는 이 경을 통해 열두 가지 감각장소의 무상특성을, 이어서 무상특성을 통해 무아특성을 보이셨다.(VbhA.46)

괴로움을 통해 무아를 설하시다

괴로움을 통해 무아를 설하신 내용은 바로 이 「아낫땔락카나숫따」에 포함돼 있습니다. 예를 들면 "자아가 아니기 때문에 괴롭히기 위한 것일 뿐이다"라는 구절입니다. 자신을 괴롭힌다는 것은 두려워할 만한 괴로움입니다. 그렇게 두려워할 만한 고통, 괴로움이기 때문에 자신의 내부자, 자아, 나가 아니라는 사실이 매우 분명합니다.

무상과 괴로움 두 가지를 통해 무아를 설하시다

무상과 괴로움 두 가지 모두를 통해 무아를 설하신 내용은 「야다닛짜숫따Yadaniccasutta(무상하다면 경)」에 포함돼 있습니다.

Rūpaṁ, bhikkhave, aniccaṁ, yadaniccaṁ taṁ dukkhaṁ, yaṁ dukkhaṁ tadanattā, yadanattā taṁ netaṁ mama, nesohamasmi, na meso attāti evametaṁ yathābhūtaṁ sammappaññāya daṭṭhabbaṁ. (S.ii.19)

대 역

Rūpaṁ, bhikkhave, aniccaṁ비구들이여, 물질은 무상하다. yadaniccaṁ taṁ dukkhaṁ어떤 법이 무상하다면 그 법은 괴로움이다; 두려워할 만한 괴로움이다. yaṁ dukkhaṁ tadanattā어떤 법이 괴로움이라면 그 괴로운 법은 자아가 아니다. yadanattā어떤 법이 자아가 아니라면 taṁ그 법을 netaṁ mama, nesohamasmi, na meso attāti'이것은 나의 것이 아니고, 이것은 나가 아니고, 이것은 나의 자아가 아니다'라고 evaṁ이와 같이 etaṁ이것을; 이 물질을 yathābhūtaṁ있는 그대로 sammappaññāya바른 통찰지를 통해; 바르게 아는 위빳사나 통찰지와 성스러운 도 통찰지를 통해 daṭṭhabbaṁ보아야 한다; 관찰해서 보아야 한다.

요약해서 말하자면 '물질은 무상하고 괴로움이기 때문에 자아가 아니라 무아다. 무아인 그 물질은 나의 것이라고 거머쥐고 즐기기에 적합하지 않다. 나는 잘한다는 등으로 우쭐거릴 만한 점이 없다. 나의 자아가 아니라고 있는 그대로 관찰해야 한다. 알고 새겨야 한다'라는 뜻입니다. 그와 마찬가지로 느낌과 인식과 형성들과 의식도 같은 방법으로 무상과 괴로움을 통해 무아를 설하셨습니다.

그렇게 무상과 괴로움 두 가지 모두를 통해 무아를 설하신 내용은 「아낫딸락카나숫따」의 뒷부분에도 있습니다. 이 내용은 나중에 설명하겠습니다.

무상과 괴로움은 불자가 아닌 사람들도 받아들일 수 있습니다. 하지만 '자아가 아니다. 무아의 성품법일 뿐이다'라는 사실은 보통 사람들이 받아들이기 쉽지 않습니다. 그래서 부처님 당시 자아교리를 가진 삿짜까Saccaka라는 유행자가 부처님을 찾아와서 논쟁을 벌이기도 했습니다. 이 내용을 조금 설명하겠습니다.

삿짜까 유행자가 논쟁을 제기하는 모습

웨살리Vesālī 성에 왕자들을 교육시키는 삿짜까라는 유행자가 있었습니다. 삿짜까 유행자가 어느 날 오비구 중에 한 분인 앗사지Assaji 존자에게 "사문 고따마는 제자들을 어떻게 훈계하고 가르칩니까? 어떻게 훈계하고 가르치는 모습이 많습니까?"라고[255] 물었습니다. 그때 앗사지 존자가 "부처님께서는 '물질, 느낌, 인식, 형성들, 의식이라는 법들은 무상하고 자아가 아닌 성품법일 뿐이다'라고 훈계하고 가르치

255 '주로 어떻게 가르치는가'를 묻는 빠알리어식 표현이다.

십니다. 그렇게 훈계하고 가르치시는 모습이 많습니다"라고 대답했습니다.

그것을 들은 삿짜까 유행자는 다음과 같이 말했습니다.

Dussutaṁ vata, bho assaji, assumha ye mayaṁ evaṁvādiṁ samaṇaṁ gotamaṁ assumha. Appeva nāma mayaṁ kadāci karahaci tena bhotā gotamena saddhiṁ samāgaccheyyāma, appeva nāma siyā kocideva kathāsallāpo, appeva nāma tasmā pāpakā diṭṭhigatā viveceyyāma. (M.i.290/M35)

대역

Bho assaji오, 앗사지 존자여, dussutaṁ나쁜 말을; 듣기에 좋지 않고 길상스럽지 않은 말을 assumha vata실로 들었습니다. ye mayaṁ 어떤 우리들은 evaṁ vādiṁ samaṇaṁ gotamaṁ사문 고따마가 이와 같이 말한다는 것을; 사문 고따마가 이와 같이 무아라고 말하곤 한다는 것을 assumha들었습니다. 《우리들은 좋지 않고 길상스럽지 않은 말을 들었습니다.》 mayaṁ우리들은 kadāci karahaci언젠가; 가끔씩 tena bhotā gotamena사문 고따마와 saddhiṁ함께 appeva nāma samāgaccheyyāma만날 수 있을 것입니다. kocideva kathāsallāpo어떤 대화도 appeva nāma siyā나눌 수 있을 것입니다. pāpakā나쁜; 저열한 tasmā diṭṭhigatā그 견해에서; 무아라는 사견에서 appeva nāma viveceyyāma벗어날 수 있을 것입니다.[256]

256 『맛지마 니까야』 제2권, p.138 참조.

이와 같이 무례하게 비난하며 말했다고 합니다. 자아견해를 고집하는 자들이 무아법을 얼마나 멸시하는지 짐작할 수 있을 것입니다. 부처님께서 무아라고 설하신 것이 듣기에 좋지 않은, 불길한 말이라고까지 했습니다. 무아라고 설하는 것이 그들의 시각으로는 사견인 것입니다. 그는 "부처님을 그 사견으로부터 벗어나게 해 주겠다"라고까지 말했습니다. 그릇된 견해를 강하게 고집하는 이들은 모두 이와 같습니다. 다른 이의 견해를 무시합니다. 부처님의 설법조차 자신이 좋아하는 대로 ('이럴 것이다'라고) 고집하고서 부처님의 성전대로 설하는 것을 경시하고 비방하기까지 합니다. 그렇게 다른 이를 경시하고 비방하는 이들은 교학적인 면에서 배운 적이 없을 뿐만 아니라 실천적인 면에서도 구체적인 노력을 해 본 적이 없는 경우가 많습니다.

지금 언급했던 삿짜까 유행자도 부처님의 가르침을 이렇다 할 만큼 익힌 적이 없습니다. 법성품을 직접 경험한 일도 전혀 없습니다. 단순히 자신의 견해만으로 우쭐거리며 다른 이를 무시하는 것입니다. 삿짜까 유행자는 심지어 부처님과 교리로 대결하려고까지 했습니다. 자신이 확실히 이길 것이라고 생각했습니다. 그렇게 자신의 승리를 많은 이들이 알기를 원해서 웨살리 성의 릿차위Licchavī 왕족들을 초청했습니다. 삿짜까 유행자는 "마치 힘센 사람이 어린 양의 털을 잡고 흔들 듯이 사문 고따마를 교리로 흔들겠다"라고 자신하면서 와서 들어 보라고 청했습니다. 그러자 릿차위 왕족 500명이 그의 뒤를 따라 갔습니다.

부처님 앞에 도착했을 때 삿짜까 유행자는 질문을 하고자 청한 뒤 "사문 고따마는 제자들을 어떻게 훈계하고 가르칩니까? 어떻게 훈계하고 가르치는 모습이 많습니까?"라고 물었습니다. 부처님께서는 앗사지 존자가 대답한 그대로 "'물질, 느낌, 인식, 형성들, 의식이라는 법들은 무상하고 자아가 아닌 성품법일 뿐이다'라고 훈계하고 가르친다. 그렇게 훈계하고 가르치는 모습이 많다"라고 대답하셨습니다.

그러자 삿짜까 유행자는 비유 하나를 말하고자 한다면서 다음과 같이 말했습니다.

"사문 고따마여, 예를 들면 씨앗이나 식물이라면 그것이 어떤 종류이건 땅을 의지하고 땅에 기반을 두어 성장하고 번성하듯이, 혹은 다른 비유를 들자면 힘을 써서 해야 하는 일이면[257] 그것이 어떤 종류이건 땅을 의지하고 땅에 기반을 두고 일을 해야 하는 것과 마찬가지로 물질이라는 자아, 실체가 있는 이는 물질에 기반을 두고 선행과 악행을 행하고 닦습니다. 느낌이라는 자아 … 인식이라는 자아 … 형성들이라는 자아 … 의식이라는 자아, 실체가 있는 이는 느낌에 … 인식에 … 형성들에… 의식에 기반을 두고 선행과 악행을 행하고 닦습니다."

말하고자 하는 바는 "씨앗이나 식물들이 땅을 의지하고 성장하고 번성하지 않는가? 힘을 다해 해야 하는 일들도 땅에 기반을 두고 일해야 하지 않는가? 그와 마찬가지로 선행과 악행, 선업과 악업도 물질, 느낌, 인식, 형성들, 의식이라는 자아가 있는 이가 그 자아를 의지해서 행하는 것이다. 좋은 결과와 나쁜 결과도 바로 그 자아가 감수하는 것이다. 물질, 느낌, 인식, 형성들, 의식이라는 무더기가 자아가 아니라면 선행과 악행은 무엇을 의지해서 생겨나는가? 좋은 결과와 나쁜 결과는 누가 감수하겠는가?"라는 뜻입니다.

257 '힘으로 행해야 하는 일balakaraṇīyā'이란 많은 힘으로 행해야 하는 일bāhubalena kattabbā로 농업이나 상업을 뜻한다.(MA.ii.176)

땅에 비유해서 말한 이 자아교리에 대한 대답은 다른 어떤 제자도 가능하지 않고 오직 부처님께서만 대답하실 수 있다고 주석서에 설명해 놓았습니다.(MA.ii.176) 그래서 부처님께서는 스스로 대답하기 위해 다음과 같이 질문하셨습니다.

"악기웻사나Aggivessana 가문의 삿짜까여, 그대는 '물질은 나의 자아다. 느낌은 나의 자아다. 인식은 나의 자아다. 형성들은 나의 자아다. 의식은 나의 자아다'라고 말하는가?"
"고따마 존자여, 저도 그렇게 말합니다. 다른 사람들도 그렇게 말합니다."
"악기웻사나 가문의 삿짜까여, 다른 사람들이 그대와 무슨 상관인가? 그대는 자신의 교리만 대답하라."

삿짜까 유행자가 이렇게 대답한 이유는 자신의 교리에 허물이 있으면 다른 사람들과 함께 반박하기 위한 것이었습니다.[258] 그래서 부처님께서는 그의 교리에 잘못이 있으면 혼자서만 감당하도록 촉구하신 것입니다. 그제야 삿짜까 유행자는 다음과 같이 대답하며 인정했습니다.

"고따마 존자여, 저는 실로 '물질은 나의 자아다. 느낌은 나의 자아다. 인식은 나의 자아다. 형성들은 나의 자아다. 의식은 나의 자아다'라고 말합니다."

258 ㊛미얀마에 "도둑도 자기 혼자 훔쳤다고 하지 않는다", 혹은 "나쁜 일은 같이 할 때 더 재미가 있다"라는 속담이 있다. "자기 혼자 지옥에 가기 싫어 다른 사람까지 끌고 가려 한다"라고도 말할 수 있다.

그러자 부처님께서는 다음과 같이 물으셨습니다.

"악기웻사나 가문의 삿짜까여, 빠세나디Pasenadī 꼬살라 왕이나 아자따삿뚜Ajātasattu 왕처럼 통치권을 가진 왕들은 자신이 통치하는 나라나 영토에서 사형에 처해야 할 자는 사형에 처하도록, 벌금형에 처해야 할 자는 벌금형에 처하도록, 추방형에 처해야 할 자는 추방형에 처하도록 원하는 대로 지배할 수 있지 않은가?"

"통치권을 가진 왕이라면 지배할 수 있습니다. 많은 사람이 모여 한 나라를 다스리는 릿차위 왕조차도 그들이 다스리는 나라에서는 죽이도록, 벌금을 내도록, 추방하도록 다스리고 있습니다. 그렇게 지배하고 있습니다."

삿짜까 유행자는 이렇게 대답했습니다. 이것은 자신의 교리에 닥칠 허물을 보지 못했기 때문에 원래 질문에 더 보태서 대답한 것입니다.

그러자 부처님께서는 다음과 같이 물으셨습니다.

"악기웻사나 가문의 삿짜까여, 그대는 물질이 나의 자아라고 말했다. 그렇다면 그 물질에 대해 '나의 물질이 이렇게 되기를. 나의 물질이 이렇게 되지 말기를'이라고 그대가 원하는 대로 지배할 수 있는가?"

그러자 삿짜까 유행자는 대답하기 곤란해졌습니다. 자아교리는 자신이 바라는 대로 지배할 수 있다고 말하는 교리입니다. 앞의 법문들에서 거듭 언급했던 주인자아sāmī atta집착, 바라는 대로 지배할 수 있다고 생각하고 집착하는 것은 바로 자아를 집착하는 것입니다. 여기서 '통치권을 가진 왕들은 자신의 영토를 지배한다'라는 내용에 대해서도 인정한 상태입니다. 그래서 자아라고 생각하고 집착해 놓은 물질에 대해서도 바라는 대로 지배할 수 있다고 인정해야만 하는 상황이 됐습니다. 그렇게 (지배할 수 있다고) 인정한다면 "그대의 몸을 저 젊은 릿차위 왕족들의 몸처럼 젊고 부드럽게 할 수 있는가?"라고 부처님께서 물으실 것입니다. 그렇다고 "지배할 수 없습니다"라고 대답하면 물질은 지배할 수 없는 것이기 때문에 자아가 아니라는 것을 인정하게 되고 말 것입니다. 그래서 대답하기 곤란해진 삿짜까 유행자는 대답하지 않고 침묵했다고 합니다.

부처님께서 두 번째도 같은 방법으로 거듭 질문하셨습니다. 그래도 삿짜까 유행자는 대답하지 않고 침묵했습니다. 그러자 부처님께서는 삿짜까 유행자에게 질문하는 대신 다음과 같이 주의를 주며 말씀하셨습니다.

> "악기웻사나 가문의 삿짜까여, 이제 대답을 하라. 대답하지 않고 침묵할 때가 아니다. 여래tathāgata가 세 번까지 질문했을 때 대답하지 않고 침묵하면 대답하지 않는 자의 머리가 바로 그 자리에서 일곱 조각 날 것이니라."

그때 와지라Vajira라는 무기를 손에 든 야차가[259] 만약 삿짜까 유행자가 대답하지 않으면 와지라로 잘라버릴 생각으로 그의 머리 위쪽에

259 금강수vajirapāṇī · 金剛手 야차.

서 있었다고 합니다. 야차가 서 있는 모습은 부처님과 삿짜까 유행자에게만 보였습니다. 삿짜까 유행자는 매우 두려워하며 자신의 대중들을 둘러보았습니다. 상황은 나아지지 않고 그대로였습니다. 그래서 다른 이들은 보지 못한다는 사실도 알게 됐습니다. 자신을 야차가 위협하고 있어 매우 두려운 나머지 "부처님의 바람에 따라 대답하겠습니다"라고 말하는 것도 어려웠습니다. 다른 의지할 곳이 없게 되자 지금은 부처님만이 의지처가 될 수 있다고 깨닫고 부처님께 "고따마 존자시여, 질문해 주십시오. 대답하겠습니다"라고 수긍하며 말했습니다.

그러자 부처님께서는 다음과 같이 질문하셨습니다.

"악기웻사나 가문의 삿짜까여, 그것을 어떻게 생각하는가? 그대는 물질이 나의 자아라고 말했다. 그 물질에 대해 '나의 물질이 이렇게 되기를. 나의 물질이 이렇게 되지 말기를'이라고 그대가 원하는 대로 지배할 수 있는가?"

"그렇게 지배할 수 없습니다, 고따마 존자시여."

삿짜까 유행자는 이와 같이 대답했습니다. 이 대답은 자신이 앞서 한 말과 일치하지 않습니다. 앞에서는 물질이 자신의 자아라고 말했습니다. 자아가 맞다면 자신을 지배할 수 있어야 합니다. 뒤에서는 지배할 수 없다고 했습니다. 지배할 수 없다는 말은 물질이 자신의 내부자, 실체, 자아가 아니라고 인정하는 것이 됩니다. 그렇게 앞뒤 말이 일치하지 않기 때문에 부처님께서는 주의를 주는 의미로 다음과 같이 말씀하셨습니다.

"악기웻사나 가문의 삿짜까여, 주의하라. 마음을 잘 기울여라. 주의하고 마음을 잘 기울여 대답하라. 그대의 뒤의 말은 앞의 말과 연결되지 않고 일치하지 않는다. 앞의 말도 뒤의 말과 연결되지 않고 일치하지 않는다. 악기웻사나 가문의 삿짜까여, 그것을 어떻게 생각하는가? 그대는 느낌이 나의 자아라고 말했다. 느낌에 대해 '나의 느낌이 이렇게 되기를. 나의 느낌이 이렇게 되지 말기를'이라고 그대가 원하는 대로 지배할 수 있는가?"

"그렇게 지배할 수 없습니다, 고따마 존자시여."

느낌에 대한 질문과 마찬가지로 인식, 형성들, 의식에 대해 질문했을 때도 주의를 주며 말씀하신 뒤 같은 방법으로 질문하셨습니다. 삿짜까 유행자도 같은 방법 그대로 지배할 수 없다고 대답했습니다.

그 뒤 다음과 같이 질문하셨습니다.

"물질은 항상한가 무상한가?"

"무상합니다, 고따마 존자시여."

"무상한 법은 괴로움인가, 행복함인가?"

"괴로움입니다, 고따마 존자시여."

"무상하고 괴로움이고 변하는 성품이 있는 법을 나의 것이라고, 나라고, 나의 자아라고 생각하고 집착하는 것이 타당하겠는가?"

"타당하지 않습니다, 고따마 존자시여."

물질에 대해 질문하신 것처럼 느낌, 인식, 형성들, 의식에 대해서도 같은 방법으로 질문하셨고 삿짜까도 같은 방법으로 대답했습니다. 그 뒤 다음과 같이 거듭 살피면서 질문하셨습니다.

"악기웻사나 가문의 삿짜까여, 이것을 어떻게 생각하는가? 어떤 한 사람이 물질·정신 무더기라는 괴로움에 들러붙고[260] 집착하고 마치 삼켜 취하듯이 거머쥐면서 물질·정신 괴로움일 뿐인 것을 나의 것이라고, 나라고, 나의 자아라고 생각하고 집착한다면 그렇게 생각하고 집착하는 자가 괴로움을 스스로 구분하여 알 수 있겠는가?[261] 괴로움을 다하게 하면서[262] 지낼 수 있겠는가?"

이 질문은 매우 심오합니다. "볼 때마다, 들을 때마다, 닿을 때마다, 알 때마다 여섯 문에서 드러나는 물질·정신 무더기를 좋아하고 애착하는 이, '나다. 나의 것이다. 나의 자아다'라고 생각하고 집착하는 이가 물질·정신을 괴로움이라고 알 수 있겠는가? 물질·정신을 다하게 할 수 있겠는가? 사라지게 할 수 있겠는가?"라는 뜻입니다. 삿짜까 유행자는 질문에 따라 다음과 같이 대답했습니다.

"그렇게 괴로움인 줄 아는 것, 괴로움을 다하게 하는 것이 어떻게 생겨날 수 있겠습니까? 그렇게 될 수 없습니다, 고따마 존자시여."

260 "괴로움에 들러붙고dhukkhaṁ allīno"란 다섯 무더기를 갈애와 사견으로 집착하는 것을 말한다.(MA.ii.180)

261 '구분해서 아는 것parijāneyya'이란 무상하고 괴로움이고 무아라고 조사 구분지tīraṇapariññā로 아는 것이다.(MA.ii.180)

262 '다하게 하면서parikkhepetvā'란 다하고khaya 사라지고vaya 다시 생기지 않는 것anuppāda에 이르는 것이다.(MA.ii.180)

부처님께서는 다시 다음과 같이 질문하셨습니다.

"악기웻사나 가문의 삿짜까여, 그렇다면 그대는 물질·정신 무더기라는 괴로움에 들러붙은 이, 괴로움에 집착하는 이, 마치 삼켜 취하듯이 거머쥐는 이가 아닌가? 물질·정신 괴로움만을 '나다. 나의 것이다. 나의 자아다'라고 생각하고 집착하는 이가 아닌가?"

삿짜까 유행자는 다음과 같이 대답했습니다.

"어찌 그렇지 않겠습니까, 참으로 그렇습니다, 고따마 존자시여."[263]

삿짜까 유행자는 원래는 자신의 견해인 자아교리를 매우 높이 평가했습니다. 거들먹거리며 자만했습니다. 하지만 부처님께서 추궁하며 물으시자 모두 "맞습니다, 존자시여"라고만 대답해야 했습니다. 자신이 견지하던 자아교리가 처참히 패배한 것입니다. 그래서 부처님께서는 그의 자만을 꺾어 버리기 위해 다음과 같이 비유를 들어서도 훈계하셨습니다.

"악기웻사나 가문의 삿짜까여, 비유를 들어 설명하겠다. 심재心材를 원하는 이가 숲으로 들어가 구하다가 심재가 없는 큰 야자나무를 발견하고는 '심재를 얻을 것이다'라고 생각하고서 그 야자나무의 뿌리 부분을 자르고 꼭대기 부분을 자른다고 하자. 그리고 그 야자나무의 껍질을 제거했을 때 심재는 그만두고 겉재목조차도 얻을 수

263 PTS 본에는 이 대목이 생략됐다. 제6차 결집본이나 스리랑카 본에는 있다.

없을 것이다. 마찬가지로 내가 질문을 통해 추궁했을 때 그대의 자아교리는 핵심이 없고 쓸모가 없는 것이라는 사실이 밝혀졌다. 그런데도 그대는 웨살리 성에서 대중들의 한가운데서 '나의 교리와 상대방의 교리로 논쟁할 때 떨지 않고, 진땀을 흘리지 않고 견딜 수 있는 자란 없다. 그렇게 떨지 않고 진땀을 흘리지 않고 견딜 수 있는 사문, 바라문, 무리의 스승, 아라한arahan · 정등각자sammāsambuddha라고 자칭하는 그러한 이들을 만나보지 못했다. 마음과 의도가 없는 기둥조차 나와 교리로 논쟁한다면, 말로 겨룬다면 동요하고 떨게 될 것인데 하물며 사람이야 말해서 무엇하겠는가?'라고 이렇게 자신 있게 말하지 않았는가? 악기웻사나 가문의 삿짜까여, 그대의 머리에서 떨어지는 땀 일부가 그대의 윗옷을 다 적시고 땅으로 흘러내리고 있구나. 하지만 나의 몸에는 지금 땀 한 방울도 나지 않는다."

부처님께서는 이렇게 말씀하시며 당신은 땀을 흘리지 않았다는 사실을 대중들이 알도록 몸을 조금 드러내 보이셨습니다.

그러자 더 이상 반박할 게 없는 삿짜까 유행자는 의기소침해져서 어깨를 늘어뜨리고 고개를 숙인 채 몹시 침울하게 앉아 있었습니다.[264] 그때 삿짜까 유행자의 제자였던 릿차위 왕자들 중에서 둠무카Dummukha

264 ㉻삿짜까 유행자가 현생에서 사견을 버리고 자만을 누그러뜨리면 그것이 나중에 그가 도와 과, 열반을 증득하는 데 바탕이 되기 때문에 부처님께서 이렇게 자세하게 설하셨다. 부처님께서 입멸하시고 200년 정도 지났을 때 삿짜까 유행자는 스리랑카에 다시 태어났다고 한다. 당시 스리랑카는 부처님의 가르침이 융성한 시기였다. 그는 깔라붓다락키따Kāḷabuddharakkhita라는 비구가 돼 삼장에 해박한 장로로 지냈다. 그러다가 은사 스님의 "교학만 해서는 안 된다. 수행도 해야 된다"라는 말씀에 경각심을 일으켜 열심히 위빳사나 수행을 실천해 아라한이 됐다고 한다.(MA.ii.193~196)

라는 이가 비유를 하나 말하고 싶다고 부처님께 허락을 구했습니다. 부처님께서 허락하시자 둠무카라는 릿차위 왕자가 다음과 같이 비유를 들어 말했습니다.

"부처님, 마을이나 도읍에서 멀지 않은 곳에 연못이 하나 있고, 그 연못에 깍까따kakkaṭa라는 게가 한 마리 있다고 합시다. 그 마을이나 도읍에서 아이들이 그 연못으로 옵니다. 연못에서 게를 잡아 끄집어내어 땅 위에 올려놓습니다. 게는 자신의 집게발을 이리저리 휘두릅니다. 그렇게 휘두를 때마다 계속해서 아이들은 그 집게발을 막대기나 항아리 파편 등으로 때려 끊어버립니다. 그렇게 때리고 끊어버리기 때문에 게는 다시는 전처럼 연못으로 들어갈 수 없게 됩니다. 그와 마찬가지입니다. 삿짜까 스승의 사견의 가시, 사견의 우쭐거림, 사견의 동요를[265] 부처님께서 모두 끊어내고 부숴 버리셨습니다. 이제 삿짜까 스승은 부처님과 다시는 교리로 논쟁을 벌이겠다고 찾아오지 못하게 됐습니다."

둠무카라는 릿차위 왕자가 이렇게 말하자 다른 왕자들도 삿짜까 스승을 다른 여러 비유를 통해 비난하려고 입이 들썩거렸습니다. 그 상황을 보게 된 삿짜까 유행자는 '이렇게 한 사람, 한 사람 계속 말하면 나는 대중들 속에서 고개조차 들 수 없을 것이다'라고 숙고하고는 둠무카를 제지했습니다.

265 사견의 가시visūkāyita와 우쭐거림visevita과 동요vipphandita는 모두 사견으로 인한 것을 말한다.(MA.ii.181) 『맛지마 니까야』 제2권, p.150 주96 참조.

"보게, 둠무카여, 기다리게. 우리는 그대와 논의하는 것이 아니네. 고따마 존자와 논의하는 중이네."[266]

이렇게 둠무카를 제지한 뒤 부처님께 다음과 같이 말했습니다.

"고따마 존자시여, 우리가 나눴던 말이나, 다른 이들의 말이나 놔둡시다. 그대로 둡시다. 그것은 생각나는 대로, 보는 대로 말한 한담에 지나지 않습니다."

이렇게 말한 뒤 부처님의 교법에서 의심이 사라져 담대한 단계에 도달하기 위해서는[267] 어떻게 실천해야 하는지 물었습니다.[268]

부처님께서는 나의 것이라고, 나라고, 나의 자아라고 생각할 수 있는 물질, 느낌, 인식, 형성들, 의식을 나의 것이 아니라고, 나가 아니라고, 나의 자아가 아니라고 위빳사나 통찰지, 도 통찰지로 알고 보도록 관찰해야 한다는 내용을 설하셨습니다.

삿짜까 유행자는 이어서 아라한이 되기 위한 실천도 물었습니다. 부처님께서는 바로 그 물질·정신 법들을 나의 것이 아니라고, 나가 아니

266 제자에게 하는 말이라 '하게'체로 번역했다.

267 '담대한 단계에 도달하는 것vesārajjappatta'이란 지혜ñāṇa를 얻는 것을 말한다. 이어서 '다른 사람을 의지하지 않는 것aparappaccaya'이라는 표현도 언급됐다. 이것은 '자신이 직접 경험한 지혜atta paccakkha ñāṇa'를 말한다.(SA.ii.31) 『맛지마 니까야』 제2권, p.151 주98 참조. 참고로 삿짜까의 질문 전체를 소개하면 다음과 같다.

> "가르침을 실천하고, 훈계를 받들어 행하고, 의심을 건너고, 회의를 극복하고, 담대한 단계에 도달하고, 다른 사람을 의지하지 않고, 스승의 가르침에 머물기 위해서는 어느 정도로 실천해야 합니까?"(M.i.296)

이 내용은 수련자의 정형구이다. 『맛지마 니까야』 제2권, p.151 주99, 100 참조.

268 ㉻이것은 수다원, 사다함, 아나함까지 되는 실천을 질문한 것이다.(MA.ii.182)

라고, 나의 자아가 아니라고 알고 본 뒤 모든 집착에서 벗어나도록 노력해야 한다는 사실을 설하셨습니다.

삿짜까 유행자가 제기한 논쟁을 통해 이 법문에서 말하고자 하는 주된 내용은 다섯 무더기 모두를 자아라고 생각하고 집착하는 자아사견도 있다는 사실과[269] 자아집착이 있는 이는 무아교리를 경시하면서 받아들이지 않고 논쟁한다는 사실입니다.[270] 이 점에 특히 주의해야 합니다.

그리고 다섯 무더기 중에서 어느 하나를 자아라고 생각하고 집착하는 자아사견도 있습니다. 이 경우는 제4강에서 언급했던 사띠 비구가 집착하는 모습으로 분명합니다. 또한 감수자아vedaka atta집착, 행위자아kāraka atta집착을 통해서도 분명합니다.

다섯 무더기에서 벗어난 것이라고 주장하는 자아교리도 제거한다

최근 인도에서 출간된 『인도철학』이라는 책에서는 '다섯 무더기가 자아가 아니라 자아는 다섯 무더기에서 벗어난 것이다'라고 말해 놓았습니다. 이 주장은 단지 견해로 집착한 것일 뿐입니다. 다섯 무더기가 없으면 자아라고 집착할 만한 것이 없기 때문입니다. 숙고해 보십시오. 자아에 물질이 없다고 한다면 어떤 실체로 경험할 수 없을 것입니다. 하지만

269 ⓗ물질과 정신일 뿐인 존재더미를 자아라고 집착하는 존재더미사견을 일반적으로 물질과 느낌 등 다섯 무더기 각각에 대해 "물질은 자아다. 자아에서 물질이 나왔다. 자아 안에 물질이 있다. 물질 안에 자아가 있다"라고(M44) 집착하는 모습으로 설명한다. 하지만 다섯 무더기 모두를 자아라고 집착하는 사견도 있다는 뜻이다.

270 ⓗ부처님께서는 『상윳따 니까야』에서 "비구들이여, 나는 세상과 다투지 않는다. 세상이 나와 다툰다. 비구들이여, 법을 말하는 이는 세상의 누구와도 다투지 않는다"라고(S22:94) 설하셨다. 여기서 다툰다는 것은 무상하고 괴로움이고 무아고 더러움인 것을 항상하고 행복이고 자아고 깨끗하다고 말하면서 다투는 것이다. 부처님께서 무아라고 말씀하시는 것은 사실을 말하는 것이어서 세상과 다투는 것이 아니다.

정신이 있으면 무색계 탄생지의 범부들처럼 집착할 만한 것이 아직 있기는 합니다. 정신 무더기마저 없다면 자아라고 집착할 수 있는 것이 없게 됩니다. 자아에는 느낌이 없기 때문에 좋거나 나쁘게 감수하는 것으로도 집착할 수 없을 것입니다. 인식이 없기 때문에 기억하는 것으로도 집착할 수 없을 것입니다. 의식이 없기 때문에 전혀 알 수 없을 것입니다. 그래서 대상을 아는 것으로도 집착할 수 없을 것입니다. 형성들이라는 의도 등도 없기 때문에 그 자아는 어떠한 작용, 어떠한 행위도 할 수 없을 것입니다. 그렇다면 그 자아는 명칭일 뿐입니다. 어느 곳에서도 유용하지 않을 뿐만 아니라 어떠한 것이라고 말할 수도 없습니다. 따라서 '자아는 무더기에서 벗어난 것이다'라고 주장하더라도 어느 한 가지 무더기든, 여러 무더기든, 다섯 무더기 모두든 무더기를 의지해서 자아나 살아 있는 실체, 나로 집착하는 것이 생겨난다는 것은 분명합니다. 다섯 무더기를 떠나서 자아 집착이나 나라는 집착은 어떠한 방법으로도 생겨날 수 없습니다.

그래서 「아낫딸락카나숫따」에서 부처님께서 "물질은 자아가 아니다. 느낌은 자아가 아니다. 인식은 자아가 아니다. 형성들은 자아가 아니다. 의식은 자아가 아니다"라고 설해 놓으신 구절을 통해 자아라고 집착할 만한 모든 것을 제거하는 작용이 성취됩니다. "다섯 무더기에서 벗어난 것으로 집착할 만한 것이 아직 남아 있다"라고 말할 여지가 없습니다. 또한 두 무더기를 집착하는 것, 세 무더기를 집착하는 것, 네 무더기를 집착하는 것, 다섯 무더기를 집착하는 것, 이러한 집착들을 제거하는 작용도 모두 성취됩니다.

물질을 자아라고 집착하면 느낌 등의 네 무더기는 자아의 한 부분, 자아의 능력과 바탕이라고 집착합니다. 느낌 등의 한 무더기를 자아라고 집착하면 나머지 네 무더기는 자아의 한 부분, 자아의 능력과 바탕이라고 집착합니다. 그렇게 집착하는 것들도 "물질은 자아가 아니다"라는 등으로 설해 놓으신 가르침으로 다 제거돼 버립니다.

이것으로 무아에 관한 내용은 충분히 설명됐습니다. 하지만 무상특성, 괴로움특성과 함께 다시 분명하게 보이기 위해 「아낫딸락카나숫따」에서 다음과 같이 설하셨습니다.

항상한가 무상한가 등으로 문답하다

문답으로 물질에 대해 세 가지 특성 모두를 보이시다

6-1 Taṁ kiṁ maññatha, bhikkhave, rūpaṁ niccaṁ vā aniccaṁ vāti. Aniccaṁ, bhante. (S.ii.55)

대 역

Bhikkhave비구들이여, taṁ그것을; 그 점을; 이제 물을 그 내용을 kiṁ maññatha어떻게 생각하는가? 《생각하고 이해한 대로 대답하라는 뜻이다.》 rūpaṁ물질은 niccaṁ vā 항상한가, aniccaṁ vā항상하지 않은가; 무상한가? iti이렇게 질문하셨다. aniccaṁ, bhante무상합니다, 세존이시여.

부처님께서 "물질은 항상한가 무상한가?"라고 물으시자 오비구는 "무상합니다, 세존이시여"라고 대답했습니다. 이 질문에 대해서는 이전에 들어본 적이 있다면 그러한 배움 정도로도 대답할 수 있을 것입니다. 하지만 부처님께서 이렇게 물으신 목적은 스스로의 지혜로 이해하고 대답하라는 데 있었습니다. 오비구는 모두 수다원이었기 때문에 스스로의 지혜로 알고 본 그대로 대답한 것입니다. 부처님의 의도와 일치하는 대답입니다.

지금 여기서 관찰하고 새기면서 노력하는 수행자들도 자신 스스로 경험하여 아는 대로 대답할 수 있습니다. 〈부푼다〉라고 새길 때 배가 팽팽한 것, 미는 것, 움직이는 것을 분명하게 경험하지 않습니까? 그렇게 팽팽한 것, 미는 것, 움직이는 것은 바람 요소라는 물질이 아닙니까? 그 팽팽한 것, 미는 것, 움직이는 것은 이전에는 없었다가 부풀기 시작해서야 생겨난 것 아닙니까? 그렇게 처음 드러나는 것을 '생겨난다'라고 말할 수 있습니다. 처음 드러나는 것을 무엇이라 합니까? ('생겨난다'라고 합니다, 스님.) 〈부푼다〉라고 새길 때 그렇게 생겨나는 것을 경험하지 않습니까? (경험합니다, 스님) 부푸는 것이 끝나면 배에서 팽팽한 것, 미는 것, 움직이는 성품이 없습니다. 그렇게 다해 버리는 것을 '사라진다, 소멸한다, 무너진다'라고 말할 수 있습니다. 〈부푼다〉라고 새기고 있을 때 그렇게 다하는 것, 사라져 버리는 것을 경험하지 않습니까? (경험합니다, 스님) 그렇게 생겨나서는 사라져 버리면 그것은 항상한 것입니까, 무상한 것입니까? (무상한 것입니다, 스님.) 〈부푼다〉라고 새기면서 그 부푸는 물질이 무상한 것을 알고 보고 이해하는 것이 바로 진짜 무상 거듭관찰 지혜aniccānupassanā ñāṇa입니다.[271] 그렇게 부풂의 처음

271 'anupassana'를 '관찰'로만 번역하지 않고 '거듭관찰'로 번역한 것은 "vipassanāya anupassanaṭṭho abhiññeyyo(위빳사나로 거듭 관찰한다는 의미로 특별한 지혜이다)"라는(Ps.16) 구절에 대해 "aniccādivasena anu anu passanato anupassanaṭṭho(무상 등으로 거듭 거듭 본다고 해서 '거듭 관찰한다는 의미'이다"라고(PsA.i.,88) 설명한 주석서를 따랐다. 또한 『위숫디막가마하띠까』에서도 "anupassatīti anu anu passati, anekehi ākārehi punappunaṃ passatīti attho(거듭관찰이란 거듭 거듭 본다. 여러 모습으로 다시 다시 본다는 의미다)"라고(Pm.ii.278) 설명했다. 미얀마 번역에서도 대부분 '거듭'이라는 의미를 특별히 표현한다.

과 끝을 계속 알고서 무상하다고 알고 보고 이해하는 것이 바로 열 가지 위빳사나 지혜의 처음인 명상의 지혜sammasana ñāṇa 단계에서 생겨나는 앎과 지혜입니다. 그 명상의 지혜 단계에서는 같은 종류인 물질·정신의 처음과 끝만 압니다.[272] 중간 부분의 자세한 생멸은 아직 알지 못합니다. 그것은 상속santati 현재법의[273] 생멸을 보고서 무상의 성품을 아는 것입니다.

〈부푼다〉라고 새길 때 부풂의 처음도 압니다. 부풂의 끝도 압니다. 부풂의 처음을 아는 것이 생겨남을 아는 것입니다. 부풂의 끝을 아는 것이 사라짐을 아는 것입니다. 부풂의 처음을 아는 것은 무엇을 아는 것입니까? (생겨남을 아는 것입니다, 스님.) 부풂의 끝을 아는 것은 무엇을 아는 것입니까? (사라짐을 아는 것입니다, 스님.) 그렇게 〈부푼다〉라고 새기고 있으면서 부풂의 처음과 부풂의 끝을 알면 '항상하다'라고 생각하겠습니까? (생각하지 않습니다, 스님.) 그렇다면 어떻게 생각하겠습니까? (무상하다고 생각합니다, 스님.) 그렇다면 부푸는 물질은 항상합니까, 무상합니까? (무상합니다, 스님.)

〈꺼진다〉라고 새길 때 배에서 홀쭉한 것, 움직이는 것을 분명하게 경험할 수 있습니다. 그것도 바람 요소라는 물질법일 뿐입니다. 〈꺼진다〉라고 새기고 있으면 꺼짐의 처음을 경험하지 않습니까? (경험합니다, 스님.) 꺼짐의 끝도 경험하지 않습니까? (경험합니다, 스님.) 그것

272 명상의 지혜 등 위빳사나 지혜에 대해서는 본서 pp.454~455 참조.

273 현재에는 기간현재addhā paccuppanna, 상속현재santati paccuppanna, 찰나현재khaṇa paccuppanna가 있다. 기간현재란 한 생에 포함된 시간을 말한다. 상속현재란 하나 혹은 두 개의 상속에 포함된 시간을 말한다. 예를 들면 어두운 곳에 앉아 있다가 밝은 곳으로 갔을 때 분명해질 때까지의 시간이다. 찰나현재는 생성-머묾-소멸에 해당하는 시간이다. 자세한 내용은 『청정도론』 제2권, pp.390~392; 관찰과 관련해서는 『위빳사나 수행방법론』 제2권, pp.259~261 참조.

은 '꺼짐'이라는 바람 요소의 생멸을 경험하는 것입니다. 그 꺼지는 물질은 부풀고 있는 동안에는 없었습니다. 부푸는 것이 끝나고 난 뒤에야 처음 생겨납니다. 그 꺼짐도 마지막에는 멈추어 버립니다. 더 이상 존재하지 않습니다. 그것은 사라지는 것, 무너지는 것입니다. 하늘에 번갯불이 번쩍 생겨나서는 사라져 버리는 것과 마찬가지입니다. 그렇게 생겨나서는 사라져 버리는 꺼짐이라는 물질은 항상한 것입니까, 무상한 것입니까? (무상한 것입니다, 스님.) 무상한 이유는 다음과 같습니다.

왜 무상이라고 하는가

"Aniccaṁ khayaṭṭhena. khayaṭṭhena다한다는; 다해 버린다는 의미로; 성품 때문에 aniccaṁ무상하다"라는(Ps.36) 가르침과 일치하게 배가 꺼져 버리는 것으로 홀쭉함, 움직임이 다하고 끊어져 버리기 때문에 '무상하다'라고 말해야 합니다.[274]

또 다른 방법으로는 "hutvā abhāvato aniccā. hutvā생겨나서는; 처음에는 아직 없었다가 생겨나서는 abhāvato존재하지 않기 때문에; 없어져 버리기 때문에 aniccā무상하다"라고(DA.ii.96) 설명해 놓은 주석서와 일치하게 없었다가 있게 돼서는, 생겨나서는, 다시 있지 않게 돼 사라져 버리기 때문에 무상하다고 한다는 뜻입니다.

〈꺼진다〉라고 새기면서 그 꺼짐의 처음과 끝을 경험해서 '무상하다'라고 알고 보고 이해하는 것도 진짜 무상 거듭관찰 지혜aniccānupassanā ñāṇa입니다. 명상의 지혜sammasana ñāṇa 단계에서는 상속santati 현재법

274 ㉻부푸는 것이 일어남이 아니고 꺼지는 것이 사라짐이 아니다. 하나의 부풂과 하나의 꺼짐 안에도 많은 일어남과 사라짐이 있다. 또한 〈부푼다, 생멸, 꺼진다, 생멸〉이라고 관찰하거나 〈생멸, 생멸〉이라고 관찰해서도 안 된다. 분명하게 드러나는 성품법을 그대로 〈부푼다, 꺼진다〉 등으로 관찰해야 한다.

의 생멸을 보고서 무상의 성품을 압니다. 생멸의 지혜udayabbaya ñāṇa 단계에서는 하나의 부풂, 하나의 꺼짐 중에도 처음과 끝을 세 부분, 네 부분, 다섯 부분 등으로 구분해서 알게 됩니다. 무너짐의 지혜bhaṅga ñāṇa 단계에서는[275] 하나의 부풂, 하나의 꺼짐 중에서조차 휙휙 여러 부분과 마디로[276] 다해 버리는 것을 경험해서 알 수 있습니다. 그렇게 순간도 끊임없이 사라져 버리는 부푸는 물질, 꺼지는 물질은 항상합니까, 무상합니까? (무상합니다, 스님.)

팔다리를 굽히거나 펴면서 〈굽힌다, 굽힌다; 편다, 편다〉라고 새길 때도 굽히는 처음과 끝, 펴는 처음과 끝을 경험해서 알지 못합니까? 경험해서 압니다. 그것은 끊임없이 새기고 있기 때문에 아는 것입니다. 새기지 않고 그냥 지내고 있는 이라면 팔다리가 굽혀지는 것, 펴지는 것을 전혀 알지 못합니다. 혹은 알더라도 처음과 끝으로 구분해서 알지는 못합니다. 굽히기 전, 펴기 전의 팔이 그대로 굽히고 펴는 동작이 끝날 때까지 유지되고 있다고 생각합니다. 〈굽힌다, 편다〉라고 새길 때 한 움직임씩 진행되는 것도 경험하지 않습니까? (경험합니다, 스님.) 굽힐 때마다, 펼 때마다 뻣뻣함과 움직임이 처음 드러나는 것은 바람 물질의 생겨남입니다. 뻣뻣함과 움직임이 다해 버리는 것은 바람 물질의 사라짐입니다. 〈굽힌다〉라고 새길 때 굽힘의 처음과 끝을 아는 것은 바람 물질의 생멸을 아는 것입니다. 〈편다〉라고 새길 때 폄의 처음과 끝을 아는 것은 바람 물질의 생멸을 아는 것입니다. 하나의 굽힘, 하나의 폄 안에서 하나의 움직임마다 처음과 끝으로 구분해서 알아 나

275 생멸의 지혜와 무너짐의 지혜에 대해서는 본서 pp.392~393 참조.

276 ㊒「사띠빳타나숫따」 주석에는 "부분부분pabbaṁ pabbaṁ, 마디마디sandhi sandhi, 조각조각odhi odhi"이라고 표현했다.(MA.i.265) 『마하사띠빳타나숫따 대역』, pp.129~131 참조.

가는 것도 뻣뻣하고 움직이는 바람 물질의 생멸을 아는 것입니다. 그러면 굽힐 때마다, 펼 때마다, 한 움직임마다 생멸하는 것 아닙니까? (맞습니다, 스님.) 그렇게 한 움직임마다 생멸하는 굽히는 물질, 펴는 물질은 항상합니까, 무상합니까? (무상합니다, 스님.) 그렇게 순간도 끊임없이 생멸하고 있기 때문에 무상하다는 것을 관찰하지 않고, 새기지 않고 알 수 있겠습니까? (알 수 없습니다, 스님.)

가면서 〈오른발, 왼발〉 등으로 관찰하고 있는 수행자라면 발걸음마다 그 발걸음의 처음과 끝을 구분해서 알게 됩니다. 그것은 발걸음이라고 불리는 뻣뻣하고 움직이는 바람 물질의 생멸을 아는 것입니다. 〈든다, 간다, 내린다〉라고 관찰하고 새기고 있는 수행자도 듦의 처음과 끝, 감의 처음과 끝, 내림의 처음과 끝을 구분해서 알게 됩니다. 그것도 바람 물질의 생멸을 아는 것입니다. 휙휙 하면서 한 움직임마다 조금씩 진행돼 가는 것을 아는 것도 바람 물질의 생멸을 아는 것입니다. 그러면 발걸음마다 계속해서 한 부분씩 생멸해 나가는 발동작이라는 바람 물질은 항상합니까, 무상합니까? (무상합니다, 스님.)

몸에서 분명한 어떤 하나의 감촉을 관찰할 때 계속 닿고 사라지는 것을 알아 나가는 것도 닿아서 아는 것과 관련된 물질·정신을 알아 나가는 것입니다. 그렇게 알면 닿아서 앎의 토대인 몸 감성물질의[277] 생멸도 압니다. 닿아서 알아지는 감촉 물질의 생멸도 압니다. 그렇게 닿아서 알 때마다 새로 거듭 생겨나서는 거듭 사라지는 물질은 항상합니까, 무상합니까? (무상합니다, 스님.)

277 몸 전체가 아니라 감촉과 닿았을 때 닿아서 아는 마음이 생겨나는 토대가 되는, 감촉에 민감한 특별히 깨끗한 물질을 몸 감성물질kāyapasāda이라고 한다. 아래의 눈 감성물질 등도 마찬가지다. 『아비담마 길라잡이』 제2권, pp.36~41 참조.

들으면서 〈들린다; 듣는다〉라고 새길 때마다 들리는 소리가 새로 거듭 생겨나서는 거듭 사라지는 것을 경험해서 알게 되지 않습니까? 그것은 들리는 소리 물질의 생멸을 알아 나가는 것입니다. 그렇게 들릴 때마다 계속해서 새로 거듭 생겨나서는 거듭 사라지는 소리 물질은 항상합니까, 무상합니까? (무상합니다, 스님.) 소리 물질과 마찬가지로 소리가 드러나는 곳인 귀 감성물질도 함께 생겨나서 함께 사라집니다. 그렇기 때문에 소리 물질의 생멸을 알면 귀 감성물질의 생멸을 안다고 말할 수 있습니다. 따라서 들릴 때마다 〈들린다; 듣는다〉라고 새기고 알고 있는 수행자는 소리 물질이 무상하다고 아는 것처럼 귀 감성물질이 무상하다는 것도 알게 됩니다. 방앗간 도정기가 웅웅거리는 소리, 개가 짖는 소리 등을 들을 때 일반 사람들은 긴 소리를 한동안 듣고 있다고 생각합니다. 그러나 위빳사나 지혜가 예리해진 수행자의 경우에는 긴 소리가 아니라 한 부분씩 계속해서 끊어져서 드러납니다. 그래서 소리 물질도 수행자는 빠르게 생멸하고 있다고 알게 됩니다.

그와 마찬가지로 볼 때 〈본다, 본다〉라고 관찰하고 새기고 있는 수행자에게 위빳사나 지혜가 특별히 예리하고 강하게 생겨나면 보아서 아는 것과 보이는 것이 즉시 사라져 버리는 것을 알게 됩니다. 그렇게 순간도 끊임없이 새로 거듭 생멸해 버리는 형색 물질은 항상합니까, 무상합니까? (무상합니다, 스님.) 그 보이는 형색 물질과 함께 생멸하고 있는 눈 감성물질은 항상합니까, 무상합니까? (무상합니다, 스님.)

먹고 마시면서 맛을 알면 〈안다, 안다〉라고 새기고 있는 수행자는 그렇게 드러나는 맛이 사라져 버리는 것을 경험해서 알게 됩니다. 그렇게 새로 거듭 생겨나서는 거듭 사라져 버리는 맛 물질은 항상합니까, 무상합니까? (무상합니다, 스님.) 맛 물질이 무상한 모습은 매우 분명합니다. 아무리 좋은 맛이라도 혀에 잠시만 드러날 뿐입니다. 길지 않습니다. 사라져 버립니다. 그 맛처럼 맛이 드러나는 곳인 혀 감성물질도 함께 생멸해 버립니다. 그래서 맛 물질이 무상한 것을 알면 혀 감성물질이 무상한 것도 알게 됩니다.

냄새를 맡아 알 때도 관찰하는 수행자는 맡고 사라지고, 다시 맡고 사라지고 하면서 냄새 물질이 새로 거듭 생멸하고 있는 것을 알게 됩니다. 그렇게 생겨나서는 사라져 버리는 냄새 물질은 항상합니까, 무상합니까? (무상합니다, 스님.) 그 냄새 물질과 함께 생멸하는 코 감성물질은 항상합니까, 무상합니까? (무상합니다, 스님.)

〈부푼다, 꺼진다〉라고 관찰하면서 생각이나 망상이 생겨나면 그 생각이나 망상을 〈생각함; 망상함〉 등으로 관찰해야 합니다. 그렇게 관찰하면서 생각들이 사라져 버리는 것을 경험해서 알게 됩니다. 생각과 망상이 사라질 때마다 그 마음의 토대도 사라져 버립니다. 그렇게 생각이 생겨날 때마다 새로 거듭 생겨나서는 사라져 버리는 토대물질은 항상합니까, 무상합니까? (무상합니다, 스님.)

지금까지 설명한 것은 생겨나는 물질과 정신을 끊임없이 관찰하고 있는 수행자라면 물질법들에 대해서 스스로의 지혜로 경험해서 알고서 항상하지 않다고 대답할 수 있다는 내용이었습니다. 물질법들을 요약해서 말한다면 자신의 온몸 전체의 물질들입니다. 물질들은 볼 때마다, 들을 때마다, 맡을 때마다, 먹어서 알 때마다, 닿아서 알 때마다, 생각해서 알 때마다 순간도 끊임없이 새로 거듭 생겨나서는 거듭 사라져 버리는 성품법들일 뿐입니다. 자신 몸의 물질처럼 타인 몸의 물질도 경쟁하듯 생겨나서는 사라집니다. 생명 없는 외부 상속의 물질들도 경쟁하듯 생겨나서는 사라집니다. 예를 들어 〈들린다; 듣는다〉라고 새기면서 들리는 소리 물질들이 사라져 버리는 것처럼 자기 상속에서의 물질들이나 온 세상의 다른 물질들도 경쟁하듯 사라져 버리는 것일 뿐입니다. 그래서 그렇게 사라져 버리기 때문에 무상한 물질들을 부처님께서 "물질은 항상한가 무상한가?"라고 물으신 것입니다. 오비구는 직접 경험하여 알고 있었기 때문에 "무상합니다, 세존이시여"라고 대답했습니다. 본승도 지금 이 법문을 듣는 대중들에게 물어 보겠습니다.

"자신 상속의 물질은 항상합니까, 무상합니까?"

"무상합니다, 스님."

"타인 상속의 물질은 항상합니까, 무상합니까?"

"무상합니다, 스님."

"온 세상의 물질은 항상합니까, 무상합니까?"

"무상합니다, 스님."

무상특성

이것은 무상특성과 관련된 질문입니다. 무상특성은 매우 중요합니다. 무상특성을 확실하게 알면 괴로움특성과 무아특성도 알게 됩니다. 무상특성이란 항상하지 않다고 알게 하는 양상입니다. 주석서에서는 다음과 같이 설명했습니다.

Hutvā abhāvākāro aniccalakkhaṇaṁ. (ItA.254 등)

대 역

Hutvā생겨나서는; 원래는 없었다가 생겨나서는, 있게 되어서는 abhāvākāro존재하지 않는 양상이; 존재하지 않고 사라져 버리는 양상, 무너져 버리는 양상이 aniccalakkhaṇaṁ무상특성이다.

하늘에서 번갯불이 번쩍하는 것을 본 적이 있을 것입니다. 번갯불은 원래는 없었던 것 아닙니까? 그렇게 없었다가 번쩍하며 생겨납니다. 그렇게 생겨나서는 그대로 머물고 있습니까? 머물지 않습니다. 원래는 없었던 번갯불이 번쩍하며 생겨나서는 사라져 버리는 것처럼 무엇이든 생겨나서는 사라져 버리는 양상이 무상특성이라는 뜻입니다. 어떠한 것이든 관계없이 새로 생겨나서는 사라져 버리면 무상한 것일 뿐이라고 규정짓게 하는 특성입니다. 이를 게송으로 표현했습니다. 같이 독송합시다.

생겨나서 사라지는 특성바로 무상특성[278]

무상 거듭관찰의 지혜

볼 때, 들을 때 등에 끊임없이 관찰하고 새기고 있는 수행자라면 '새로 생겨나서는 사라져 버린다'라는 무상특성을 경험해야 '무상하다'라는 것을 스스로의 지혜로 알 수 있습니다.[279] 그렇게 스스로의 지혜로 무상하다고 알아야 진짜 무상 거듭관찰의 지혜aniccānupassanā ñāṇa입니다. 그것도 게송으로 표현했습니다. 같이 독송합시다.

관찰할때 소멸함을 알고보고 경험하여
무상하다 아는것이 무상거듭 관찰지혜

진짜 무상 거듭관찰의 지혜가 생겨나도록 부처님께서 "물질은 항상

278 저본에서는 "생겨난 뒤에 사라져 버리는 것이 aniccalakkhaṇa이다"라고 무상특성을 빠알리어로 표현했다.

279 ㉻앞에서 여러 번 언급한 대로 처음부터 무상특성을 알지 못한다. 물질과 정신의 고유특성을 관찰한 뒤 지혜가 향상됐을 때 알 수 있다.

한가 무상한가?"라고 질문하셨던 것입니다. 그 질문에 대해서는 충분히 설명했습니다.[280] 이제 괴로움특성에 대해 설명하겠습니다.

6-2 Yaṁ panāniccaṁ dukkhaṁ vā taṁ sukhaṁ vāti.
Dukkhaṁ, bhante. (S.ii.55)

대 역

Pana그 밖에 yaṁ어떤 법이 aniccaṁ무상하다면 taṁ그 법은; 그 무상한 법은 dukkhaṁ vā괴로움인가 sukhaṁ vā행복함인가? iti이렇게 질문하셨다. dukkhaṁ, bhante괴로움입니다, 세존이시여.

괴로움 두 가지

여기서 괴로움dukkha이란 견디기 힘든 괴로움도 있고, 두려워서 받아들이지 못하는 것이나 혐오스러운 괴로움도 있습니다.[281] 이 두 가지 괴로움 중에서 순간도 끊임없이 생겨나서는 사라지기 때문에 무상한 성품은 견디기 힘든 괴로움이 아닙니다. "dukkhaṁ bhayaṭṭhena 두려워할 만하기 때문에 괴로움이다"라는(Ps.36) 가르침에 따라 생겨났다가 사라졌다가 하면서 두려워할 만한 것이기 때문에 괴로운 것입니다.[282] 미얀마어로는 '좋지 않다'라는 단어가 의미하는 것과 같은 성품입니다. 그와 마찬가지로 행복sukha이라는 것도 여기서는 '좋다'라는 단어가 의

280 무상 거듭관찰anupassanā과 관련해 무상anicca, 무상특성aniccalakkhaṇa, 무상 거듭관찰aniccānupassanā, 무상 거듭관찰자aniccānupassī에 관한 정리 게송은 본서 p.385 참조

281 '고통스러운 느낌으로서의 괴로움'과 '두렵고 혐오스러운 것으로서의 괴로움'이라는 두 가지이다.

282 생겨났다가 사라지는 성품이 괴롭다는 것은, 고통스러운 느낌이어서 견디기 힘들기 때문에 괴로움이 아니라 생겨나고 사라지기 때문에 두렵고 혐오스러운 것이어서 괴로움이라고 한다.

미하는 것과 같은 성품입니다. 그래서 "무상한 법은 괴로움인가, 행복함인가?"라는 것은 "좋지 않은 것인가, 좋은 것인가?"라는 질문과 같다고 볼 수 있습니다. 그 질문에 대해 오비구는 "괴로움입니다, 세존이시여"라고 대답했습니다. 이것도 미얀마어로는 "좋지 않은 것입니다, 세존이시여"라는 뜻입니다.

무엇 때문에 괴로움이라고, 좋지 않은 것이라고 말하는가 하면, 순간도 끊임없이 생멸하고 있어서 무상하기 때문에 두려워할 만한 것이기 때문입니다. 지금 사람들이 '좋다, 행복하다'라고 생각하는 것은 어떤 것이 오랫동안 항상 유지된다고 잘못 알기 때문입니다. 단 1초도 지속되지 않고 순간도 끊임없이 사라지고 있는 것을 안다면 '행복하다, 좋다'라고 어떻게 생각할 수 있겠습니까? 그렇게 순간도 끊임없이 사라지고 있는 물질·정신 법들을 자기실체로 삼아서 지내고 있다는 사실을 안다면 매우 두려울 것입니다. 새로운 물질·정신이 계속 생겨나지 않으면 언제든지 바로 지금이라도 죽을 수 있기 때문입니다. 비유하자면 무너지기 직전의 낡은 벽돌집에 들어가 지내는 것과 같습니다. 그 낡은 벽돌집은 지금 당장은 무너지지 않고 얼마 동안은 유지될 수도 있습니다. 하지만 자신의 물질·정신들은 아주 짧은 순간도 유지되지 못한 채 계속 사라지기 때문에 더욱 두려워할 만합니다.[283] 그렇게 두려워할 만하기 때문에 dukkha, 괴로움이라고 말합니다. '좋아할 만한 것, 의지할 만한 것이 없는 법, 전혀 좋지 않은 법'이라는 뜻입니다.

283 ㉻죽음새김에 관해서도 부처님께서는 "하루나 반나절, 한 번 공양하는 동안, 네다섯 모금 공양하는 동안만 살 것이라고 생각하는 것은 죽음새김을 둔하게 닦는 것이다. 한 입의 음식을 삼키는 동안, 한 호흡의 시간밖에 살 수 없을지도 모른다고 수행하는 비구야말로 죽음새김을 예리하게 닦는 수행자다"라고 설하셨다.(A8:73) 비구 일창 담마간다 지음, 『가르침을 배우다』, p.406 참조.

괴로움특성

괴로움이라고 알게 하는 양상인 괴로움특성은 주석서에서 다음과 같이 설명했습니다.

Abhiṇhasampaṭipīḷanākāro dukkhalakkhaṇaṁ. (DhsA.47)

대 역

Abhiṇhasampaṭipīḷanākāro끊임없이 괴롭히는 양상이 dukkhalakkhaṇaṁ괴로움특성이다; 괴로움이라고 알고 규정짓게 하는 특성이다.

'끊임없이 괴롭힌다'라는 것은 생멸이 끊임없이 괴롭히는 것입니다. '생성과 소멸이 괴롭힌다'라는 것도 물질·정신 법이 생겨나서는 사라져 버리는 것을 말합니다. 그렇게 생겨났다가 사라졌다가 하면서 괴롭힘을 당하는 모든 물질·정신 법들을 dukkha, 괴로움이라고, 좋지 않은 법이라고 알 수 있습니다.[284] 그래서 생성과 소멸이 끊임없이 괴롭히는 것이 괴로움특성입니다.[285] 이것을 게송으로 표현했습니다. 같이 독송합시다.

생성소멸 핍박하는 특성바로 고통특성[286]

284 ⓗ앞에서도 언급했듯이 생멸이 괴롭히는 것 외에 관찰하면서 육체적 고통을 많이 겪어도 '이러한 물질과 정신은 좋지 않은 것이다'라고 괴로움특성을 알 수 있다.

285 ⓗ괴로움특성은 매우 중요하다. 생멸이 괴롭히는 것을 통해서나 육체적 고통을 많이 겪어서거나 괴로움특성을 분명하게 알아야, 괴로움특성을 가진 물질과 정신의 허물을 알아야 그 모든 고통이 사라진 열반을 구하려는 마음이 간절히 일어나고, 열심히 관찰해서 열반을 증득할 수 있다. 고통을 보아야 고통이 없는 열반이란 탈출구를 찾는다.

286 생성과 소멸이라는 두 가지로 끊임없이 괴롭히는 것이 괴로움특성이다.

괴로움 거듭관찰의 지혜

괴로움특성을 스스로의 지혜를 통해 경험해서 '두려워할 만한 괴로운 것이다. 좋지 않은 법이다. 좋아할 만하고 의지할 만한 것이 아닌 법이다'라고 알고 보는 것이[287] 진짜 괴로움 거듭관찰의 지혜dukkhānupassanā ñāṇa입니다.[288] 이것도 게송으로 표현했습니다. 같이 독송합시다.

관찰할때 생멸함을 알고보고 경험하여
괴롭다고 아는것이 고통거듭 관찰지혜[289]

괴로움 거듭관찰의 지혜가 생겨나는 모습은 다음과 같습니다. 앞서 언급한 대로 배가 부푸는 것과 꺼지는 것을 시작으로 생겨나고 있는 물질·정신을 끊임없이 관찰하고 새기는 수행자는 부푸는 것, 꺼지는 것, 굽히는 것, 펴는 것, 드는 것, 뻗는 것, 내리는 것 등이 순간도 끊임없이 휙휙 생멸하고 있는 것을 경험하게 됩니다. 닿아서 알 때마다, 들어서 알 때마다, 보아서 알 때마다, 먹어서 알 때마다 등에도 순간도 끊임없이 생멸하고 있는 것을 경험하게 됩니다. 그렇게 경험하여 마치 물질·정신 성품법들을 생겨남과 사라짐이 끊임없이 괴롭히고 있는 것처럼 생각하게 됩니다. 어느 때든 상관없이 죽고 사라져 버릴 수 있기 때

287 ⓗ이렇게 숙고만 해서는 안 된다.

288 ⓗ어떤 수행자는 시내에서 튼튼하게 서있는 건물의 벽을 보았을 때 '저렇게 튼튼한 건물도 언젠가는 무너질 것이다. 지금도 순간순간 생겨나고 사라지고 있는 것이다'라는 생각이 일어났다고 한다. 또 다른 수행자는 처음에 '열반은 바라지 않고 도리천 등 욕계 천상 세상에 태어나면 충분하다'라는 생각으로 위빳사나 수행을 시작했지만 위빳사나 지혜가 향상됐을 때 '천상에 태어나도 다시 죽고 태어나는 것에서 벗어나지 못한다. 천상의 물질·정신 무더기도 순간순간 생겨나고 사라지므로 영원하지 않다. 무상하다. 그러한 생멸이 모두 없어지고 사라진 열반을 증득해야 한다'라고 생각이 바뀌었다고 한다.

289 마하시 사야도의 다른 책에서는 '생멸함을'이라는 단어를 '핍박함을'이라고 표현한 곳도 있다.

문에 두려워할 만한 괴로움일 뿐이라고도 알고 보고 이해합니다. 그것이 진짜 괴로움 거듭관찰의 지혜입니다. 그 진짜 괴로움 거듭관찰의 지혜가 생겨나도록 부처님께서 "무상한 물질법은 괴로움인가, 행복함인가?"라고 물으신 것입니다. 괴로움에 대한 것은 '물질은 자아가 아니다'라는 등으로 설하신 부분에서 '자아가 아니기 때문에 물질은 괴롭히기 위한 것일 뿐이다'라는 등의 구절을 통해서 이미 분명하게 보인 상태였습니다. 그래서 물질이 두려워할 만하다는 사실, 단지 괴로움일 뿐이라는 사실이 매우 분명했고, 오비구는 "괴로움입니다, 세존이시여"라고 대답했습니다. 이 내용에 대해서는 잘 이해했을 것입니다.[290] 이제 그렇게 무상하고 괴로움일 뿐인 법을 나의 것으로, 나로, 나의 자아로 관찰하거나 보거나 생각하지 말아야 한다는 구절을 설명하겠습니다.

6-3 Yaṁ panāniccaṁ dukkhaṁ vipariṇāmadhammaṁ, kallaṁ nu taṁ samanupassituṁ - 'etaṁ mama, esohamasmi, eso me attā'ti. No hetaṁ, bhante. (S.ii.56)

대 역

Pana그 밖에 yaṁ어떤 법이 aniccaṁ무상하고 dukkhaṁ 괴로움이고 vipariṇāmadhammaṁ변하는 성품이 있다면 taṁ그 법은; 무상하고 괴로움이고 변하는 성품을 'etaṁ mama이것은 나의 것이다. esohamasmi이것은 나다. eso me attāti이것은 나의 자아다'라고 samanupassituṁ관찰하는 것이; 관찰하고 새기는 것이 kallaṁ nu타당하겠는가?

290 괴로움dukkha과 괴로움특성dukkhalakkhaṇa과 괴로움 거듭관찰dukkhānupassanā과 괴로움 거듭관찰자dukkhānupassī에 관한 정리 게송은 본서 p.386 참조

iti이렇게 질문하셨다. no hetaṁ, bhante그렇지 않습니다, 세존이시여; 그렇게 관찰하는 것은 적당하지 않고 타당하지 않습니다.

나의 것이라고 생각하는 것은 갈애로 집착하는 것

먼저 "etaṁ mama이것은 나의 것이다"라고 생각하는 것은 갈애taṇhā 집착입니다. 갈애로 즐기고 좋아하면 자신의 것이 아닌데도 자신의 것으로만 거머쥐고 즐기고 좋아합니다. 비유하자면 시장에서 물건을 구경하는 이가 마음에 드는 물건을 보면 마치 자기 것처럼 생각해서 즐기고 좋아합니다. 마음에 드는 물건이 옷이라면 마음속으로 입어 봅니다. 신발이라면 마음속으로 신어 봅니다. 생명 있는 것이든, 생명 없는 것이든 즐기고 좋아하면 모두 다 이와 마찬가지입니다. 자기 것으로 거머쥐고는 즐기고 좋아합니다. 그래서 부처님께서 "무상하고 괴롭고 무너지기 마련인 법을 나의 것으로 거머쥐고 좋아하고 즐기고 있으면 적당하겠는가?"라고 물으신 것입니다. 이 질문은 "두려워할 만한 괴로움을 즐기고 좋아하면 적당하겠는가?"라는 의미입니다.

지금 자신 상속의 물질은 순간도 끊임없이 생멸하고 있습니다. 그렇게 순간도 끊임없이 생멸하고 있는 것을 사실대로 안다면 언제 무너질지 몰라서 두려운 낡은 건물이나 집에 들어가 있는 것처럼 물질은 매우 두려워할 만한 것이라고 알 것입니다.[291] 지금은 좋지만 조건이 좋지 않으면 다르게 바뀌어 지내기에 좋지 않게 될 수도 있습니다. 그렇게 찰

291 ⓗ부처님께서는 「아시위소빠마숫따Āsīvisopamasutta(독사비유경)」에서 몸을 이루는 땅, 물, 불, 바람 요소를 독사들에 비유하셨다. 언제든지 독사들이 자신을 물어서 죽일 수 있는데도 그 위험을 알지 못해 계속해서 돌보는 것처럼 중생들도 물질의 허물을 보지 못한 채 계속해서 애지중지하고 있다.(S35:238)

나조차 그대로 유지되지 않고 바뀌기 때문에 두려워할 만한 괴로움이라고 바르게 알면 즐기고 좋아할 것이 어떻게 있겠습니까? 몇 시간 혹은 며칠 뒤 중환자가 될 이를 배우자로 좋아하고 받아들일 수 있겠습니까? 머지않아 죽을 이를 배우자로 좋아하고 받아들일 수 있겠습니까? 사실대로 안다면 (가르침의 시각으로는) 누구도 좋아하지 못할 것이고 받아들이지 못할 것입니다. 그와 마찬가지로 생멸하는 모든 물질·정신을 끊임없이 관찰하고 있는 수행자는 순간도 끊임없이 계속 사라져버리는 물질만 경험하기 때문에 그 물질을 두려워할 만한 것, 괴로움인 것으로 알게 됩니다. 그렇게 괴로움인 것으로 사실대로 알게 된 수행자는 어떠한 물질도 자기 것으로 즐기거나 거머쥐려고 하지 않습니다.

그래서 오비구는 "그렇게 물질은 자기 것으로 즐기고 거머쥐기에 타당하지 않습니다, 세존이시여"라고 대답했습니다. 이것은 괴로움특성을 알고 보고서 행복한 것으로, 좋은 것으로 즐기지 않는 모습, 좋아하지 않는 모습을 보여 주는 문답입니다.

나라고 생각하는 것은 자만으로 집착하는 것

이어서 "eso이것은 ahaṁ asmi나다"라고 생각하는 것은 자만māna집착입니다. 깨끗한 눈과 귀 등, 좋은 형색이나 소리 등을 의지해서 '나의 눈은 좋다. 귀가 좋다. 모습이 아름답다. 소리가 좋다. 건강하다. 힘이 좋다'라는 등으로 자만하는 종류입니다. 그렇게 자만하는 것은 눈 물질, 귀 물질, 형색 물질 등이 언제나 그대로 유지된다고 생각하기 때문입니다. 그래서 부처님께서 무상하고 괴로움이고 변하기 마련인 물질을 의지해서 나라고 자만하는 것이 타당한 것인지 물으신 것입니다.

예를 들어 어떤 사람이 금은보화를 한 장소에 많이 숨겨두었다고 합시다. 어느 날 도둑이 그 보물을 전부 훔쳐가 버렸습니다. 그렇게 보물이 없어져 버렸는데도 원래 주인은 도둑이 훔쳐간 사실을 알지 못해서 그대로 잘 숨겨져 있다고 믿고서는 '나에게는 금은보화가 많이 있다'라고 자만할 수 있습니다. 도둑이 훔쳐가서 더 이상 없다는 사실을 알면 그렇게 자만할 근거가 없게 됩니다. 이 비유와 마찬가지입니다. 보는 중에, 듣는 중에 분명했던 눈 물질 등이 있던 그대로 존재한다고 생각하기 때문에 그 눈 물질 등을 의지해서 자만하게 됩니다. 그러나 끊임없이 관찰하고 새기는 수행자는 보고 나서 사라지고, 듣고 나서 사라지고, 이렇게 즉시 계속 사라져 버리는 것만 경험하기 때문에 '나의 눈은 좋다. 나는 아름답다'라는 등으로 자만할 여지가 더 이상 없습니다. 그래서 "'물질은 나다'라고 생각해 집착하는 것이 타당한가?"라는 부처님의 질문에 오비구는 "타당하지 않습니다, 세존이시여"라고 대답한 것입니다.

이 질문을 통해 '항상하다고 생각하면 자만할 수 있다. 무상하다고 알면 자만하지 않는다'라는 사실을 알게 합니다.

나의 자아라고 생각하는 것은 사견으로 집착하는 것

마지막으로 "eso이것은 me나의 attā자아다"라고 생각하는 것은 사견diṭṭhi집착입니다. 이것도 자신 상속의 물질을 '그대로 유지되고 있다. 원하는 대로 할 수 있다'라고 생각해서 집착하는 것입니다. '순간도 끊임없이 생멸하고 있어서 항상하지 않은 것이다. 무상해서 괴로움일 뿐이다. 변화하고 무너지는 것일 뿐이다'라고 알면 물질을 자아로 집착할 여지가 더 이상 없습니다. '좋게만 되기를. 나쁘게는 되지 않기를. 좋은 물질이 그대로 유지되기를'이라고 조정하고 지배할 수 없는 것을 보고 알아도 자아라고 집착할 여지가 더 이상 없습니다. 그래서 "'물질은 나의 자아다'라고 생각해 집착하는 것이 타당한가?"라는 부처님의 질문에 오비구는 "타당하지 않습니다, 세존이시여"라고 대답한 것입니다.

이 질문을 통해 '순간도 끊임없이 변화하고 무너지는 것을 알지 못하면 물질을 자아라고 생각해 집착할 수 있다. 알면 집착하지 않는다'라는 사실을 알게 합니다. 이 질문에 따라 순간도 끊임없이 변하고 무너지는 것도 '무아라는 사실을 알게 해 주는 무아특성anattalakkhaṇa'이라고 기억해야 합니다.[292]

지금까지 설명한 것에 따라 본승이 간략하게 질문하겠습니다. 스스로 이해하고 생각하는 대로 대답해 보십시오.

(1) 물질은 항상합니까, 무상합니까?
(무상합니다, 스님.)

(2) 무상한 것은 괴로움입니까, 행복함입니까?
(괴로움입니다, 스님.)
무상한 것은 좋지 않은 것입니까, 좋은 것입니까?
(좋지 않은 것입니다, 스님.)

(3) 무상하고 괴로움이고 변하고 무너지기 마련인 법을 '이것은 나의 것이다'라고 생각하고서 즐기고 좋아하는 것이 타당합니까?
(타당하지 않습니다, 스님.)
'이것은 나다'라고 자만하는 것이 타당합니까?
(타당하지 않습니다, 스님.)

292 앞에서 여러 번 언급했기 때문에 저본에서는 생략됐다.

'이것은 나의 자아다'라고 생각하고서 견지하고 집착하는 것이 타당합니까?
(타당하지 않습니다, 스님.)

부처님께서 질문하시는 모습과 오비구가 대답하는 모습을 나타낸 성전의 해석을 독송합시다.

비구들이여, 이를 어떻게 생각하는가? 물질은 항상한가 무상한가?
(무상합니다, 세존이시여.)
무상한 것은 두려워할 만한 괴로움인가, 좋아할 만한 행복함인가?
(두려워할 만한 괴로움입니다, 세존이시여.)
무상하고 괴로움이고 바뀌고 무너지는 법을 '나의 것'이라고,
'나'라고, '나의 자아'라고 관찰하고 보고 생각하는 것이 타당한가?
(타당하지 않습니다, 세존이시여.)

느끼는 느낌은 항상한가 무상한가?
(무상합니다, 세존이시여.)
무상한 것은 두려워할 만한 괴로움인가, 좋아할 만한 행복함인가?
(두려워할 만한 괴로움입니다, 세존이시여.)
무상하고 괴로움이고 바뀌고 무너지는 법을 '나의 것'이라고,
'나'라고, '나의 자아'라고 관찰하고 보고 생각하는 것이 타당한가?
(타당하지 않습니다, 세존이시여.)

인식하는 인식은 항상한가 무상한가?
(무상합니다, 세존이시여.)
무상한 것은 두려워할 만한 괴로움인가, 좋아할 만한 행복함인가?
(두려워할 만한 괴로움입니다, 세존이시여.)
무상하고 괴로움이고 바뀌고 무너지는 법을 '나의 것'이라고,
'나'라고, '나의 자아'라고 관찰하고 보고 생각하는 것이 타당한가?
(타당하지 않습니다, 세존이시여.)

형성시키는 형성들은 항상한가 무상한가?
(무상합니다, 세존이시여.)
무상한 것은 두려워할 만한 괴로움인가, 좋아할 만한 행복함인가?
(두려워할 만한 괴로움입니다, 세존이시여.)
무상하고 괴로움이고 바뀌고 무너지는 법을 '나의 것'이라고,
'나'라고, '나의 자아'라고 관찰하고 보고 생각하는 것이 타당한가?
(타당하지 않습니다, 세존이시여.)

생각해서 아는 마음, 의식은 항상한가 무상한가?
(무상합니다, 세존이시여.)
무상한 것은 두려워할 만한 괴로움인가, 좋아할 만한 행복함인가?
(두려워할 만한 괴로움입니다, 세존이시여.)
무상하고 괴로움이고 바뀌고 무너지는 법을 '나의 것'이라고,
'나'라고, '나의 자아'라고 관찰하고 보고 생각하는 것이 타당한가?
(타당하지 않습니다, 세존이시여.)

제5강에서 앞부분은 무아특성과 관련해서 설명했고, 뒷부분은 「아낫딸락카나숫따」에서 부처님께서 세 가지 특성 모두를 설법하신 구절을 설명했습니다. 사실 「아낫딸락카나숫따」에서는 부처님께서 질문하시고 오비구가 대답한 것뿐입니다.

물질 무더기에 대한 설명은 이 정도로 마치겠습니다. 느낌 무더기 등과 관련된 문답은 제6강에서 설명하겠습니다. 법문을 마치겠습니다.

「아낫딸락카나숫따」 가르침을
정성스럽게 들은 청법선업 의도의 공덕으로
자신의 상속에 생겨나는 물질과 정신을 관찰하고 새겨
무상특성, 괴로움특성과 함께 무아특성을 잘 알고 보아
각자 원하는 열반을
도와 과의 지혜로 빠르게 실현하기를.

사두, 사두, 사두.

『아낫딸락카나숫따 법문』 제5강이 끝났다.

제5강 역자 보충설명

무아가 드러나는 진짜 모습과 가짜 모습

(마하시 사야도, 『실라완따숫따 법문』에서)

일부 사람들은 반조하는 지혜를 통해 물질을 잘게 나누어 보는 것만으로, 혹은 몸 형체가 사라진 것만으로 무아가 드러났다고 생각합니다. 사실 어느 하나의 수행을 실천하다가, 어떤 수행주제에 마음을 기울이다가 몸 형체가 사라지는 것만으로 진짜 무아의 지혜가 드러나는 것이 아닙니다. 무엇 때문일까요? 그렇게 몸 형체가 사라질 때 그것을 생각해서 아는 마음이 존재하고, 그 생각해서 아는 마음을 나라고 집착하는 것이 여전히 존재하기 때문입니다. 몸이 없는 무색계 범부 범천들은 몸의 형체를 생각하지도 않고, 또한 그들에게 몸의 형체도 드러나지 않습니다. 그렇지만 그들은 아는 마음을 나라고 집착합니다. 그래서 형체 개념이 무너지는 것 정도만으로 진짜 무아의 지혜가 생겨났다고 말할 수는 없습니다.

물질·정신이 생겨날 때마다 그 모든 물질·정신을 관찰해서 '각자 성품에 따라 생멸하고 있다', '원하는 대로 되지 않는다', '마음대로 할 수 없다'라는 특성을 알고 보아야만 진짜 무아의 지혜가 생겨납니다. 이러한 진짜 무아의 성품은 불교 교단 밖에서는 명칭조차 존재하지 않습니다. '불교 교단 밖에서는 사라방가Sarabhaṅga 등 바라밀을 행하는 보살이나 지혜로운 수행자들조차 무상과 괴로움 정도만 설할 수 있지 무아는 설할 수 없다'라고 『위방가 앗타까타』에 설명해 놓았습니다. 또한 무아의 성품은 매우 알기 어렵기 때문에 부처님조차 무아 그 자체만을 통해 무아를 알게 하도록 설하시는 것은 어렵다는 사실, 무상과 괴로움을 설한 다음에 무아의 성품을 설하셨다는 사실 등을 같은 주석서에 이어서 밝혀 놓았습니다.

그러한 설명에 따라 『위방가 물라띠까』에서는 "무아의 성품을 알게 하도록 보인 무상특성, 괴로움특성도 불교 교단에서만 알 수 있다. 불교 교단 밖에서 알 수 있는 무상과 괴로움을 통해서는 무아특성을 설명할 수 없다"라고 덧붙여 설명하고 있습니다. 여기에서 불교 교단 밖에서 분명한 무상의 성품이라는 것은 늙거나 오래돼 부서지는 것, 사람이 죽는 것 등을 통해 '항상하지 않구나'라고 아는 정도를 말합니다. 괴로움이라는 것도 가시에 찔리거나 그루터기에 걸려 넘어져서 아플 때 고통스러운 것을 아는 정도를 말합니다. 이러한 것들은 개념이나 형체에 따라서 무너져 가는 것을 아는 무상이기 때문에 개념적 무상, 가짜 무상일 뿐입니다. '아파서 고통이다'라고 아는 것도 '참기 힘듦'이라는 고통스러운 느낌의 성품으로 아는 것이 아닙니다. '나'라는 개념으로 아는 것일 뿐입니다. 따라서 그렇게 아는 것도 개념적 괴로움, 가짜 괴로움일 뿐입니다. 이 개념적 무상과 개념적 괴로움으로는 무아의 성품을 알 수 없습니다. 개념적 무상과 개념적 괴로움을 아는 것만으로는 진짜 무아의 지혜가 생겨날 수 없습니다.

생겨나는 물질·정신을 관찰해서 생성과 소멸을 경험하고서 '항상하지 않구나'라고 아는 것이 실재적 무상을 아는 것입니다. '생멸하면서 끊임없이 괴롭히고 있기 때문에 두려운 것이다'라고 아는 것이 실재적 괴로움을 아는 것입니다. 실재적 무상과 실재적 괴로움을 알고서 '원하는 대로 되지 않고 각자 성품에 따라서만 생멸하고 있다'라고, '마음대로 되지 않는다'라고 아는 것이 진짜 무아특성을 경험하여 보아서 아는 진짜 무아 거듭관찰의 지혜anattānupassanā ñāṇa입니다. 이 진짜 무아 거듭관찰의 지혜가 생겨나야 성스러운 도의 지혜에 도달할 수 있습니다. 이 내용을 게송으로 표현했습니다.

> 참무아지(無我智) 구족해 성도지(聖道智)에 도달해

또한 개념적 무상과 개념적 괴로움을 아는 것만으로는 진짜 무아의 지혜가 생겨날 수 없는 모습, 실재적 무상과 실재적 괴로움을 알아야만 진짜 무아의 지혜가 생겨날 수 있는 모습도 게송으로 표현했습니다.

> 개념무상 알아도 무아지가 안생겨
> 개념고통 알아도 무아지가 안생겨
> 실재무상 알아야 무아지가 생겨나
> 실재고통 알아야 무아지가 생겨나

물질·정신이 생겨날 때마다 그것을 관찰하고 있으면 'hutvā abhāv-ākāra(생겨나서는 없어지는 양상)', 생겨나서는 무너지고 사라져 버리는 진짜 무상특성을 알 수 있고, 그러면 '생겨나고 사라지기만 하면서 끊임없이 괴롭힌다'라는 진짜 괴로움특성도 알고 볼 수 있습니다. 이렇게 진짜 무상특성와 괴로움특성을 알고 보면 '원하는 대로 되지 않고 마음대로 할 수 없다'라는 진짜 무아특성까지 알고 볼 수 있습니다. 그래서 부처님께서는 『앙굿따라 니까야』「삼보디숫따Sambodhisutta(깨달음 경)」에서 다음과 같이 설하셨습니다.

Aniccasaññino, bhikkhave, anattasaññā saṇṭhāti. (A9:1)

대 역

Bhikkhave비구들이여, aniccasaññino무상 인식자에게; 항상하지 않다고 알게 하는 인식이 있는 이에게 anattasaññā무아 인식이; 무아라고 알게 하는 인식이 saṇṭhāti확립한다; 저절로 생겨난다.

이 성전에 대해 주석서는 다음과 같이 설명했습니다.

Aniccalakkhaṇe diṭṭhe anattalakkhaṇaṁ diṭṭhameva hoti. etesuhi tīsu lakkhaṇesu ekasma diṭṭhe itaradvayaṁ diṭṭhameva hoti.(AA.iii.258)

대 역

Aniccalakkhaṇe diṭṭhe무상특성을 보면 anattalakkhaṇaṁ무아특성을 diṭṭhameva hoti본 것과 마찬가지이다. hi실로 etesu tīsu lakkhaṇesu 이 세 가지 중; 무상과 괴로움과 무아라는 세 가지 특성 중 ekasma 어느 하나를; 어느 한 특성을 diṭṭhe보면 itaradvayaṁ나머지 두 가지 특성도 diṭṭhameva hoti본 것과 마찬가지다.

이 성전과 주석서의 내용을 잘 기억하도록 다음과 같이 게송으로 표현했습니다.

삼특성중 하나봐 나머지도 알게돼

'생겨나서는 사라져 버린다'라는 것이 진짜 무상특성aniccalakkhaṇa 입니다. '생겨남과 사라짐이라는 이 두 가지가 끊임없이 괴롭힌다'라는 것이 진짜 괴로움특성입니다. '원하는 대로 되지 않는다'라는 것이 진짜 무아특성입니다. 이 세 가지 특성 중 어느 하나를 보면 나머지 특성들도 볼 수 있다는 뜻입니다. 따라서 물질·정신이 생겨날 때마다, 생겨나는 그 순간마다 계속해서 끊임없이 관찰하고 있는 수행자는 삼매와 지혜의 힘이 좋아졌을 때, 순간순간 생겨나서는 사라져 가는 것을 마치 손으로 잡고 보듯이 분명하게 경험해서 알게 됩니다. 그래서 '생겨나서는 사라져서 무상하다'라는 것도 스스로의 지혜로 알게 됩니다. '생겨났다가 사라졌다가, 계속 생멸하기 때문에 두려운 것이다. 괴로운 것이다'라고도 스스로의 지혜로 알게 됩니다. '조건에 따라 생멸하고 있기 때문에 원하는 대로 되지 않는다. 마음대로 할 수 없는 무아의 성품법일 뿐이다'라고도 스스로의 지혜로 알게 됩니다.

괴로움도 알기 어렵다(한국마하시 우 소다나 사야도)

본서 p.221에 무상과 괴로움은 알기 쉽다고 설명했습니다. 하지만 진짜 괴로움은 알기 어렵습니다. 이와 관련해 다음의 일화가 있습니다.

어느 숲속 초막에 한 수행자가 살고 있었습니다. 몸을 간수하기 위해 매일 먹을 과일을 찾아다니고 물을 긷고 청소하느라 힘들어서 그때마다 "둑카dukkha(괴롭다), 둑카"라고 말했습니다. 그 소리를 듣고 근처에 살던 원숭이가 둑카에 대해 알고 싶어졌습니다. 그래서 수행자에게 가서 "도대체 둑카가 무엇입니까? 둑카와 만나고 싶습니다. 만나게 해 주십시오"라고 부탁했습니다. 수행자는 당장은 어렵고 2,3일 후에 만나게 해 주겠다고 약속했습니다. 그리고는 탁발하던 집에 가서 사나운 개 한 마리를 준비해 달라고 부탁했습니다. 신도는 다음날 사나운 개를 자루에 담아서 수행자에게 주었습니다. 수행자는 그 자루를 원숭이에게 주면서 바로 풀어보지 말고 공터 한가운데에서 풀어보라고, 그래야 둑카와 만날 수 있다고 알려주었습니다.

원숭이는 기쁨에 겨워 폴짝폴짝 뛰면서 자루를 가지고 공터로 갔습니다. 자루 속에서는 쫄쫄 굶은 개가 사납게 왈왈 짖어댔습니다. 원숭이는 '오, 둑카란 것이 왈왈 짖는구나'라고 생각했습니다. 공터에 도착한 원숭이는 자루를 풀었습니다. 원래 사나운 데다 자루에 갇힌 채 옮겨 다니느라 몹시 답답했고 배까지 고팠던 개는 자루에서 벗어나자마자 원숭이에게 사납게 덤벼들었습니다. 원숭이가 놀라서 도망치자 개는 계속 쫓아가며 물어댔습니다. 이렇게 물리고 도망치기를 반복하던 원숭이는 겨우 숲에 도착해서 나무 위로 올라갔습니다. 그리고는 '오, 둑카라는 것은 저렇게 왈왈 짖고, 눈이 부리부리하고, 혀를 내밀면서 침을 질질 흘리고, 꼬리가 있고, 귀가 뾰족하고, 사납게 무는 것이구나'라고 생각했습니다. 사실 수행자가 알려주려고 했던 둑카는 귀와 엉덩이를 뜯기고 피가 나면서 생기는 고통을 말하는 것이었습니다. 그러나 원숭이는 진짜 둑카를 모른 채 개 자체를 괴로움이라고 생각한 것입니다. 이 일화처럼 진짜 괴로움도 알기 어렵습니다.

제6강

1963년 음력 6월 그믐, 7월 8일

(1963.07.20, 07.28)

「아낫딸락카나숫따」를 다섯 번의 법문에서 다섯 무더기는 자아가 아니라 무아라는 것과 세 가지 특성에 관한 가르침 중 물질에 대한 내용을 설명했습니다. 이제 부처님께서 느낌이 항상한지 무상한지 질문하시는 내용을 시작으로 설명하겠습니다.

문답으로 느낌에 대해 세 가지 특성 모두를 보이시다

7-1 Vedanā niccā vā aniccā vāti. Aniccā, bhante. (S.ii.56)

대 역

Vedanā느낌은 niccā vā항상한가 aniccā vā항상하지 않은가; 무상한가? iti이렇게 질문하셨다. aniccā, bhante무상합니다, 세존이시여.

앞부분에서 "느낌은 항상한가 무상한가?"라고 부처님께서 질문하셨고 오비구는 "무상합니다, 세존이시여"라고 대답했습니다. '느끼는 성품'인 느낌에 대해서는 제2강에서 충분히 설명했지만 다시 언급됐기 때문에 조금 더 설명하겠습니다. 느낌에는 행복하고 좋은 느낌, 괴롭고 좋지 않은 느낌, 괴롭지도 않고 행복하지도 않은 느낌이 있습니다. 이 세 종류의 느낌 모두를 일반인들은 그대로 유지되는 나라고 생각합니다. 그렇게 생각하고 집착하는 것을 거주자아집착, 감수자아집착이라고 말합니다. 먼저 거주자아집착 게송을 독송합시다.

자신안에 늘언제나 거주하는 자아라는
나있다는 생각집착 거주자아 집착이네

일반인들은 어머니의 뱃속에서부터 죽을 때까지 자신 안에 살아 있는 나라는 것이 존재한다고 생각합니다. 어떤 이들은 죽은 뒤에도 그대로 유지된다고 생각합니다. 이것이 거주자아nivasī atta집착입니다. 그렇게 항상 머물고 있는 바로 그 내가 좋고 나쁜 것을 느낀다고 생각합니다. 이것은 감수자아vedaka atta집착입니다. 감수자아집착 게송도 독송합시다.

좋고나쁜 느낌이란 모든것을 바로내가
느낀다고 생각집착 감수자아 집착이네

'몸과 마음에서 행복한 것도 나다. 바로 그 나가 가끔씩은 괴로워한다. 가끔씩은 괴롭지도 않고 즐겁지도 않고 무덤덤하다'라고 생각합니다. 이것은 '느끼는 것은 항상하다'라는 생각입니다. 사실은 행복할 때 괴로움과 무덤덤함이 없습니다. 괴로울 때도 행복함과 무덤덤함이 없습니다. 괴롭지도 않고 행복하지도 않을 때도 행복함과 괴로움이 없습니다. 따라서 항상 그대로 유지되는 느낌이라는 것은 없습니다. 좋고 나쁘고 무덤덤함과 관련된 조건에 따라, 순간과 차례에 따라 생겨나서는 사라져 버립니다. 항상하지 않다는 것이 분명합니다.

하지만 물질·정신이 생겨날 때마다, 그 생겨나는 물질·정신을 따라서 관찰하지 못하는 일반인들은 나쁘고 좋고 무덤덤한 세 가지 느낌 모두가 함께 생겨나서 존재한다고 생각합니다. 예를 들어 몸이 아픈 상태에서 기쁜 소식을 들으면 즐거워집니다. 몸에서 좋은 감촉을 느끼고 있는 도중에 언짢은 일을 숙고하면 마음이 불쾌해집니다. 그때 좋고 나쁜 두 가지 느낌이 동시에 생겨난다고 생각합니다. 그렇게 생각하는 것은 앞의 마음과 뒤의 마음, 앞의 느낌과 뒤의 느낌을 나누어 알지 못

하기 때문입니다. 사실은 하나가 끝난 다음 다른 하나가 생겨나는 것입니다.[293]

반면 〈부푼다, 꺼진다〉 등으로 끊임없이 관찰하고 있는 수행자에게 몸에서 아프고 받아들이기에 힘든 괴로운 느낌이 생겨나면 그 느낌에 집중해서 〈아픔, 아픔〉 등으로 끊임없이 관찰해야 합니다. 그렇게 관찰하다가 삼매와 지혜의 힘이 좋아지면 아프고 견디기 힘든 것이 줄어들다가 마지막에는 완전히 사라져 버립니다. 일부 수행자의 경우는 찰나에 누가 가져가서 내동댕이치듯이 견디기 힘든 느낌이 완전히 사라져 버립니다. 그러면 다시 돌아와서 〈부푼다, 꺼진다〉 등으로 보통의 감촉만 관찰하고 있어야 합니다. 이것은 중간의 느낌을 관찰해서 아는 것입니다. 그렇게 보통의 감촉을 관찰하다가 좋은 감촉이 드러나면 그 느낌에 집중해서 관찰해야 합니다. 나쁜 감촉이 드러나면 그것도 관찰해야 합니다. 그렇게 중간이고 좋고 나쁜 것을 각각의 순간과 차례에 따라 관찰해서 알고 있으면 느낌이 항상하지 않다는 것을 스스로의 지혜로 알고 보게 됩니다. 이것은 같은 종류인 느낌이 연속되는 것을 구분해서 아는 모습입니다. 그렇게 아는 것을 '상속현재[294]를 통해 구분하여 안다'라고 말합니다.[295]

생멸의 지혜나 무너짐의 지혜에 도달한 수행자라면 좋은 감촉을 〈좋음, 좋음〉이라고 관찰하면, 그렇게 관찰할 때마다 계속해서 행복한

293 ⓗ대표적인 예가 TV를 볼 때이다. 어떤 이가 TV 화면을 보면서 소리도 듣고, 좋은 냄새도 맡고, 맛있는 음식도 먹고, 부드러운 소파에 앉아 있을 때 일반적으로 이 모든 것을 동시에 한다고 생각한다. 사실은 그렇지 않다. 마음이 매우 빠르게 생멸하면서 여러 대상을 차례대로 아는 것일 뿐이다.

294 상속현재에 대해서는 p.246 주273 참조.

295 괴로운 느낌이 사라진 뒤 보통의 느낌이 생겨나는 것, 보통의 느낌이 사라진 뒤 행복한 느낌이 생겨나는 것 등으로 아는 것이다.

느낌이라는 미세하게 좋은 성품들이 한 부분씩 거듭 끊어져서 사라져 버리는 것을 경험하게 됩니다. 그때에는 〈부푼다, 꺼진다〉 등으로 보통의 감촉을 알 때도 한 부분씩 계속 끊어져 드러납니다. 좋은 감촉을 한 차례, 보통의 감촉을 한 차례, 번갈아가며 새겨 알고 있어도 좋은 감촉이 따로, 보통의 감촉이 따로 구분되어 드러납니다. 하나로 이어져서 드러나지 않습니다. 그래서 그렇게 알고 있는 수행자에게는 느낌이 하나씩 계속해서 빠르게 사라져 버리는 것으로만 드러나기 때문에 느낌이 무상하다는 것이 매우 분명합니다. 그렇게 아는 것은 찰나현재를 통해 구분해서 아는 것입니다.[296] 지금 수행자들이 〈부푼다, 꺼진다; 아픔〉 등으로 계속해서 드러나는 것을 끊임없이 따라서 관찰하고 있는 것은 그렇게 찰나현재를 통해 한 부분씩 구분하여 알기 위해서입니다.

따라서 여섯 문에서 분명하게 드러나는 모든 것을 끊임없이 관찰하고 있는 수행자는 보면 〈본다〉, 들리면 〈들린다〉, 닿으면 〈닿는다〉, 생각하면 〈생각한다〉 등으로 바로 그렇게 관찰하면서 보아서 좋은 것과 좋지 않은 것과 좋지도 나쁘지도 않은 것이라는 느낌들이 즉시 사라져 버리는 것을 구분하여 알게 됩니다. 그와 마찬가지로 들어서 좋은 것과 좋지 않은 것, 닿아서 좋은 것과 좋지 않은 것, 생각해서 좋은 것과 좋지 않은 것 등의 느낌들이 즉시 사라져 버리는 것도 구분하여 알게 됩니다. 그래서 '모든 느낌은 항상하지 않은 것이다'라고 스스로의 지혜를 통해 분명하게 알게 됩니다.

오비구도 그렇게 관찰하여 안 뒤 수다원이 됐기 때문에 "느낌은 항

296 ⓗ마치 기차가 멀리서는 하나로 이어진 것처럼 보이지만 가까이 다가가서 보면 한 량씩 서로 끊어져 있는 것과 같다. 혹은 개미 행렬이 멀리서는 하나로 이어진 것처럼 보이지만 가까이 가서 보면 한 마리씩 끊어져 있는 것과 같다. 이렇게 드러나는 것을 '부분부분, 마디마디, 조각조각' 드러난다고 앞에서 설명했다. 본서 p.248 주276 참조.

상한가 무상한가?"라는 질문에 각자 스스로의 지혜를 통해 "무상합니다, 세존이시여"라고 대답했습니다. 본승도 그대로 질문해 보겠습니다. 이해한 대로 대답해 보십시오.

(1) 몸에서 생기는 아프고 받아들이기 힘든 느낌은 항상합니까, 무상합니까?
(무상합니다, 스님.)[297]
받아들이기 힘든 것이 이전에는 없었다가 새로 생겨나기 때문에 무상한 것 아닙니까?
(맞습니다, 스님.)

(2) 그것을 〈아픔, 아픔〉 등으로 관찰하다 시간이 지나면 사라져 버리지 않습니까?
(사라져 버립니다, 스님.)
새김이 매우 좋은 수행자라면 〈아픔〉이라고 한 번 새기면 그 아픔이 사라지고, 다시 다른 아픔이 새로 생겨나서 또 새기면 그것이 다시 사라지고, 이렇게 즉시, 계속해서 사라져 버리는 것을 경험하지 않습니까?
(경험합니다, 스님.)

(3) 새김과 앎이 좋아졌을 때는 몸에서 미세하게 좋은 감촉들이 드러나기도 합니다. 그렇게 미세하게 좋은 감촉들을 〈좋음, 좋음〉이라고 관찰하고 새기면 사라져 버리지 않습니까?
(사라져 버립니다, 스님.)

297 ㉻수행이 잘 될 때는 한 시간 정도 지나 다리가 저리더라도 일어나면 즉시 저림이 사라지는 것을 경험하기도 한다.

그렇게 사라져 버리는 미세하게 좋은 감촉들은 항상합니까, 무상합니까? (무상합니다, 스님.)

(4) 가끔씩 언짢음이나 걱정함이 생겨나기도 합니다. 그것을 〈언짢음; 걱정함〉 등으로 관찰하면 사라져 버리지 않습니까?
(사라져 버립니다, 스님.)
그렇게 사라져 버리는 것은 항상합니까, 무상합니까?
(무상합니다, 스님.)

(5) 가끔씩 행복함이 생겨나기도 합니다. 그것을 〈행복함, 행복함〉이라고 관찰하면 사라져 버리지 않습니까?
(사라져 버립니다, 스님.)
그렇게 사라져 버리는 것은 항상합니까, 무상합니까?
(무상합니다, 스님.)

(6) 좋은 것을 보게 되면 좋습니다. 그렇게 보아서 좋은 것도 〈본다〉라고 관찰하면 사라져 버립니다. 그것은 항상합니까, 무상합니까?
(무상합니다, 스님.)
그와 마찬가지로 보아서 좋지 않은 것도 관찰하면 사라져 버립니다. 들어서, 맡아서, 먹어서 좋은 것, 나쁜 것도 관찰하면 다 사라져 버리기만 합니다. 그렇게 사라져 버리는 좋은 느낌, 나쁜 느낌들은 항상합니까, 무상합니까?
(무상합니다, 스님.)

(7) 좋은 것, 나쁜 것으로 특별히 분명하지 않은 채 〈부푼다, 꺼진다〉 등으로 보통으로 관찰하고 있을 때, 혹은 〈본다〉, 〈듣는다〉 등으로 보통으로 관찰하고 있을 때는 좋지도 않고 나쁘지도 않은 중간의 느낌이 분명합니다. 그것도 새길 때마다 계속해서 사라져 버립

니다. 그렇게 사라져 버리는 것은 항상합니까, 무상합니까?
(무상합니다, 스님.)
따라서 좋은 느낌인 행복함sukha, 나쁜 느낌인 괴로움dukkha, 중간의 느낌인 평온함upekkhā, 이 세 가지 느낌이 항상한지, 무상한지 물으면 어떻게 대답하겠습니까?
(무상하다고 대답하겠습니다, 스님.)

이 세 가지 느낌은 순간도 끊임없이 사라져 버리기 때문에 무상하다는 것을 알면 'dukkha, 괴로움이다. anatta, 자아가 아닌 성품법일 뿐이다'라고 알게 됩니다. 그래서 괴로움과 무아도 알도록 부처님께서 다음과 같이 질문하셨습니다.

7-2 Yaṁ panāniccaṁ dukkhaṁ vā taṁ sukhaṁ vāti.
Dukkhaṁ, bhante. (S.ii.56)

대 역

Pana그 밖에 yaṁ어떤 법이 aniccaṁ무상하다면 taṁ그 법은; 그 무상한 법은 dukkhaṁ vā괴로움인가 sukhaṁ vā행복함인가? iti이렇게 질문하셨다. dukkhaṁ, bhante괴로움입니다, 세존이시여.

이 내용은 앞에서 언급한 그대로입니다. 사람들은 행복한 느낌을 항상하다고 생각하기 때문에 좋아하고 바랍니다. 순간도 끊임없이 빠르게 사라져 버리는 것을 경험하여 1초, 단 0.1초조차 그대로 유지되지 않는다는 것을 알게 되면 좋아하고 바라지 않을 것입니다. 그러나 사실대로 바르게 알지 못하기 때문에 그렇게 사소한 행복함만을 평생 구하고 궁리하는 것입니다.[298] 그렇게 구하고 궁리하다가 죽어 버립니다.[299] 전혀 의지할 만한 점이 없습니다. 행복함을 얻지 못하더라도 괴로움과 맞닥뜨리지 않도록 구하고 궁리합니다. 그것은 보통의 평온함을 구하고 궁리하는 것입니다. 그렇게 구하고 궁리하다가, 노력하는 바로 그 도중에 몸의 괴로움이나 마음의 괴로움과 맞닥뜨려 곤경에 처하게 됩니다. 괴로운 느낌이 괴로움이라는 것은 말할 필요도 없습니다. 괴로운 느낌들과 맞닥뜨리는 것도 행복함과 평온함이 무상하기 때문입니다. 그래서 무상한 행복함과 평온함도 의지할 만한 것이 아닙니다. 그것들을 얻도록 구하고 궁리하는 것도 괴로움입니다. 그것들이 사라져 버렸을 때 괴로움과 맞닥뜨려야 하는 것도 괴로움입니다. 특히 행복한 느낌이 사라져 버렸을 때는 어찌하지 못할 정도로 괴로워합니다. 예를 들면 자식과 행복하게 지내다가 자식이 갑자기 죽으면, 자식이 행복하게 결혼생활을 하다가 갑자기 이혼하면, 많은 재산을 의지해서 풍족하게 살다가 갑자기 재산을 잃게 되면 대부분 괴로워서 어찌할 줄 모릅니다. 일부는 죽을 정도로 고통을 당합니다. 그래서 이렇게 무상한 느낌은 두려워할 만한 괴로움입니다. 이어서 다음 구절을 소개하겠습니다.

298 ㊁예를 들면 사람들은 잘 먹고 좋은 옷을 입고 좋은 곳에서 살고 건강해서 행복하도록, 혹은 그러한 행복을 가져다주는 금전 등을 구하기 위해 일하고 노력하고 애쓴다. 다르게 표현하면 좋은 형색을 보고, 좋은 소리를 듣고, 좋은 냄새를 맡고, 좋은 맛을 맛보고, 좋은 감촉과 닿기 위해 그러한 것을 가져다주는 어떠한 것을 계속해서 구하고 '어떻게 하면 얻을 수 있을까?' 궁리한다.

299 ㊁관련된 법구경 게송을 소개하면 다음과 같다. 무념·응진 역, 『법구경 이야기 1』, p.541 참조.

쾌락의 꽃을 따서 모으느라
제정신이 없는 그런 이들을
죽음이 모두 휩쓸어 가나니
깊이 잠든 마을을 홍수가 휩쓸듯이.(Dhp.47)

7-3 Yaṁ panāniccaṁ dukkhaṁ vipariṇāmadhammaṁ, kallaṁ nu taṁ samanupassituṁ - 'etaṁ mama, esohamasmi, eso me attā'ti. No hetaṁ, bhante. (S.ii.56)

대 역

Pana그 밖에 yaṁ어떤 법이 aniccaṁ무상하고 dukkhaṁ 괴로움이고 vipariṇāmadhammaṁ변하는 성품이 있다면 taṁ그 법은; 무상하고 괴로움이고 변하는 성품을 'etaṁ mama이것은 나의 것이다. esohamasmi이것은 나다. eso me attāti이것은 나의 자아다'라고 samanupassituṁ관찰하는 것이; 관찰하고 새기는 것이 kallaṁ nu타당하겠는가? iti이렇게 질문하셨다. no hetaṁ, bhante그렇지 않습니다, 세존이시여; 그렇게 관찰하는 것은 적당하지 않고 타당하지 않습니다.

이 문답도 물질에 대한 설명과 같습니다. 다른 점은 물질의 경우에는 자신 내부뿐만 아니라 자신의 외부에 있는 생명 있고 생명 없는 모든 것이 포함되지만 느낌은 자신 내부에서 생겨나는 것만을 기본으로 한다는 것입니다. 자신에게 생겨나는 느낌이기 때문에 '나의 것'으로 즐기고 거머쥐는 것과도 부합합니다. 행복한 느낌을 '나의 즐거움, 나의 행복함'이라고 갈애를 통해 즐기고 좋아하고 애착합니다. 평온한 느낌도 괴로움이 사라져 고요한 상태이기 때문에 행복한 성품이 있습니다. 행복함 정도로 집착이 매우 강하지는 않더라도 괴롭지도 않고 행복하지도 않아 중간 정도로 지내기에 좋은 것을 즐기고 좋아하고 애착하기도 합니다. 괴로운 느낌은 직접적으로는 원하지 않더라도

'바로 내가 괴롭다'라고 생각해 자기 자신인 것으로 거머쥐고 집착합니다.

그렇게 즐기고 좋아하는 것은 방금 설명한 대로 무상한 것, 괴로움인 것, 변하고 무너지는 것을 사실대로 아직 알지 못하기 때문입니다. 느낌이 생겨날 때마다 그것을 계속 관찰하고 있는 수행자라면 괴로운 느낌의 경우, 그것이 생겨나자마자 괴롭히는 성품으로 분명하게 알게 됩니다. 그렇게 알 때 "보통 사람들이 아는 것과 무엇이 그리 다른가?"라고 질문할 수 있습니다. "매우 다르다"라고 대답해야 합니다. 보통 사람들은 '내가 괴롭다'라고 나라는 것으로 생각합니다. '내가 지내기에 편안하고 행복하다가 견디기 힘들게 됐다. 괴롭게 됐다. 이 괴로움이 사라지면 나는 행복할 것이다'라고 나라는 것으로만 생각합니다. 수행자는 원래부터도 순간도 끊임없이 생멸하고 있는 물질·정신의 연속만 존재한다고 알고 있습니다. 그러다가 괴로운 느낌이 드러나면 물질·정신의 연속 중에 견디기 힘든 성품이 새로 거듭 다가오는 것처럼 '거듭 생겨나서는 거듭 사라져 버리는 성품일 뿐이다'라고만 압니다. 처음 생겨날 때부터 마치 몸에 박힌 화살처럼 즉시 괴롭히는 성품으로만 알고 봅니다.[300]

행복한 느낌의 경우, 행복함이 생겨나는 중에는 '행복하다. 좋다'라고 생각하지만 그러한 행복함을 얻도록 구하고 노력하고 애써야 하는 중에는 괴롭습니다. 혹시라도 행복함을 얻기 위해 불선업까지 행한다면 사악도의 괴로움까지 겪어야 합니다. 생겨나고 사라지는 행복함을 좋아하고 애착하기 때문에도 새로운 생에 거듭거듭 태어나 늙어야 하

300 『마하사띠빳타나숫따 대역』, pp.169~170 참조.

고 병들어야 하고 죽어야 하는 괴로움도 겪어야 합니다. 행복함이 사라졌을 때는 그 행복함을 집착해서 어찌하지 못할 정도로 심하게 괴로워합니다. 그래서 행복함도 괴로움이라고 알고 보고 이해해야 합니다. 그렇게 알고 보는 모습은 앞서 이미 설명했습니다.

평온한 느낌도 항상하지 않기 때문에 괴로움으로 알고 보는 모습을 앞에서 이미 설명했습니다. 그렇게 알고 보도록 관찰해야 한다는 사실을 『웨다나 상윳따Vedanā Saṁyutta(느낌 상응)』에서 다음과 같이 설하셨습니다.

세 가지 느낌을 사실대로 보는 모습

Yo sukhaṁ dukkhato adda, dukkhamaddakkhi sallato;
Adukkhamasukhaṁ santaṁ, addakkhi naṁ aniccato.
Sa ve sammaddaso bhikkhu, parijānāti vedanā. (S36:5)

해 석

행복함을 괴로움이라 보았고, 괴로움을 가시라고 보았으며
괴롭지도 즐겁지도 않아 평안한, 그 느낌을 무상하다 보았다면
그 비구야말로 바르게 보아, 느낌을 완전히 아는 것이네.

대 역

Yo어떤 이가; 어떤 비구가 sukhaṁ행복함을; 행복한 느낌을 dukkhato괴로움이라고 adda보았고 dukkhaṁ괴로움을; 괴로운 느낌을 sallato가시처럼; 박혀 있는 가시처럼 addakkhi보았고 adukkhamasukhaṁ santaṁ괴롭지도 않고 행복하지도 않아 평안한 naṁ그것을; 평온한 느낌을 aniccato무상으로; 무상하기 때문에 그것을 구하고 궁리하고

애쓰는 것을 괴로움이라고 addakkhi보았다면 sa=so bhikkhu그 비구야말로; 그렇게 보는 비구야말로 ve실로 sammaddaso바르게 보아 vedanā느낌을 parijānāti구분해서 아는 것이다; 항상하다고, 행복하다고, 나라고 집착하여 생겨날 번뇌가 생겨나지 않도록 구분해서 아는 것이다; 알아야 할 모든 것을 완전히 아는 것이다.[301]

끊임없이 관찰하고 있는 수행자는 받아들이기 좋지 않은 괴로운 느낌을 마치 가시처럼 괴롭히는 괴로운 성품법으로 알고 봅니다. 행복함이라는 행복한 느낌은 그것을 구하고 궁리해야 하기 때문에, 또한 그것이 없을 때는 괴롭히기 때문에 두려워할 만한 괴로움으로 알고 봅니다. 괴롭지도 않고 행복하지도 않은 중간 정도의 평온한 느낌은 항상하지 않기 때문에 구하고 궁리해야 하는 형성 괴로움으로[302] 알고 봅니다. 그래서 "느낌을 '나의 것'이라고, '나'라고, '나의 자아'라고 보는 것이 타당하겠는가?"라는 질문에 대해 오비구는 "타당하지 않습니다, 세존이시여"라고 대답했습니다. 그 성전에 따라 본승도 질문하겠습니다. 이해한 대로 대답해 보십시오.

301 뒷부분은 다음과 같다. 『상윳따 니까야』 제4권, pp.433~434 참조.
So vedanā pariññāya, diṭṭhe dhamme anāsavo;
Kāyassa bhedā dhammaṭṭho, saṅkhyaṁ nopeti vedagū.
그 지혜의 달인은 느낌을 구분하여 알아
바로 이생에서 누출이 다할 것이며
몸이 무너질 때엔 법의 길에 확고하리니
어떤 헤아림으로도 그를 가늠할 길이 없으리.

302 형성 괴로움에 대해서는 본서 p.95 참조.

(1) 좋고 나쁜 느낌은 항상합니까, 무상합니까?

(무상합니다, 스님.)

(2) 무상한 것은 괴로움입니까, 행복함입니까? (괴로움입니다, 스님.)

무상한 것은 좋지 않은 것입니까, 좋은 것입니까?

(좋지 않은 것입니다, 스님.)

(3) 무상하고 괴로움이고 변하고 무너지기 마련인 법을 '이것은 나의 것이다'라고 생각하고서 즐기고 좋아하는 것이 타당합니까?

(타당하지 않습니다, 스님.)

'이것은 나다'라고 자만하는 것이 타당합니까?

(타당하지 않습니다, 스님.)

'이것은 나의 자아다'라고 생각하고서 집착하는 것이 타당합니까?

(타당하지 않습니다, 스님.)

부처님께서 느낌을 끊임없이 생멸하기 때문에 무상하고 괴로움이고 변하기 마련인 것으로 알고 보도록 설하신 것은 느낌을 항상 유지되는 '나의 것, 나, 나의 자아'라고 갈애와 자만과 사견으로 집착하지 않게 하기 위해서입니다. 무아인 모습을 여기서는 무상특성과 괴로움특성을 통해 설하셨습니다. ("느낌은 자아가 아니기 때문에 괴롭히기 위한 것이기도 하다"라고 설하셨던) 앞부분의 가르침을 통해서도 "괴롭히기 때문에 두려워할 만한 괴로움특성을 통해 자아가 아니다"라는 사실이 분명합니다.

느낌에 관한 설명은 이 정도로 마치겠습니다. 이제 인식과 관련된 성전 구절을 설명하겠습니다.

문답으로 인식에 대해 세 가지 특성 모두를 보이시다

8-1 Saññā niccā vā aniccā vāti. Aniccā, bhante. (S.ii.56)

대역

Saññā인식은 niccā vā항상한가, aniccā vā항상하지 않은가; 무상한가? iti이렇게 질문하셨다. aniccā, bhante무상합니다, 세존이시여.

앞부분에서 "인식은 항상한가, 항상하지 않은가; 무상한가?"라고 부처님께서 질문하셨습니다. 오비구는 "무상합니다, 세존이시여"라고 대답했습니다.

인식saññā에는 보이는 형색을 인식해 두는 것이 하나, 들리는 소리를 인식해 두는 것이 하나, 맡아지는 냄새를 인식해 두는 것이 하나, 먹어서 알게 된 맛을 인식해 두는 것이 하나, 닿아서 알아지는 감촉을 인식해 두는 것이 하나, 생각해서 알게 된 것을 인식해 두는 것이 하나, 모두 여섯 가지가 있습니다. 인식이 어떠한 것을 붙들어 놓기 때문에 접하게 된 대상을 잊지 않고 기억하는 것입니다. 암송해 놓은 문헌들과 관련해서는 인식이 매우 중요합니다. 인식이 좋은 이는 한 번 보고 듣는 것만으로 잊지 않고 기억하기도 합니다. 그래서 이렇게 기억하고 있는 것을 '항상하다'라고도 생각합니다. '좋다'라고도 생각합니다. '나다'라고도 생각합니다.

하지만 방금 본 것을 인식한 인식은 즉시 사라져 버립니다. 나중에 다시 기억하는 것은 새로 생겨난 인식입니다. 들은 것 등을 인식하는 것도 즉시 사라져 버릴 뿐입니다. 다시 기억하는 것은 다시 새로 생겨난 인식들일 뿐입니다. 그래서 볼 때마다, 들을 때마다, 닿을 때마다, 알 때마다 끊임없이 관찰하고 있는 수행자라면 그렇게 본 것 등과 똑같이 인식하는 인식도 즉시 사라져 버리는 것을 경험하여 알게 됩니다. 그렇게 경험해서 알기 때문에 인식을 '항상하지 않다'라고 알게 됩니다. 오비구도 그렇게 이미 알고 있기 때문에 "인식은 항상한가 무상한가?"라는 질문에 "무상합니다, 세존이시여"라고 대답했습니다. 이것은 부처님께서 설하신 가르침을 들으면서 인식하는 인식도 즉시 사라져 버리는 것을 경험하고 있기 때문입니다. 그 뒤에 이어지는 두 가지 질문도 물질이나 느낌에 대한 질문과 같습니다.

8-2 Yaṁ panāniccaṁ dukkhaṁ vā taṁ sukhaṁ vāti. Dukkhaṁ, bhante. (S.ii.56)

대 역

Pana그 밖에 yaṁ어떤 법이 aniccaṁ무상하다면 taṁ그 법은; 그 무상한 법은 dukkhaṁ vā괴로움인가 sukhaṁ vā행복함인가? iti이렇게 질문하셨다. dukkhaṁ, bhante괴로움입니다, 세존이시여.

이 문답은 따로 설명하지 않아도 그 의미가 분명합니다.

8-3 Yaṁ panāniccaṁ dukkhaṁ vipariṇāmadhammaṁ, kallaṁ nu taṁ samanupassituṁ - 'etaṁ mama, esohamasmi, eso me attā'ti. No hetaṁ, bhante. (S.ii.56)

대 역

Pana그 밖에 yaṁ어떤 법이 aniccaṁ무상하고 dukkhaṁ 괴로움이고 vipariṇāmadhammaṁ변하는 성품이 있다면 taṁ그 법은; 무상하고 괴로움이고 변하는 성품을 'etaṁ mama이것은 나의 것이다. esohamasmi이것은 나다. eso me attāti이것은 나의 자아다'라고 samanupassituṁ관찰하는 것이; 관찰하고 새기는 것이 kallaṁ nu타당하겠는가? iti이렇게 질문하셨다. no hetaṁ, bhante그렇지 않습니다, 세존이시여; 그렇게 관찰하는 것은 적당하지 않고 타당하지 않습니다.

이 문답 내용도 그 의미가 분명합니다. 인식을 갈애로 집착하는 모습, 자만으로 집착하는 모습, 사견으로 집착하는 모습을 이해하는 정도만 다르기 때문에 그것만 따로 설명하겠습니다.

끊임없이 생멸하고 있는 물질·정신을 관찰하지 않고 새기지 못하는 일반인들은 인식하는 것을 '좋다'라고 생각하고서 좋아하고 즐깁니다. 이것은 '나의 것'이라는 갈애집착이 생겨나는 것입니다. '나는 다른 이보다 기억하는 지혜가 좋다'라고 생각해서 자만도 생겨납니다. 이것은 자만집착입니다. '보이는 모든 것, 들리는 모든 것 등을 잊지 않도록 기억하고 있는 것은 나다'라고 생각합니다. 이것은 인식을 '나의 자아'라고 집착하는 사견집착입니다.

사실, 경험한 대상을 경험한 대로 잊지 않도록, 사라지지 않도록 기억하고 붙잡는 인식은 생겨나서는 바로 즉시 사라져 버리기 때문에 무상할 뿐입니다. 끊임없이 관찰하고 있는 수행자는 그렇게 즉시 사라져 버리기 때문에 무상하다는 것도 알게 됩니다. '무상하기 때문에 좋아하고 의지할 만한 점이 없는 괴로움이다. 혐오스러운 것, 두려워할 만한 것 등 좋지 않은 것을 기억해서 괴롭히기 때문에도 괴로움이다'라고도 알게 됩니다. 한 모습으로 그대로 유지되는 것이 아니라 변화하고 무너지는 성품이라고도 알게 됩니다. 그렇게 알기 때문에 인식을 '좋은 것, 행복한 것으로 좋아할 만한 점이 없다. 항상 유지되고 있는 기억하는 지혜로 자랑할 만한 점, 자만할 만한 점이 없다. 견고하게 유지되는 자아로도 집착할 만한 점이 없다'라고 알고 보고 이해합니다. 그래서 오비구는 '나의 것이다. 나다. 나의 자아다'라고 보고 생각하기에 타당하지 않다고 대답했습니다. 그 문답을 본승도 질문하겠습니다. 이해한 대로 대답해 보십시오.

(1) 인식하는 인식은 항상합니까, 무상합니까?
(무상합니다, 스님.)
(2) 무상한 것은 괴로움입니까, 행복함입니까? (괴로움입니다, 스님.)
무상한 것은 좋지 않은 것입니까, 좋은 것입니까?
(좋지 않은 것입니다, 스님.)
(3) 무상하고 괴로움이고 변하고 무너지기 마련인 법을 '이것은 나의 것이다'라고 생각하고서 즐기고 좋아하는 것이 타당합니까?
(타당하지 않습니다, 스님.)
'이것은 나다'라고 자만하는 것이 타당합니까?
(타당하지 않습니다, 스님.)
'이것은 나의 자아다'라고 생각하고서 집착하는 것이 타당합니까?
(타당하지 않습니다, 스님.)

이 질문은 무상하고 괴로움이고 변하기 마련인 인식을 '나의 것'이라고, '나'라고 갈애와 자만으로 집착하지 않도록, 범부들이라면 ('나의 자아라고') 자아사견으로도 집착하지 않도록 질문하신 것입니다.

이 정도로 인식에 관한 설명을 마치겠습니다. 이제 형성들과 관련된 성전 구절을 설하겠습니다.

문답으로 형성들에 대해 세 가지 특성 모두를 보이시다

9-1 Saṅkhārā niccā vā aniccā vāti. Aniccā, bhante. (S.ii.56)

대역

Saṅkhārā행하고 애쓰는 성품인 형성들은 niccā vā항상한가, aniccā vā항상하지 않은가; 무상한가? iti이렇게 질문하셨다. aniccā, bhante무상합니다, 세존이시여.

먼저 앞부분에서 "형성들은 항상한가, 항상하지 않은가; 무상한가?"라고 부처님께서 질문하셨습니다. 오비구는 "무상합니다, 세존이시여"라고 대답했습니다.

형성들saṅkhārā이란 몸의 행위, 말의 행위, 마음의 행위가 생겨나고 형성되도록 행하고 애쓰는 성품법들입니다. 법체로는 의도cetanā를 비롯한 마음부수 50가지라고 제3강에서 설명했습니다. 형성들은 매우 광범위합니다. 가고 서고 앉고 눕고 굽히고 펴고 움직이는 등 몸의 행위도 형성들이 생겨나도록 자극해서 행하고 있는 것입니다. 말의 행위도 형성들이 생겨나도록 자극해서 행하고 있는 것입니다. 지금 본승이 말하고 있는 것도 형성들이 자극해서 행해 주기 때문입니다. '이렇게 말해라. 이렇게 독송해라'라는 등으로 계속해서 말하고 독송하는 것이 생겨나도록 형성들이 자극하고 있습니다. 생각하고 숙고하는 마음의 행위도 형성들이 생겨나도록 자극해서 행하고 있는 것입니다. 하지만 일반 사람들은 이러한 몸의 행위, 말의 행위, 마음의 행위를 '내가 하고 있다. 그렇게 행하고 있는 나는 항상 지속되고 있다'라고 생각합니다.

〈부푼다, 꺼진다〉 등으로 끊임없이 관찰하고 있는 수행자들은 그렇게 관찰하다가 마음의 어떤 행위 하나가 생겨나면 그것을 관찰합니다. 탐욕lobha과 결합해 생겨나는 의도는 좋아하고 바라는 것으로, 그렇게 바라는 것을 얻도록 부추기는 것으로 생겨납니다.[303] 그것을 〈좋아함; 바람〉 등으로 관찰해서 알게 됩니다. 성냄dosa과 결합해 생겨날 때는 화나는 것으로, 잘못하는 것으로 생겨납니다. 그것을 〈화남; 잘못함〉 등으로 관찰해서 알게 됩니다. 어리석음moha을 우두머리로 생겨날 때는 잘못된 것을 행하도록 꾸미고 부추깁니다. 그것을 〈부추김, 부추김〉 등으로 관찰해서 알게 됩니다. 자만māna과 결합해 생겨날 때는 자신을 높게 평가해서 우쭐거리게 하면서 생겨납니다. 그것을 〈우쭐거

303 ㊥갈애와 관련된 게송을 하나 소개하면 다음과 같다.

우리사는 이세상 갈애지배해
갈애시켜 못참아 계속구하네
얻은재산 애인들 버려가야해
갈애의강 바다에 빠져표류해
갈애뒤를 졸졸졸 따르면안돼
팔정도배 올라타 떠나가야해

중생들이 살아가는 이 세상은 갈애가 지배한다. 갈애의 부추김을 관찰하지 못하는 이들은 갈애가 시키는 대로 참지 못해서 계속 구한다. 그렇게 해서 얻은 재산이나 사랑하는 이들과 죽음 등을 통해 헤어져야 하고 버리고 가야 한다. 이것은 중생들이 갈애라는 강이나 바다에 빠져서 표류하는 모습이다. 그렇게 갈애의 뒤를 졸졸 따라가면 안 된다. 팔정도라는 뗏목, 배에 올라타 갈애의 바다로부터 떠나가야 한다.

림〉 등으로 관찰해서 알게 됩니다. 질투issā나[304] 인색macchariya과 결합해 생겨날 때는 남의 번영을 시기하는 것으로, 나의 번영을 나누지 않으려는 것으로 생겨납니다. 그것을 〈질투함; 인색함〉 등으로 관찰해서 알게 됩니다.

믿음saddhā과 결합해 생겨날 때는 부처님이나 가르침, 승가 등을 존경하는 것으로, 믿는 것으로 생겨납니다. '예경해라. 헌공해라'라는 등으로 자극하면서 생겨납니다. 그것을 〈존경함〉 등으로 관찰해서 알게 됩니다. '불선업은 나쁜 결과를 준다. 그 행위를 하지 마라'라고 가로막는 것으로도 생겨납니다. '선업은 좋은 결과를 준다. 그 행위를 해라'라고 격려하는 것으로도 생겨납니다. 이렇게 생겨나는 모습은 매우 광범위합니다. 그렇게 생겨나는 마음의 여러 행위도 관찰해서 알게 됩니다.[305] 새김sati과 결합해 생겨날 때는 '오늘 이 시간에 어떤 선업을 행하리라'라는 등으로 상기하면서 생겨납니다. 이 경우도 생겨나는 모습이 광범위합니다.[306] 그러한 마음의 여러 행위도 관찰해서 알게 됩니다. 자애mettā와 결합해 생겨날 때는 '행복하게 해 주고 싶다. 다른 이가 행복하도록 어떻게 할 것이다'라는 등으로 격려하고 계획하면서 생겨납니다. 연민karuṇā과 결합해 생겨날 때는 불쌍하게 여기면서 생겨납

304 ㉻미얀마의 사야도 한 분은 "차라리 닭이나 오리 등을 길러 팔거나 먹으면 돈이라도 벌고 배라도 부른 뒤에 죽어서 지옥에 태어난다. 하지만 질투하면 돈도 전혀 벌지 못하고 배도 전혀 부르지 않은 채 죽어서 지옥에 태어난다"라고 말씀하셨다.

305 ㉻이러한 믿음은 선법이기는 하나 위빳사나 관찰을 하는 중이라면 관찰이 더 중요하므로 〈존중함〉 등으로 관찰해야 한다.

306 ㉻인식과 새김 모두 대상을 기억하는 성품이 있다. 그러나 인식은 선법이나 불선법, 비확정법 모두와 결합해서 생겨나고, 새김은 아름다운 법과만 결합한다.(아름다운 법에 대해서는 『아비담마 강설 1』, pp.219~220 참조.) 예를 들어 '몇 시에 어느 집에 가서 어떻게 훔치리라'라고 기억할 때는 새김이 포함되지 않는다. 그렇게 기억하는 것은 온전히 인식의 역할이다. 부모나 친구를 기억하는 것도 진짜 새김이 아니다. 그리워하는 갈애와 함께 인식이 기억하는 것이다. 하지만 바람직한 대상에 대해서는 '강한 인식이 새김의 가까운 원인이다'라고 표현할 수 있다.

니다. '다른 이가 괴로움에서 벗어나도록 어떻게 할 것이다'라는 등으로 격려하고 계획하면서 생겨납니다. 그러한 마음의 행위들도 관찰해서 알게 됩니다.

〈부푼다, 꺼진다〉 등으로 관찰하다가 저림이나 뜨거움 등이 생겨날 때는 〈저림; 뜨거움〉 등으로 관찰해야 합니다. 그렇게 관찰하다 보면 '굽혀라. 펴라. 바꿔라'라는 등으로 부추기는 것들이 생겨납니다. 그것도 관찰해서 알게 됩니다. '머리를 굽혀라. 올려라. 앞으로 가라. 뒤로 물러서라'라는 등으로 부추기는 것들도 생겨납니다. '일어나서 걸어라'라는 등으로 부추기는 것들도 생겨납니다. 그것들은 몸의 행위를 행하도록 부추기는 형성들saṅkhārā입니다. 그렇게 자극하는 것들도 관찰해서 알게 됩니다.

'어떻게 말하리라'라는 등으로 자극하는 것들도 생겨납니다. 특히 지금처럼 설명하거나 설법할 때는 '이렇게 말해라. 저렇게 말해라'라는 등으로 자극하는 것들이 끊임없이 생겨납니다. 그렇게 자극하는 것들도 관찰해서 알게 됩니다.

따라서 끊임없이 관찰하고 있는 수행자는 그렇게 자극하는 것, 형성들이 생겨나서는 즉시, 계속해서 사라져 버리는 것을 경험하기 때문에 행하고 애쓰는 형성들이 무상하다는 것을 스스로의 지혜로 알고 보고 이해합니다. 오비구 존자들도 그렇게 알고 보고 이해한 뒤 수다원이 됐습니다. 당시 법문을 듣던 중에도 접촉phassa, 의도cetanā, 마음기울임manasikāra, 믿음saddhā, 새김sati 등의 형성법들이 순간도 끊임없이 생멸하고 있는 것을 경험하여 무상하다는 것도 다시 알고 보게 됐습니다. 그래서 "형성들은 항상한가 무상한가?"라는 질문에 대해 "무상합니다, 세존이시여"라고 대답한 것입니다.

9-2 Yaṁ panāniccaṁ dukkhaṁ vā taṁ sukhaṁ vāti. Dukkhaṁ, bhante. (S.ii.56)

대 역

Pana그 밖에 yaṁ어떤 법이 aniccaṁ무상하다면 taṁ그 법은; 그 무상한 법은 dukkhaṁ vā괴로움인가 sukhaṁ vā행복함인가? iti이렇게 질문하셨다. dukkhaṁ, bhante괴로움입니다, 세존이시여.

이 성전의 의미도 분명합니다.

9-3 Yaṁ panāniccaṁ dukkhaṁ vipariṇāmadhammaṁ, kallaṁ nu taṁ samanupassituṁ - 'etaṁ mama, esohamasmi, eso me attā'ti. No hetaṁ, bhante. (S.ii.56)

대 역

Pana그 밖에 yaṁ어떤 법이 aniccaṁ무상하고 dukkhaṁ괴로움이고 vipariṇāmadhammaṁ변하는 성품이 있다면 taṁ그 법은; 무상하고 괴로움이고 변하는 성품을 'etaṁ mama이것은 나의 것이다. esohamasmi이것은 나다. eso me attāti이것은 나의 자아다'라고 samanupassituṁ관찰하는 것이; 관찰하고 새기는 것이 kallaṁ nu타당하겠는가? iti이렇게 질문하셨다. no hetaṁ, bhante그렇지 않습니다, 세존이시여; 그렇게 관찰하는 것은 적당하지 않고 타당하지 않습니다.

이 문답도 의미가 분명합니다. 행할 수 있는 형성들과 [307] 관련해서 갈애집착, 자만집착, 사견집착이 생겨나는 모습과 그 집착들이 사라지는 모습만 다릅니다. 그 내용만 설명하겠습니다.

물질·정신이 생겨날 때마다 거듭 따라서 관찰하지 못하는 일반 사람들은 의도를 비롯한 형성법들을 좋은 것이라고 생각해서 좋아하고 즐깁니다. '어떻게 계획하고 어떻게 행하는 것이 좋다'라는 등으로 좋아하고 즐깁니다. 이것은 갈애집착입니다. 그렇게 행하는 것을 '나의 행위다. 내가 다른 이들보다 잘한다'라는 등으로 우쭐거리기도 합니다. 이것은 자만집착입니다. '가고 서고 앉고 굽히고 펴고 움직이는 등의 몸의 행위를 행하는 것은 나다. 내가 행하고 있다. 말하는 것도 나다. 내가 말하고 있다. 생각하는 것도 나다. 내가 생각하고 있다. 보는 것도 나다. 내가 보고 있다. 듣는 것도 나다. 내가 듣고 있다'라는 등으로 [308] 생각하고 집착합니다. 이것은 행위자아kāraka atta집착입니다. 행위하는 주체로서 집착하는 것이기 때문에 행위자아집착이라고 할 수 있습니다. 행위자아집착 게송을 독송합시다.

몸과말과 마음이란 모든행위 바로내가
행한다는 생각집착 행위자아 집착이네

'그렇게 행위하고 있는 나라는 것이 자신 내부에 항상 머물고 있다'라고도 생각하고 집착합니다. 이것은 거주자아nivāsī atta집착입니다. 거주자아집착 게송도 독송합시다.

307 형성시키는 형성들을 말한다. 본서 p.144 참조.
308 저본에는 '보이도록 보는 것도 나다. 들리도록 듣는 것도 나다'라고 표현됐다.

자신안에 늘언제나 거주하는 자아라는
나있다는 생각집착 거주자아 집착이네

'자신 안에 항상 머물고 있는 바로 그 자아가 가고 싶으면 가고, 서고 싶으면 서고, 앉고 싶으면 앉고, 굽히고 싶으면 굽히고, 펴고 싶으면 펴고, 말하고 싶으면 말하고, 생각하고 싶으면 생각한다'라는 등으로 원하는 대로 지배하는 것으로도 생각하고 집착합니다. 이것은 주인자아sāmī atta집착입니다. 주인자아집착 게송도 독송합시다.

자신안에 마음대로 지배하는 자아라는
나있다는 생각집착 주인자아 집착이네

물질과 정신을 끊임없이 관찰하고 있는 수행자는 몸과 말과 마음의 행위를 행하려고 생각하고 애쓸 때마다 〈생각한다; 보려 한다; 들으려 한다; 굽히려 한다; 펴려 한다; 하려 한다; 일어나려 한다; 가려 한다; 말하려 한다〉 등으로 관찰해서 바로 즉시 사라져 버리는 것을 경험하게 됩니다. 그렇게 경험하기 때문에 '행하려는 것, 행하는 것, 말하는 것이란 순간도 끊임없이 생멸하고 있기 때문에 무상한 것들이다. 항상하지 않아서 좋아할 만한 것이 아닌, 의지할 만한 것이 아닌 괴로움일 뿐이다'라고 스스로의 지혜로 알고 보고 결정할 수 있습니다. 그래서 '나의 것이라고 생각해서 좋아할 만한 것이 아니다. 나라고 자만으로 우쭐거릴 만한 점도 없다. 나의 자아로서 생각하고 거머쥘 만한 점도 없다'라고 이해하고 알고 봅니다. 오비구 존자들도 그렇게 알고 보아 수다원이 됐습니다. 법문을 듣던 중에도 애쓰고 행하는 것들이 생멸하고 있는 것을 경험했습니다. 그래서 "무상하고 괴로움이고 무너지고 변하는 법을 나의 것이라고, 나라고, 나의 자아라고 생각하고 거머쥐는 것이 타당하지 않습니다"라고 대답했습니다. 형성들과 관련해서 본승이 질문하겠습니다. 이해한 대로 대답해 보십시오.

(1) 행하려고 애쓰는 것은[309] 항상합니까, 무상합니까?
(무상합니다, 스님.)
행하려고 도모하는 것은 항상합니까, 무상합니까?
(무상합니다, 스님.)
굽히려는 것은 항상합니까, 무상합니까?
(무상합니다, 스님.)
펴려는 것은 항상합니까, 무상합니까?
(무상합니다, 스님.)
바꾸려는 것은 항상합니까, 무상합니까?
(무상합니다, 스님.)
일어나려는 것은 항상합니까, 무상합니까?
(무상합니다, 스님.)
가려는 것, 다리를 들려는 것, 뻗으려는 것, 내리려는 것은 항상합니까, 무상합니까?
(무상합니다, 스님.)
돌려는 것, 서려는 것은 항상합니까, 무상합니까?
(무상합니다, 스님.)

309 이어서 여러 형성을 나타내는 구절이 이어져서 '형성들'이라고 표현하지 않고 '형성'이라고만 표현했다.

보려는 것은 항상합니까, 무상합니까?
(무상합니다, 스님.)
말하려는 것은 항상합니까, 무상합니까?
(무상합니다, 스님.)
먹으려는 것, 씹으려는 것은 항상합니까, 무상합니까?
(무상합니다, 스님.)

(2) 무상한 것은 괴로움입니까, 행복함입니까? (괴로움입니다, 스님.)
무상한 것은 좋지 않은 것입니까, 좋은 것입니까?
(좋지 않은 것입니다, 스님.)

(3) 무상하고 괴로움이고 변하고 무너지기 마련인 법을 '이것은 나의 것이다'라고 생각하고서 즐기고 좋아하는 것은 타당합니까?
(타당하지 않습니다, 스님.)
'이것은 나다'라고 자만하는 것이 타당합니까?
(타당하지 않습니다, 스님.)
'이것은 나의 자아다'라고 생각하고서 집착하는 것이 타당합니까?
(타당하지 않습니다, 스님.)

이 질문은 행하려고 도모하고 애쓰는 형성을 '나의 것'이라고, '나'라고 갈애와 자만으로 집착하지 않도록, 범부들이라면 ('나의 자아'라고) 자아사견으로도 집착하지 않도록 질문하신 것입니다.

형성에 관한 설명은 이 정도로 마치겠습니다. 이제 의식과 관련된 성전 구절을 설하겠습니다.

문답으로 의식에 대해 세 가지 특성 모두를 보이시다

10-1 Viññāṇaṁ niccaṁ vā aniccaṁ vāti. Aniccaṁ, bhante.

(S.ii.56)

대 역

Viññāṇaṁ의식은 niccaṁ vā항상한가, aniccaṁ vā항상하지 않은가; 무상한가? iti이렇게 질문하셨다. Aniccaṁ, bhante무상합니다, 세존이시여.

앞부분에서 "의식은 항상한가, 항상하지 않은가; 무상한가?"라고 부처님께서 질문하셨습니다. 오비구는 "무상합니다, 세존이시여"라고 대답했습니다.

의식viññāṇa이란 마음입니다. 일상생활에서는 '의식'이라는 단어를 사용하는 일이 별로 없을 것입니다. 미얀마에서는 의식을 마음이라고 말하곤 합니다. 의도cetanā나 탐욕lobha, 성냄dosa 등을 말할 때도 자주 '마음'으로 표현합니다. 마음은 중요하고 기본인 법이기도 합니다. 그래서 여기서는 ('의식'이라는 용어 대신) '마음'이라는 익숙한 용어를 사용해서 설명하겠습니다.

생겨나고 있는 마음을 관찰하지 않아 알지 못하는 일반인들은 하나의 마음이 평생 그대로 지속된다고 생각합니다. '보는 것도 이 마음이다. 듣는 것, 맡는 것, 먹어서 아는 것, 닿아서 아는 것도 이 마음이다. 생각해서 아는 것도 이 마음이다. 오랫동안 보고, 듣고, 맡는 것 등도 이 마음이다. 어릴 때 마음이 지금까지 그대로 유지되고 있고, 죽을 때까지 그대로 유지될 것이다. 평생 하나의 마음이 그대로 유지되고 있다'라고 생각합니다. 일부 사람들은 지금 이 마음이 다음 여러 생으로 옮겨가서 그대로 유지된다고 생각합니다. 이것은 마음을 '항상하다'라고 생각하고 보는 것입니다.

생겨나고 있는 물질·정신을 끊임없이 관찰하고 있는 수행자라면 〈부푼다, 꺼진다〉 등으로 끊임없이 관찰하다가 생각이나 망상이 생겨나면 그것을 〈생각한다; 망상한다〉 등으로 관찰합니다. 그렇게 관찰하면 방금 생겨났던 생각이 바로 사라져 버립니다. 그래서 '방금 관찰한 생각이나 망상은 이전에는 없었다. 지금에야 생겨난 것이다. 생겨나서도 즉시 사라져 버린다. 이전에는 관찰하지 않아서 마음을 항상한 것이라고 생각했다. 그러나 관찰하니 즉시 사라져 버리는 것을 경험하게 됐다. 그러니 이 마음은 생겨나서는 사라져 버리기 때문에 항상하지 않은 법일 뿐이다'라고 사실대로 이해하고 알고 보게 됩니다.

들을 때도 〈들린다, 들린다〉라고 관찰하면 들리다가 사라지다가, 다시 들리다가 사라지다가, 이렇게 즉시 사라져 버리는 것을 경험하게 됩니다. 맡아서 아는 것도 맡아 알고 나서 즉시 사라져 버리는 것을 경험하게 됩니다. 맛을 아는 것도 즉시 사라져 버리는 것을 경험하게 됩니다. 가끔씩은 몸에서 미세한 감촉들이 한 곳에서 생겨났다가 사라져 버리고, 다른 곳에서 생겨났다가 사라져 버리고, 이렇게 생겨났다가 사라졌다가 하면서 빠르게 계속 사라져 버리는 것을 경험하게 됩니다. 특히 새김이 매우 좋아지면 볼 때도 하나씩, 단계 단계 사라져 버리는 것을 경험하게 됩니다. 그래서 '생각해서 아는 마음, 들어서 아는 마음, 닿아서 아는 마음, 보아서 아는 마음 등의 마음들은 하나씩 생겨나서는 사라져 버리는 것일 뿐이다. 무상한 것일 뿐이다'라고 스스로

의 지혜로 알고 보고 이해하게 됩니다.[310]

굽히려는 마음, 펴려는 마음, 바꾸려는 마음, 일어나려는 마음, 가려는 마음 등도 새로 새로 생겨나서는 바로 사라져 버리는 것을 경험하게 됩니다. 관찰하는 마음도 관찰할 때마다 계속해서 사라져 버리는 것을 경험하게 됩니다.[311] 그래서 '여러 대상을 계속 알고 있는 마음은 순간도 끊임없이 생겨나서는 사라져 버리기 때문에 무상할 뿐이다'라고 알게 됩니다. 오비구도 그렇게 알고 보아 수다원이 이미 됐습니다. 또한 법문을 듣는 중에도 듣는 것, 아는 것, 보는 것, 닿아서 아는 것, 생각해서 아는 것들이[312] 새로 거듭 생겨나서는 사라져 버리는 것을 경험

310 ㉻이렇게 생겨남과 사라짐을 분명하게 아는 지혜를 생멸의 지혜라고 한다. 생멸의 지혜가 생겨났다면 그 뒤에는 위빳사나 지혜가 쉽게 향상돼 도와 과의 지혜가 생겨나고 열반까지 실현한다. 그래서 부처님께서는 생멸의 지혜를 다음과 같이 칭송하셨다.

Yo ca vassasataṁ jīve, apassaṁ udayabbayaṁ;
Ekāhaṁ jīvitaṁ seyyo, passato udayabbayaṁ. (Dhp.113)

대역

Yo ca'부처님 출현 아홉 번째'라는 좋은 시기에 사람으로 태어난 어떠한 이가 udayabbayaṁ집착의 대상인 다섯 취착무더기의 생성과 소멸을 apassaṁ=apassanto관찰하지 않고 수행하지 않아서 알고 보지 못한 채 vassasataṁ백 년이란 긴 세월 동안 jīve죽지 않고 계속 산다 하더라도 tato그보다; 집착의 대상인 다섯 취착무더기의 생성과 소멸을 관찰하지 않고 수행하지 않아서 알고 보지 못한 채 백 년이란 긴 세월 동안 죽지 않고 계속 살아가는 것보다 udayabbayaṁ집착의 대상인 다섯 취착무더기의 생성과 소멸을 passato관찰하고 수행하여 알고 보는 이가 ekāhaṁ한낮, 한밤, 단 하루 정도라도 jīvitaṁ물질과 정신이 연결되고 조건과 결과가 이어져서 생명을 계속 유지하는 것이 seyyo'부처님 출현 아홉 번째'라는 좋은 시기에 사람으로 태어난 보람이 있다네. 거룩하고 훌륭하다네.

해석

또한 누가 백 년을 살지라도, 일어남과 사라짐을 보지 못한다면
일어남과 사라짐을 보는 이의, 단 하루의 삶이 더욱더 훌륭하네.

마하시 사야도의 게송은 다음과 같다.

생성소멸 못보고서 백년사는 삶보다도
생멸보는 단하루가 더욱더 거룩하다네

311 ㉻어떤 수행자는 소멸을 분명하게 경험할 때 "〈부푼다〉라고 관찰한 뒤 그 관찰하는 마음까지 휙 사라져서 다시 관찰해서 아는 마음이 생겨나지 않을까 봐, 이대로 마음이 안 생겨나서 죽을까 봐 두렵습니다"라고 스승에게 보고하기도 한다.

312 저본의 순서를 따랐다. 법문을 듣는 중에 분명한 순서대로 나열된 듯하다.

했습니다. 그래서 "의식은 항상한가 무상한가?"라는 질문에 "무상합니다, 세존이시여"라고 대답했습니다. 이것은 관찰하는 수행자의 경험을 통해 매우 분명합니다.

10-2 Yaṁ panāniccaṁ dukkhaṁ vā taṁ sukhaṁ vāti. Dukkhaṁ, bhante. (S.ii.56)

대 역

Pana그 밖에 yaṁ어떤 법이 aniccaṁ무상하다면 taṁ그 법은; 그 무상한 법은 dukkhaṁ vā괴로움인가 sukhaṁ vā행복함인가? iti이렇게 질문하셨다. dukkhaṁ, bhante괴로움입니다, 세존이시여.

이 성전의 의미는 분명합니다.

10-3 Yaṁ panāniccaṁ dukkhaṁ vipariṇāmadhammaṁ, kallaṁ nu taṁ samanupassituṁ - 'etaṁ mama, esohamasmi, eso me attā'ti. No hetaṁ, bhante. (S.ii.56)

대 역

Pana그 밖에 yaṁ어떤 법이 aniccaṁ무상하고 dukkhaṁ괴로움이고 vipariṇāmadhammaṁ변하는 성품이 있다면 taṁ그 법은; 무상하고 괴로움이고 변하는 성품을 'etaṁ mama이것은 나의 것이다. esohamasmi이것은 나다. eso me attāti이것은 나의 자아다'라고 samanupassituṁ관찰하는 것이; 관찰하고 새기는 것이 kallaṁ nu타당하겠는가?

iti이렇게 질문하셨다. no hetaṁ, bhante그렇지 않습니다, 세존이시여; 그렇게 관찰하는 것은 적당하지 않고 타당하지 않습니다.

이 문답도 앞과 동일합니다. 의미가 분명합니다. 생각해서 아는 마음과 관련해 갈애·자만·사견이 생겨나는 모습, 그리고 집착들이 사라지는 모습 정도만 다릅니다. 그 내용에 대해서만 설명하겠습니다.

볼 때마다, 들을 때마다, 경험할 때마다, 알 때마다, 여섯 문에서 분명하게 드러나고 있는 마음을 관찰하지 못해 사실대로 바르게 알지 못하는 일반인들은 좋은 대상을 보고 듣고 경험하고 아는 마음을 자신의 마음, 자신의 것으로 좋아하고 즐깁니다. 지금 생겨나고 있는 마음도 좋아하고 즐깁니다. 이전에 생겨났던 마음도 좋아하고 즐깁니다. 나중에도 좋은 마음만 생겨나길 바랍니다. 이것은 갈애집착입니다.[313] 끊임없이 관찰하고 있는 수행자는 좋은 것을 보는 마음, 좋은 것을 듣는 마음, 기쁘고 즐거워하는 마음도 관찰하고, 그렇게 관찰하면 계속 사라져 버리는 것을 경험하기 때문에 좋아하거나 즐기거나 바라지 않습니다. 이것은 마음과 관련해 갈애집착이 없어지는 것입니다.

마음을 관찰하지 못하는 일반인들은 이전의 여러 마음과 나중의 여러 마음을 분리해서 알지 못합니다. 어릴 때부터 지금까지 하나의 마음이 유지된다고 생각합니다. '이전에 있던 마음, 바로 그것이 지금 보아서 안다. 들어서 안다. 경험해서 안다. 생각해서 안다'라고 생각합니다. 그렇게 항상 유지된다고 생각하기 때문에 마음을 항상 지속되는 나라

313 ㉻관련된 일화로 제석천왕의 갈애집착에 대해서는 본서 p.333 참조.

고 생각해서 자만으로 우쭐대기도 합니다. '나는 이렇게 안다. 나는 옳지 않으면 참지 못하는 성질이 있다. 나의 마음은 과감하다'라고 우쭐거리기는 것입니다. 이것은 자만집착입니다.[314] 끊임없이 관찰하고 있는 수행자라면 보아서 아는 마음, 들어서 아는 마음, 닿아서 아는 마음, 생각해서 아는 마음 등이 생겨날 때마다 거듭 관찰하면서 계속 사라지고 없어지는 것만을 경험하기 때문에 '마음은 계속 사라지기만 하는 것이다. 항상하지 않은 것일 뿐이다'라고 알고 봅니다. 그래서 자만이 생겨날 기회가 없이 사라져 버립니다. 바로 지금 죽을 수도 있다면 자만이 더 이상 생겨날 수 없는 것과 마찬가지입니다. 이것은 자만집착이 없어지는 것입니다.

일반인들은 '보아서 아는 것은 나다. 들어서 아는 것은 나다. 맡아서 아는 것은 나다. 먹어서 아는 것은 나다. 닿아서 아는 것은 나다. 생각해서 아는 것은 나다. 바로 내가 여러 대상을 안다. 굽히고 싶다고, 펴고 싶다고, 가고 싶다고, 말하고 싶다고, 이렇게 도모하는 마음도 나다. 바로 내가 그렇게 생각해서 알고 있다. 여러 가지 행위를 나의 마음이, 바로 내가 행하고 있다'라고 생각합니다. 이것은 행위자아kāraka atta집착입니다. 게송을 독송합시다.

몸과말과 마음이란 모든행위 바로내가
행한다는 생각집착 행위자아 집착이네

행위하는 것으로 집착하는 것은 형성과도 관련돼 있고 마음과도 관련돼 있습니다. 하지만 일반적으로 굽히려는 것, 펴려는 것, 가려는

314 ㉿관련된 일화로 아누룻다 존자의 자만에 대해서는 본서 p.334 참조.

것, 말하려는 것 등을 마음이라고만 말하곤 합니다. 그래서 그렇게 행위하려고 하는 것을 마음에 대한 내용에서도 말합니다.

그리고 '바로 그 마음이라는 내가 이 몸에 언제나 머물고 있다. 바로 그 내가 보고 듣는 행위 등으로 여러 대상을 알고 있다'라고도 생각합니다. 이것은 거주자아nivāsī atta집착입니다. 게송을 독송합시다.

자신안에 늘언제나 거주하는 자아라는
나있다는 생각집착 거주자아 집착이네

요즘에도 일부에선 마음이 몸에 언제나 머물고 있다고 가르칩니다. 그것을 영혼이라고도 말하곤 합니다. 죽을 때도 그 영혼은 무너지지 않고 이전 몸에서 새로운 몸으로 옮겨가 지속해서 머문다고 말합니다. 부처님 당시에 사띠Sāti라는 비구도 그 마음, 의식을 자아라고 고집하며 말했습니다. 이 일화에 대해서는 제4강에서 언급했습니다. 이것은 마음을 나의 자아라고 생각하는 자아사견집착입니다.

그리고 '자신이 생각하고 싶으면 생각할 수 있다'라는 등으로 자신의 마음을 원하는 대로 지배할 수 있는 나라고 생각해서 집착하기도 합니다. 이것은 주인자아sāmī atta집착입니다. 게송을 독송합시다.

자신안에 마음대로 지배하는 자아라는
나있다는 생각집착 주인자아 집착이네

끊임없이 관찰하고 있는 수행자의 경우에는 〈생각한다〉라고 새기고 있는 중에도 생각해서 아는 마음이 사라져 버립니다. 〈듣는다〉라고 새기고 있는 중에도 들어서 아는 마음이 사라져 버립니다. 〈닿는다〉라고 새기고 있는 중에도 닿아서 아는 마음이 사라져 버립니다. 〈본다〉라고 새기고 있는 중에도 보아서 아는 마음이 사라져 버립니다. 그렇게 새기는 중에 알게 되는 미세한 마음들이 계속 사라져 버리는 것을 경험하기 때문에 '생각해서 아는 것, 들어서 아는 것, 닿아서 아는 것, 보아서 아는 것, 관찰해서 아는 것 등 이러한 마음들은 각각 조건에 따라 새로 거듭 생겨나서는 사라져 버리는 성품법일 뿐이다. 자아라거나 나가 아니다'라는 것을 스스로의 지혜로 알게 됩니다.[315]

아는 모습은 다음과 같습니다. "'Cakkhuñca paṭicca rūpe ca uppajjati cakkhuviññāṇaṁ(눈과 형색들을 조건으로 눈 의식이 생겨난다)'이라는 등의 가르침에 따라(M.iii.328) 보아서 아는 것은 눈과 형색이 있어서 생겨나는 것이다. 들어서 아는 것은 귀와 소리가 있어서 생겨나는 것이다. 맡아서 아는 것은 코와 냄새가 있어서 생겨나는 것이다. 먹어서 아는 것은 혀와 맛이 있어서 생겨나는 것이다. 닿아서 아는 것은 몸과 감촉이 있어서 생겨나는 것이다. 생각해서 아는 것은 맘과[316] 대상이 있어서 생겨나는 것이다. 관찰해서 아는 것은 관찰하려고 마음 기울이는 것과 관찰 대상이 있어서 생겨나는 것이다"라는 등으로 '각각 관련된 조건에 따라 생겨나는 것이다. 각각 관련된 조건이 있다면 생겨나길 원하지 않아도 생겨나기 마련이다. 조건이 없다면 생겨나길 원해도 생겨나지 않는다. 사라지길 원하지 않아도 즉시 사라져 버린

315 ㉻이러한 내용을 수행이 향상되기 전에 미리 듣고서 '왜 생겨나고 사라지는 게 안 보이지?'라는 등으로 숙고하면 안 된다. 계속 관찰만 해 나가야 한다. 이러한 내용을 미리 듣거나 읽게 하는 이유는 나중에 관찰하다가 실제로 생겨남과 사라짐이 분명하게 드러났을 때 '계속 있어야 하는데 왜 사라지는가? 왜 아는 마음이 사라지는가?'라는 등으로 거부하지 않게 하기 위해서다. '들은 그대로구나. 읽은 그대로구나'라고 받아들이고 계속 관찰을 이어나가게 하기 위해서다. 이러한 숙고도 저절로 생겨나는 것이지 일부러 숙고하는 것이 아니다. 숙고가 생겨나면 그것도 계속 관찰해야 한다.

316 여기서 맘mano은 존재요인 마음과 전향 마음을 뜻한다. 존재요인에 대해서는 본서 p.68 참조.

다.[317] 좋은 마음이 계속 지속되기를 바라지만 그대로 지속되지 않고 사라져 버린다'라고 알게 됩니다. 그래서 '마음은 행위할 수 있는 자아나 나가 아니다. 언제나 지속되고 있는 자아나 나도 아니다. 원하는 대로 지배할 수 있는 자아나 나도 아니다. 각각 조건에 따라 새로 거듭 생겨나서는 사라지고 있는 성품법일 뿐이다'라고 수행자가 스스로의 지혜로 알고 보고 결정할 수 있습니다. 오비구 존자들은 보통으로 알고 보는 것 정도가 아니라 수다원도 지혜의 위력으로 자아집착이 완전히 사라져 버린 상태였습니다. 그래서 "무상하고 괴로움이고 무너지고 변하는 법을 나의 것이라고, 나라고, 나의 자아라고 생각하고 거머쥐는 것이 타당하지 않습니다"라고 대답했습니다.

본승도 질문하겠습니다. 이해한 대로 대답해 보십시오.

(1) 마음은 항상합니까, 무상합니까?
(무상합니다, 스님.)
〈부푼다, 꺼진다〉라고 관찰하다가 생각이 생겨난다면 그 생각은 항상합니까, 무상합니까?
(무상합니다, 스님.)
오래 앉아 뜨거운 것이 분명하게 생겨납니다. 그것을 〈뜨겁다, 뜨겁다〉라고 관찰하다가 바꾸려는 마음이 생겨납니다. 그 마음을 〈바꾸려 한다〉라고 새기면 사라지지 않습니까?
(사라집니다, 스님.)

317 ㉻조건파악의 지혜 단계에서 '바닥이 있어서 벽이 서 있다. 벽이 있어서 지붕이 서 있다'라는 등으로 숙고가 많이 생겨난다. 그렇게 계속 숙고하게 되면 관찰하던 것이 끊어지므로 숙고가 생겨나면 빨리 〈숙고함〉 등으로 관찰하고 현재 분명한 대상을 계속 관찰해 나가는 것이 좋다. 또 이러한 숙고가 많이 생겨나야만 하는 것도 아니다. 수행자마다 숙고가 많고 적은 차이가 있으니 각자 분명하게 생겨나는 대상을 관찰해 나가야 한다.

그 마음은 항상합니까, 무상합니까?

(무상합니다, 스님.)

저려서 〈저리다, 저리다〉라고 관찰하다가 바꾸려는 마음이 생겨납니다. 그 마음을 〈바꾸려 한다〉라고 새기면 사라지지 않습니까?

(사라집니다, 스님.)

그 마음은 항상합니까, 무상합니까?

(무상합니다, 스님.)

굽히려는 마음이 생겨날 때 〈굽히려 함, 굽히려 함〉이라고 새기면 사라져 버립니다. 그 마음은 항상합니까, 무상합니까?

(무상합니다, 스님.)

펴려는 마음도 새기면 사라져 버립니다. 그 마음은 항상합니까, 무상합니까?

(무상합니다, 스님.)

일어나려는 마음도 새기면 사라져 버립니다. 그 마음은 항상합니까, 무상합니까?

(무상합니다, 스님.)

무엇을 새기더라도 그 새기는 마음은 새기다가 사라져 버립니다. 그 새기는 마음은 항상합니까, 무상합니까?

(무상합니다, 스님.)

들릴 때 〈들린다, 들린다〉라고 새길 때마다 사라져 버립니다. 그 들어서 아는 마음은 항상합니까, 무상합니까?

(무상합니다, 스님.)

미세한 감촉들을 〈닿는다; 안다〉라고 새기면 사라져 버립니다. 그 닿아서 아는 마음은 항상합니까, 무상합니까?

(무상합니다, 스님.)

보아서 아는 마음은 항상합니까, 무상합니까?

(무상합니다, 스님.)

맡아서 아는 마음은 항상합니까, 무상합니까?

(무상합니다, 스님.)

(2) 무상한 것은 괴로움입니까, 행복함입니까?

(괴로움입니다, 스님.)

무상한 것은 좋지 않은 것입니까, 좋은 것입니까?

(좋지 않은 것입니다, 스님.)

(3) 무상하고 괴로움이고 변하고 무너지기 마련인 법을 '이것은 나의 것이다'라고 생각하고서 즐기고 좋아하는 것이 타당합니까?

(타당하지 않습니다, 스님.)

'이것은 나다'라고 자만하는 것이 타당합니까?

(타당하지 않습니다, 스님.)

'이것은 나의 자아다'라고 생각하고서 집착하는 것이 타당합니까?

(타당하지 않습니다, 스님.)

이 세 가지 질문은 대상을 아는 마음을 '나의 마음이다. 내가 안다. 생각해서 아는 것은 나다'라고 갈애와 자만으로 집착하지 않도록, 범부라면 자아사견으로도 집착하지 않도록 부처님께서 질문하신 것입니다.

물질, 느낌, 인식, 형성들, 의식이라는 다섯 무더기와 관련해서 갈애집착과 사견집착과 자만집착에 대한 질문 내용은 이 정도로 마무리하겠습니다. 이제 그 세 가지 집착이 사라지게 관찰하도록 지도하신 내용을 설명하겠습니다.

11가지로 분석해 무아 등으로 관찰하도록 설하시다

물질을 관찰하는 모습

11 Tasmātiha, bhikkhave, yaṁ kiñci rūpaṁ atītānāgatap-accuppannaṁ ajjhattaṁ vā bahiddhā vā oḷārikaṁ vā sukhumaṁ vā hīnaṁ vā paṇītaṁ vā yaṁ dūre santike vā, sabbaṁ rūpaṁ - 'netaṁ mama, nesohamasmi, na meso attā'ti evametaṁ yathābhūtaṁ sammappaññāya daṭṭhabbaṁ. (S.ii.56)

대 역

Bhikkhave비구들이여, tasma그러니; 그렇게 '나의 것'이나 '나'나 '나의 자아'라고 보고 생각하기에 타당하지 않기 때문에 iha여기서; 이 세상에서[318] atītānāgatapaccuppannaṁ과거와 미래와 현재인 yaṁ kiñci rūpaṁ어떤 모든 물질이 《atthi》있는데, ajjhattaṁ vā내부든; 자신 안의 물질이든 bahiddhā vā외부든; 자신 밖의 물질이든, oḷārikaṁ vā거칠든; 거친 물질이든 sukhumaṁ vā미세하든; 미세한 물질이든, hīnaṁ vā저열하든; 저열한 물질이든 paṇītaṁ vā수승하든; 수승한 물질이든, dūre vā멀든;

318 ㉯㉰산스크리트어에 'tasmāt+iha'라고 돼 있어서 빠알리어에서 't'를 첨가해 'tasmātiha'라고 결합했다.

멀리 있는 물질이든 santike vā가깝든; 가까이 있는 물질이든 yaṁ어떤 물질이 《atthi》있는데 sabbaṁ 《taṁ》 rūpaṁ 그 모든 물질을 'netaṁ mama이것은 나의 것이 아니다. nesohamasmi이것은 나가 아니다. na meso attāti이것은 나의 자아가 아니다'라고 evaṁ이와 같이 etaṁ이것을; 항상하지 않고 괴로움이고 변하고 무너지기 마련인 이 물질을 yathābhūtaṁ있는 그대로; 사실대로 바르게 sammappaññāya바른 통찰지를 통해; 바르게 아는 위빳사나 통찰지, 성스러운 도 통찰지를 통해 daṭṭhabbaṁ보아야 한다; 관찰하여 보아야 한다; 관찰하여 보도록 노력해야 한다.

이 성전의 의미를 다음과 같이 간략하게 해석할 수 있습니다.

비구들이여, 지금 설명한 대로 '나의 것이다. 나다. 나의 자아다'라고 보기에 타당하지 않기 때문에 과거든 미래든 현재든, 내부든 외부든, 거칠든 미세하든, 저열하든 수승하든, 멀든 가깝든, 그 모든 물질을 '나의 것이 아니다. 나가 아니다. 나의 자아가 아니다'라고 스스로의 지혜로 바르게 알도록[319] 관찰해야 한다, 노력해야 한다.

이 내용에서 부처님께서는 물질을 과거와 미래 등 11가지로 분석하셨습니다. 먼저 '과거·미래·현재'란 세 시기로 분석한 것입니다. 과거란 이미 지나간 법을 말합니다. 과거의 여러 생에서, 혹은 이번 생에서도 이전

319 경전 원문에는 '보도록'이라고 표현됐지만 저본을 따랐다.

의 여러 시간에 이미 생겨난, 소멸한 법을 '과거'라고 말합니다. 미래란 아직 생겨나지 않은, 나중에 생겨날 법입니다. 현재란 지금 현재 생겨나고 있는 법을 말합니다. 생겨나는 차례대로 말한다면 '이미 생겨난, 지금 생겨나고 있는, 앞으로 생겨날' 세 가지 법입니다. 과거·미래·현재라는 세 시기로 나누어 취한다면 자신의 상속에서나, 다른 이의 상속에서나, 생명 없는 것에서나, 존재하는 모든 법을 취하는 것이 됩니다.

제자들의 관찰 대상법

하지만 위빳사나 관찰을 할 때 제자들의 경우라면 자기 상속의 법만이[320] 기본이라는 사실, 다른 법들은 추론anumāna을 통해 유추해서 숙고하고 결정하기만 하면 된다는 사실 등이 『맛지마 니까야』「아누빠다숫따Anupadasutta(차례대로 경)」의 주석과 복주에 확실하게 설명돼 있습니다.[321] 따라서 자기 상속의 물질·정신 법들만 스스로의 지혜로 사실대로 알도록 관찰하면 됩니다. 자기 상속의 법들 중에서도 미래법들은 아직 생겨나지 않았습니다. 아직 존재하지 않기 때문에 그 법들을 유추해서 관찰한다 하더라도 사실대로 알 수 없습니다. 과거법들 중에서도 과거 여러 생의 법들은 유추해서 관찰하더라도 사실대로 알 수 없다는 것이 분명합니다. 현재생에서도 지난 몇 년, 몇 달, 며칠 전의 법들은 사실대로 알기가 쉽지 않습니다. 몇 시간 전의 법들조차 절대 성품인 것으로 사실대로 알도록 관찰하기 어렵습니다. 왜냐하면 일반인들은 보고 듣고 경험해서 알자마자 바로 '나다. 그다. 여자다. 남자다'라는 등으로 개념으로 집착하기 때문입니다.

320 자신에게 생겨나는 물질·정신 법을 말한다.

321 『위빳사나 수행방법론』 제1권, pp.339~356 참조.

생겨나고 있는 것만을 시작으로 관찰해야 한다

부처님께서 「밧데까랏따숫따Bhaddekarattasutta(훌륭한 하룻밤 경)」에서 "paccuppannañca yaṁ dhammaṁ, tattha tattha vipassati 생겨나고 있는 현재법만 그 법들이 생겨날 때마다 위빳사나 관찰을 한다"(M.iii.226)라고 설해 놓으신 대로 보고 있을 때, 듣고 있을 때 등[322] 현재법을 시작으로 관찰해야 합니다.[323] 그리고 「마하사띠빳타나숫따Mahāsatipaṭṭhānasutta(새김확립 긴 경)」에서 "gacchanto vā gacchāmīti pajānāti(갈 때는 '간다'라고 안다)"라는(D.ii.232) 등으로 가거나 서거나 앉거나 눕거나 하는 중에 현재법을 관찰해서 알도록 설해 놓으신 대로 생겨나고 있는 현재법을 시작으로 관찰해야 합니다.[324] 지금 이렇게 심오한 내용을 드러내어 설명하는 이유는 「아낫딸락카나숫따」 성전에서 과거를 시작으로 설해 놓으셨기 때문에 '과거법들을 시작으로 짐작하고 숙고해서 관찰해야 하는가?'라는 의심이 생겨나지 않게 하기 위해서입니다.[325]

따라서 볼 때마다, 들을 때마다, 경험해서 알 때마다, 여섯 문에서 분명하게 드러나는 물질·정신 법들을 끊임없이 관찰해야 합니다. 지금 이곳의 수행자들이 〈부푼다, 꺼진다; 앉음, 닿음〉 등으로 관찰하고 있는 것과 같습니다. 그렇게 관찰하다가 삼매와 지혜의 힘이 좋아졌을 때 배가 부푸는 것이 따로, 꺼지는 것이 따로, 새겨서 아는 것이 따로, 이렇게

322 ⓗ'~등'이라는 표현을 통해 볼 때나 들을 때뿐만 아니라 맡을 때, 먹을 때, 닿을 때, 생각할 때, 더 나아가 배가 부풀고 꺼질 때 현재 분명한 법들을 관찰해야 함을 나타낸다.

323 『위빳사나 수행방법론』 제1권, pp.298~309 참조.

324 『위빳사나 수행방법론』 제1권, pp.309~314 참조.

325 ⓗ설법의 차례에 따라 과거를 먼저 설하셨어도 관찰은 현재 분명한 법들을 관찰해야 한다는 뜻이다. 현재 분명한 법들을 관찰하면 과거와 미래는 '추론관찰'을 통해 저절로 관찰하는 일이 성취된다.

구분해서 알게 됩니다.[326] 배가 부풀 때 팽팽한 것, 뻣뻣한 것, 미는 것, 움직이는 것이 배가 꺼지는 순간까지 유지되지 않습니다. 각각 해당하는 바로 그 순간에 사라져 버리고 멈추고 끊겨 버립니다. 꺼질 때 느슨한 것, 움직이는 것도 바로 그 다음의 부푸는 순간까지 유지되지 않습니다. 각각 해당하는 바로 그 순간에 멈추고 끊겨 버립니다. 갈 때도 오른발을 뻗을 때 뻣뻣하고 움직이는 물질이 왼발을 움직일 때까지 도달하지 못합니다. 왼발을 뻗을 때의 물질도 오른발을 움직일 때까지 도달하지 못합니다. 각각 해당하는 바로 그 순간에 사라지고 없어져 버립니다. 들 때의 물질이 나갈 때까지 도달하지 못하고, 나갈 때의 물질이 내릴 때까지 도달하지 못한 채 각각 해당하는 바로 그 순간에 사라지고 없어져 버립니다. 〈굽힌다; 편다〉라고 관찰할 때도 각각 해당하는 바로 그 순간에 사라지고 없어져 버리는 것을 경험하게 됩니다. 지혜가 특별히 예리하게 생겨날 때는 하나의 굽힘, 하나의 폄 중에서도 한 곳에서 다른 곳으로 도달하지 못한 채 휙휙 다하고 없어져 버리는 것을 수행자는 경험하게 됩니다.

그래서 '오, 이전에는 관찰하지 않아서 몰랐던 것이다. 물질·정신 법들은 한 순간에서 다음 순간으로 도달하지 않고 순간도 끊임없이 생멸하고 있는 것이다'라고 이렇게도 이해해서 알게 됩니다. 그렇기 때문에 '이전에 생겼던 과거 물질은 지금 생겨나고 있는 현재까지 도달하지 못한 채 다해 버렸다. 지금 부푸는, 꺼지는, 굽히는, 펴는, 드는, 나가는, 놓는, 움직이는 물질도 다시 미래까지 도달하지 못한 채 계속 다하고 없어지고 있다. 나중에 생겨날 물질도 각각 해당하는 바로 그 순간에

326 ㉻또한 이러한 법문을 듣고 '이것은 부푸는 것이고 이것은 부푼다고 알고 관찰하는 것이다'라고 일부러 분리시키려 노력해도 안 된다. 수행이 향상됐을 때 저절로 분리돼 각자의 지혜에 드러나는 것을 뜻한다. 단지 대상에 잘 밀착시켜 관찰하기만 하면 된다.

계속해서 사라지고 없어질 것이다. 따라서 모든 물질은 무상한 것일 뿐이다. 순간도 끊임없이 생멸하고 있기 때문에 괴로움일 뿐이다. 자신이 바라는 대로 되지 않고 각각의 조건에 따라 생멸하고 있기 때문에 자아가 아닌 성품법일 뿐이다'라고 스스로의 지혜로 수행자는 압니다. 그렇게 아는 것을 염두에 두고 "netaṁ mama 이것은 나의 것이 아니다"라는 등으로 관찰하여 볼 수 있도록 노력해야 한다고 설하신 것입니다.

'나의 것이 아니다'와 무아라고 관찰하는 모습의 관계

그렇게 관찰하는 모습을 드러낸 구절에 따라 "netaṁ mama 이것은 나의 것이 아니다"라는 등으로 되뇌면서 관찰해야 하는지 질문할 수 있습니다. 그렇게 관찰해야 하는 것이 아닙니다.[327] 부처님께서 그 구절을 설하신 것은 무상과 괴로움과 무아의 성품을 관찰해서 사실대로 알도록 하기 위해서입니다. 무상 등의 성품을 알면 "netaṁ mama 이것은 나의 것이 아니다"라는 등으로 안다고 할 수 있습니다. 이것은 부처님 당시에 사용됐던 특별한 빠알리어 표현일 뿐입니다. 그래서 『상윳따 니까야』「찬나숫따Channasutta(찬나 경)」에서 "etaṁ mama, esohamasmi, eso me attāti samanupassasi '이것은 나의 것이다. 이것은 나다. 이것은 나의 자아다'라고 관찰하여 보는가?"라는 부처님의 질문에 "'netaṁ mama, nesohamasmi, na meso attā'ti samanupassāmi '이것은 나의 것이 아니다. 이것은 나가 아니다. 이것은 나의 자아가 아니다'라고 관찰하여 봅니다"라고 찬나Channa 존자가 대답한 것입니다.(S.ii.283) 그 대답

327 ㊥어떤 스승은 "물질·정신, 무상·고·무아"라고 외우면서 위빳사나 수행을 하도록 지도한다. 그렇게 관찰하고 있는 수행자에게 "어떤 물질과 정신을 관찰합니까?"라고 물으면 제대로 답을 하지 못한다. 그렇게 관찰해서는 진짜 위빳사나 지혜가 생겨나지 않는다.

구절에 대해 주석서에서는 "(netaṁ mama, nesohamasmi, na meso attāti samanupassāmīti) aniccaṁ dukkhaṁ anattāti samanupassāmi ("'이것은 나의 것이 아니다. 이것은 나가 아니다. 이것은 나의 자아가 아니다'라고 관찰하여 봅니다"라는 구절은) 무상하다고, 괴로움이라고, 무아라고 관찰하여 본다"라는 의미를 말한다고 설명해 놓았습니다.(SA.iii.17)

여기서 "netaṁ mama 이것은 나의 것이 아니다"라고 알고 보는 것은 순간도 끊임없이 생멸하고 있기 때문에 좋아할 만한 점, 의지할 만한 점이 없는 괴로움일 뿐이라고 알고 보는 것과 동일합니다. "nesohamasmi 이것은 나가 아니다"라고 알고 보는 것은 무상하다고 알고 보는 것과 동일합니다. "na meso attā 이것은 나의 자아가 아니다"라고 알고 보는 것은 무아라고 알고 보는 것과 말 그대로 일치합니다. 여섯 문에서 물질과 정신이 생겨날 때마다 그 물질과 정신을 관찰하지 못해 항상하다고 생각하면 '이것은 나다'라고 생각해서 자만으로 우쭐거립니다. '눈 한 번 깜빡하는 순간조차 유지되지 않고 지속되지 않는다. 무상한 것들일 뿐이다'라고 사실대로 보면 그렇게 자만으로 우쭐거릴 수 없습니다. '무아라고 알지 못하면 자아집착이 생겨난다. 무아라고 알면 자아집착이 생겨나지 못한다'라는 것은 이미 분명합니다. 특별히 설명할 필요가 없습니다.

생겨날 때 등에 관찰하지 못하는 일반인들이라면 '볼 때의 물질이 들을 때까지 도달한다. 들을 때의 물질도 볼 때 등에 도달한다. 항상하고 그대로이다. 바로 내가 본다. 내가 듣는다. 내가 닿는다'라는 등으로 생각합니다. 그래서 '과거의 물질, 바로 그것이 현재까지 도달한다. 현재의 물질도 미래에 도달할 것이다'라는 등으로 생각합니다. 이것은 물질을 항상한 것으로 생각하고 집착하는 것입니다. 끊임없이 관찰하고 있는 수행자라면 '볼 때의 물질은 보는 그 순간에 사라져 버린다. 들을 때 등에 도달하지 못한다. 들을 때의 물질도 듣는 그 순간에 사라져 버린다. 볼 때 등에 도달하지 못한다. 볼 때마다, 들을 때마다, 닿을 때마다, 알 때마다 계속해서 새로운 것일 뿐이다'라고 알고 보고 이해합니다. 이것은 무상한 성품을 사실대로 아는 것입니다. 그렇게 계속 알기 때문에 '과거의 물질은 바로 그 과거 순간에 소멸해 버렸다. 지금 현재에 도달하지 못한다'라고 알게 됩니다. '지금 생겨나고 있는 물질도 지금 관찰하고 새기는 바로 그 순간에 소멸해 버린다. 미래까지 도달하지 못한다'라고 알게 됩니다. 그래서 '눈 한 번 깜빡하는 순간조차 유지되지 못하는 무상한 법일 뿐이다'라고 알게 됩니다. 그렇게 알기 때문에 나의 것이라는 갈애집착도 더 이상 생겨날 기회가 없습니다. '나다'라고 어떤 덕목을 취해서 우쭐거릴 일도 없기 때문에 자만집착도 더 이상 생겨날 기회가 없습니다. 나의 자아라는 사견집착도 더 이상 생겨날 기회가 없습니다. 그렇게 부처님께서는 이미 수다원이었던 오비구에게 갈애집착과 자만집착이 사라지게 관찰하도록, 그리고 범부들에게는 사견집착도 사라지게 관찰하도록 지도하신 것입니다.

수다원에게 무아라고 관찰하도록 지도하신 이유

여기에서 "수다원이 된 오비구에게 설하신 법문 중에 'na meso attā 이것은 나의 자아가 아니다'라고 자아집착을 제거하도록 설하신 것은 무엇 때문인가?"라고 생각할 여지가 있습니다. 왜냐하면 수다원에게는 자아라고 집착하는 견해의 전도diṭṭhivipallāsa가 없는 것은 물론이고 인식의 전도saññāvipallāsa와 마음의 전도cittavipallāsa도[328]

328 『아비담마 강설 1』 pp.95~100 참조.

없다는 사실을 『위숫디막가』에서 언급했기 때문입니다.(Vis.ii.326)[329] 그래서 "수다원에게는 자아집착과 관련해서 세 가지 전도가 이미 모두 없는데 어떠한 집착을 제거하도록 무아라고 관찰해야 하는가?"라고 생각할 여지가 있습니다. 이 법문집의 제1강에서 자아집착과 비슷한 '나라는 자만asmimāna'을 제거하도록 오비구에게 「아낫딸락카나숫따」 가르침을 설하셨다는 사실을 설명했습니다.[330] 하지만 여기서는 '나라는 자만'을 제거하도록 "nesohamasmi 이것은 나가 아니다"라고 관찰하도록 따로 언급하셨기 때문에 "na meso attā 이것은 나의 자아가 아니다"라는 구절은 "'nesohamasmi 이것은 나가 아니다'라고 관찰하도록 설하신 것이다"라고 말할 수 없습니다. 그래서 어떠한 집착을 제거하도록 무아라고 관찰하라고 언급하셨는지 생각할 여지가 있습니다.

이 점을 확실하게 대답하기란 쉽지 않습니다. 그래서 세 가지 방법으로 분석해서 대답해 보겠습니다.

첫 번째 방법으로는 「실라완따숫따Sīlavantasutta(계 구족경)」에서 아라한도 무아라고 관찰해야 한다는 내용에 따라 설명할 수 있습니다.(S.ii.137)[331] 수다원은 자아집착을 제거할 필요가 없지만 윗단계의 여러 도와 과를 얻기 위해 아라한이 관찰하는 모습과 마찬가지로 관찰해야 한다고 생각할 수 있습니다.

---

329 모든 견해의 전도와 자아라는 인식의 전도와 마음의 전도, 항상하다는 인식의 전도와 마음의 전도는 수다원도가 제거한다. 깨끗하다는 인식의 전도와 마음의 전도는 아나함도가 제거한다. 행복하다는 인식의 전도와 마음의 전도는 아라한도가 제거한다. 『청정도론』 제3권, pp.372~373; 『위빳사나 수행방법론』 제2권, p.420 참조.

330 본서 pp.70~71 참조.

331 ㉯㉰『*Sīlavantathouk tayato*(계 구족경 법문)』, p.470.

두 번째 방법으로는 본승의 『실라완따숫따 법문』에서 설명한 그대로 취하면 됩니다. 수다원에게 항상하다고, 자아라고 집착하는 사견의 전도가 완전히 없다는 사실은 의심할 여지가 없습니다. 하지만 자아라고 집착하는 인식의 전도나 마음의 전도가 사라진 모습은 "일부러 생각하거나 숙고해 볼 때라든지, 관찰을 하고 있을 때는 범부였을 때처럼 항상한 것으로, 자아인 것으로 잘못 아는 것, 잘못 인식하는 것이 없다"라고만 의미를 취해야 할 것입니다.[332] 그렇게 의미를 취하지 않고 "수다원이 관찰하지도 않고 숙고하지도 않고서 보통으로 지낼 때도 항상 보는 것, 듣는 것 등을 '항상하지 않다. 성품법일 뿐이다'라고 생각한다"라는 의미로 취한다면 아라한과 동일한 경지가 돼 버립니다. 그렇게 의미를 취하면 자만이 생겨날 여지도 없습니다. 여자로, 또는 남자로 생각해서 좋아하거나 애착하는 집착이 생겨날 여지도 없습니다. 수다원이 (관찰하지도 않고 숙고하지도 않고서) 보통으로 지낼 때는 자아라는 마음의 전도, 인식의 전도가 생겨날 수 있습니다.[333] 그렇게 생겨

332 ⓗ한 수행자가 마하시 사야도께 "큰스님, 제가 이곳에 와서 수행하기 전에는 '나'에 관해 숙고하면 그때마다 '나'라는 것이 분명했습니다. 하지만 이곳에 와서 수행하고 난 뒤에는 나라는 것을 찾으려 해도 찾을 수가 없습니다. 물질과 정신인 것으로만 드러납니다"라고 보고했다고 한다. 범부들은 '나'에 관해 숙고하면 할수록 '나'가 더욱 강하게 드러나고 성자들은 '나'에 관해 숙고하면 할수록 무아라고만 드러난다고 한다.

333 ⓗ이 내용과 관련해 주의할 내용이 있다. 수다원에게는 존재더미사견, 의심, 행실의례집착, 질투, 인색 등의 불선법이 완전히 제거됐다. 또한 사악도에 태어나게 할 정도로 매우 거친 탐욕, 성냄, 어리석음도 제거됐다. 하지만 그보다 거칠지 않은 탐욕이나 성냄은 아직 남아있다. 그래서 수다원이라 하더라도 좋아할 만한 대상에 대해서 어느 정도의 탐욕, 예를 들면 결혼까지 할 정도의 탐욕이 생겨날 수 있다. 성냄도 다른 사람을 죽이거나 때리는 정도는 아니지만 어느 정도 성냄이 생겨날 수 있다. 그런데 그렇게 어느 정도의 탐욕이나 성냄을 일으키는 수다원을 보고 그가 수다원이라고 알았든지 몰랐든지 '저 사람은 탐욕도 일으키고 성냄도 일으킨다. 저 사람이 어떻게 수다원인가? 수다원이 아니다'라고 말하거나, 심지어 생각만 하더라도 성자비방업이라는 큰 허물이 생겨나게 된다. 성자비방업은 천상에 태어나는 것도 방해하고 도를 얻는 것도 방해한다. 그러한 허물을 범하지 않도록 주의해야 한다. 『아비담마 강설』 제1권, p.316 참조.

날 수 있는 마음의 전도, 인식의 전도를 제거하도록 수다원인 오비구에게 무아라고 관찰하도록 가르치신 것이라고 생각할 수 있습니다.[334]

세 번째 방법은 아나함이었던 케마까Khemaka 존자의 대답을 근거로 설명할 수 있습니다. 케마까 존자는 「실라완따숫따」에서 다음과 같이 대답했습니다.

"저는 물질도 '나다asmi'라고 집착하거나 말하지 않습니다. 느낌이나 인식이나 형성들이나 의식 중 어느 하나도 '나다'라고 집착하거나 말하지 않습니다. 하지만 그 물질·느낌·인식·형성들·의식이라는 다섯 무더기를 보통으로 집착하고 의지해서 '나다'라고 생각하고 아는 것은 아직 사라지지 않았습니다."(S.ii.105)[335]

이 대답처럼 수다원에게 물질 등 하나씩을 집착하고 의지해서 '나다'라고 집착하는 자아집착은 없을지라도 다섯 무더기 전체를 집착해서 여자 또는 남자 등으로 생각하고 아는 것은 아직 사라지지 않았습니다. 바로 그렇기 때문에 결혼을 할 정도로 감각욕망애착kāmarāga 번뇌가 여전히 생겨나는 것입니다.[336] 그래서 보통으로 생각하고 아는 정도까지 제거할 수 있도록 오비구에게 무아라고 관찰하도록 설하셨다고 그 의미를 취하면 됩니다. 이 대답 방법은 수다원에게는 자아라는 인식의 전도와 마음의 전도가 없다고 설명해 놓은 주석서에도 어긋나지 않습니다.

---

334 ㊵㊯『*Sīlavantathouk tayato*(계 구족경 법문)』, p.330.

335 ㊵㊯『*Sīlavantathouk tayato*(계 구족경 법문)』, p.321.

336 ㊀부처님 당시 위사카 부인은 7세에 수다원이 된 뒤 16세에 결혼해서 자식 20명, 손자 400명, 증손자 8천 명과 함께 인간의 행복을 누린 뒤 화락천에 태어났고 그곳에서 차례대로 행복을 누리다가 완전열반에 든다고 한다. 그러나 아나함이 되면 모든 감각욕망이 끊어지기 때문에 결혼을 하지도 않고, 이미 결혼한 경우라면 부부의 관계를 유지하지 못한다.

물질을 세 시기로 관찰하는 모습

성전에서 설하신 과거와 미래와 현재 물질들을 무상 등으로 관찰하는 모습을 설명하겠습니다. 수행자가 관찰하고 새기면서 부푸는 물질이나 꺼지는 물질 등이 각각의 순간마다 사라져 버리기 때문에 무상하고 괴로움이고 무아일 뿐이라고 아는 모습은 앞에서 이미 설명했습니다. 그렇게 관찰하면서 계속 알고 있는 수행자는 '이전에 생겨났던 물질이 지금 현재까지 도달하지 못하고, 현재 생겨나고 있는 물질도 나중의 미래까지 도달하지 못한다. 각각의 순간에 사라져 버리기 때문에 항상하지 않다. 항상하지 않기 때문에 괴로움이다. 자아가 아닌 성품법일 뿐이다'라고 스스로의 지혜로 결정할 수 있습니다. 그렇게 명상하고 숙고하는 모습, 결정하는 모습을 『위숫디막가』에서 설명해 놓은 대로 독송합시다. 독송하면서 지혜로 숙고해 보아야 합니다.

| 1-1 |

과거 생의 물질은 바로 그 과거 생에서 다하고 소멸한다.[337] 현재 생에 도달하지 못한 채 다하고 소멸하기 때문에 무상하다. (무상하기 때문에 좋아하고 의지할 만한 것이 아니다.)[338] 빠르게 다하고 소멸해서 두려워할 만하기 때문에 괴로움일 뿐이다. 주인-거주자-행위자-감수자라고 여길 만한 자아나 실체가 없기 때문에 무아의 성품법일 뿐이다.

337 저본에서는 과거와 관련된 동사를 과거형으로 표현했으나 게송의 형태로 보고 현재형으로 표현했다. 나머지도 마찬가지다.

338 뒤에 나오는 느낌에 대한 표현에서 보충했다. 본서 p.339 참조.

| 2-1 |

현재 생의 물질도 바로 이 현재 생에서 다하고 소멸한다.[339] 미래 생에 도달하지 못한 채 다하고 소멸하기 때문에 무상하다. 빠르게 다하고 소멸하여 두려워할 만하기 때문에 괴로움일 뿐이다. 주인-거주자-행위자-감수자라고 여길 만한 자아나 실체가 없기 때문에 무아의 성품법일 뿐이다.

| 3-1 |

미래 생의 물질도 바로 그 태어날 미래 생에서 다하고 소멸한다.[340] 그 다음 생에 도달하지 못한 채 다하고 소멸하기 때문에 무상하다. 빠르게 다하고 소멸해서 두려워할 만하기 때문에 괴로움일 뿐이다. 주인-거주자-행위자-감수자라고 여길 만한 자아나 실체가 없기 때문에 무아의 성품법일 뿐이다.

이것은 대략적으로 생을 통해 명상하고 숙고하는 모습입니다. 이제 관찰하면서 명상하고 숙고하는 모습을 독송합시다.

| 1-2 |

방금 부푼 물질은 지금 꺼지고 있는 순간에 도달하지 못한다. 방금 꺼진 물질은 지금 부풀고 있는 순간에 도달하

339 저본에서는 현재와 관련된 동사를 미래형으로 표현했으나 게송의 형태로 보고 현재형으로 표현했다. 나머지도 마찬가지다.

340 저본에서는 미래와 관련된 동사를 미래형으로 표현했으나 게송의 형태로 보고 현재형으로 표현했다. 나머지도 마찬가지다.

지 못한다. 부푸는 때, 꺼지는 때, 바로 그 순간에 다하고 소멸하기 때문에 무상하다. 무상하기 때문에 괴로움이다. 마음대로 할 수 없기 때문에 무아의 성품법일 뿐이다.

방금 볼 때, 들을 때 등에 생겨난 물질은 지금 보고 있을 때, 듣고 있을 때 등에 도달하지 못한다. 바로 그 순간에 다하고 소멸하기 때문에 무상하다. 무상하기 때문에 괴로움이다. 마음대로 할 수 없기 때문에 무아의 성품법일 뿐이다.

| 2-2 |

지금 부푸는 물질은 그 다음에 꺼지는 순간까지 도달하지 못한다. 지금 꺼지는 물질은 다음 부푸는 순간에 도달하지 못한다. 지금 부풀고 꺼지는 바로 그 순간에 다하고 소멸하기 때문에 무상하다. 무상하기 때문에 괴로움이다. 마음대로 할 수 없기 때문에 무아의 성품법일 뿐이다.

지금 볼 때, 들을 때 등에 생겨난 물질은 다음에 다시 볼 때, 들을 때 등에 도달하지 못한다. 지금 보고 듣는 그 순간에 다하고 소멸하기 때문에 무상하다. 무상하기 때문에 괴로움이다. 마음대로 할 수 없기 때문에 무아의 성품법일 뿐이다.

| 3-2 |

나중에 부풀고 꺼지는 물질은 그 다음에 꺼지고 부푸는 순간에 도달하지 못한다. 바로 그 순간에 다하고 소멸하기 때문에 무상하다. 무상하기 때문에 괴로움이다. 마음대로 할 수 없기 때문에 무아의 성품법일 뿐이다.

(나중에 볼 때, 들을 때 등에 생겨난 물질은 그 다음에 다시 볼 때, 들을 때 등에 도달하지 못한다. 보고 듣는 그 순간에 다하고 소멸하기 때문에 무상하다. 무상하기 때문에 괴로움이다. 마음대로 할 수 없기 때문에 무아의 성품법일 뿐이다.)[341]

이것은 관찰하는 중에 드러나는, 과거와 현재와 미래의 물질을 구체적으로 명상하고 숙고하는 모습입니다.[342] 현재 물질을 직접 경험해서 과거나 미래 물질을 추론anumāna으로 명상하고 숙고하는 모습도 있습니다. 이 내용도 독송합시다.

현재 관찰하고 있는 동안에 다하고 사라지고 소멸하기 때문에 무상한 부푸는 물질, 꺼지는 물질, 굽히는 물질, 펴는 물질, 드는 물질, 뻗는 물질, 내리는 물질, 보이는 물질, 들리는 물질 등과 마찬가지로 과거의 부푸는 물질, 꺼지는 물질, 굽히고 펴는 물질 등도 바로 그 각각의 순간에 다하고 사라지고 소멸하기 때문에 무상하고 괴로움이고 무아인 성품법일 뿐이다. 나중에 생겨날 부풀고 꺼지는 물질 등도 바로 그 각각의 순간에 다하고 사라지고 소멸하기 때문에 무상하고 괴로움이고 무아인 성품법일 뿐이다.

341 괄호의 내용은 원문에 없어 첨가했다.

342 저본에는 "이것은 관찰하는 중에 드러나는 과거와 현재와 미래의 물질을 구체적으로 드러내는 숙고 모습입니다"라고 표현됐다.

자신 상속의 물질이 계속 사라져 버리는 모습을 직접 경험하고 알고 나서 타인 상속의 물질이나 온 세상의 물질도 추론으로 명상하고 숙고하는 모습도 있습니다. 이 내용도 독송합시다.

> 현재 관찰하고 있는 동안에 다하고 사라지고 소멸해 버리는 자신 상속의 물질과 마찬가지로 타인 상속이나 온 세상의 물질도 순간도 끊임없이 다하고 사라지고 소멸하기 때문에 무상하고 괴로움이고 무아인 성품법일 뿐이다.

이 정도면 세 시기와 관련해서 명상하고 숙고하는 모습을 이해했을 것입니다. 이제 내부와 외부 물질 등에 대한 내용을 설명하겠습니다.

물질을 내부와 외부로 관찰하는 모습

일반인들은 침을 뱉을 때, 대·소변을 볼 때 자신 내부의 물질이 외부로 나간다고 생각합니다. 음식을 먹을 때나 숨을 들이쉴 때도 외부의 물질이 내부로 들어온다고 생각합니다. 사실은 그렇지 않습니다. 물질은 각각 생겨나는 순간, 생겨나는 곳에서 다하고 사라져 버립니다. 다시 새롭게 생겨나는 물질은 새로운 곳에서 분명하게 생겨납니다. 관찰하는 수행자들은 그렇게 각각의 장소에서 다하고 사라지는 모습을 분명히 경험하게 됩니다.

경험하는 모습은 다음과 같습니다. 새김이나 삼매, 지혜가 매우 좋을 때는 〈부푼다, 꺼진다〉 등으로 관찰하다가 날숨이 가슴이나 목구멍이나 콧구멍에서 단계적으로 끊어져 나가는 것도 경험합니다. 들숨도 단계적으로 끊어져 들어오는 것, 부딪혀 들어오는 것을 경험합니다. 담배를 피우는 수행자라면 담배연기를 마시고 뱉을 때마다 부분부분 부딪히면서 들어오는 것, 나가는 것을 경험합니다. 물 등을 마실 때도 입이나 목구멍에 한 부분씩 부딪히면서 들어오는 것을 경험합니다.

그래서 '내부의 물질은 외부에 도달하지 못한다. 외부의 물질도 내부에 도달하지 못한다. 각각 생겨나는 장소, 생겨나는 순간에 다하고 소멸해 버리기 때문에 무상하다. 괴로움이다. 무아다'라고 알게 됩니다. 그렇게 알고서 명상하고 숙고하는 모습을 독송합시다.

| 4 / 5 |

자신 내부의 물질은 외부에 도달하지 않는다. 외부의 물질도 자신의 내부에 도달하지 않는다. 각각 생겨나는 장소인 내부와 외부에서만 다하고 소멸하기 때문에 무상하다. 괴로움이다. 무아인 성품법일 뿐이다.

물질을 거칠고 미세한 것으로 관찰하는 모습

일반인들은 아이였을 때 여린 물질, 바로 그것이 어른의 물질이 된다고 생각합니다. 건강해서 가벼운 물질, 바로 그것이 건강하지 않아 무겁고 거친 물질이 된다고 생각합니다. 건강하지 않아 무겁고 거친 물질, 바로 그것이 건강해서 가벼운 물질이 된다고 생각합니다.

하지만 끊임없이 관찰하고 있는 수행자라면 자신에게 생겨나는 감촉 물질이 한 부분씩 끊어져 다해 버리는 것을 경험합니다. 그렇게 경험하기 때문에 '거친 감촉 물질이 미세한 감촉 물질로 되는 것이 아니다. 미세한 감촉 물질이 거친 감촉 물질로 되는 것도 아니다. 뜨겁고 차가운 거친 감촉 물질이 차갑고 미지근한 미세한 감촉 물질로 되는 것도 아니다. 차갑고 미지근한 미세한 감촉 물질이 뜨겁고 차가운 거친 감촉 물질로 되는 것도 아니다. 팽팽하고 움직이는 거친 물질이 고요하고 미세한 물질이 되는 것도 아니다. 고요하고 미세한 물질이 팽팽하고 움직이는 거친 물질이 되는 것도 아니다. 각각의 바로 그 순간에 사라져 버리기 때문에 무상하다. 괴로움이다. 무아다'라고 알고 보고 이해하게 됩니다. 그렇게 알고서 명상하고 숙고하는 모습을 독송합시다.

| 6 / 7 |

자신의 거친 물질이 미세한 물질이 되지 않는다. 미세한 물질도 거친 물질이 되지 않는다. 각각의 순간에 다하고 소멸하기 때문에 무상하다. 괴로움이다. 무아인 성품법일 뿐이다.

물질을 저열하고 수승한 것으로 관찰하는 모습

일반인들은 건강하지 않을 때의 저열한 물질, 바로 그것이 건강할 때의 수승한 물질이 된다고 생각합니다. 건강할 때의 수승한 물질, 바로 그것이 건강하지 않을 때의 저열한 물질이 된다고 생각합니다. 젊고 활기찬 물질, 바로 그것이 늙고 힘없는 물질이 된다고 생각합니다.

반대로 물질과 정신이 생겨날 때마다 끊임없이 관찰하고 있는 수행자는 분명하게 드러나는 물질을 관찰하는 중에 다하고 소멸해 버리는 것을 경험하기 때문에 '저열한 물질은 수승한 물질이 되지 않는다. 수승한 물질도 저열한 물질이 되지 않는다. 각각의 바로 그 순간에 사라져 버리기 때문에 무상하다. 괴로움이다. 무아다'라고 알고 보고 이해하게 됩니다. 그렇게 알고서 명상하고 숙고하는 모습을 독송합시다.

|8/9|

자신의 저열한 물질이 수승한 물질이 되지 않는다. 수승한 물질도 저열한 물질이 되지 않는다. 각각의 순간에 다하고 소멸하기 때문에 무상하다. 괴로움이다. 무아인 성품법일 뿐이다.

물질을 멀고 가까운 것으로 관찰하는 모습

일반인들은 한 사람이 멀리서 가까이 다가오면 바로 그 사람의 물질이 멀리서 가까이에 도달한다고 생각합니다. 근처의 사람이 멀리 떠나 버렸을 때도 바로 그 사람의 물질이 자신의 근처에서 멀어졌다고 생각합니다.

물질과 정신이 생겨날 때마다 끊임없이 관찰하고 있는 수행자는 팔다리를 펼 때 〈편다, 편다〉라고 관찰하면서 한 곳에서 다른 곳으로 도달하지 못한 채 휙휙 다하고 사라지는 것을 경험합니다. 팔다리를 굽힐 때도 〈굽힌다, 굽힌다〉라고 관찰하면서 한 곳에서 다른 곳으로 도달하지 못한 채 휙휙 다하고 사라지는 것을 경험합니다. 그렇게 경험하기 때문에 '가까운 물질이 멀리 가는 것이 아니다. 먼 물질이 가깝게 다가오는 것도 아니다. 각각의 바로 그 순간에 사라져 버리기 때문에 무상하다. 괴로움이다. 무아다'라고 알고 보고 이해하게 됩니다.

또한 멀리서 다가오는 사람을 볼 때 〈본다, 본다〉라고 관찰하면서 한 부분씩 계속해서 끊어지고 사라져 버리는 것을 경험합니다. 근처에서 떠나가는 사람을 볼 때도 〈본다, 본다〉라고 관찰하면서 한 부분씩 계속해서 끊어지고 사라져 버리는 것을 경험합니다. 그렇게 경험하기 때문에 '먼 물질이 가깝게 다가오는 것이 아니다. 가까운 물질이 멀리 가는 것도 아니다. 이전의 여러 물질이 계속 사라져 버리고 새로운 물질들이 계속 생겨나는 것, 바로 그것을 두고 멀리서 사람이 다가왔다고, 근처의 사람이 멀리 떠나간다고 말하는 것일 뿐이다'라고 이해합니다. 그렇게 보는 것과 관련해서 분명하게 구분해서 아는 모습은 무너짐의 지혜bhaṅga ñāṇa에도 도달했고, 지혜도 특히 예리한 수행자에게만[343] 관련된 내용입니다. 지혜가 예리하지 않은 수행자는 이 정도로 분명하게 알기 어렵습니다.

또한 〈든다, 간다, 놓는다〉라고 관찰하면서 경행하는 경우, 드는 것이 한 부분, 가는 것이 한 부분, 놓는 것이 한 부분, 이렇게 끊어져서 드러납니다. 지혜가 특별히 성숙됐을 때는 다리나 몸을 움직일 때마다 계속해서 휙휙 사라지고 끊어지는 것도 경험합니다. 그렇게 경험하기 때문에 '물질은 한 곳에서 다른 곳으로 이동하지 않는다. 각각 생겨나는 바로 그곳에서 계속 사라져 버린다'라는 것을 알고 보고 이해합니다. 이것은 "절대 성품은 다른 곳으로 이동하는 일이 없다. 각각 생겨난 바로 그곳에서 사라져 버린다"라고 설명해 놓은 여러 복주서 내용과 일치하게, 매우 정확하게 아는 것입니다. 그렇게 알기 때문에 '먼 물질이 가깝게 다가오는 것이 아니다. 가까운 물질이 멀리 가는 것도 아

343 같은 무너짐의 지혜 단계라도 원래 지혜가 예리한 수행자라야 보는 것과 관련해서 이렇게 분명하게 알 수 있다는 뜻이다.

니다. 각각의 바로 그 생겨나는 장소, 생겨나는 곳에서 다하고 사라져 버리기 때문에 무상하다. 괴로움이다. 무아다'라고 알고 보고 이해하게 됩니다. 그렇게 알고서 명상하고 숙고하는 모습을 독송합시다.

> | 10 / 11 |
>
> 먼 물질이 가까운 곳에 도달하지 않는다. 가까운 물질도 먼 곳에 도달하지 않는다. 각각 생겨나는 바로 그 장소에서 다하고 소멸하기 때문에 무상하다. 괴로움이다. 무아인 성품법일 뿐이다.

지금까지 설명한 것은 부처님께서 11가지 방법으로 분석해서 보여 놓으신, 물질을 "netaṁ mama 이것은 나의 것이 아니다"라는 등으로 관찰하고 숙고하는 모습입니다. 그 성전의 간략한 해석을 다시 한 번 독송합시다.

> 비구들이여, 지금 설명한 대로 '나의 것이다. 나다. 나의 자아다'라고 보기에 타당하지 않기 때문에 과거든 미래든 현재든, 내부든 외부든, 거칠든 미세하든, 저열하든 수승하든, 멀든 가깝든, 그 모든 물질을 '나의 것이 아니다. 나가 아니다. 나의 자아가 아니다'라고 스스로의 지혜로 바르게 알도록 관찰해야 한다, 노력해야 한다.

법문을 마치겠습니다.

「아낫딸락카나숫따」 가르침을
정성스럽게 들은 청법선업 의도의 공덕으로
자신의 상속에 생겨나는 물질과 정신을 관찰하고 새겨
무상특성, 괴로움특성과 함께 무아특성을 잘 알고 보아
각자 원하는 열반을
도와 과의 지혜로 빠르게 실현하기를.

사두, 사두, 사두.

『아낫딸락카나숫따 법문』 제6강이 끝났다.

제6강 역자 보충설명

제석천왕의 갈애집착

본서 p.304에 갈애집착에 대한 내용이 나옵니다. 이와 관련해서 제석천왕Sakka의 일화를 소개하겠습니다.

아누룻다Anuruddha 존자의 여동생인 로히니Rohini 공주는 심한 피부병으로 고생하다가 아누룻다 존자의 권유로 정사를 보시해서 피부병이 다 나았습니다. 그리고 죽은 뒤에 매우 아름다운 천녀로 태어났습니다. 보통 천녀들은 어떤 천궁 안에 태어나면 그곳에 속하기 마련인데 로히니 천녀는 네 개의 천궁 한가운데, 다시 말해 자신을 중심으로 사방으로 네 개의 천궁이 똑같은 거리에 있는 곳에 태어났습니다. 그러자 네 개의 천궁의 천자들은 로히니 천녀를 자기의 천녀라고 주장했습니다. 네 개의 천궁과 거리도 같고 얼굴을 어디로도 향하지 않았기 때문에 결정하기 힘들었습니다. 그래서 제석천왕을 찾아가 결정해 달라고 부탁했습니다. 그러나 제석천왕Sakka도 로히니 천녀를 보자마자 그녀를 갖고 싶은 욕망이 강하게 일어났습니다. 그래서 그는 로히니 천녀를 보았을 때 각자 어떤 마음이 들었는지 말해보라고 했습니다. 첫 번째 천자는 "로히니 천녀를 보았을 때 제 심장은 마치 전쟁 중에 둥둥 울리는 북소리처럼 멈추지 않고 계속 뛰었습니다"라고 대답했습니다. 두 번째 천자는 "마치 높은 산에서 떨어져 내리는 폭포수처럼 제 마음이 로히니 천녀를 향해 계속 떨어져 내렸습니다"라고 대답했습니다. 세 번째 천자는 "저는 로히니 천녀를 보자마자 마치 새우처럼 눈이 튀어나올 것 같았습니다"라고 대답했습니다. 네 번째 천자는 "마치 탑 위에 펄럭이는 깃발처럼 제 마음이 요동쳤습니다"라고 대답했습니다. 그러자 제석천왕이 "로히니 천녀에 대한 그대들의 애정은 매우 강하오. 하지만 그 정도의 애정은 참고자 한다면 참을 수 있을 것 같소. 그러나 나는 로히니 천녀를 얻지 못하면 죽을 것 같소"라고 말했습니다. 그래서 네 명의 천자는 제석천왕에게 천녀를 바치고 되돌아갔습니다.(Dhp.221 일화)

아누룻다 존자의 자만집착

본서 p.305에 자만집착에 대한 내용이 나옵니다. 이와 관련해서 아누룻다 존자의 일화를 소개하겠습니다.

아누룻다 존자는 사꺄족 왕족 출신으로 출가해서 첫 번째 안거 중에 사마타 수행을 통해 천안통까지 얻었습니다. 하지만 모든 번뇌가 다하지 않아 사리뿟따 존자에게 가서 "저는 천 개의 우주와 천 대겁을 한꺼번에 즉시 대상으로 할 수 있는 천안통을 가지고 있습니다. 제 삼매는 매우 좋습니다. 그런데도 왜 모든 번뇌가 다하지 않습니까?"라고 질문했습니다. 사리뿟따 존자는 "'천 개의 우주, 일천 대겁을 즉시 알고 본다'라는 것이 바로 그대에게 아직 자만이 남아 있다는 것입니다. 그 자만도 빨리 관찰해서 제거하십시오. '내 삼매도 매우 좋다'라는 것도 미세한 들뜸입니다. 그 들뜸도 관찰해서 제거하십시오. '왜 모든 번뇌가 다하지 않는가'라는 것은 후회가 생겨난 것입니다. 그 후회도 빨리 관찰해서 제거하십시오"라고 조언해 주었습니다. 그 가르침대로 수행해서 아누룻다 존자는 아라한이 됐습니다.(A3:128)

제7강

1963년 음력 7월 보름, 23일

(1963.08.04, 08.12)

제6강에서 「아낫딸락카나숫따」 중 부처님께서 물질을 과거 등 11가지로 분석해서 무상과 괴로움과 무아라고 관찰하도록 가르치신 내용까지 설명했습니다. 이제 느낌을 11가지로 분석해서 관찰하는 모습을 설명하겠습니다.

느낌을 관찰하는 모습

12 Yā kāci vedanā atītānāgatapaccuppannā, ajjhattaṁ[344] vā bahiddhā vā oḷārikā[345] vā sukhumā vā hīnā vā paṇītā vā yā dūre santike vā, sabbā vedanā - 'netaṁ mama, nesohamasmi, na meso attā'ti evametaṁ yathābhūtaṁ sammappaññāya daṭṭhabbaṁ. (S.ii.56)

대 역

Atītānāgatapaccuppannā과거와 미래와 현재인 yā kāci vedanā어떤 모든 느낌이 《atthi》있는데, ajjhattaṁ vā내부든; 자신 안의 느낌이든 bahiddhā vā외부든; 자신 밖의 느낌이든, oḷārikā vā거칠든; 거친 느낌이든 sukhumā vā미세하든; 미세한 느낌이든, hīnā vā저열하든; 저열한 느낌이든 paṇītā vā수승하든; 수승한 느낌이든, dūre

344 저본의 표현을 따랐다. 다른 경전들에도 이렇게 표현했다.(M.iii.67 등) Vbh.2에는 여성 명사를 수식하는 형용사 표기(-ā)로 통일됐다.

345 저본의 이 단락에서 "oḷārikā"라고 여성 명사를 수식하는 형용사 표기(-ā)로 표현한 뒤 부록에서는 다시 "oḷārikaṃ"이라고 표현했다. 저본에서 표현이 통일되지 않아 Vbh.2의 표현을 따랐다. 다른 경전들에서도 이렇게 표현했다.(M.iii.67 등)

vā멀든; 멀리 있는 느낌이든 santike vā가깝든; 가까이 있는 느낌이든 yā어떤 느낌이 《atthi》있는데 sabbā 《sā》 vedanā그 모든 느낌을 'netaṁ mama이것은 나의 것이 아니다. nesohamasmi이것은 나가 아니다. na meso attāti 이것은 나의 자아가 아니다'라고 evaṁ이와 같이 etaṁ이것을; 항상하지 않고 괴로움이고 변하고 무너지기 마련인 이 느낌을 yathābhūtaṁ있는 그대로; 사실대로 바르게 sammappaññāya바른 통찰지를 통해; 바르게 아는 위빳사나 통찰지, 성스러운 도 통찰지를 통해 daṭṭhabbaṁ보아야 한다; 관찰하여 보아야 한다; 관찰하여 보도록 노력해야 한다.

이 성전의 의미를 다음과 같이 간략하게 해석할 수 있습니다.

과거든[346] 미래든 현재든, 내부든 외부든, 거칠든 미세하든, 저열하든 수승하든, 멀든 가깝든, 그 모든 느낌을 '나의 것이 아니다. 나가 아니다. 나의 자아가 아니다'라고 스스로의 지혜로 바르게 알도록 관찰해야 한다, 노력해야 한다.

이 구절은 느낌을 과거와 미래 등 11가지로 분석해서 무상과 괴로움과 무아의 양상으로 관찰하라는 가르침입니다. 여기서 과거의 느낌이

346 물질에서는 앞부분에 "비구들이여, 지금 설명한 대로 '나의 것이다. 나다. 나의 자아다'라고 보기에 타당하지 않기 때문에"라는 구절이 포함됐으나 여기서는 생략됐다.

란 과거 여러 생에서의 느낌도 있고, 현재 생에서 과거 몇 년 전, 며칠 전의 느낌도 있습니다. 바로 몇 시간 전의 느낌도 해당됩니다. 그러한 과거 느낌 중에서 이전의 여러 생에서의 느낌들이 다하고 사라져 버렸다는 것은 분명합니다. 하지만 자아집착이 강한 이들의 견해로는 그것조차 분명하지 않습니다. 왜냐하면 자아집착이 강한 이들은 이전 생에서 느꼈던 바로 내가 지금 생에서 다시 느끼고 있다고 생각하고 집착하기 때문입니다. 그들은 이전 생에 느꼈던 느낌도, 몇 시간 전에 느꼈던 느낌도 사라졌다고 생각하지 않습니다. 이전에 느꼈던 바로 내가 지금 느끼고 있다고 생각합니다.

느낌을 세 시기로 관찰하는 모습

생겨나고 있는 물질과 정신을 끊임없이 관찰하고 있는 수행자는 〈부푼다, 꺼진다〉 등으로 관찰하다가 저리고 뜨겁고 아픈, 받아들이기 힘든 괴로운 느낌이 드러나면 그 느낌을 〈저리다; 뜨겁다; 아프다〉 등으로 이어서 계속 관찰합니다. 그렇게 관찰하다 보면 받아들이기 힘든 느낌이 점점 줄어들어 사라지는 것을 경험합니다. 삼매와 지혜가 특별히 좋을 때는 하나의 새김마다 하나의 아픔이 각각 끊어져 다해 버리는 것도 경험합니다. 그렇게 경험하기 때문에 '느낌은 계속 그대로 존재하는 것이 아니다. 단 1초도 유지되는 것이 아니다. 순간도 끊임없이 다하고 소멸해 버리는 성품법일 뿐이다'라고 스스로의 지혜로 알게 됩니다. 그래서 이전의 여러 생은 말할 것도 없고 이번 생의 과거에 생겼던 느낌들도 이미 사라져 버리고 없다는 사실도 결정할 수 있습니다. 방금 전에 생겼던 느낌도 사라져 버리고 없다는 사실도 결정할 수 있습니다. 지금 계속해서 느끼고 있는 좋고 나쁘고 중간의 여러 느낌도 생겨났다가 사라졌다가, 다시 생겨났다가 사라졌다가 하면서 순간도 끊임없이 다하고 사라져 버린다는 사실도 결정할 수 있습니다. 그래서 '나중에 생겨날 느낌들도 이와 마찬가지다. 각각 그 순간에 다하고 사라져 버리는 것일 뿐이다'라고 이해하고 알고 볼 수 있습니다. 이렇게 알고 보고서 명상하고 숙고하는 모습을 독송합시다.[347]

| 1-1 |

과거 생의 느낌은 바로 그 과거 생에서 다하고 소멸한다. 현재 생에 도달하지 못한 채 다하고 소멸하기 때문에 무상하다. 무상하기 때문에 좋아하고 의지할 만한 것이 아니다.[348] 두려워할 만하기 때문에 괴로움일 뿐이다. 특히 받아들이기 힘든 괴로운 느낌은 괴롭히기 때문에도 두려워할 만한 괴로움이다. 주인-거주자-감수자라고[349] 여길 만한 자아나 실체가 없기 때문에 무아의 성품법일 뿐이다.

| 2-1 |

현재 생의 느낌도 바로 이 현재 생에서 다하고 소멸한다. 미래 생에 도달하지 못한 채 다하고 소멸하기 때문에 무상하다. 무상하기 때문에 두려워할 만한 괴로움일

347 ⓗ관찰하는 중에 일부러 이렇게 마음으로 되뇌면 안 된다. 졸음을 도저히 참을 수 없을 때 잠시 숙고할 수는 있다.

348 물질에서는 "무상하기 때문에 좋아하고 의지할 만한 것이 아니다"라는 부분이 "빠르게 다하고 소멸해서"라고 표현됐다.

349 느낌을 '행위자'라고는 집착하지 않기 때문에 저본에서 생략됐다. 앞에서는 느낌에 대해 '감수 자아집착'만 언급했다. 본서 p.89 참조.

뿐이다.[350] 받아들이기 힘들기 때문에도 괴로움일 뿐이다.[351] 주인-거주자-감수자라고 여길 만한 자아나 실체가 없기 때문에 무아의 성품법일 뿐이다.

| 3-1 |

미래 생의 느낌도 바로 그 태어날 미래 생에서 다하고 소멸한다. 그 다음 생에 도달하지 못한 채 다하고 소멸하기 때문에[352] 무상하다. 무상하기 때문에 괴로움이다. 자아나 실체가 없기 때문에 무아의 성품법일 뿐이다.[353]

이것은 대략적으로 생을 통해 명상하고 숙고하는 모습입니다. 이제 관찰하면서 명상하고 숙고하는 모습을 독송합시다.

| 1-2 |

방금 저리고 뜨겁고 아프고 받아들이기 힘든 느낌은 지금 지내기에 편한 순간에 도달하지 못한다. 저리고 뜨겁고 아프고 받아들이기 힘든 바로 그 순간에 다하고 소멸하기 때문에 무상하다. 무상하기 때문에, 받아들이기 힘들기 때문에 두려워할 만한 괴로움일 뿐이다. 방금 편안하고 행복한 느낌도 지금 받아들이기 힘든 순간에 도

350 앞에서는 "좋아하고 의지할 만한 것이 아니다. 두려워할 만하기 때문에 괴로움일 뿐이다"라고 표현했다.

351 앞에서는 "받아들이기 힘든 괴로운 느낌은 괴롭히기 때문에도 두려워할 만한 괴로움이다"라고 표현했다.

352 저본에서는 "그 다음 생까지 도달하지 못한다. 그 생에서 다하고 소멸하기 때문에"라고 표현했지만 물질의 표현을 따랐다.

353 이 구절에서는 더욱 간략하게 표현했다. 저본을 그대로 따랐다.

달하지 못한다. 편안하고 행복한 바로 그 순간에 다하고 소멸하기 때문에 무상하다. 무상하기 때문에 두려워할 만한 괴로움일 뿐이다. 좋고 나쁜 모든 느낌은 자아나 실체가 없기 때문에 무아의 성품법일 뿐이다.

| 2-2 |

현재 좋고 나쁜 느낌은 새기는 바로 그 순간에 다하고 소멸하기 때문에 무상하고 괴로움이고 무아의 성품법일 뿐이다.

| 3-2 |

나중에 생겨날 좋고 나쁜 느낌도 생겨나는 바로 그 순간에 다하고 소멸하기 때문에 무상하고 괴로움이고 무아의 성품법일 뿐이다.

이것은 관찰하는 중에 드러나는, 과거와 현재와 미래의 느낌을 구체적으로 명상하고 숙고하는 모습입니다. 현재 생겨나는 느낌을 직접 경험해서 과거나 미래 느낌을 추론anumāna으로 명상하고 숙고하는 모습도 있습니다. 이 내용도 독송합시다.

현재 관찰하고 있는 동안에 다하고 소멸하기 때문에 무상한, 좋고 나쁘고 중간인 느낌들과 마찬가지로 과거의 느낌들도 바로 그 각각의 순간에 다하고 소멸하기 때문에 무상하고 괴로움이고 무아인 성품법일 뿐이다. 나중에 생겨날 느낌들도 바로 그 각각의 순간에 다하고 소멸하기 때문에 무상하고 괴로움이고 무아인 성품법일 뿐이다.

(자신 상속의 느낌이 계속 사라져 버리는 모습을 직접 경험하고 알고 나서 타인 상속의 느낌이나 온 세상의 느낌도 추론으로 명상하고 숙고하는 모습도 있습니다. 이 내용도 독송합시다.)[354]

> 현재 관찰하고 있는 동안에 다하고 소멸해 버리는 자신 상속의 느낌과[355] 마찬가지로 타인 상속이나 온 세상의 느낌도 순간도 끊임없이 다하고 소멸하기 때문에 무상하고 괴로움이고 무아인 성품법일 뿐이다.

이 정도면 세 시기와 관련해서 명상하고 숙고하는 모습은 이해했을 것입니다.[356] 이제 내부와 외부 물질 등에 대한 내용을 설명하겠습니다.

느낌을 내부와 외부로 관찰하는 모습

'내부의 물질이 외부의 물질에 도달하지 않는다'라는 등으로 관찰하는 것과 마찬가지로 느낌 등에 대해서도 같은 방법으로 관찰해야 한다고 『위숫디막가』에 설명해 놓았습니다. 이 설명에 따르자면 내부의 느낌이 외부에 도달하지 않고, 외부의 느낌이 내부에 도달하지 않은 채 사라진다고 관찰하고 숙고해야 합니다. 그렇다면 자신의 느낌

354 저본에 설명이 없어 물질 무더기를 참고해 첨가했다.

355 저본에서는 "자신 상속의 느낌이 다하고 소멸하는 것을 직접 경험하고서"라고 표현했지만 물질의 표현을 따랐다.

356 거듭 말하지만 이 법문에서 언급된 숙고하는 내용을 일부러 숙고해서는 안 된다. 현재 분명하게 생겨나는 법만을 계속 관찰해 나가야 한다. 그 법들이 생겨나서 사라지는 성품을 직접 경험해서 알고 보면 각자 바라밀 지혜에 따라 '과거도 그랬겠구나. 미래도 그럴 것이구나. 다른 존재, 다른 세상의 모든 중생도 이와 같겠구나'라고 어떤 이들은 광범위하게, 어떤 이들은 어느 정도로만 추론하는 지혜가 생겨난다.

이 다른 이의 상속에 도달하지 않는 것, 다른 이의 느낌이 자신의 상속에 도달하지 않는 것을 관찰한다는 것은 무슨 뜻일까요? 사실 자신의 느낌이 다른 이의 상속에 도달한다고는 누구도 생각하지 않습니다. 다른 이의 느낌이 자신의 상속에 도달한다고도 누구도 생각하지 않습니다. 그렇게 관찰하고 숙고하도록 가르치신 것이 아닙니다. 대상으로서 내부와 외부로 번갈아 생겨나는 모습만을 뜻한다고 알아야 합니다.

일반인들은 자신의 내부 대상을 연유로 느낌이 생겨나다가 외부 대상을 의지해서 느낌이 생겨날 때 내부 느낌, 바로 그것이 외부 느낌이 된다고 생각합니다. 외부 대상을 생각해서 좋고 나쁜 느낌이 생겨나다가 자신의 몸이나 마음에서 좋고 나쁜 느낌이 생겨날 때도 외부 느낌이 내부에 도달한다고 생각합니다. 그와 마찬가지로 먼 대상에 마음이 도달해서 느끼고 있다가 가까운 대상에 대해 다시 느낌이 생겨날 때도 동일한 느낌이 멀리서 가까이 도달했다고 생각합니다. 가까운 대상에 대해 느낌이 생겨나고 있다가 먼 대상에 대해 느낌이 생겨날 때도 동일한 느낌이 가까이서 멀리 떠나갔다고 생각합니다. 그렇게 대상으로서 내부와 외부, 멀고 가까운 것으로 바뀌는 모습을 염두에 두고 설하신 것입니다.

생겨나고 있는 물질과 정신을 끊임없이 관찰하고 있는 수행자는 〈부푼다, 꺼진다〉 등으로 관찰하다가 몸에서 받아들이기 힘든 느낌이 생겨나면 그것을 〈아프다〉 등으로 관찰합니다. 그렇게 관찰하다가 외부 다른 사람의 모습 등을 생각해서 기쁨이나 걱정 등이 생겨나면 그것을 〈기뻐함; 걱정함〉 등으로 관찰합니다. 그렇게 관찰하면서 '자신의 몸에서 생겨나는 아픔 등의 느낌이 외부에 도달하는 것이 아니다. 바로 자신 내부에서 소멸해 버릴 뿐이다. 외부 대상을 대상으로 새로운 느낌이 생겨나는 것일 뿐이다'라고 알고 보고 이해하게 됩니다. 외부 대상을 연유로 기쁨 등이 생겨나다가 자신의 몸에서 아픔 등이 생겨나 그것을 관찰할 때도 '외부 대상에 대한 기쁨 등이 자신 내부에 도달하는 것이 아니다. 자신 내부에 아픔 등이 새로 생겨나는 것일 뿐이다'라고 알고 보고 이해하게 됩니다. 이렇게 알고 보고서 명상하고 숙고하는 모습을 독송합시다.

| 4 / 5 |

자신 내부의 느낌은 외부에 도달하지 않는다. 외부의 느낌도 자신 내부에 도달하지 않는다. 각각의 대상에 대해 각각 생겨나는 그 순간에[357] 내부와 외부에서만 다하고 소멸하기 때문에 무상하다. 괴로움이다. 무아인 성품법일 뿐이다.

느낌을 거칠고 미세한 것으로 관찰하는 모습

일반인들은 거친 느낌, 예를 들어 심한 아픔이 생겨나다가 미세해지면 '거친 느낌이 미세한 느낌이 됐다'라고 생각합니다. 미세한 아픔이 심해질 때도 '미세한 느낌이 거친 느낌이 됐다'라고 생각합니다. 수행자라면 관찰할 때마다 계속해서 아픔 등의 느낌이 한 부분씩 끊어져 다해 버리는 것을 경험하기 때문에 '거친 느낌이 미세한 느낌으로 바뀌는

357 물질에서는 '각각의 대상에 대해'라는 표현이 없다. 물질은 대상이 되기만 하지 대상을 취하지 않기 때문이다. 그리고 물질에 있던 '각각 생겨나는 장소인'이라는 표현이 없어졌다. 저본을 그대로 따랐다.

것이 아니다. 미세한 느낌이 거친 느낌으로 바뀌는 것도 아니다. 이전의 느낌들이 거듭 사라져 버리고 새로운 느낌들이 거듭 생겨나는 것이다. 무상한 성품법일 뿐이다'라고 스스로의 지혜로 알고 봅니다. 그렇게 알고 보고서 명상하고 숙고하는 모습을 독송합시다.

| 6 / 7 |

아픔 등의 거친 느낌이 미세한 느낌이 되지 않는다. 미세한 느낌도 거친 느낌이 되지 않는다. 각각의 순간에 다하고 소멸하기 때문에 무상하다. 괴로움이다. 무아인 성품법일 뿐이다.

느낌을 저열하고 수승한 것으로 관찰하는 모습

자신의 몸에서 생겨나는 아프고 받아들이기 힘든 것은 저열한 느낌입니다. 닿기에 좋은 것은 수승한 느낌입니다. 그와 마찬가지로 마음의 불편함, 실망, 짜증, 슬픔 등은 저열한 느낌입니다. 기쁘고 행복한 것은 좋은 느낌, 수승한 느낌입니다. 또한 화나고 분노해서 마음이 불편한 것은 저열합니다. 기쁜 것은 수승합니다. 이 경우도 그것을 애착하고 즐기면 그 행복함은 저열합니다. 부처님을 대상으로 생겨나는 기쁨은 수승합니다. 그렇게 저열하고 수승한 많은 느낌이 번갈아 생겨날 때 일반 사람들은 '저열한 느낌, 바로 그것이 수승한 느낌이 됐다. 수승한 느낌이 저열한 느낌이 됐다'라고 생각합니다.

수행자라면 관찰하고 새기는 바로 그 중에 각각의 느낌이 다하고 사라지는 것을 경험하기 때문에 '저열한 느낌이 수승한 느낌으로 바뀌는 것이 아니다. 수승한 느낌이 저열한 느낌으로 바뀌는 것도 아니다. 각각의 순간에 다하고 사라져 버리기 때문에 무상하다'라는 등으로 알고 보고 이해합니다. 그렇게 알고 보고서 명상하고 숙고하는 모습을 독송합시다.

| 8 / 9 |

아픔 등의 저열한 느낌이 기쁨 등의 수승한 느낌이 되지 않는다. 수승한 느낌도 저열한 느낌이 되지 않는다. 각각의 순간에 다하고 소멸하기 때문에 무상하다. 괴로움이다. 무아인 성품법일 뿐이다.

느낌을 멀고 가까운 것으로 관찰하는 모습

멀고 가까운 느낌에 대해서는 앞에서 이미 설명했습니다. 그렇게 알고 보고서 명상하고 숙고하는 모습을 독송합시다.

| 10 / 11 |

먼 대상에 대한 느낌이 가까운 대상에 대한 느낌에 도달하지 않는다. 가까운 느낌이 멀리 가는 것도 아니다. 각각 느끼는 바로 그 순간에 다하고 소멸하기 때문에 무상하다. 괴로움이다. 무아인 성품법일 뿐이다.

느낌을 11가지로 분석해서 관찰하는 모습이 끝났습니다. 이제 인식을 관찰하는 모습을 설명하겠습니다. 부처님께서 설하신 성전은 다음과 같습니다.

인식을 관찰하는 모습

13 Yā kāci saññā atītānāgatapaccuppannā, ajjhattaṁ[358] vā bahiddhā vā oḷārikā vā sukhumā vā hīnā vā paṇītā[359] vā yā dūre santike vā, sabbā saññā - 'netaṁ mama, nesohamasmi, na meso attā'ti evametaṁ yathābhūtaṁ sammappaññāya daṭṭhabbaṁ. (S.ii.56)

대 역

Atītānāgatapaccuppannā과거와 미래와 현재인 yā kāci saññā어떤 모든 인식이 《atthi》있는데, ajjhattaṁ vā내부든; 자신 안의 인식이든 bahiddhā vā외부든; 자신 밖의 인식이든, oḷārikā vā거칠든; 거친 인식이든 sukhumā vā 미세하든; 미세한 인식이든, hīnā vā저열하든; 저열한 인식이든 paṇītā vā수승하든; 수승한 인식이든, dūre vā멀든; 멀리 있는 인식이든 santike vā가깝든; 가까이 있는 인식이든 yā어떤 인식이 《atthi》있는데 sabbā 《sā》 saññā 그 모든 인식을 'netaṁ mama이것은 나의 것이 아니다. nesohamasmi이것은 나가 아니다. na meso attāti이것은 나의 자아가 아니다'라고 evaṁ이와 같이 etaṁ이것을; 항상하지 않고 괴로움이고 변하고 무너지기 마련인 이 인식

358 저본의 본문에는 이 부분이 생략됐고 부록에서는 "ajjhattaṁ"이라고 표현됐다. 부록의 표현을 따랐다. Vbh.2에는 여성 명사를 수식하는 형용사 표기(-ā)로 통일됐다.

359 저본의 본문에는 이 부분이 생략됐고 부록에서는 "paṇītaṁ"이라고 표현됐다. 같은 여성 명사인 vedanā와 Vbh.2의 표현을 따랐다.

을 yathābhūtaṁ있는 그대로; 사실대로 바르게 sammappaññāya바른 통찰지를 통해; 바르게 아는 위빳사나 통찰지, 성스러운 도 통찰지를 통해 daṭṭhabbaṁ보아야 한다; 관찰하여 보아야 한다; 관찰하여 보도록 노력해야 한다.

이 성전의 의미를 다음과 같이 간략하게 해석할 수 있습니다.

> 과거든 미래든 현재든, 내부든 외부든, 거칠든 미세하든, 저열하든 수승하든, 멀든 가깝든, 그 모든 인식을 '나의 것이 아니다. 나가 아니다. 나의 자아가 아니다'라고 스스로의 지혜로 바르게 알도록 관찰해야 한다, 노력해야 한다.

이 내용은 인식을 과거 등 11가지로 분석해서 무상과 괴로움과 무아의 양상으로 관찰하도록 가르치신 구절입니다. 여기서 과거의 인식이란 과거의 여러 생에서 기억했던 인식도 있고, 현재 생에서 과거의 시간에 인식했던 인식도 있습니다. 조금 전에 인식했던 인식도 있습니다. 그러한 과거 인식 중에서 이전 여러 생에서의 인식들은 다하고 사라져 버려서 지금 존재하지 않는다는 사실이 분명합니다. 하지만 자아집착이 강한 이들은 '이전 생에서 인식했던 것도 나다. 지금 인식하고 있는 것도 나다. 인식하는 그 모든 것은 나라는 하나의 존재다'라고 생각하고 집착합니다. 그래서 그들에게는 과거의 인식들이 사라졌다는 사실이 분명하지 않습니다. 자아집착이 강한 이들은 현재 생에서 어릴 때 기억했던 것들, 조금 전에 기억했던 것들도 모두 '나'라고 생각합니다. 바로 나라는 하나의 존재가 기억해 왔다고 생각합니다.

인식을 세 시기로 관찰하는 모습

닿아서 알 때, 생각해서 알 때, 들어서 알 때, 보아서 알 때 등에 〈부푼다, 꺼진다〉 등으로 끊임없이 관찰하고 있는 수행자는 들어서 인식하는 것도 〈들린다, 들린다〉 등으로 관찰해서 즉시 사라져 버리는 것을 경험합니다. 보고서 인식하는 것도 〈본다, 본다〉 등으로 관찰해서 즉시 사라져 버리는 것을 경험합니다. 생각해서 인식하는 것도 〈생각한다, 생각한다〉 등으로 관찰해서 즉시 사라져 버리는 것을 경험합니다. 그렇게 경험하기 때문에 '인식은 계속 그대로 존재하는 것이 아니다. 단 1초도 길게 유지되는 것이 아니다. 순간도 끊임없이 다하고 소멸해 버리는 성품법일 뿐이다'라고 스스로의 지혜로 알게 됩니다. 그래서 이전의 여러 생은 말할 것도 없이 이번 생의 과거에 생겼던 인식들도 이미 사라져 버리고 없다는 사실을 결정할 수 있습니다. 방금 전에 생겼던 인식도 사라져 버리고 없다는 사실을 결정할 수 있습니다. 지금 계속해서 보고 듣고 닿는 등으로 인식하는 것들도 생겨났다가 사라졌다가, 새로 생겨났다가 사라졌다가 하면서 모두 다 사라지고 없어져 버리는 것을 경험합니다. 그래서 '나중에 생겨날 인식들도 이와 마찬가지다. 각각 자신의 순간에 다하고 사라져 버리는 것일 뿐이다'라고 이해하고 알고 볼 수 있습니다. 이렇게 알고 보고서 명상하고 숙고하는 모습을 독송합시다.

| 1-1 |

과거 생의 인식은 바로 그 과거 생에서 다하고 소멸한다. 현재 생에 도달하지 못한 채 다하고 소멸하기 때문에 무상하다. 무상하기 때문에 두려워할 만한 괴로움일

뿐이다.[360] 주인-거주자-행위자라고[361] 여길 만한 자아나 실체가 없기 때문에 무아의 성품법일 뿐이다.

| 2-1 |

현재 생의 인식도 바로 이 현재 생에서 다하고 소멸한다. 미래 생에 도달하지 못한 채 다하고 소멸하기 때문에 무상하다. 무상하기 때문에 두려워할 만한 괴로움일 뿐이다. 자아나 실체가 없기 때문에 무아의 성품법일 뿐이다.

| 3-1 |

미래 생의 인식도 바로 그 태어날 미래 생에서 다하고 소멸한다. 그 다음 생에 도달하지 못한 채 다하고 소멸하기 때문에 무상하고 괴로움이고 무아의 성품법일 뿐이다.[362]

이것은 대략적으로 생을 통해 명상하고 숙고하는 모습입니다. 이제 관찰하면서 명상하고 숙고하는 모습을 독송합시다.

| 1-2 |

방금 형색이나 소리 등을 인식해 놓은 것은 지금 관찰하고 새기는 순간에 도달하지 못한다. 인식하던 그 순간에 다하고 소멸하기 때문에 무상하고 괴로움이고 무아의 성품법일 뿐이다.

360 물질이나 느낌에 대한 게송과 약간 차이가 난다. 저본을 따랐다.

361 저본에서는 '행위자'가 빠지고 '감수자'가 첨가됐으나 본서 p.137에 의하면 인식은 주인자아집착, 거주자아집착, 행위자아집착으로 집착한다고 설명했다.

362 더욱 간략하게 표현한 저본의 표현을 따랐다.

| 2-2 |

현재 관찰하고 알면서 인식하는 것도 인식하는 바로 그 순간에 다하고 소멸하기 때문에 무상하고 괴로움이고 무아의 성품법일 뿐이다.

| 3-2 |

나중에 생겨날 인식도 생겨나는 바로 그 순간에 다하고 소멸하기 때문에 무상하고 괴로움이고 무아의 성품법일 뿐이다.

(이것은 관찰하는 중에 드러나는, 과거와 현재와 미래의 인식을 구체적으로 명상하고 숙고하는 모습입니다.)[363] 현재 관찰하는 중에 경험하여 알게 된 인식과 비교해서 과거나 미래 인식을 추론anumāna으로 명상하고 숙고하는 모습도 있습니다. 이 내용도 독송합시다.

현재 관찰하고 있는 동안에 다하고 소멸하기 때문에 무상한 인식들과 마찬가지로 과거의 인식들도 바로 그 각각의 순간에 다하고 소멸하기 때문에 무상하고 괴로움이고 무아인 성품법일 뿐이다. 나중에 생겨날 인식들도 바로 그 각각의 순간에 다하고 소멸하기 때문에 무상하고 괴로움이고 무아인 성품법일 뿐이다.

363 저본에 물질과 느낌에 대한 설명에는 있는데 인식에 대한 설명에는 없어 첨가했다.

자신 상속의 인식이 계속 사라져 버리는 모습을 직접 경험하고 알고 나서 타인 상속의 인식이나 온 세상의 인식도 추론으로 명상하고 숙고하는 모습도 있습니다. 이 내용도 독송합시다.

> 자신 상속, 타인 상속, 온 세상의 인식도[364] 각각 그 순간에[365] 다하고 소멸해 버리기 때문에 무상하고 괴로움이고 무아인 성품법일 뿐이다.

인식이 무상한 모습은 특별히 수지해 놓은 것조차 잊어버리는 것을 보면 매우 분명합니다. 이제 내부와 외부를 연결해서 숙고하는 모습을 독송합시다.

인식을 내부와 외부로 관찰하는 모습

| 4 / 5 |

> 자신 내부의 인식은 외부 대상의 인식에 도달하지 않는다. 외부 대상에 대한 인식도 자신 내부의 인식에 도달하지 않는다. 각각의 순간에[366] 다하고 소멸하기 때문에 무상하다. 괴로움이다. 무아인 성품법일 뿐이다.

364 물질과 느낌의 표현과 다르다. 저본의 표현을 따랐다.

365 물질과 느낌에서는 "각각 그 순간에"를 "순간도 끊임없이"라고 표현했다.

366 물질이나 느낌보다 더 간략한 저본의 표현에 따랐다.

인식을 거칠고 미세한 것으로 관찰하는 모습

원하고 애착해서 기억하는 인식, 화내고 허물을 범하면서 기억하는 인식, 우쭐거리며 기억하는 인식, 잘못된 견해로 기억하는 인식, 의심하는 인식, 이러한 불선한 인식들은 거친 인식들입니다. 존경할 만한 부처님의 덕목 등을 기억하는 인식, 법문을 듣고 기억하는 인식, 스승님이나 부모님의 훈계를 잊지 않도록 기억해 두는 인식, 이러한 인식들은 미세한 인식들입니다. 또 다른 방법으로는 분명하고 거친 대상을 기억하는 것이 거친 인식이고 미세하고 불분명한 대상을 기억하는 것이 미세한 인식입니다. 거칠고 미세한 인식을 명상하고 숙고하는 모습을 독송합시다.

> | 6 / 7 |
>
> 거친 인식은 미세한 인식이 생겨나는 순간에 도달하지 않는다. 미세한 인식도 거친 인식이 생겨나는 순간에 도달하지 않는다.[367] 각각의 순간에 다하고 소멸하기 때문에 무상하다. 괴로움이다. 무아인 성품법일 뿐이다.

인식을 저열하고 수승한 것으로 관찰하는 모습

미세한 인식들은 좋고 수승한 인식들입니다. 거친 인식들은 저열한 인식들입니다. 저열하고 수승한 인식을 통해 명상하고 숙고하는 모습을 독송합시다.

---

367 인식과 의식만 다른 세 무더기와 표현이 다르다. 저본에 따랐다.

| 8 / 9 |

저열한 인식은 수승한 인식이 생겨나는 순간에 도달하지 않는다. 수승한 인식도 저열한 인식이 생겨나는 순간에 도달하지 않는다.[368] 각각의 순간에 다하고 소멸하기 때문에 무상하다. 괴로움이다. 무아인 성품법일 뿐이다.

인식을 멀고 가까운 것으로 관찰하는 모습

미세한 대상, 먼 대상을 생각해서 기억하는 것을 먼 인식이라고 합니다. 분명하고 거친 대상, 근처에 있는 가까운 대상을 기억하는 것을 가까운 인식이라고 합니다. 멀고 가까운 인식을 통해 명상하고 숙고하는 모습을 독송합시다.

| 10 / 11 |

먼 인식은 가까운 인식이 생겨나는 순간에 도달하지 않는다. 가까운 인식도 먼 인식이 생겨나는 순간에 도달하지 않는다.[369] 각각 인식하는 바로 그 순간에 다하고 소멸하기 때문에 무상하다. 괴로움이다. 무아인 성품법일 뿐이다.

인식을 11가지로 분석해서 관찰하는 모습이 끝났습니다. 이제 형성들을 관찰하는 모습을 설명하겠습니다. 부처님께서 설하신 성전은 다음과 같습니다.

368 물질이나 느낌과 표현이 다르다. 저본에 따랐다.
369 물질이나 느낌과 표현이 다르다. 저본에 따랐다.

형성들을 관찰하는 모습

14 Ye keci saṅkhārā atītānāgatapaccuppannā, ajjhattaṁ[370] vā bahiddhā vā oḷārikā vā sukhumā vā hīnā vā paṇītā vā ye dūre santike vā, sabbe saṅkhārā - 'netaṁ mama, nesohamasmi, na meso attā'ti evametaṁ yathābhūtaṁ sammappaññāya daṭṭhabbaṁ. (S.ii.56)

대 역

Atītānāgatapaccuppannā과거와 미래와 현재인 ye keci saṅkhārā어떤 모든 형성들이[371] 《atthi》있는데, ajjhattaṁ vā내부든; 자신 안의 형성들이든 bahiddhā vā외부든; 자신 밖의 형성들이든, oḷārikā vā거칠든; 거친 형성들이든 sukhumā vā미세하든; 미세한 형성들이든, hīnā vā저열하든; 저열한 형성들이든 paṇītā vā수승하든; 수승한 형성들이든, dūre vā멀든; 멀리 있는 형성들이든 santike vā가깝든; 가까이 있는 형성들이든 ye어떤 형성들이 《atthi》있는데 sabbe te saṅkhārā그 모든 형성들을 'netaṁ mama이것은 나의 것이 아니다. nesohamasmi이것은 나가 아니다. na meso attāti이것은 나의 자아가 아니다'라고 evaṁ이와 같이 etaṁ이것을; 항상하지 않고 괴로움이고 변하

370 저본의 표현을 따랐다. 다른 경전들에도 이렇게 표현했다.(M.iii.67 등) Vbh.2에는 남성 복수 명사를 수식하는 형용사 표기(-ā)로 통일됐다.

371 '모든'의 수식을 받는 명사는 복수형을 쓰지 않지만 다섯 무더기에서 형성 무더기가 여러 정신법을 의미한다는 것을 분명하게 밝히기 위해 '형성들'이라고 표현했다.

고 무너지기 마련인 이 형성들을 yathābhūtaṁ있는 그대로; 사실대로 바르게 sammappaññāya바른 통찰지를 통해; 바르게 아는 위빳사나 통찰지, 성스러운 도 통찰지를 통해 daṭṭhabbaṁ보아야 한다; 관찰하여 보아야 한다; 관찰하여 보도록 노력해야 한다.

이 성전의 의미를 다음과 같이 간략하게 해석할 수 있습니다.

과거든 미래든 현재든, 내부든 외부든, 거칠든 미세하든, 저열하든 수승하든, 멀든 가깝든, 그 모든 형성을 '나의 것이 아니다. 나가 아니다. 나의 자아가 아니다'라고 스스로의 지혜로 바르게 알도록 관찰해야 한다, 노력해야 한다.

이 내용은 행하고 애쓰는 형성들을 과거 등 11가지로 분석해서 무상과 괴로움과 무아의 양상으로 관찰하도록 가르치신 구절입니다.

여기서 형성들은 매우 광범위합니다. 느낌과 인식을 제외한 나머지 마음부수 50가지를 형성 무더기라고 한다는 내용은 앞서 설명했습니다. 요약하자면 몸과 말과 마음의 행위들을 행하도록 준비하고 자극하는 성품법들입니다. 이 형성들이 가고 서고 앉고 눕는 네 가지 자세, 몸의 여러 행위를 행하도록 준비하고 자극합니다. '가라, 서라, 앉아라' 등으로 시키는 것처럼 자극합니다. 굽히도록, 펴도록, 움직이도록, 웃도록, 이러한 행위들을 행하도록 준비하고 자극하기도 합니다. '굽혀라, 펴라' 등으로 시키는 것처럼 자극합니다. '웃어라, 울어라' 등으로 시키는 것처럼 자극하는 것도 분명합니다. '말해라' 등으로 말의 행위가 생겨나도록 준비하고 자극하는 것도 형성들입니다. 생각해서 아는 행위가 생겨나도록, 보고 듣는 행위 등이 생겨나도록 애쓰는 성품도 형성들입니다.

따라서 '가려 한다. 말하려 한다. 서려 한다' 등으로 이전 생에 생겼던 형성들이 지금 생까지 도달하겠습니까? 바로 이전 생에서 다하고 사라지지 않겠습니까? 이전 생에서 행하려 했던 것, 말하려 했던 것, 생각하려 했던 것은 바로 그 이전 생에서 다하고 사라졌다는 사실이 분명합니다. 하지만 '모든 행위를 행하고 있는 것은 나다. 바로 내가 행하고 있다'라고 자아집착이 강한 이들은 '이전 생에서 행했던 것도 나다. 지금 행하고 있는 것도 나다'라고 한 사람으로 집착합니다. 그래서 그렇게 자아집착이 강한 이들은 '행할 수 있는 내가 항상 유지된다'라고 생각합니다.

끊임없이 관찰하는 수행자라면 〈부푼다, 꺼진다〉 등으로 관찰하다가 어느 한 곳이 가려우면 〈가려움, 가려움〉이라고 관찰합니다. 그렇게 관찰하다가 가려운 곳을 긁으려는 마음이 생겨납니다. 그것도 〈긁으려 함, 긁으려 함〉 등으로 관찰합니다. 그러면 긁으려 하는 형성들, 자세를 바꾸려 하는 형성들이 관찰할 때마다 계속해서 사라져 버리는 것을 경험합니다. 저릴 때 〈저림, 저림〉 등으로 관찰할 때도 굽히려는 것, 펴려는 것, 자세를 바꾸려는 것이 드러나면 그것도 관찰합니다. 그렇게 관찰하면 굽히려는 형성들, 펴려는 형성들, 자세를 바꾸려는 형성들이 새기면 사라지고, 다시 새기면 사라지고, 이렇게 계속 사라져 버립니다. 그렇게 사라져 버리는 것도 경험합니다. 이러한 모습과 방법을 통해 행하려는 것, 말하려는 것, 생각하려는 것 등의 형성들이 다하고 사라져 버리는 것을 경험해서 알게 됩니다.

형성들을 세 시기로 관찰하는 모습

그래서 관찰하고 새기는 수행자라면 이전 생의 형성들은 말할 것도 없고, 지금 현재의 형성들조차 순간도 끊임없이 소멸하고 사라지는 것을 경험하기 때문에 '이전 생의 형성들은 지금 순간까지 도달하지 않는다. 지금 형성들도 나중까지 도달하지 않는다. 나중에 생겨날 형성들도 그 다음의 순간까지 도달하지 않는다. 각각의 순간에 다하고 사라져 버리기 때문에 무상하다. 괴로움일 뿐이다. 무아의 성품법일 뿐이다'라고 스스로의 지혜로 결정할 수 있습니다. 이렇게 알고 보고서 명상하고 숙고하는 모습을 독송합시다.

| 1-1 |

과거 생의 형성들은 바로 그 과거 생에서 다하고 소멸한다. 현재 생에 도달하지 못한 채 다하고 소멸하기 때문에[372] 무상하고 괴로움이고 무아의 성품법일 뿐이다.[373]

| 2-1 |

현재 생의 형성들도 바로 이 현재 생에서 다하고 소멸한다. 미래 생에 도달하지 못한 채 다하고 소멸하기 때문에 무상하고 괴로움이고 무아의 성품법일 뿐이다.

| 3-1 |

미래 생의 형성들도 바로 그 태어날 미래 생에서 다하고 소멸한다. 그 다음 생에 도달하지 못한 채 다하고 소

372 다른 구절과 일치하도록 '다하고 소멸하기 때문에'라는 설명을 첨가했다.

373 저본에서 물질이나 느낌, 인식과 달리 간략하게 표현해서 그대로 따랐다.

멸하기 때문에 무상하고 괴로움이고 무아의 성품법일 뿐이다.

이것은 '가려 한다, 행하려 한다, 말하려 한다'라는 등으로 알아지는 형성들을 대략적으로 생을 통해 명상하고 숙고하는 모습입니다. 이제 관찰하면서 분명한 형성들을 명상하고 숙고하는 모습을 독송합시다.

| 1-2 |

방금 오른발을 뻗으려는 것은 지금 왼발을 뻗으려는 순간에 도달하지 못한다. 방금 왼발을 뻗으려는 것은 지금 오른발을 뻗으려는 순간에 도달하지 못한다. 각각의 순간에 다하고 소멸하기 때문에 무상하고 괴로움이고 무아의 성품법일 뿐이다. 마찬가지로 이전에 생겼던 모든 형성들도 지금 순간에 도달하지 못한다. 그 각각의 순간에 다하고 소멸하기 때문에 무상하고 괴로움이고 무아의 성품법일 뿐이다.

| 2-2 |

현재 생겨나고 있는 형성들과 새겨 앎에 포함된 형성들도 다음 순간에 도달하지 못한다. 바로 지금 생겨나는 순간에 다하고 소멸하기 때문에 무상하고 괴로움이고 무아의 성품법일 뿐이다.

| 3-2 |

나중에 생겨날 형성들과 관찰해서 새기는[374] 형성들도 그

374 저본의 표현을 따랐다.

> 보다 더 나중의 순간에 도달하지 못한다. 각각의 순간에 다하고 소멸하기 때문에 무상하고 괴로움이고 무아의 성품법일 뿐이다.

(이것은 관찰하는 중에 드러나는, 과거와 현재와 미래의 형성들을 구체적으로 명상하고 숙고하는 모습입니다.)[375] 현재 관찰하는 중에 새겨 알게 된 형성들과 비교해서 과거나 미래 형성들을 추론anumāna으로 명상하고 숙고하는 모습도 있습니다. 이 내용도 독송합시다.

> 현재 관찰하고 있는 동안에 다하고 소멸하기 때문에 무상한, 행하고자 함과 관찰해서 앎 등의 형성들과 마찬가지로 과거의 형성들도 바로 그 각각의 순간에 다하고 소멸하기 때문에 무상하고 괴로움이고 무아인 성품법일 뿐이다. 나중에 생겨날 형성들도 바로 그 각각의 순간에 다하고 소멸하기 때문에 무상하고 괴로움이고 무아인 성품법일 뿐이다.

(자신 상속의 형성들이 계속 사라져 버리는 모습을 직접 경험하고 알고 나서 타인 상속의 형성들이나 온 세상의 형성들도 추론으로 명상하고 숙고하는 모습도 있습니다. 이 내용도 독송합시다.)[376]

375 저본에 물질과 느낌에 대한 설명에는 있는데 형성들에 대한 설명에는 없어 첨가했다.
376 저본에 설명이 없어 물질 무더기를 참고해 첨가했다.

자신 상속, 타인 상속, 온 세상의 형성들도 지금 관찰해서 알아지는 형성들과 마찬가지로[377] 다하고 소멸해 버리기 때문에 무상하고 괴로움이고 무아인 성품법일 뿐이다.

형성들을 내부와 외부로 관찰하는 모습

내부와 외부 형성들을 나누는 모습은 느낌이나 인식 때 나누는 모습과 마찬가지입니다. 자신과 관련된 법을 연유로 생각하고 도모하는 형성은 내부 형성입니다. 외부 법을 대상으로 생각하고 도모하는 형성은 외부 형성입니다. 여기서 '외부 법을 대상으로 생각하고 도모한다'라는 것은 외부에 있는 생명 있거나 생명 없는 것들을 얻도록, 아니면 무너뜨리도록 등으로 생각하고 도모하는 것입니다. 이제 내부와 외부를 연결해서 숙고하는 모습을 독송합시다.

| 4 / 5 |

자신 내부의 형성들은 외부에 대한[378] 형성들에 도달하지 못하고 다하고 소멸하기 때문에 무상하다. 괴로움이다. 무아인 성품법일 뿐이다. 외부의 형성들도 자신 내부에 대한 형성들에 도달하지 못하고 다하고 소멸하기 때문에 무상하다. 괴로움이다. 무아인 성품법일 뿐이다.

---

377 물질 등의 표현과 다르다. 저본의 표현을 따랐다.
378 인식과 달리 '대상'이라는 표현이 없다.

형성들을 거칠고 미세한 것으로 관찰하는 모습

거칠고 거세게 행하려고 도모하는 것이 거친 형성들입니다. 부드럽고 미세하게 행하려고 도모하는 것이 미세한 형성들입니다. 거칠고 미세한 형성들을 명상하고 숙고하는 모습을 독송합시다.

| 6 / 7 |

거친 형성들이 미세한 형성들이 되지 않는다. 미세한 형성들도 거친 형성들이 되지 않는다. 각각의 순간에 다하고 소멸하기 때문에 형성들은 무상하다. 괴로움이다. 무아인 성품법일 뿐이다.

형성들을 저열하고 수승한 것으로 관찰하는 모습

악행을 도모하고 행하는 형성들이 저열한 형성들입니다. 선행을 도모하고 행하는 형성들이 수승한 형성들입니다. 선업 중에서도 보시 선업보다 계 선업이 더욱 수승합니다. 계 선업보다 수행 선업이 더욱 수승합니다. 수행 중에서도 사마타보다 위빳사나 선업이 더욱 수승합니다. 저열하고 수승한 형성들을 통해 명상하고 숙고하는 모습을 독송합시다.

| 8 / 9 |

저열한 불선업 형성들은 수승한 선업 형성들이 생겨나는 순간에 도달하지 않는다. 수승한 선업 형성들도 저열한 불선업 형성들이 생겨나는 순간에 도달하지 않는다. 각각의 순간에 다하고 소멸하기 때문에 무상하다. 괴로

움이다. 무아인 성품법일 뿐이다. 보시 선업 형성이 계 선업 형성, 수행 선업 형성이 생겨나는 순간에 도달하지 않는다. 계 선업 형성과 수행 선업 형성도 보시 선업 형성이 생겨나는 순간에 도달하지 않는다. 계 선업 형성이 수행 선업 형성이 생겨나는 순간에 도달하지 않는다. 수행 선업 형성도 계 선업 형성이 생겨나는 순간에 도달하지 않는다. 사마타 선업 형성도 위빳사나 선업 형성이 생겨나는 순간에 도달하지 않는다. 위빳사나 선업 형성도 사마타 선업 형성이[379] 생겨나는 순간에 도달하지 않는다. 각각의 순간에 다하고 소멸하기 때문에 무상하다. 괴로움이다. 무아인 성품법일 뿐이다.[380]

이 불선업과 선업 형성들을 명상하고 숙고하는 모습은 매우 미묘합니다. 하지만 끊임없이 관찰하고 있는 수행자라면 각각의 형성들이 바로 그 각각의 순간에 다하고 소멸해 버리는 것을 스스로의 지혜로 알 수 있습니다. 예를 들어 〈부푼다, 꺼진다〉 등으로 관찰하다가 바라고 좋아하는 생각[381]이 생겨나면 그것을 〈바란다; 좋아한다〉 등으로 관찰합니다. 그렇게 관찰하면 바라고 좋아하는 그 생각이 관찰하는 선업이 생겨날 때까지 도달하지 못한 채 다해 버리는 것을 무너짐의 지혜에 도달한 수행자라면 분명하게 구분해서 알 수 있습니다. 베푸는 것cāga을 연유로 행복할 때 〈행복함, 행복함〉이라고 관찰합니다. 그렇게 관찰할

379 저본에서 사마타에만 '수행'을 붙이고, '선업'이라는 용어도 정리되지 않아 통일되도록 표현했다.
380 저본에 '선업 의도', '선업 의도 형성', '선업 형성'이라는 용어가 혼용돼 '선업 형성'으로 통일했다.
381 형성에 포함된다.

때 베풂 거듭새김cāgānussati 사마타 선업 형성이 관찰하는 순간까지 도달하지 못한 채 사라져 버리는 것을 무너짐의 지혜에 도달한 수행자라면 분명하게 구분해서 알 수 있습니다. 또한 〈부푼다, 꺼진다〉 등으로 관찰하다가 무심코 망상이 생겨나면 그 망상을 관찰합니다. 그렇게 관찰하면 〈부푼다〉 등으로 관찰하는 형성이 무심코 망상하는 순간에 도달하지 못한 채 사라져 버립니다. 무심코 망상하는 형성도 〈망상함〉 등으로 관찰하는 순간에 도달하지 못한 채 사라져 버립니다. 그렇게 각각의 형성이 다른 형성이 생겨나는 순간에 도달하지 못한 채 다해 버리고 사라져 버리는 모습을 수행자는 스스로의 지혜로 알 수 있습니다. 그렇게 알지 못했다면 그 위빳사나 지혜의 단계에 아직 도달하지 못했다고 해야 할 것입니다. 이제 멀고 가까운 것으로 명상하고 숙고하는 모습을 독송합시다.

형성들을 멀고 가까운 것으로 관찰하는 모습

| 10 / 11 |

먼 대상을 도모하는 형성들이[382] 가까운 대상을 도모하는 순간에 도달하지 않는다. 가까운 대상을 도모하는 형성들도 먼 대상을 도모하는 순간에 도달하지 않는다. 각각 바로 그 순간에[383] 다하고 소멸하기 때문에 무상하다. 괴로움이다. 무아인 성품법일 뿐이다.

382 저본에는 단수이나 다른 곳의 복수 표현을 따랐다.

383 저본의 간략한 표현을 그대로 따랐다.

형성들을 11가지로 분석해서 관찰하는 모습이 끝났습니다. 이제 의식을 관찰하는 모습을 설명하겠습니다. 부처님께서 설하신 성전은 다음과 같습니다.

의식을 관찰하는 모습

15 Yaṁ kiñci viññānaṁ atītānāgatapaccuppannaṁ ajjhattaṁ vā bahiddhā vā oḷārikaṁ vā sukhumaṁ vā hīnaṁ vā paṇītaṁ vā yaṁ dūre santike vā, sabbaṁ viññānaṁ - 'netaṁ mama, nesohamasmi, na meso attā'ti evametaṁ yathābhūtaṁ sammappaññāya daṭṭhabbaṁ. (S.ii.56)

대역

Atītānāgatapaccuppannaṁ과거와 미래와 현재인 yaṁ kiñci viññānaṁ어떤 모든 마음, 의식이 《atthi》있는데, ajjhattaṁ vā내부든; 자신 안의 마음, 의식이든 bahiddhā vā외부든; 자신 밖의 마음, 의식이든, oḷārikaṁ vā거칠든; 거친 마음, 의식이든 sukhumaṁ vā미세하든; 미세한 마음, 의식이든, hīnaṁ vā저열하든; 저열한 마음, 의식이든 paṇītaṁ vā수승하든; 수승한 마음, 의식이든, dūre vā멀든; 멀리 있는 마음, 의식이든 santike vā가깝든; 가까이 있는 마음, 의식이든 yaṁ어떤 마음, 의식이 《atthi》있는데 sabbaṁ 《taṁ》 viññānaṁ그 모든 마음, 의식을 'netaṁ mama이것은 나의 것이 아니다. nesohamasmi이것은 나가 아니다. na meso attāti이것은 나의 자아가 아니다'라고 evaṁ이와 같이 etaṁ이것을; 항상하지 않고 괴로움이고 변하고 무너지기 마련인 이 마음, 의식을 yathābhūtaṁ있는 그대로; 사실대로 바르게 sammappaññāya바른 통찰지를 통해; 바르게 아는 위빳사나 통찰지, 성스러운 도 통찰지를 통해 daṭṭhabbaṁ보아야 한다; 관찰하여 보아야 한다; 관찰하여 보도록 노력해야 한다.

이 성전의 의미를 다음과 같이 간략하게 해석할 수 있습니다.

과거든 미래든 현재든, 내부든 외부든, 거칠든 미세하든, 저열하든 수승하든, 멀든 가깝든, 그 모든 마음을[384] '나의 것이 아니다. 나가 아니다. 나의 자아가 아니다'라고 스스로의 지혜로 바르게 알도록 관찰해야 한다, 노력해야 한다.

이것은 의식 무더기viññāṇakkhandha라고 불리는 마음을 과거 등 11가지로 분석해서 무상과 괴로움과 무아의 양상으로 관찰하도록 가르치신 내용입니다. 여기서 무상하다고 관찰하는 모습이 'nesohamasmi 이것은 나가 아니다'라고 관찰하는 모습과 같다는 내용, 괴로움이라고 관찰하는 모습이 'netaṁ mama 이것은 나의 것이 아니다'라고 관찰하는 모습과 같다는 내용, 무아라고 관찰하는 모습이 'na meso attā 이것은 나의 자아가 아니다'라고 관찰하는 모습과 같다는 내용은 제6강에서 설명했습니다.

384 저본에는 '마음·의식'이라고 표현했으나 게송을 감안해서 많이 사용되는 '마음'으로만 표현했다.

정신 무더기 네 가지 중에서 의식, 보통의 표현으로는 마음이 제일 분명하다고 할 수 있습니다. 미얀마 표현에서도 탐욕lobha이나 성냄dosa 등이 생겨나는 것을 '탐욕스런 마음', '좋아하는 마음', '성내는 마음' 등으로 마음을 대표로 말하곤 합니다. 여러 주석서에서도 마음을 먼저 보인 뒤 나머지 마음부수들을 마음과 결합한 것으로 주로 설명합니다. 여기서도 마음에 관해서 조금 자세하게 설명하겠습니다.

과거의 의식에는 이전 여러 생에서 생겼던 마음도 있습니다. 이번 생에서 어렸을 때 생겼던 마음도 있습니다. 그 이후로 지금 현재에 이르기 전까지 몇 년 전, 몇 달 전, 며칠 전에 생겼던 마음도 있습니다. 오늘 중에도 지금 현재에 이르기 전까지 생겼던 마음도 있습니다. 이러한 과거 마음들 중에서 이전 생에 생겼던 마음들은 현재 생까지 오지 않았습니다. 과거 여러 생에서 소멸해 버렸다는 것을 가르침에 관심 있는 불자라면 분명하게 알 것입니다.

하지만 자아집착이 강한 이들은 그렇게 알고 보고 이해하는 것이 쉽지 않습니다. 왜냐하면 자아집착이 강한 이들은 일반적으로 마음을 자아, 영혼, 혼백 등으로 생각해 집착하기 때문입니다. '이전 여러 생의 마음이 이전 생의 몸이 무너질 때 그 몸에서 나와서 지금 생의 새로운 물질 안으로 들어가서 머문다. 어머니의 태 안에서부터 지금까지 그대로 유지된다. 나중에도 죽을 때까지 그대로 지속된다. 죽을 때도 다시 새로운 생의 새로운 몸으로 옮겨 가서 그대로 유지된다'라고 생각해 집착하기 때문입니다. 그렇게 집착하는 모습은 제4강에서 사띠 비구의 일화를 통해서도 분명하게 설명했습니다.[385]

385 본서 pp.179~189 참조.

계속된 생에서 마음이 생겨나는 모습

사실 마음이란 지금 수행자 여러분들이 관찰하면서 자신들의 지혜로 이미 알고 있는 것과 마찬가지로 단 1초도 지속되지 않습니다. 한순간도 끊임없이 사라지고 있습니다. 그렇게 순간도 끊임없이 새 마음과 옛 마음이 바뀌면서 사라지고 있는 모습도 앞에서 인식과정vīthi이 생겨나는 모습과 함께 설명했습니다.[386] 그렇게 설명한 대로 거듭되는 생마다 임종 즈음에 업, 업 표상, 거취 표상을 대상으로 죽음인근 인식과정maraṇāsannavīthi이[387] 생겨납니다. 생겨나는 모습은 다음과 같습니다. 제4강에서 "전향후에 속행칠 여운두번 생겨나"라고 설명한 대로 존재요인 마음이 차례대로 일어나다가 숙고하는 맘문전향이 생겨납니다. 여기서 맘문전향 마음은 이전에 행했던 선업이나 불선업, 혹은 그 업을 행할 때 관련된 대상이나 표상, 혹은 태어날 생의 상황인 거취 표상을 숙고하는 마음입니다. 맘문전향 마음이 사라지면 같은 대상을 집착해서 속행 마음이 다섯 번 생겨납니다. 그 속행 마음이 사라졌을 때 같은 것을 대상으로 여운 역할을 하는 마음이 두 번 생겨납니다. 여운 마음이 사라졌을 때 존재요인 마음이 다시 생겨납니다. 그 존재요인 마음이 한 번, 두 번 정도 생겨난 뒤 그 생의 마음차례가[388] 끊어져 버립니다. 그렇게 마음차례가 끊어져 그 생에서 죽어 버리기 때문에 그 마지막 마음을 임종cuti 마음이라고 부릅니다.

임종 마음이 사라져 버리는 것과 동시에 임종 즈음에 드러났던 선업

386 본서 p.207 참조.

387 표현 그대로 죽음이 다가올 즈음에 생겨나는 인식과정을 말한다. 본서 pp.460~461 참조.

388 형색 등의 대상을 볼 때 생겨나는 일련의 마음차례를 '인식과정'이라고 하고 재생연결이나 존재요인, 임종 마음이 생겨나는 과정은 '탈 인식과정, 인식과정에서 벗어난 과정'이라고 한다. 그래서 '마음차례'라고 표현했다.

이나 불선업에 따라 임종 즈음에 가졌던 대상을[389] 집착해서 새로운 생에 새로운 마음이 생겨납니다. 그 마음은 이전 생과 연결한다고 해서 재생연결paṭisandhi 마음이라고 부릅니다. 재생연결 마음이 사라진 뒤에 존재요인 마음들이 연속해서 생겨납니다. 지금 사람들에게 보는 마음, 듣는 마음 등이 생겨나는 것과 마찬가지입니다. 이렇게 마음이 생겨나는 모습을 살펴보면 마음은 하나씩 연결돼 새로 거듭 생겨나서 거듭 사라져 버리는 것을 알 수 있습니다. 이전 생의 임종 마음은 그 이전 생에서 사라져 버렸습니다. 지금 현재 생의 마음은 이전의 업 때문에 생겨나는 새로운 마음입니다. 마음마다 계속해서 옛 마음이 바뀌어 생겨나는 것이 아닙니다. 새로운 마음들일 뿐입니다.[390]

따라서 계속해서 생겨나고 있는 물질과 정신을 〈부푼다, 꺼진다〉 등으로 끊임없이 관찰하고 있는 수행자는 그렇게 관찰하다가 생각이 생겨나면 그것을 관찰합니다. 그렇게 관찰하면 그 생각이나 망상이 즉시 사라져 버리는 것을 경험합니다. 그렇게 경험하기 때문에 '죽음이란 것도 이러한 마음이 제일 마지막으로 생겨나 마음차례가 끊어지는 것일 뿐이다. 새로운 생에 태어난다는 것도 지금 거듭 새로 생겨나는 마음들처럼 새로운 생, 새로운 장소에 새로운 마음이 처음 생겨나는 것일 뿐이다. 존재요인 마음이라는 것도 업의 힘이 있는 만큼 거듭 끊어지지 않고 생겨나고 있는 새로운 마음들일 뿐이다. 보고 듣고 맡고 먹어서 알고 닿아서 알고 생각해서 안다고 하는 마음들도 그

389 선업이 과보를 준다면 좋은 업, 업 표상, 거취 표상을 취할 것이고 불선업이 과보를 준다면 나쁜 업, 업 표상, 거취 표상을 취할 것이다.

390 ㉻깊은 잠에 빠져 있을 때도 존재요인 마음들이 연속해서 생겨나고 있다. 그래서 존재가 유지된다고도 할 수 있다.

존재요인 마음차례에서[391] 일어나 거듭 새로 생겨나는 마음들일 뿐이다'라고 알고 보고 이해합니다. 그렇게 아는 것은 직접 새겨 알게 된 마음을 근거로 죽음과 재생연결까지 추론으로 유추해서 아는 모습입니다.[392]

업 윤전과 과보 윤전을 통해 연기를 안다

이렇게 알 때 '업 때문에 새로운 마음이 생겨난다'라고 아는 것은 업 윤전과 과보 윤전을 통해 연기paṭiccasamuppāda를 아는 것입니다. 『위숫디막가』에는 다음과 같이 설명돼 있습니다.

Tassevaṁ kammavaṭṭavipākavaṭṭavasena nāmarūpassa paccayapariggahaṁ katvā tīsu addhāsu pahīnavicikicchassa sabbe atītānāgatapaccuppannadhammā cutipaṭisandhivasena viditā honti. (Vis.ii.238)

대역

Evaṁ이와 같이; 이렇게 설명한 양상을 통해; '행위를 행하는 자도 없다. 결과인 과보를 감수하는 자도 없다. 원인과 결과만 끊임없이 생겨나고 있다'라는 등으로 kammavaṭṭavipākavaṭṭavasena업 윤전과 과보 윤전을 통해 nāmarūpassa정신과 물질의 paccayapariggahaṁ조건을 파악하는 것; 구분해서 아는 것을 katvā행하고 나서 tīsu addhāsu세 시기에 대해; 과거와 미래와 현재라는 세 시기에 대해 pahīnavicikicchassa《'자아라거나 나라는 것이 있는가; 그 나라는

391 형색 대상을 보는 등의 인식과정 사이에 존재요인만 계속 생멸하고 있는 마음차례를 말한다.
392 ⓗ죽음과 재생연결은 직접 관찰해서 아는 것이 아니라 현재 분명한 대상을 관찰해서 추론으로 아는 것이다.

것은 무엇 때문에 생겨나는가?'라는 등으로 숙고하고 분석하는》 의심을 제거한; 의심을 제거하고서 tassa수행자에게; 수행자는 sabbe atītānāgatapaccuppannadhammā모든 과거와 미래와 현재법은 cuti-paṭisandhivasena임종과 재생연결을 통해; 임종과 재생연결을 하는 것을 통해 viditā honti이미 분명하게 된다.

이렇게 아는 모습 중, '업 윤전'이라는 구절에 무명, 갈애, 취착, 형성이라는 다른 조건법들도 포함됩니다. 그리고 처음인 재생연결 마음과 마지막인 임종 마음이 생겨나는 모습을 이해하고 알고 보는 것을 통해 중간 부분인 생애 전체의 마음이 생겨나는 모습도 이해하고 알고 보게 됩니다. 현재 생의 전체 마음이 생겨나는 모습을 이해하고 알고 보는 것을 통해서 과거와 미래의 여러 생에서 마음이 생겨났고 생겨날 모습도 이해하고 알고 보게 됩니다. 마음을 알면 마음과 결합한 마음부수들, 마음의 토대인 물질들이 생겨나는 모습도 알고 보고 이해하게 됩니다. 그래서 위의 『위숫디막가』에서 "sabbe atītānāgatapaccuppannadhammā … viditā honti 과거와 미래와 현재의 모든 법을 아는 것이 된다"라고 설명한 것입니다.

의식을 세 시기로 관찰하는 모습

재생연결을 시작으로 마음들이 오직 새로, 연속해서, 거듭 생겨나서 거듭 사라져 버리는 것을 알기 때문에 수행자에게 '과거 생의 마음은 바로 그 과거 생에서 소멸해 버렸다. 이생까지 도달하지 않는다'라는 것이 분명합니다. '이생에서 생겨나고 있는 마음들도 바로 그 각각 생겨나는 순간에 사라져 버린다'라는 것도 분명합니다. 그래서 과거와 미래와 현재를 스스로의 지혜로 이해하고서 명상하고 숙고할 수 있습니다. 이렇게 알고 보고서 명상하고 숙고하는 모습을 독송합시다.

> | 1-1 |
>
> 과거 생의 마음은 현재 생에 도달하지 못한다. 바로 그 과거 생에서 다하고 소멸하기 때문에 무상하고 괴로움이고 무아의 성품법일 뿐이다.[393]
>
> | 2-1 |
>
> 현재 생의 마음도 미래 생에 도달하지 못한다. 바로 이 현재 생에서 다하고 소멸하기 때문에 무상하고 괴로움이고 무아의 성품법일 뿐이다.
>
> | 3-1 |
>
> 미래 생의 마음도 그 다음 생에 도달하지 못한다. 바로 그 태어날 미래 생에서 다하고 소멸하기 때문에 무상하고 괴로움이고 무아의 성품법일 뿐이다.

이것은 대략적으로 생을 통해 명상하고 숙고하는 모습입니다. 현재 생겨나고 있는 물질과 정신을 끊임없이 관찰하고 있는 수행자는 〈부푼다, 꺼진다〉 등으로 관찰하다가 생각이나 계획이 생겨나면 〈생각함; 계획함〉 등으로 관찰합니다. 그렇게 관찰하면 그 생각이나 계획이 즉시 사라져 버리는 것을 경험합니다. 혹은 소리를 들으면 〈들린다, 들린다〉 등으로 관찰합니다. 그렇게 관찰하면 들어서 아는 마음이 즉시 사

393 저본에서 물질이나 느낌, 인식과 달리 간략하게 표현해서 그대로 따랐다. 아래도 동일하다.

라져 버립니다. 일반인들처럼 오랫동안 계속 듣고 있다고 생각하지 않습니다. 들었다가 사라졌다가, 새로 들었다가 사라졌다가, 이렇게 한 부분씩 끊어져 사라져 버리는 것을 경험합니다. 그와 마찬가지로 닿아서 아는 것을 관찰할 때도 닿아서 아는 마음이 즉시 사라져 버리는 것을 경험합니다. 지혜가 특별히 좋아졌을 때라면 보아서 아는 것도 알고 사라지고, 새로 알고 사라지면서 즉시 사라져 버리는 것을 경험합니다. 맡아서 아는 마음, 먹어서 아는 마음도 같은 방법으로 알게 됩니다. 관찰해서 아는 마음도 관찰해서 알면 사라지고, 새로 알면 사라지고, 이렇게 즉시 사라져 버리는 것을 경험합니다. 요약하자면 관찰할 때마다 관찰해서 알아지는 대상과 관찰해서 아는 마음이 계속해서 짝을 이루면서 사라져 버리는 것을 경험합니다.

그렇게 분명하게 알게 된 수행자는 '보아서 아는 마음은 관찰해서 알 때, 생각해서 알 때, 들어서 알 때 등에 도달하지 못한다. 보아서 아는 바로 그 순간에 사라지기 때문에 무상하다'라는 등으로도 이해하고 알고 봅니다. 그와 마찬가지로 '관찰해서 아는 마음, 생각해서 아는 마음, 들어서 아는 마음 등도 보아서 알 때 등에 도달하지 못한다. 관찰해서 알 때, 생각해서 알 때, 들어서 알 때 등에 사라져 버리기 때문에 무상하다'라는 등으로 이해하고 알고 봅니다. 이렇게 알고 보는 모습을 독송합시다.

| 1-2 |

방금 생겨났던 보아서 아는 마음, 들어서 아는 마음, 닿아서 아는 마음, 생각해서 아는 마음 등은 지금 볼 때, 들을 때 등의 순간에 도달하지 못한 채 다하고 소멸하기 때문에 무상하고 괴로움이고 무아의 성품법일 뿐이다.

| 2-2 |

지금 보고 듣고 닿아서 알고 생각해서 알고 관찰해서 아는 마음도 다음에 다시 보아서 알 때, 들어서 알 때 등의 순간에 도달하지 못한 채 바로 지금 순간에 다하고 소멸하기 때문에 무상하고 괴로움이고 무아의 성품법일 뿐이다.

| 3-2 |

나중에 보고 듣고 닿아서 알고 생각해서 알고 관찰해서 아는 마음도 그 다음에 보고, 듣고, 닿아서 알고, 생각해서 알고, 관찰해서 아는 순간에 도달하지 못한 채 다하고 소멸하기 때문에 무상하고 괴로움이고 무아의 성품법일 뿐이다.

(이것은 관찰하는 중에 드러나는, 과거와 현재와 미래의 마음을 구체적으로 명상하고 숙고하는 모습입니다. 현재 관찰하는 중에 새겨 알게 된 마음, 의식과 비교해서 과거나 미래 마음을 추론anumāna으로 명상하고 숙고하는 모습도 있습니다. 이 내용도 독송합시다.)[394]

현재 관찰하고 있는 동안에 다하고 소멸하기 때문에 무상한 마음들과 마찬가지로 과거의 마음들도 바로 그 각각의 순간에 다하고 소멸하기 때문에 무상하고 괴로움이고 무아인 성품법일 뿐이다. 나중에 생겨날 마음들도

394 물질과 느낌에 대한 설명에는 있는데 저본에 없어 첨가했다.

> 바로 그 각각의 순간에 다하고 소멸하기 때문에 무상하고 괴로움이고 무아인 성품법일 뿐이다.[395]

자신 상속의 관찰해서 아는 마음이 다하고 소멸하는 모습을 직접 경험해서 알고 나서 타인 상속이나 관찰하지 않은 자신의 마음, 온 세상의 마음도 추론으로 명상하고 숙고하는 모습도 있습니다. 이 내용도 독송합시다.

> 현재 관찰해서 알게 된 모든 마음이 무상한 것처럼[396] 타인 상속의 마음도 순간도 끊임없이 사라지고 있다. 온 세상의 모든 마음도 소멸하는 것일 뿐이다. 그래서 모든 마음은 무상하고 괴로움이고 무아인 성품법일 뿐이다.

이 정도면 모든 마음을 명상하고 숙고하는 모습이 충분히 설명됐다고 생각합니다. 내부와 외부 등으로 분석해서 명상하는 모습만 조금 더 설명하겠습니다. 가르침에 따라 다음과 같이 관찰하는 모습을 독송합시다.

의식을 내부와 외부로 관찰하는 모습

> |4/5|
>
> 자신 내부를 대상으로 생겨나는 마음은 외부 대상에 대한 마음에 도달하지 못한다. 외부를 대상으로 생겨나는

395 저본에 이 부분은 생략돼 있다. 다른 무더기들과 동일하도록 첨가했다.

396 간략한 저본의 표현을 따랐다.

마음도 내부 대상에 대한 마음에 도달하지 못한다. 각각 의 대상을 아는 그 순간에 다하고 소멸하기 때문에 무상하다. 괴로움이다. 무아인 성품법일 뿐이다.

의식을 거칠고 미세한 것으로 관찰하는 모습

성내는 마음은 거칩니다. 다른 마음들은 미세합니다. 성내는 마음 중에서도 다른 이를 죽일 정도로, 괴롭힐 정도로, 다른 이의 재산을 빼앗을 정도로, 비난과 저주의 말을 퍼부을 정도로 심하게 성내는 마음은 거칠고, 보통으로 화내는 정도의 성내는 마음은 미세합니다. 탐욕의 마음은 성냄의 마음과 비교하면 미세합니다. 하지만 다른 이의 재산을 빼앗아 가질 정도로, 여법하지 않은 행위를[397] 할 정도로, 저열한 말을 할 정도로 심하게 탐하는 마음은 거칠고, 보통으로 원하고 좋아하는 정도의 마음은 미세합니다. 어리석은 마음은 탐욕의 마음, 성냄의 마음과 비교하면 미세합니다. 하지만 진짜 부처님, 진짜 가르침, 진짜 승가에게 불경하게 분석하고 따지는 어리석은 마음은 거칩니다. 반신반의하는 정도, 산란한 정도의 어리석은 마음은 미세합니다. 이러한 불선 마음들보다 선 마음들이 미세합니다. 선 마음들 중에서도 기쁘고 격앙된 마음은 거칩니다. 격앙되지 않고 잘 다스려진 선 마음은 미세합니다. 끊임없이 관찰하고 있는 수행자는 그렇게 거칠고 미세한 마음이 번갈아 생겨날 때마다 관찰하면서 '거친 마음은 미세한 마음이 생겨날 때까지 도달하지 못한다. 미세한 마음도 거친 마음이 생겨날 때까지 도달하지 못한다. 각각 생겨나는 그 순간에 다하고 사라져 버린다'라는 것을 경험합니다.

397 삿된 음행을 말한다.

마음 거듭관찰에 따라 알고 보는 모습

마음을 거듭 관찰해서 위의 사실을 경험하는 모습은 다음과 같습니다. 〈부푼다, 꺼진다〉 등으로 관찰하다가 탐착하고 즐기는 애착 rāga 마음이 생겨나면 그 마음을 〈탐착한다; 즐긴다〉 등으로 관찰합니다. 그렇게 관찰해서 아는 것은 "sarāgaṁ vā cittaṁ sarāgaṁ cittanti pajānāti(애착 있는 마음을 애착 있는 마음이라고 안다)"라고 설하신 「마하사띠빳타나숫따Mahāsatipaṭṭhānasutta(새김확립 긴 경)」의 가르침과 일치하게(D.ii.237) 탐착하고 즐기는 성품인 애착과 함께 생겨나는 마음을 사실대로 관찰해서 아는 것입니다. 그렇게 관찰하면 탐착하고 즐기는 마음이 끊어져 버립니다. 그때에는 애착이 없는 새겨 아는 마음인 선 마음과 보통으로 숙고하는 것[398], 보아서 아는 것 등 작용 마음과 과보 마음, 선 속행 마음만 이어서 생겨납니다.[399] 그러한 선한 마음, 작용 마음, 과보 마음들도 그 마음들이 생겨나는 대로 〈본다; 듣는다; 닿는다; 안다〉 등으로 관찰해서 압니다. 이것은 "vītarāgaṁ vā cittaṁ vītarāgaṁ cittanti pajānāti(애착 없는 마음을 애착 없는 마음이라고 안다)"라고 설하신 「마하사띠빳타나숫따」의 가르침과 일치하게(D.ii.237) 애착이 없는 선 마음, 작용 마음, 과보 마음을 관찰해서 아는 것입니다. 그렇게 애착하는 마음과 애착이 없는 마음을 관찰해서 아는 것이 진짜 마음 거듭관찰 새김확립을 닦는 것입니다.

여기서 견문을 넓히기 위해 주석서의 설명도 소개하겠습니다. 주석

398 뒤에 작용 마음이라고 언급됐기 때문에 여기서 숙고하는 마음은 전향 마음을 말한다. 본서 p.207 참조.

399 눈 문 인식과정에서 오문전향은 작용 마음, 보아서 아는 마음은 과보 마음이다. 속행 때는 선 마음이나 과보 마음(아라한이면 작용 마음)이 생겨난다.

서에서 "애착 있는sarāga 마음이란 탐욕lobha과 함께 생겨나는 마음 여덟 가지다"라고 설명해 놓았습니다.(DA.ii.366) 이것은 애착하는 마음의 법체를 밝힌 것입니다. '애착한다고 하면 탐욕을 뿌리로 하는 마음 여덟 가지 중 어느 한 가지다'라고 알게 하려고 설명한 것입니다. '탐욕뿌리 마음 여덟 가지를[400] 애착 있는 마음이라고 말한다'라고 단지 숙고하는 것만으로 마음 거듭관찰이 생겨난다는 의미가 아닙니다. 그리고 "애착 없는vītarāga 마음이란 세간의 선 마음과 비확정[401] 마음이다"라고 설명해 놓았습니다.(DA.ii.366) 또한 여기서 애착 없는 마음은 위빳사나 지혜로 파악하는, 즉 관찰해서 아는 것의 대상이기 때문에 (위빳사나의 관찰 대상이 아닌) 출세간 마음은 애착 없는vītarāga 마음, 성냄 없는 vītadosa 마음 등의 구절에 포함해서는 안 된다고, 성냄뿌리 마음 두 가지와[402] 어리석음뿌리 마음 두 가지도[403] 애착 없는 마음이라는 구절에 포함해서는 안 된다고 설명해 놓았습니다.(DA.ii.366)

이 설명에 대해 본승이 아직 실천을 통한 배움paṭipattisuta이 없었을 때 '성냄뿌리 마음과 어리석음뿌리 마음을 애착 없는 마음에 무엇 때문에 포함시켜 취해서는 안 되는가?'라는 의문이 생긴 적이 있습니다. 하지만 수행해서 실천을 통한 배움을 얻게 되자 주석서의 설명이 매우 적합하다는 것을 이해하게 됐습니다. 애착하는 마음을 관찰해서 그 애착하는 마음이 사라져 버렸을 때 선 마음과 작용·과보의 비확정 마음만 생겨나는 것이 일반적입니다. 성냄 마음이나 어리석음 마음이 생겨나

400 탐욕뿌리 마음 여덟 가지는『아비담마 강설 1』, pp.107~120 참조.

401 선이나 불선으로 확정해서 말할 수 없는 법을 비확정abyākata 법이라고 한다.

402 성냄뿌리 마음 두 가지는『아비담마 강설 1』, pp.123~134 참조.

403 어리석음뿌리 마음 두 가지는『아비담마 강설 1』, pp.136~143 참조.

는 일은 없습니다. 그래서 그때는[404] 관찰해서 아는 선 마음이나, 보아서 아는 마음 등 과보인 비확정 마음이나, 전향이라는 (작용인) 비확정 마음만을 관찰해서 알 수 있습니다. 그렇게 '애착 없는vītarāga 마음이란 세간의 선 마음과 비확정 마음이라는 주석서의 설명은 매우 적합하구나. 수행자가 관찰하는 모습과 정확히 일치하구나'라고 이해했습니다.

〈부푼다, 꺼진다〉 등으로 관찰하다가 성냄dosa 마음이 생겨나더라도 그 성냄 마음을 관찰해야 합니다. 그렇게 관찰하면 성냄 마음이 끊어져 버립니다. 그때는 관찰해서 아는 선 마음이나 보아서 아는 마음 등의 비확정 마음과 선 속행 마음이 생겨납니다. 수행자는 그 성냄 없는vītadosa 마음을 관찰해서 압니다.

의심하거나 들뜬 마음인 어리석은 마음이 생겨나더라도 그 마음을 관찰해서 압니다. 그렇게 새기면 의심하는 마음, 들뜬 마음이 끊어져 버립니다. 그때는 관찰해서 아는 선 마음이나 보아서 아는 마음 등의 비확정 마음과 선 속행 마음이 생겨납니다. 수행자는 그 어리석음 없는 vītamoha 마음을 관찰해서 압니다.

그리고 〈부푼다, 꺼진다〉 등으로 관찰하다가 게으르고 흐리멍덩하고 나태한saṅkhitta 마음, 느슨한 마음이 생겨나면 그 마음도 〈나태함; 느슨함〉 등으로 관찰합니다. 그렇게 관찰하면 그 느슨한 마음이 끊어져 버리고 새김이 좋은 마음이 생겨납니다. 그 마음도 관찰하고 나서 〈부푼다, 꺼진다〉라고 이전에 새기던 대로 계속 관찰합니다.

그리고 주된 대상을 관찰하다가 산란하고 들뜬vikkhitta 마음이 생겨날 때도 그 마음을 〈들뜸; 달아남; 생각함〉 등으로 관찰합니다. 그렇게

404 '애착 있는 마음을 관찰한 뒤에는'이라는 뜻이다.

관찰하면 들뜨지 않고 원래 관찰하던 대상에만 마음이 고요하게 머뭅니다. 그렇게 고요한 마음도 관찰해서 압니다.

《고귀한mahaggata 마음과 위없는anuttara 마음이라는 색계 선정, 무색계 선정 마음들을[405] 아는 모습은 선정을 얻은 이들에게만 해당됩니다. 선정을 얻지 못한 이들에게는 해당되지 않습니다.》

주된 대상을 관찰하다가 새김이 좋아져서 각각의 관찰하던 대상에만 고요하게 머물면 그렇게 고요하게 집중된samāhita 마음도 저절로 알게 됩니다. 집중되지 않은asamāhita 마음이 생기더라도 그 마음도 관찰합니다. 그렇게 거듭 새기면서 관찰하면 더욱 집중돼 고요해집니다. 그렇게 고요하게 집중된 마음도 저절로 분명하게 알게 됩니다.

관찰하는 마음을 '벗어난vimutta 마음', 즉 번뇌로부터 벗어난 마음이라고 부릅니다. 관찰하지 않는 마음을 '벗어나지 못한avimutta 마음', 즉 번뇌로부터 벗어나지 못한 마음이라고 부릅니다. 그 마음들도 수행자는 관찰해서 압니다.

지금 설명한 것은 「마하사띠빳타나숫따」를 통해 부처님께서 설해 놓으신 마음 거듭관찰cittānupassanā을 닦는 모습입니다. 그 마음 거듭관찰에 따라 관찰해서 아는 모습 중에 애착하고 즐기는 마음, 성내는 마음, 들뜬 마음, 집중되지 않은 마음 등이 거친 마음입니다. 그 거친 마음들이 사라졌을 때 생겨나는 선 마음, 비확정 마음들이 미세한 마음입니다. 그래서 생겨나고 있는 법들을 끊임없이 관찰하고 있는 수행자는 '거친 마음은 미세한 마음이 생겨나는 순간까지 도달하지 않는다'라는

405 위없는 마음이라는 명칭은 엄밀하게는 출세간 마음을 표현한다. 하지만 출세간 마음은 위빳사나의 관찰 대상이 아니기 때문에 새김확립의 영역에서는 출세간 마음을 위없는 마음이라고 부를 수 없다. 『마하사띠빳타나숫따 대역』, p.180 참조.

등으로 명상하여 알고 보게 됩니다. 그렇게 명상하고 숙고하는 모습을 독송합시다.

| 6 / 7 |

거친 마음은 미세한 마음이 생겨나는 순간에 도달하지 않는다. 미세한 마음도 거친 마음이 생겨나는 순간에 도달하지 않는다. 각각의 순간에 다하고 소멸하기 때문에 마음은 무상하다. 괴로움이다. 무아인 성품법일 뿐이다.

의식을 저열하고 수승한 것으로 관찰하는 모습

마음을 저열하고 수승한 것으로 나누는 모습은 형성들을 저열하고 수승한 것으로 나누는 모습 그대로 이해하면 됩니다.[406] 저열하고 수승한 마음을 통해 파악하고 숙고하는 모습을 독송합시다.

| 8 / 9 |

저열한 불선 마음은 수승한 선 마음, 비확정 마음이 생겨나는 순간에 도달하지 않는다. 수승한 선 마음, 비확정 마음도 저열한 불선 마음이 생겨나는 순간에 도달하지 않는다. 각각의 순간에 다하고 소멸하기 때문에 무상하다. 괴로움이다. 무아인 성품법일 뿐이다. 보시 선 마음은 계 선 마음, 수행 선 마음이 생겨나는 순간에 도달

406 악행을 도모하고 행하는 마음이 저열한 마음이다. 선행을 도모하고 행하는 마음이 수승한 마음이다. 선업 중에서도 보시 선업보다 계 선업이 더욱 수승하다. 계 선업보다 수행 선업이 더욱 수승하다. 수행 중에서도 사마타보다 위빳사나 선업이 더욱 수승하다. 본서 p.362 참조.

하지 않는다. 계 선 마음, 수행 선 마음도 보시 선 마음이 생겨나는 순간에 도달하지 않는다. 계 선 마음은 수행 선 마음이 생겨나는 순간에 도달하지 않는다. 수행 선 마음도 계 선 마음이 생겨나는 순간에 도달하지 않는다. 사마타 수행 마음은 위빳사나 관찰 마음이[407] 생겨나는 순간에 도달하지 않는다. 위빳사나 관찰 마음도 사마타 수행 마음이 생겨날 때까지 도달하지 않는다. 각각의 순간에 다하고 소멸하기 때문에 무상하다. 괴로움이다. 무아인 성품법일 뿐이다.

의식을 멀고 가까운 것으로 관찰하는 모습

봄, 들림 등을 관찰하지 않는 일반인들은 먼 곳을 보다가 가까운 곳을 볼 때 '먼 곳을 보는 마음 바로 그것이 가까이 온 것이다'라고 생각합니다. 가까운 곳을 보다가 먼 곳을 볼 때도 '가까운 곳을 보는 마음 바로 그것이 멀리 간 것이다'라고 생각합니다.

그와 마찬가지로 먼 곳의 소리를 듣다가 가까운 곳의 소리를 들었을 때 '먼 곳의 마음이 가까이 왔다'라고 생각합니다. 가까운 곳의 소리를 듣다가 먼 곳의 소리를 들으면 '가까운 마음 바로 그것이 멀리 갔다'라고 생각합니다.

외부의 냄새를 맡다가 자신의 냄새를 맡을 때도 '먼 곳의 마음이 가까이 왔다'라고 생각합니다. 자신의 냄새를 맡다가 외부의 냄새를 맡을 때도 '가까운 마음 바로 그것이 멀리 갔다'라고 생각합니다. 《이것은 가

407 형성과 달리 '선업'이라는 표현이 없어 '사마타 수행', '위빳사나 관찰'이라는 저본의 표현을 그대로 따랐다.

장 분명하게 드러납니다.》

발끝 등 멀리 떨어진 곳에 닿아서 알고 있다가 가슴 등 가까운 곳에 닿아서 알 때도 '먼 곳의 마음이 가까이 왔다'라고 생각합니다. 가슴 등 가까운 곳에 닿아서 알고 있다가 발끝 등 멀리 떨어진 곳에 닿아서 알 때도 '가까운 마음 바로 그것이 멀리 갔다'라고 생각합니다.

먼 대상을 생각해서 알고 있다가 가까운 대상을 생각해서 알 때도 '먼 곳의 마음이 가까이 왔다'라고 생각합니다. 가까운 대상을 생각해서 알고 있다가 먼 대상을 생각해서 알 때도 '가까운 마음 바로 그것이 멀리 갔다'라고 생각합니다. 《멀리 떨어진 형색을 보아 알다가 가까운 곳의 소리를 들어 알거나, 냄새를 맡아 알거나, 감촉을 닿아서 아는 경우 등도 같은 방법으로 분석해서 설명할 수 있습니다.》 요약하자면 '하나의 마음이 그대로 유지되고 있다. 바로 그 하나의 마음이 멀고 가까운 모든 것을 알고 있다'라고 생각하는 것입니다.

볼 때마다, 들을 때마다, 맡을 때마다, 먹어서 알 때마다, 닿아서 알 때마다, 생각해서 알 때마다 끊임없이 관찰하고 있는 수행자라면 '먼 마음이 가까이 오는 것이 아니다. 가까운 마음이 멀리 가는 것도 아니다. 각각의 순간에 다하고 사라지는 것이다'라는 것을 스스로의 지혜로 알고 보고 결정할 수 있습니다. 그렇게 알고 보고서 명상하고 숙고하는 모습을 독송합시다.

| 10 / 11 |

먼 대상에 대해 보아서 아는 마음, 들어서 아는 마음, 생각해서 아는 마음 등이 가까운 대상에 도달하지 않는다. 가까운 대상에 대해 보아서 아는 마음, 들어서 아는

> 마음, 생각해서 아는 마음 등도 먼 대상에 도달하지 않는다. 각각 생겨나는 바로 그 순간에 다하고 소멸하기 때문에 무상하다. 괴로움이다. 무아인 성품법일 뿐이다.

마음을 11가지로 분석해서 관찰하는 모습이 끝났습니다. 이제 그렇게 관찰하는 모습과 관련된 성전의 간략한 해석을 독송하고 법문을 마치겠습니다. 같이 독송합시다.

> 과거든 미래든 현재든, 내부든 외부든, 거칠든 미세하든, 저열하든 수승하든, 멀든 가깝든, 그 모든 마음을 '나의 것이 아니다. 나가 아니다. 나의 자아가 아니다'라고 스스로의 지혜로 바르게 알도록 관찰해야 한다, 노력해야 한다.

「아낫딸락카나숫따」 가르침을
정성스럽게 들은 청법선업 의도의 공덕으로
자신의 상속에 생겨나는 물질과 정신을 관찰하고 새겨
무상특성, 괴로움특성과 함께 무아특성을 잘 알고 보아
각자 원하는 열반을
도와 과의 지혜로 빠르게 실현하기를.

사두, 사두, 사두.

『아낫딸락카나숫따 법문』 제7강이 끝났다.

제7강 역자 보충설명

본서 p.253 등에 무상과 괴로움과 무아에 관한 게송들을 소개했습니다. 세 가지 특성을 한 번에 볼 수 있도록 마하시 사야도의 게송을 정리하면 다음과 같습니다.

무상

무상anicca과 무상특성aniccalakkhaṇa과 무상 거듭관찰aniccānupassanā을 알아야 합니다. 이 내용을 게송으로 다음과 같이 표현할 수 있습니다. 그리고 관찰할 때마다 무상하다고 아는 수행자를 무상 거듭관찰자 aniccānupassī라고 합니다.

무상한법 알아야해 무상특성 알아야해
무상하다 거듭관찰 세가지를 알아야해
(가) 생멸모든 물질정신 무더기가 무상한법
(나) 생겨나서 사라지는 특성바로 무상특성
(다) 관찰할때 소멸함을 알고보고 경험하여
무상하다 아는것이 무상거듭 관찰지혜
(라) 관찰마다 무상하다 아는이가 무상거듭 관찰자

괴로움

괴로움dukkha과 괴로움특성dukkhalakkhaṇa과 괴로움 거듭관찰dukkhānupassanā을 알아야 합니다. 그리고 관찰할 때마다 괴로움이라고 아는 수행자를 괴로움 거듭관찰자dukkhānupassī라고 합니다.

괴로움법 알아야해 고통특성 알아야해
괴로움의 거듭관찰 세가지를 알아야해
(가) 생멸핍박 물질정신 무더기가 괴로움법
(나) 생성소멸 핍박하는 특성바로 고통특성
(다) 관찰할때 생멸함을 알고보고 경험하여
괴롭다고 아는것이 고통거듭 관찰지혜
(라) 관찰마다 괴롭다고 아는이가 고통거듭 관찰자

무아

무아anatta와 무아특성anattalakkhaṇa과 무아 거듭관찰anattānupassanā을 알아야 합니다. 그리고 관찰할 때마다 무아라고 아는 수행자를 무아 거듭관찰자anattānupassī라고 합니다.

무아인법 알아야해 무아특성 알아야해
무아라고 거듭관찰 세가지를 알아야해
(가) 생멸본성 물질정신 무더기가 무아인법
(나) 마음대로 되지않는 특성바로 무아특성
(다) 관찰할때 마음대로 되지않음 경험하여
무아라고 아는것이 무아거듭 관찰지혜
(라) 관찰마다 무아라고 아는이가 무아거듭 관찰자

제8강

1963년 음력 8월 보름, 23일

(1963.09.02, 09.10)

「아낫딸락카나숫따」의 가르침을 설한 지 열 번[408], 강의로는 일곱 번째 법문이 끝났습니다. 이제 제8강을 설할 차례입니다. 이 경은 부처님께서 설하신 내용에 따라 크게 네 부분으로 나눌 수 있습니다.

첫 번째는 "물질, 느낌, 인식, 형성들, 의식이라는 다섯 무더기는 괴롭히기 때문에도 내부자나 자아가 아니고, 자신이 바라는 대로 되지 않고 마음대로 할 수 없기 때문에도 내부자나 자아가 아니다"라는 내용입니다.

두 번째는 "다섯 무더기는 항상한가 무상한가? 괴로움인가 행복인가?"라고 물으신 뒤 무상하고 괴로움이고 변하고 무너지는 성품법을 나의 것이라고, 나라고, 나의 자아라고 보고 생각하는 것은 타당하지 않다고 설하신 부분입니다.

세 번째는 다섯 무더기를 11가지로 분석해서 나의 것이 아니라고, 나가 아니라고, 나의 자아가 아니라고 관찰하도록《무상하고 괴로움이고 무아라고 관찰하도록》설하셨습니다.[409]

제8강에서 법문할 네 번째 부분에서는 무상하고 괴로움이고 무아라고 관찰하고 보는 이에게 위빳사나 지혜가 차례대로 향상돼 염오의 지혜 nibbinda[410] ñāṇa가 생겨나는 모습, 그 지혜가 생겨난 뒤 도의 지혜, 과의 지혜가 차례대로 생겨나 아라한 도와 과에 도달해 아라한이 되는 모습을 설하셨습니다.

408 저본에 따라 열 번이라고 설명했다. 날짜를 헤아리면 아홉 번이 돼야 한다.

409 ㉻앞에서도 언급했듯이 '나의 것이 아니다. 나가 아니다. 나의 자아가 아니다'라고 관찰하는 것은 '무상하다. 괴로움이다. 무아다'라고 관찰하는 것과 동일하다. '나의 것이 아니다'는 '괴로움이다'와, '나가 아니다'는 '무상하다'와, '나의 자아가 아니다'는 '무아다'와 동일하다.

410 사전에는 보통 'nibbindā'라고 장음으로 표기하나 저본의 표현을 따랐다.

염오의 지혜 등이 생겨나는 모습

위빳사나 지혜가 향상되는 모습

16-1 Evaṁ passaṁ, bhikkhave, sutavā ariyasāvako rūpasmimpi nibbindati, vedanāyapi nibbindati, saññāyapi nibbindati, saṅkhāresupi nibbindati, viññāṇasmimpi nibbindati. (S.ii.56)

대 역

Bhikkhave비구들이여, evaṁ이와 같이; 지금까지 설한 모습을 통해 passaṁ=passanto관찰하는 sutavā배움을 구족한; 듣고 봄을 구족한 ariyasāvako성스러운 제자는; 부처님의 제자는 rūpasmimpi물질에 대해서도 nibbindati염오한다; 즐기지 않고 염오한다. vedanāyapi느낌에 대해서도 nibbindati염오한다; 즐기지 않고 염오한다. saññāyapi인식에 대해서도 nibbindati염오한다; 즐기지 않고 염오한다. saṅkhāresupi형성들에 대해서도 nibbindati염오한다; 즐기지 않고 염오한다. viññāṇasmimpi의식에 대해서도 nibbindati염오한다; 즐기지 않고 염오한다.

이 내용은 위빳사나 지혜가 차례대로 향상돼 (형성법들을) 넌더리치는 염오의 지혜가 생겨나는 모습을 설하신 것입니다. 그중 "evaṁ passaṁ 이와 같이 설한 대로 관찰하고 보는"이라는 구절은 "무상하고 괴로움이고 무아라고 관찰하도록 《"evametaṁ yathābhūtaṁ sammappaññāya daṭṭhabbaṁ(이와 같이 이것을 있는 그대로 바른 통찰지를 통해 보아야 한다)'이라고(M.i.192)》 설하신 대로 관찰하는" 수행자를 두고 하신 말씀입니다. 그렇게 관찰하는 수행자는 'sutavā', '배움, 즉 들음과 봄을 구족한 이'입니다. '물질, 느낌, 인식, 형성들, 의식을 무상하고 괴로움이고 무아라고 관찰하고 볼 수 있도록 볼 때마다, 들을 때마다, 맡을 때마다, 먹어서 알 때마다, 닿아서 알 때마다, 생각해서 알 때마다 관찰하고 새겨야 한다'라는 사실도 들어 본 적이 있습니다. '그렇게 관찰해서 알아지는 것은 다섯 취착무더기, 물질과 정신 두 가지일 뿐이다. 관찰해서 아는 것도 정신일 뿐이다'라는 사실도 들어 본 적이 있습니다. '조건과 결과일 뿐이다'라는 사실도 들어 본 적이 있습니다. '순간도 끊임없이 생멸하고 있는, 무상하고 괴로움이고 무아인 법일 뿐이다'라는 사실도 들어 본 적이 있습니다. 그렇게 들은 것, 기억한 것을 '전승된 배움āgamasuta'이라고 합니다. 이것은 수행자가 관찰하기 전에 갖추어야 할 배움입니다. 여러분들도 그렇게 들어 본 적이 있지 않습니까? 그렇게 들어 본 적이 있으면 전승된 배움이라는 '들음聞'을 갖춘 것입니다.[411]

그리고 계속 관찰하면서 부푸는 것, 꺼지는 것, 굽히는 것, 펴는 것, 움직이는 것, 팽팽한 것, 미는 것, 단단한 것, 거친 것, 부드러운 것, 미

411 ㉻수행 중에 졸리고 아프고 망상하고 지겨워서 '왜 수행하는가? 왜 이렇게 사서 고생하는가?'라고 물러나는 마음이 생겨날 때 그 마음을 관찰해야 한다. 관찰해도 없어지지 않으면 잠시 이러한 법문을 떠올려서 '이러한 수행은 부처님께서 출현하셨을 때 법문을 들을 수 있는 곳에 살면서 믿음을 갖춘 이라야 실천할 수 있다. 물질과 정신, 조건과 결과, 무상·고·무아의 가르침을 듣는 것도 과거 바라밀이 있어야 가능하다. 나에게도 과거의 이런 선업 바라밀이 있다. 이 좋은 기회를 놓치지 않으리라'라고 잠시 숙고하면 기쁨이나 희열이 생겨나 다시 수행이 잘 진행되기도 한다.

끄러운 것, 뜨거운 것, 차가운 것, 보이는 것, 들리는 것, 맡아지는 것, 먹어서 알게 된 것, 닿아서 알게 된 것, 이러한 것들을 관찰할 때 '관찰해서 알아지는 것은 물질이다. 관찰해서 아는 것은 정신이다. 이렇게 물질과 정신, 두 가지만 존재한다'라고 알게 됩니다. 보아서 아는 것, 들어서 아는 것, 닿아서 아는 것, 생각해서 아는 것 등을 관찰할 때도 '아는 것은 정신, 아는 것의 토대인 물질[412], 이 두 가지만 존재한다'라고 알게 됩니다. 여러분들도 그렇게 알지 않았습니까? 그렇게 아는 것은 '증득한 배움adhigamasuta'이라고 합니다. 직접 경험해서 알게 된 성품이라는 뜻입니다. 그것을 '봄見'이라고 합니다.

그리고 〈굽히려 함, 굽힘; 펴려 함, 폄; 가려 함, 감〉 등으로 관찰해서 '굽히려고 해서 굽힌다. 펴려고 해서 편다. 가려고 해서 간다. 굽히도록, 펴도록, 가도록 행해 주는 어떤 실체라고는 없다. 각각 관련된 조건과 결과만 존재한다'라고도 알게 됩니다. 그것도 증득한 배움이라는 '봄見' 입니다. '관찰하지 않고 잊어버릴 때 사실대로 알지 못해서 좋아한다. 좋아해서 집착한다. 집착해서 집착한 것을 얻도록 노력한다. 노력해서 선업이나 불선업이 생겨난다. 그 업 때문에 새로운 생에 태어난다'라는 등으로[413] 연기에 따라 조건과 결과가 연결되는 모습도 이해하게 됩니다.

이어서 관찰되어지는 물질, 느낌, 인식, 형성들, 의식이나 관찰해서

412 아는 것의 대상은 물질일 수도 있고 정신일 수도 있기 때문에 저본에서 따로 표현하지 않은 듯하다.

413 ㉻우 자띨라 사야도의 게송을 소개하면 다음과 같다.

고통이라 고통을 알지못하네
알지못해 고통을 갈망한다네
갈망해서 더욱더 집착한다네
집착해서 얻도록 노력한다네
노력해서 가끔씩 얻게된다네
그렇지만 얻은것 고통이라네

아는 것이나 새로 거듭 생겨나서는 계속 사라져 버리는 것도 경험하게 됩니다. 그렇게 경험하기 때문에 '무상하고 괴로움이고 무아인 성품법일 뿐이다'라는 것을 부처님께서 가르치신 대로 바르게 압니다.

지금 설명한 대로 관찰하면서 물질과 정신을 구분해서 아는 모습을 시작으로 생겨남과 사라짐, 무상 등을 직접 경험해서 알고 보는 것이 모두 '증득한 배움'입니다. 전해 들은 정도가 아니라 스스로의 지혜로 알고 보는 것입니다. 그것을 이전 큰스님들이 '봄見'이라고 표현했습니다. 여러분들 중에도 이렇게 직접 경험한 '봄'의 지혜를 갖춘 이들이 많이 있을 것입니다. 그래서 무상과 괴로움과 무아를 스스로의 지혜로 관찰해서 볼 수 있는 이는 들음과 봄이라는 배움을 구족한 이들이라고 말했던 것입니다. 「아낫딸락카나숫따」 가르침을 듣고 있던 오비구는 수다원이었기 때문에 지금 설명한 배움을 구족했다는 사실은 말할 필요도 없습니다.

그렇게 '전승된 배움'이라는 들음과 '증득한 배움'이라는 봄, 이 두 가지 배움을 갖춘 부처님의 제자는 볼 때마다, 들을 때마다, 닿을 때마다, 알 때마다 분명하게 드러나는 모든 물질, 느낌, 인식, 형성들, 의식이라는 다섯 무더기를 「아낫딸락카나숫따」의 세 번째 부분《이 법문의 제6강과 제7강》에서 설명한 대로 스스로의 지혜로 무상하고 괴로움이고 무아라고 관찰해서 볼 수 있습니다. 그렇게 관찰할 수 있는 수행자는 빠르게 생겨나서는 사라지는 물질·정신의 생성과 소멸을 알고 보는 생멸의 지혜udayabbaya ñāṇa에 도달합니다. 생멸의 지혜에 도달했을 때 『위숫디막가』 등에 설명된 대로 특별한 빛도 경험합니다. 기쁘고 안락한 특별한 행복도 경험합니다. 특별한 희열pīti도 경험합니다. 몸과 마음의 특별한 경안함, 가벼움, 부드러움, 적합함, 올곧음도 경험합니다. 그래서 몸도 마음도 가늠할 수 없을 정도로 특별히 좋은 것도 경험합니다. 새김sati도 새기지 못하는 것이 없다고 생각할 정도로 매우 좋습니다. 지혜도 모르는 것이 없다고 생각할 정도로 매우 좋습니다. 부처님, 가르침, 승가를 존경하고 따르는 믿음도[414] 이전에 경험해 본 적이 없을 정도로 매우 깨끗합니다.[415]

하지만 그렇게 특별한 현상들도 관찰해서 제거해야 합니다. 그렇게 관찰해서 제거한 뒤 그 지혜의 단계에서 향상됐을 때 무너짐의 지혜bhaṅga ñāṇa가 생겨납니다. 무너짐의 지혜 단계에서는 관찰되는 대상이나, 관찰해서 아는 것이나 계속해서 짝을 이루면서 다하고 사라져 버리는 것을 경험합니다. 예를 들자면 〈부푼다〉라고 관찰하면 부푸는 것도 사라져 버리고 관찰해서 아는 것도 같이 사라져 버립니다. 각각의 부풂마다 휙휙 사라져 버리는 것을 자주 경험합니다. 그 현상들도 관찰할 때마다 계속해서 알게 됩니다. '알아지는 대상의 사라짐이 먼저고 관찰해서 아는 것이 나중이다'라고까지 생각합니다. 그렇게 생각하는 것은 바르게 아는 것입니다. 〈생각한다〉라고 관찰할 때는 생각하는 것이 사라지고 나서야 관찰해서 아는 마음이 생겨납니다. 다른 대상들을 관찰해서 알 때도 마찬가지 방법입니다. 알아지는 대상이 사라진 뒤에야 관찰해서 아는 것이 생겨납니다. 하지만 지혜가 아직 여릴 때는 대상과 앎이 동시라고 생각합니다. 그렇게 생각하는 것, 아는 것도 '현재를 관찰해서 안다'라는 경전 가르침과 일치합니다.

414 ㉻믿음이 너무 좋으면 관찰을 중단하고 지도해 주신 스승을 비롯해 많은 분에게 고마운 마음을 일으키며 시간을 보낼 수도 있다. 그렇게 고마워하는 마음도 즉시 관찰해 나가야 한다. 혹은 고마워하는 마음에서 더 나아가 보답하기 위해 보시하려는 마음, 이 수행을 소개하려는 마음이 생겨나기도 한다. 이러한 마음들도 즉시 관찰해야 한다.

415 ㉻"Sabbarasaṁ dhammaraso jināti(모든 맛들을 법의 맛이 이긴다)"라는(Dhp.354) 표현처럼 모든 맛 중에 최상인 법의 맛을 누리는 것이라고 말할 수 있다.

휙휙 매우 빠르게 사라져 버리는 것만 경험해서 '언제든지 상관없이 죽을 수 있다'라는 사실을 알게 되어 '매우 두려운 것이다'라고 생각하게 됩니다. 이것은 두려움의 지혜bhaya ñāṇa입니다. 두려운 것이라고 생각해서 '좋지 않다'라고 허물을 보게 됩니다.[416] 이것은 허물의 지혜ādīnava ñāṇa입니다. 허물을 보게 되면 허물이 있는 물질·정신 무더기를 더 이상 즐기지 못합니다. 염오합니다. 이것은 염오의 지혜nibbidā ñāṇa입니다. 이렇게 염오의 지혜가 생겨나는 모습에 대해 부처님께서 "rūpasmimpi nibbindati 물질에 대해서도 즐기지 않고 염오한다"라는 등으로 설하셨습니다.

이 염오의 지혜 단계에 도달하기 전에는 지금 현재의 몸으로도 즐기고, 다음 생에 얻을 사람의 몸이나 천신의 몸도 기대하고 고대하며 즐깁니다. '사람의 행복이나 천신의 행복을 얻기를. 아름답고 건강한 몸을 갖추기를'이라고 기대하고 염원합니다.[417] 그러나 염오의 지혜 단계에 이르면 더 이상 그렇게 즐기지 않습니다. '사람의 행복이라는 것도 이처럼 계속 사라지고 있는 물질인 몸과 정신인 마음일 뿐이다. 천신의 행복이라는 것도 이처럼 계속 사라지고 있는 물질인 몸과 정신인 마음일 뿐이다'라고 생각하고 보아서 염오합니다. 비유하자면 물고기를 잡으려고 하는 이가 큰 물고기라고 생각하고서 큰 뱀을 잡았을 때, 그것이 큰 뱀이라고 바로 알게 되면 혐오해서 더 이상 잡지 않는 것과 마찬가지입니다. 이 비유에 대한 자세한 설명은 본승의 『실라완따숫따

416 ⓗ그래서 "내일이 가까운가, 내생이 가까운가?"라고 물으면 언제든 죽을 수 있기 때문에 "내생이 내일보다 가깝다"라고 말해야 한다. 앞에서 언급했듯이 한 호흡 사이에도 죽을 수 있다고 숙고하는 것이 죽음새김을 예리하게 닦는 것이다. "다가가지 않아도 다가오네, 묘지는"이라는 표현도 있다.

417 물질을 즐기는 것이다.

법문』을 참조하기 바랍니다.[418]

또한 염오의 지혜에 아직 도달하기 전에는 현재 보통으로 누리고 있는 것도 좋아하고 즐깁니다. 다음 여러 생에 사람이나 천신으로 태어나 누릴 것들도 기대하고 고대하며 즐깁니다.[419] 현재에 기억력이 좋은 것과 다음 생에 기억력이 좋을 것을 바라면서 즐깁니다.[420] 현재 도모하고 행하고 있는 것과 다음 생에 도모하고 행할 것을 좋아하고 애착하고서 즐깁니다. 일부 사람들은 '다음 생에 어떠한 사람으로 태어나서 어떠한 일을 하게 되기를'이라고 기도하기도 합니다.[421] 또한 현재 보통으로 생각해서 알고 있는 것도 좋아하고 애착하고서 즐깁니다. 생각해서 아는 것이 사라져 버릴까 봐 걱정합니다. 다음 생에서도 생각해서 알게 될 것을 고대하고 기대하면서 즐깁니다.[422]

하지만 염오의 지혜가 생겨난 후로는 순간도 끊임없이 빠르게 생멸하고 있는 느낌, 인식, 형성들, 의식을 사실대로 바르게 알기 때문에 느낌 등과 관련해서 더 이상 즐기지 않습니다. '지금 빠르게 소멸하고 있는 것처럼 다음에 사람으로 태어나든, 천신으로 태어나든,[423] 느낌 등은 이와 마찬가지로 빠르게 소멸할 뿐이다'라고 숙고하고서 염오합니다. 그렇게 염오의 지혜가 생겨나서 진정으로 염오하는 것이 매우 중요합니다.

418 본서 pp.433~436 제8강 역자 보충설명에 요약해서 설명했다. 『*Sīlavantathouk tayato*(계구족경 법문)』, p.167; 『청정도론』 제3권, pp.304~306 참조.

419 느낌을 즐기는 것이다.

420 인식을 즐기는 것이다.

421 형성들을 즐기는 것이다.

422 의식을 즐기는 것이다.

423 ㉻앞서 천상에 태어나길 바라다가 수행 후에 물질과 정신이 적정한 그 성품에만 도달하고 싶다고 말한 수행자를 소개했다. 본서 p.257 주288 참조.

진정으로 염오해야 물질과 정신을 버리려는 벗어나려는 지혜가 생겨나고muñcitukamyatā ñāṇa, 진정으로 버리기 위해 이어서 다시 관찰하도록 노력하는 재성찰의 지혜paṭisaṅkhā ñāṇa가 생겨납니다. 그렇게 노력해야 형성평온의 지혜saṅkhārupekkhā ñāṇa가 생겨납니다. 형성평온의 지혜가 무르익고 구족돼야 성스러운 도의 지혜와 과의 지혜로 열반을 실현해서 수다원, 사다함, 아나함, 아라한이 될 수 있습니다. 그래서 진짜 염오의 지혜가 생겨나도록 관찰하고 노력하는 것이 매우 중요합니다. 그렇게 중요하기 때문에 부처님께서 다음과 같이 설하셨습니다.

무상을 보면 염오의 지혜가 생겨난다

Sabbe saṅkhārā aniccāti, yadā paññāya passati;
Atha nibbindati dukkhe, esa maggo visuddhiyā. (Dhp.277)

해 석

모든 형성들은 무상하다고, 통찰지를 통해 관찰한다네.
그러면 괴로움에 염오하나니, 이것이 청정으로 가는 길이네.

대 역

Sabbe모든 saṅkhārā형성들은; 업과 마음과 온도와 음식 등 여러 조건법이 모이고 결합하여 형성시켜야 생겨나는 물질·정신 법이라는 형성들은 aniccāti무상하다고 yadā어느 때[424] paññāya통찰지로; 위빳사나 지혜로 passati본다면 atha그때; 그렇게 볼 때 so그는; 그렇게 보는 수행자는 dukkhe괴로움에 대해; 모든 물질·정신 법이라는 괴

424 괴로움과 무아에서는 '무너짐의 지혜가 생겨날 때'라고 자세하게 대역했다.

로움에 대해 nibbindati염오한다; 즐기기 않고 염오한다. esa이것이; 이렇게 즐기기 않고 염오하는 것이 visuddhiyā청정의; 모든 번뇌, 모든 고통이 완전히 사라져 깨끗한 열반의 maggo도이다; 도달하게 하는 원인, 얻게 하는 원인, 좋은 길, 바른길이다.

볼 때마다, 들을 때마다, 닿을 때마다, 알 때마다 드러나는 모든 것을 끊임없이 새겨 계속 알고 있는 수행자라면 관찰하고 새기면서 빠르게 사라져 버리고 소멸해 버리는 것만 경험합니다. 그렇게 경험하기 때문에 '무상한 것일 뿐이다'라고 사실대로 압니다. 그렇게 사실대로 알기 때문에 '지금 현재 물질·정신도 좋아할 만하고 즐길 만하지 않다. 나중에 얻을 물질·정신도 이렇게 소멸해 버리기만 할 것이다. 좋아할 만하고 즐길 만하지 않다'라고 이해하고서 물질·정신 형성들을 즐기지 않고 염오합니다. 그렇게 염오하기 때문에 물질·정신 형성들을 버리고자 합니다. 그리고 버릴 수 있도록 계속 관찰하고 노력해 나갑니다. 그렇게 노력하기 때문에 형성평온의 지혜가 생겨나고, 성스러운 도의 지혜로 열반을 실현합니다. 그래서 부처님께서 "염오하는 위빳사나 지혜가 열반에 이르게 하는 길이다"라고 설하신 것입니다. 그와 마찬가지로 괴로움이 드러나 염오하는 모습도 다음과 같이 설하셨습니다.

괴로움을 보면 염오의 지혜가 생겨난다

Sabbe saṅkhārā dukkhāti, yadā paññāya passati;
Atha nibbindati dukkhe, esa maggo visuddhiyā. (Dhp.278)

해 석

모든 형성들이 괴로움이라고, 통찰지를 통해 관찰한다네.

그러면 괴로움에 염오하나니, 이것이 청정으로 가는 길이네.

대 역

Sabbe모든 saṅkhārā형성들은; 업과 마음과 온도와 음식 등 여러 조건법이 모이고 결합하여 형성시켜야 생겨나는 물질·정신 법이라는 형성들은 dukkhāti괴로움이라고 yadā어느 때; 무너짐의 지혜가 생겨날 때 paññāya통찰지로; 위빳사나 지혜로 passati본다면 atha그때; 그렇게 볼 때 so그는; 그렇게 보는 수행자는 dukkhe괴로움에 대해; 모든 물질·정신 법이라는 괴로움에 대해 nibbindati염오한다; 즐기지 않고 염오한다. esa이것이; 이렇게 즐기지 않고 염오하는 것이 visuddhiyā청정의; 모든 번뇌, 모든 고통이 완전히 사라져 깨끗한 열반의 maggo도이다; 도달하게 하는 원인, 얻게 하는 원인, 좋은 길, 바른길이다.

어떤 법사는 이 게송의 첫 번째 부분에 언급된 '형성들'에 해당하는 것을 불선업이나 선업을 행하게 하는 의도로서의 형성으로 취한 뒤에 "보시나 계 등의 선업을 행하는 것도 형성일 뿐이다. 괴로움일 뿐이다. 수행 선업도 괴로움일 뿐이다. 위빳사나 관찰하는 것도 형성일 뿐이다. 행하는 모든 것은 괴로움일 뿐이다. 그러니 의도적인 행위는 아무것도 하지 말고 마음을 마음 그대로 두어야 고요한 열반을 얻는다"라고 잘못 가르칩니다. 그것을 제자들도 받아들여 가르칩니다. 사실 이 게송에서 언급된 '형성'은 무명 때문에 생겨나는 선·불선 형성들을 말하는 것이 아닙니다. 업과 마음과 온도와 음식 등의 여러 조건 때문에 생겨나는 물질·정신 법들만을 뜻합니다. 그 물질·정신 법들 중에서도 위빳사나의 대상이기 때문에 출세간 도와 과의 마음, 그것과 결합한 마음부수 법들은 포함되지 않습니다. 삼계에 포함되는 세간의 모든 물질·정신 법들만을 뜻합니다. 앞에서 언급한 무상에 관한 게송에서의 형성들도 마찬가지입니다. 따라서 이 게송의 첫 번째 부분은 "볼 때마다, 들을 때마다, 맡을 때마다, 먹을 때마다, 닿을 때마다, 알 때마다 분명하게 드러나는 모든 물질·정신 법들은 순간도 끊임없이 생멸하기 때문에 무상하고, 무상하기 때문에 괴로움일 뿐이라고 알고 본다"라는 의미입니다.

뒷부분의 의미는 다음과 같습니다. '볼 때, 들을 때 등에 드러나는 모든 물질·정신 법들은 빠르게 사라져 버리기 때문에 무상하고, 무상해서 언제든지 죽을 수 있기 때문에, 소멸될 수 있기 때문에 두려워할 만한 괴로움일 뿐이다'라고 수행자는 관찰하고 봅니다. 가끔 일부 수행자에게는 저림, 뜨거움, 아픔, 가려움 등 받아들이기 불편한 괴로운 느낌들이 이곳에서 드러났다가, 저곳에서 드러났다가, 이렇게 분명하게 드러나기도 합니다. 또한 그렇게 드러나는 대로 따라서 관찰합니다. 그렇게 관찰하면 온몸 전체가 고통 덩어리인 것처럼 생각되기도 합니다. 그것도 "dukkhamaddakkhi sallato(괴로움을 화살이라고 본다)"라는(S.ii.409) 가르침과 일치하게 마치 화살처럼 받아들이기 힘든 고통으로 알고 보는 위빳사나 지혜입니다. "그렇게 아는 것은 일반인들이 받아들이기 힘들어하는 것으로 아는 것과 무엇이 다른가?"라고 질문할 수 있습니다. 확실히 다릅니다. 일반인들이 받아들이기 힘들어할 때는 '내가 받아들이기 힘들다. 내가 괴롭다'라고 '나'라는 것으로 압니다. 수행자가 관찰해서 괴로운 느낌을 알 때는 '나'라는 자아집착이 포함되지 않습니다. '받아들이기 힘든 성품만이 새로 거듭 생겨난다. 생겨나서도 즉시 사라져 버린다'라고 압니다. 이것은 자아집착이 포함되지 않은 위빳사나 지혜로 알고 보는 것입니다.

'무상하기 때문에 두려워할 만한 괴로움이다', 혹은 '받아들이기 힘든 고통 덩어리와 같기 때문에 괴로움이다'라고 관찰하고 볼 때 그 괴로움의 무더기, 형성법들을 즐기지 않고 염오합니다. 현재 물질·정신과 관련해서도 즐기지 않습니다. 나중에 얻을 새로운 생에서의 물질·정신과 관련해서도 즐기지 않습니다. 이것은 물질·정신 법들을 바라지 않는 성품, 즉 염오의 지혜nibbidā ñāṇa입니다. 그렇게 염오하기 때문에 물질·정신 형성들을 버리고자 합니다. 그리고 버릴 수 있도록 계속 관찰하고 노력해 나갑니다. 그렇게 노력하기 때문에 형성평온의 지혜가 생겨나고, 성스러운 도의 지혜로 열반을 실현합니다. 그래서 부처님께서 "형성들을 괴로움이라고 보고 염오하는 위빳사나 지혜가 열반에 이르게 하는 길이다"라고 설하신 것입니다. 그와 마찬가지로 무아가 드러나 염오하는 모습도 다음과 같이 설하셨습니다.

무아를 보면 염오의 지혜가 생겨난다

Sabbe dhammā anattāti, yadā paññāya passati;

Atha nibbindati dukkhe, esa maggo visuddhiyā. (Dhp.279)

해 석

모든 법들이 무아라고, 통찰지를 통해 관찰한다네.

그러면 괴로움에 염오하나니, 이것이 청정으로 가는 길이네.

대 역

Sabbe모든 dhammā법들은; 봄, 들림 등의 세간 물질·정신 법들은

anattāti무아라고; 자아나 나가 아니라고 yadā어느 때; 무너짐의 지혜가 생겨날 때 paññāya통찰지로; 위빳사나 지혜로 passati본다면 atha그때; 그렇게 볼 때 so그는; 그렇게 보는 수행자는 dukkhe괴로움에 대해; 모든 물질·정신 법이라는 괴로움에 대해 nibbindati염오한다; 즐기기 않고 염오한다. esa이것이; 이렇게 즐기기 않고 염오하는 것이 visuddhiyā청정의; 모든 번뇌, 모든 고통이 완전히 사라져 깨끗한 열반의 maggo도이다; 도달하게 하는 원인, 얻게 하는 원인, 좋은 길, 바른길이다.

여기서 첫 부분의 '법들dhammā'에[425] 해당하는 법체가 무엇인지 생각해 볼 필요가 있습니다.[426] 앞의 두 게송에서 언급된 형성들saṅkhārā이라는 법체와 이 게송의 법들dhammā이라는 법체는 동일합니다. 위빳사나 지혜로 알고 보는 세간의 물질·정신 법들일 뿐입니다. 무아anatta라고 해도 법dhamma입니다. 법dhamma이라고 해도 무아anatta입니다. 그렇게 법체가 같기 때문에 무아가 의미하는 형성들을 분명하게 하기 위해서 '법들'이라고 이 게송에서 설하신 것입니다. 이상은 주석서에서 설명한 의미입니다. 적당하기도 적당합니다. 하지만 일부는 "출세간 도와 과, 열반 법들도 무아이기 때문에 이 출세간 법들까지 포함시켜 법이라고 설하신 것이다"라고 설명하기도 합니다. 하지만 이 설명은 적당하지 않습니다. 무엇 때문인가 하면 일반인들이 항상하고 행복하다고 생각해서 집착하는, 봄이나 들림 등의 형성들을 무상하고 괴로

425 빠알리어에서는 단수와 복수의 구별이 엄격해서 복수로 그대로 표현했다.

426 이 부분은 연결을 부드럽게 하기 위해 역자가 첨가했다.

움이라고 수행자들은 봅니다. 그와 마찬가지로 일반인들이 자아라고 생각하고 집착하는, 봄이나 들림 등의 세간 물질·정신 법들만 수행자는 무아라고 관찰하여 봅니다. 원래부터 전혀 대상으로 하지 못하고, 자아라고 집착도 하지 못하는 출세간 법들은 수행자가 무아라고 관찰해서 볼 필요가 없습니다. 관찰할 수도 없습니다. 그래서 주석서의 설명 그대로 봄, 들림 등 위빳사나 관찰 대상인 세간 물질·정신 형성법들만 이 게송에서 '법들dhammā'이라고 설하셨다고 생각하는 것이 적당합니다.

뒷부분의 의미는 다음과 같습니다. 일반인들은 봄, 들림 등의 물질·정신 법들을 자아라고, 나라고 생각하기 때문에 보고 듣고 맡고 먹고 닿고 알게 된 것을 좋아하고 애착하며 즐깁니다. 반면 수행자는 끊임없이 생멸하고 있는 것을 보기 때문에도 '자아가 아니다. 성품법일 뿐이다'라고 알고 봅니다. 「아낫딸락카나숫따」에서 설해진 대로 괴롭히기 때문에도 '자아가 아니다'라고, 또한 자기가 바라는 대로 되지 않고 마음대로 할 수 없기 때문에도 '자아가 아니다'라고 알고 봅니다. 그래서 봄, 들림 등 물질·정신 법들과 관련해서 좋아하고 애착해서 즐기는 일이 없습니다. 염오합니다. 그렇게 염오하기 때문에 물질·정신 형성들을 버리고자 합니다. 그리고 버릴 수 있도록 계속 관찰하고 노력해 나갑니다. 그렇게 노력하기 때문에 형성평온의 지혜가 생겨나고, 성스러운 도의 지혜로 열반을 실현합니다. 그래서 부처님께서 "봄, 들림 등 모든 물질·정신 법들을 무아라고 보고 염오하는 위빳사나 지혜가 열반에 이르게 하는 길이다"라고 설하신 것입니다.

"형성법들을 무상하고 괴로움이고 무아라고 알고 보면 형성법들을 넌더리치는 염오의 지혜가 생겨난다. 이 염오의 지혜가 열반에 이르게 하는 좋은 길, 바른길이다"라고 설하신 이 세 게송도 특별히 주의해서 기억해 두어야 합니다. 봄, 들림 등 물질·정신 형성법들이 순간도 끊임없이 빠르게 생멸하고 있는 성품을 스스로의 지혜로 알고 보지 못하면 그 형성법들을 무상하고 괴로움이고 무아라고 아는 진짜 위빳사나 지혜가 생겨나지 않습니다. 무상하고 괴로움이고 무아라고 아는 진짜 지혜가 생겨나지 않으면 괴로움일 뿐인 물질·정신 형성법들을 넌더리치는 염오의 지혜가 생겨나지 않습니다. 염오의 지혜가 생겨나지 않으면 열반에 도달할 수 없습니다. 무상하고 괴로움이고 무아인 성품을 스스로의 지혜로 보아야 염오의 지혜가 생겨납니다. 염오의 지혜가 생겨나야 성스러운 도가 생겨나 열반을 실현합니다. 이 사실을 확실히 기억해 두어야 합니다. 그래서 「아낫딸락카나숫따」에서도 부처님께서 "evaṁ passaṁ, bhikkhave, sutavā ariyasāvako rūpasmimpi nibbindati(비구들이여, 이와 같이 관찰하는, 배움을 구족한 성제자는 물질에 대해서도 염오한다)"라는 등으로 설하신 것입니다. 이와 같은 모습과 방법으로 설하신 다른 경들도 많이 있습니다. 대역은 앞에서 이미 소개했습니다. 간략한 해석을 같이 독송합시다.

> 비구들이여, (들음과 봄이라는) 배움을 구족한 부처님의 성제자는 이와 같이 《물질과 느낌과 인식과 형성들과 의식을 나의 것이 아니라고, 나가 아니라고, 나의 자아가 아니라고, 무상하고 괴로움이고 무아인 성품법일 뿐이라고》《알고》 본다면 물질도 《즐기지 않고》 염오한다. 느낌도 염오한다. 인식도 염오한다. 형성들도 염오한다. 의식도 염오한다.

염오의 지혜 법체

이 성전에서 "evaṁ passaṁ 이와 같이 설법한 대로 관찰하여 본다면, 알고 본다면"이라는 구절을 통해 무너짐의 지혜까지 위빳사나 지혜가 생겨나는 모습을 간략하게 보이셨습니다. "nibbindati 즐기기 않고 염오한다"라는 구절을 통해 두려움의 지혜, 허물의 지혜, 염오의 지혜를 시작으로 출현인도vuṭṭhānagāminī의 지혜까지 위빳사나 지혜가 생겨나는 모습을 간략하게 보이셨습니다. 이에 대해『맛지마 니까야 주석서』에는 다음과 같이 설명돼 있습니다.

Nibbindatīti ukkaṇṭhati. Ettha ca nibbidāti vuṭṭhānagāminīvipassanā adhippetā. (MA.ii.20)

대 역

Nibbindatīti'염오한다'란 ukkaṇṭhati'넌더리친다'이다; 즐기지 않는다는 뜻이다. ca또한; 이어서 설명하자면 ettha여기서; 이 구절에서 nibbidāti염오란; 염오라는 단어는 vuṭṭhānagāminīvipassanā출현인도 위빳사나를; 출현이라는 성스러운 도에 도달해 나가는 위빳사나를 adhippetā의미한다.

『빠띠삼비다막가』와『위숫디막가』에서는 그 염오의 지혜를 무너짐의 지혜, 허물의 지혜, 염오의 지혜, 벗어나려는 지혜, 재성찰의 지혜, 형성평온의 지혜, 출현인도 위빳사나 지혜라고 일곱 단계 지혜로 나누어 자세하게 설명해 놓았습니다.[427] 이 일곱 단계 중에서 염오의 지혜까지

427 경전에서 "염오한다"라는 구절은 위에서 설명한 일곱 가지 위빳사나 지혜를 뜻한다는 의미를 밝히는 내용이어서 이 단락을 '염오의 지혜 법체'라고 붙인 것이다.

설명했습니다. 이제 남은 지혜들을 설명하겠습니다.

열반을 바라는 데 진짜와 가짜

수행자가 관찰할 때마다 빠르게 사라져 버리는 것만 경험하기 때문에 봄, 들림 등 물질·정신 무더기와 관련해 좋아하거나 즐기지 않고 염오할 때 물질·정신을 거머쥐려고 하지 않습니다. 버리려고 합니다. '이렇게 생멸하고 있는 물질·정신이 없어야 고요할 것이다'라고 이해하게 됩니다. 이것은 진짜 열반을 진실로 원하는 바람chanda이 생겨난 것입니다. 이전에 열반을 원한다고 할 때는 열반을 어떤 번성한 큰 도시처럼 생각하고서 그 열반에 도달하면 원하는 것을 항상 누릴 수 있을 것이라고 기대해서 원했을 수도 있습니다. 그러한 바람은 진짜 열반을 원하는 것이 아닙니다. 세간적인 행복을 원하는 것입니다. 물질·정신의 허물을 진정으로 보기 전에는 세간의 행복을 즐기는 것만 좋아합니다. 물질·정신이 모두 소멸돼 없다고, 즐기지 못한다고 하면 받아들이지 못할 것입니다.

열반이 행복한 모습

언젠가 사리뿟따 존자가 "도반들이여, 이 열반은 행복합니다. 이 열반은 행복합니다"라고 열반을 칭송하자 랄루다이Lāludāyī라는 비구가 "사리뿟따 존자여, 열반에는 느낌이 없기 때문에 아무것도 누리지 못하지 않습니까? 그렇게 누리지 못하는 열반이 어찌 행복입니까?"라고 트집을 잡았습니다. 랄루다이 비구는 아직 '물질·정신이 완전히 없다. 느끼는 느낌도 없어서 감수하는 것이 없다'라는 것을 이해하지 못했기 때문입니다. 이에 사리뿟따 존자는 "그렇게 느낌이 없어서 감수하지 못하는 것이 진짜 행복입니다"라고 대답했습니다.(A.iii.213) 맞습니다. 감수할 수 있는 행복보다 감수하지 못할 정도로 매우 고요한 것이 더욱 행복합니다. 진짜 행복입니다. 감수해서, 느껴져서 행복하고 좋다고 생각하는 것은 좋아하고 즐기는 갈애가 있기 때문입니다. 좋아하고 즐기는 것이 없다면 느껴지는 것을 행복이라고 생각하지 못할 것입니다. 괴로움이라고만 생각할 것입니다. 숙고해 보십시오. 맛 좋은 음식을 먹어서 좋다고 생각하는 것은 그것을 좋아하고 즐기고 있기 때문입니다. 입맛이 없거나 배가 부를 때, 맛이 좋다고 그 음식을 억지로 시켜서 먹는다면 행복하다고 생각할 수 있겠습니까? 괴롭다고만 생각할 것입니다. 어떤 아름다운 형색을 쉬지 않고 보아야 한다면 몇 시간, 며칠, 몇 달, 몇 년 정도나 볼 수 있겠습니까? 어떤 감미로운 소리를 끊임없이 들어야 한다면 얼마나 들을 수 있겠습니까? 단 하루도 계속 보거나 듣기 힘들 것입니다. 그래도 계속해서 보거나 들어야 한다면 몹시 괴로울 것입니다. 그래서 좋아하고 갈망하는 갈애가 없어서 감수하지 않고 지내는 것이 행복하다는 사실이 매우 분명합니다. 이 내용은 본승의 『열반에 관한 법문』에 자세하게 설명돼 있습니다.[428]

열반을 내다보는 지혜

염오의 지혜가 생겨난 수행자는 물질·정신의 허물을 진정으로 보아 염오하기 때문에 물질·정신 무더기가 없는 성품, 감수하는 것이 없는 성품인 열반이야말로 진정한 행복이라고 알고 보아 진실로 바라게 됩니다. 이것은 전망대에서 먼 곳을 내다보는 것처럼 진짜 열반을 벗어

428 *Mahāsi Sayadaw*, 『*Nibbāna hsainya tayato*(열반에 관한 법문)』, p.59 참조.

나려는 지혜로 내다보는 성품입니다. 그렇게 진짜 열반을 바라면서 물질·정신 무더기를 버리려고 하기 때문에 버릴 수 있도록 이어서 관찰하고 노력해야 합니다. 그렇게 이어서 관찰해서 아는 것은 다시, 거듭 관찰해서 아는 것이기 때문에 재성찰의 지혜paṭisaṅkhā ñāṇa라고 부릅니다. 이 지혜 단계에서는 무상하고 괴로움이고 무아인 성품을 이전보다 더욱 잘 압니다. 특히 괴로움의 성품, 괴로움의 양상을 더욱 많이 경험하게 됩니다. 재성찰의 지혜가 성숙되면 물질·정신 형성들을 평온하게 관찰할 수 있는 형성평온의 지혜saṅkhārupekkhā ñāṇa가 생겨납니다. 지금 말한 대로 명상의 지혜를 시작으로 위빳사나 지혜가 단계적으로 천천히 향상되는 모습은 제도가능자neyya인[429] 범부들에게 일반적으로 생겨나는 현상입니다. 수다원 등의 성자들은 관찰했을 때 머지않아 형성평온의 지혜에 도달할 수 있습니다. 그래서 「아낫딸락카나숫따」 법문을 듣고 있던 오비구들에게는 형성평온의 지혜가 빠르게 생겨났을 것입니다.

형성평온의 지혜_평온 관찰 덕목 세 가지

① 두려움과 즐김없어

형성평온의 지혜는 여섯 덕목으로 분명합니다. 첫 번째 덕목은 "bhayañca nandiñca vippahāya sabbasaṅkhāresu udāsino hoti(두려움과 즐김을 버리고서 모든 형성들에 대해 평온하게 관찰하게 된다)"라고 (Vis.ii.294) 설명해 놓은 『위숫디막가』와 일치하게 두려움도 없이, 즐김

429 제도가능자neyya란 설명을 듣고 질문하고 바르게 마음 기울이고 참사람을 의지하고 섬기고 공경하며 점차적으로 법을 관통하는 이를 말한다. 『위빳사나 수행방법론』 제1권, p.117 주 154 참조.

도 없이 평온하게 관찰할 수 있는 것입니다.

먼저 두려움이 없는 모습은 다음과 같습니다. 무너짐의 지혜가 생겨날 때는 두려워할 만한 위험으로 여겨졌습니다. 두려운 양상으로 앎과 지혜에 드러났습니다. 형성평온의 지혜가 생겨날 때는 그러한 두려운 양상이 없어집니다. 이전 허물의 지혜 단계에서는 허물을 보았습니다. 염오의 지혜 단계에서는 염오했습니다. 벗어나려는 지혜 단계에서는 물질·정신 무더기를 버리려는 성품이 분명했습니다. 재성찰의 지혜 단계에서는 특별히 애써서 관찰하는 성품도 있었습니다. 이제 형성평온의 지혜 단계에 도달했을 때는 그렇게 허물을 보는 것, 염오하는 것, 벗어나려 하는 것, 특별히 애써서 관찰하는 것, 그러한 양상이 더 이상 없습니다. 이렇게 되는 모습을 두고 『위숫디막가』에서 "bhayañca두려움도 vippahāya버리고서"라고 설명해 놓은 것입니다. 이 구절에 따라 '두려움이 없다'라는 내용을 통해 허물을 보는 것, 염오하는 것, 벗어나려고 하는 것, 특별히 애쓰는 것도 두려움과 마찬가지로 같이 사라진다고 알아야 합니다.

그리고 즐김이 없는 모습은 다음과 같습니다. 생멸의 지혜가 생겨날 때부터 희열과 행복이 강하게 일어나서 즐김과 좋아함도 많이 생겨났습니다. 형성평온의 지혜 단계는 생멸의 지혜보다 더욱 수승합니다. 하지만 형성평온의 지혜에 도달하면 그렇게 좋아하고 즐기는 것도 없어집니다. 이렇게 되는 모습을 두고 『위숫디막가』에서 "nandiñca즐김도; 좋아하고 행복해 하는 것도 vippahāya버리고서 udāsino평온하게 관찰한다; 봄, 들림, 닿음, 앎 등의 모든 형성들에 대해 평온하게 관찰한다"라고 설명해 놓았습니다. 생멸의 지혜가 생겨날 때처럼 기쁨이나 행복함, 즐김도 심하게 생겨나지 않는다는 뜻입니다. 지금까지 설명한 것은 법의 측면에서 두려움과 즐김이 없는 모습입니다.

그와 마찬가지로 세간적인 측면에서 두려움과 즐김이 없는 모습도 분명합니다. 생활하고 살아가는 세상일에 관해 걱정할 만한 소식을 들어도 형성평온의 지혜에 도달한 수행자에게는 걱정함이나 두려움이 그리 생겨나지 않습니다. 덤덤하게 지냅니다. 기뻐할 만한 것과 접하더라도 기뻐함이나 좋아함이 심하게 생겨나지 않습니다. 덤덤하게 지냅니다. 이렇게 되는 모습이 세간적인 측면에서 두려움과 즐김이 없는 모습입니다. 이러한 양상을 『지혜단계 법문』에서[430] 게송으로 표현해 설하고 있습니다. 같이 독송합시다.

두려움과 즐김없어

법의 측면에서나 세간적인 측면에서 두려움도 없고 즐김도 없는 것, 이것이 형성평온의 지혜가 가진 평온하게 관찰하는 덕목의 한 가지입니다.

② 불고불락 평온관찰

두 번째 덕목은 좋은 대상과 나쁜 대상, 두 대상에 대해 평온하게 관찰하는 덕목입니다. 행복함과 접하더라고 들뜨지 않고 괴로움과 접하더라도 실망하거나 슬퍼하지 않습니다. 평온하게 관찰하고 새겨나갈 수 있습니다. 이것도 평온하게 관찰하는 덕목 한 가지입니다. 성전에는 다음과 같이 설해져 있습니다.

---

430 위빳사나 지혜를 모두 갖췄다고 생각되는 수행자, 한 달 반이나 두 달 등 충분한 시간 동안 수행했다고 생각되는 수행자에게 들려주는 법문이다. 위빳사나 지혜가 생겨나는 모습, 수행자가 경험하는 모습이 자세하게 설명돼 있다.

Cakkhunā rūpaṁ disvā neva sumano hoti na dummano, upekkhako viharati sato sampajāno. (D.iii.207 등)

대 역

Cakkhunā눈으로 rūpaṁ형색을 disvā보고 나서 neva sumano hoti기뻐하지도 않고; 기뻐함도 생겨나지 않고 na dummano싫어하지도 않는다; 싫어함도 생겨나지 않는다. sato새기고 sampajāno바르게 알면서 upekkhako평온하게; 기뻐함이나 싫어함이 없이 평온하게 관찰하면서 viharati지낸다.

아무리 좋고 아름다운 형색을 보더라도 기뻐함이 생겨나지 않고, 아무리 나쁜 형색을 보더라도 싫어함이 생겨나지 않는다는 뜻입니다. 이때 마음은 어떠한가 하면 "기뻐함이나 싫어함이 없이 평온하게 지낸다"라고 했습니다. 무엇 때문인가 하면 "새기고 바르게 알기 때문에"라고 했습니다. 좋은 대상이든 나쁜 대상이든, 볼 때마다 거듭 관찰해서 생겨남과 사라짐, 무상과 괴로움과 무아의 양상으로 새겨 알면서 좋아하지도 않고 싫어하지도 않고, 평온하게 관찰할 수 있다는 뜻입니다. 볼 때마다 순간도 끊임없이 계속 사라져 가는 성품을 단지 알기만 알 뿐, 평온하게 관찰하는 성품입니다. 이렇게 되는 모습은 형성평온의 지혜에 도달한 수행자라면 직접 경험해서 알 수 있습니다. 지금까지는 보는 것과 관련해서 평온하게 관찰하는 모습을 설명했습니다.

마찬가지로 들을 때도 좋고 나쁜 소리를 평온하게 관찰할 수 있습니다. 맡을 때도, 먹어서 알 때도, 닿아서 알 때도, 생각해서 알 때도 좋고 나쁜 대상을 단지 알기만 알 뿐 평온하게 관찰할 수 있습니다. 이렇게 여섯 문에서 드러나는 여섯 대상과 관련해서 평온하게 관찰할 수 있기 때문에 이를 두고 '여섯 구성요소 평온chaḷaṅgupekkhā'이라고 부릅니다. '여섯 가지 구성요소가 있는 평온한 관찰'이라는 뜻입니다. 사실 여섯 구성요소 평온은 아라한이 누리는 특별한 덕목입니다. 하지만 형성평온의 지혜에 도달한 범부 수행자도 그렇게 관찰할 수 있습니다. 그래서 『앙굿따라 니까야 주석서』에 "taṁ그것은; 아라한의 덕목인 여섯 구성요소 평온은 āraddhavipassako bhikkhu열심히 위빳사나 관찰을 하는 비구라면; 생멸의 지혜 등에 도달한 수행자라면 kātuṁ sakkoti생겨나게 하는 것이 가능하다"(AA.iii.52)라고[431] 설명해 놓았습니다. 이 주석서의 설명에 따르면 생멸의 지혜에 이른 수행자도 이 덕목을 구족할 수 있다고 보아야 합니다. 하지만 생멸의 지혜 단계에서는 그리 분명하지 않습니다. 무너짐의 지혜 단계에서는 어느 정도 분명하지만 형성평온의 지혜 단계에서는 확실히 잘 알 수 있을 정도로 분명합니다. 그렇게 아라한이 누리는 덕목 가운데 하나를 갖춘 수행자는 주위로부터도 매우 존경받을 만하고, 스스로도 매우 만족할 만합니다. 이 덕목을 표현한 게송을 같이 독송합시다.

불고불락 평온관찰

431 뒷부분은 다음과 같다.

Ñāṇavā paññuttaro bahussutasamaṇopi kātuṁ sakkoti. Sotāpannasakadāgāmianāgāmino kātuṁ sakkontiyeva, khīṇāsave vattabbameva natthi. (AA.iii.52)

해 석

으뜸인 통찰지와 지혜를 갖춘, 많이 배운 사미도 행하는 것이 가능하다. 수다원과 사다함과 아나함도 행할 수 있다. 누출 다한 아라한이 가능한 것은 말할 필요도 없다.

③ 애쓰잖고 쉽게관찰

세 번째 덕목은 특별하게 애를 쓰지 않아도 쉽게 관찰하는 덕목입니다. 이 덕목을 뒷받침해 주는 성전 구절은 "saṅkhāravicinane majjhattaṁ hutvā 형성들을 조사하는 데, 즉 관찰해서 아는 데 중립이 되어"라고(Vis.ii.295) 표현된 『위숫디막가』와 "saṅkhāresu viya tesaṁ vicinanepi udāsīnaṁ hutvā(형성들에 대한 것처럼 그것들을 조사하는 데도 평정하게 되어)"라고(Pm.ii.460) 다시 뒷받침하면서 설명한 『위숫디막가 마하띠까』의 내용입니다. '관찰해서 아는 데 중립이 되어'라는 구절은 "형성평온이란 관찰되는 형성들에 대해서만 평온하게 관찰할 수 있는 것이다. 관찰해서 아는 것에 대해서는 평온하지 않은 것 아닌가?"라고 반문할 여지가 있기 때문에 『위숫디막가 마하띠까』에서 다시 뒷받침하며 설명한 것입니다. 관찰되는 형성들에 대해 평온하게 관찰하는 것처럼 그 형성들을 조사하고 관찰하는 위빳사나에 대해서도 평온하게 관찰한다는 뜻입니다. 수행자가 형성평온의 지혜에 도달하기 전에는 대상이 드러나도록, 그리고 그 대상을 관찰해서 알도록 특별히 신경 써서 노력해야 합니다. 그러나 형성평온의 지혜에 도달하면 관찰해서 알아지는 대상이 드러나도록, 또한 그 대상을 관찰해서 알도록 특별히 신경 쓸 필요가 없습니다. 대상도 계속해서 하나씩 저절로 드러나고, 드러나는 모든 대상을 관찰해서 알 때도 특별히 애쓰지 않아도 관찰해서 알고, 다시 관찰해서 알아 나갑니다. 관찰하고 새기는 것이 매우 편하게 진행됩니다.[432] 그래서 "특별히 애쓰지 않아도 쉽게 새기고 관찰한다"라는 의미를 "애쓰잖고 쉽게관찰"이라고 게송으로 표현했습니다. 지금까지

432 ㊞형성평온의 지혜가 무르익은 수행자라면 좌선을 시작해서 대여섯 번 정도만 관찰하면 이후에는 대상이 저절로 드러나고 관찰도 저절로 된다.

설명한 세 덕목은 평온하게 관찰하는 것과 관련된 덕목들입니다. 같이 독송합시다.

두려움과 즐김없어 불고불락 평온관찰
애쓰잖고 쉽게관찰 행사지 평온세가지[433]

형성평온의 지혜_특별한 덕목 세 가지

이어서 특별한 덕목에도 세 가지가 있습니다. 게송을 먼저 소개하겠습니다.

오랜시간 관찰유지 지날수록 미세해져
다른대상 안달아나 행사지 특별세가지

④ 오랜시간 관찰유지

네 번째 덕목은 오랫동안 수행해도 관찰이 유지되는 덕목입니다. 형성평온의 지혜에 도달하기 전에는 다른 대상으로 마음이 달아나지 않고 30분도 그대로 관찰을 유지하기가 어렵습니다. 형성평온의 지혜에 이르면 한 시간도 수행의 여세가 무너지지 않고 그대로 잘 유지됩니다. 두 시간, 세 시간도 여세가 무너지지 않고 그대로 잘 유지됩니다.[434] 이것을 "오랜시간 관찰유지"라고 표현했습니다. 그렇게 오랫동안 관찰이 지속되는 모습은 형성평온의 지혜가 생겨나 본 적이 있는 수행자라면 직접 경험해서 알 것입니다. "santiṭṭhanā paññā saṅkhārupek-

433 행사지行捨智는 형성평온의 지혜를 뜻한다.

434 ㉻억지로 참아서 세 시간 동안 앉는 것을 말하는 것이 아니다. 세 시간이 매우 짧은 순간처럼 여겨질 정도로 수행이 저절로 잘 되는 것을 말한다. 주의할 사항은 세 시간 좌선을 할 때도 그 전에 경행은 한 시간 정도 해 주어야 한다.

khesu ñāṇaṁ 잘 유지되는 통찰지가 형성평온의 지혜라는 것이다"라는(Ps.197) 『빠띠삼비다막가』의 구절이 이 사실을 뒷받침해 줍니다. 여기서 잘 유지되는 모습을 『위숫디막가 마하띠까』에서 "ñāṇassa지혜의; 형성평온의 지혜의 santānavasena상속을 통해; 연속을 통해 pavattiṁ sandhāyāha생겨나는 것을 두고 말했다"라고(Pm.ii.469) 설명해 놓았습니다. 맞습니다. 오랫동안 연속돼야 잘 유지되는 것이라는 뜻입니다.

⑤ 지날수록 미세해져

다섯 번째 덕목은 "suppagge piṭṭhaṁ vaṭṭiyamānaṁ viya 판에 비벼진 밀가루 반죽처럼; 밀가루 반죽이 시간이 지날수록 부드러워지는 것처럼"이라는(Vis.ii.295) 『위숫디막가』의 구절과 일치하게 시간이 지날수록 대상도 미세해지고 관찰도 부드럽고 미세해지는 것입니다. 형성평온의 지혜가 처음 생겨날 때도 아랫단계의 여러 지혜 때보다 미세하기는 합니다. 하지만 처음 생겨나기 시작했을 때보다 시간이 지나면 지날수록 더욱 미세해집니다. 이것도 수행자가 직접 경험해서 분명하게 알 것입니다. 그래서 "지날수록 미세해져"라고 게송으로 표현했습니다.

⑥ 다른대상 안달아나

형성평온의 지혜 마지막 덕목은 다른 대상으로 마음이 달아나지 않는 덕목입니다. 형성평온의 지혜에 도달하기 전에는 마음이 산란해 다른 대상으로 달아나기도 합니다. 그러나 형성평온의 지혜에 도달하면 마음이 다른 대상 쪽으로 달아나는 일이 없습니다. 다른 대상으로 달아나지 않는 것은 물론이고 관찰하기에 적합한 대상들 중 펼쳐서 관찰한다 하더라도 마음이 펼치는 대상으로 향하지 않고 원래 관찰하던 대상으로만 움츠러듭니다. 무너짐의 지혜 등에서는 온몸의 감촉을 펼쳐서 관찰하면 차례대로 온몸 전체에 펼쳐서 알아 나갑니다. 하지만 형성평온의 지혜 단계에서는 그렇게 펼치지 못하고 원래 관찰하던 적은 범위의 대상만 계속해서 관찰하고 알아 나갑니다. 예를 들면 온몸으로 펼쳐서 관찰하다가 원래 관찰하던 부풂–꺼짐–앉음–닿음, 이 네 가지만 차례대로 알아 나갑니다. 그 네 가지 중에서도 〈앉음〉이라고 몸을 관찰하는 것이 사라지고 세 가지가 남기도 합니다. 그 세 가지 중에서도 부푸는 것과 꺼지는 것이 드러나지 않고 미세하게 닿는 것 하나만 드러나기도 합니다. 그렇게 닿는 것도 사라지고 미세하게 아는 마음 하나만 〈안다, 안다〉라고 관찰하기도 합니다. 그때는 자신이 특별히 관심을 가지는 대상이나 일을 일부러 숙고해 보아도 그 외부 대상에 오래 머물지 않습니다. 관찰하던 대로 새기고 알고, 새기고 알아 나갑니다.[435] 그래서 "다른대상 안달아나"라고 게송으로 표현했습니다. 이 내용은 『위숫디막가』의 "patilīyati움츠린다, patikuṭati물러난다, na sampasāriyati 펼치더라도 펼쳐지지 않는다"라는(Vis.ii.293) 구절을 통해 확인할 수 있습니다. 형성평온의 지혜의 특별한 덕목 세 가지를 게송으로 다시 독송합시다.

오랜시간 관찰유지 지날수록 미세해져
다른대상 안달아나 행사지 특별세가지

435 ㉻예를 들면 좋아하는 친구, 배우자, 과거에 좋았던 여행지 등으로 일부러 마음을 보내더라도 잘 가지 않고, 혹은 가더라도 즉시 원래 관찰 대상으로 돌아온다.

지금까지 형성평온의 지혜가 가진 여섯 덕목에 대해 설명했습니다. 이 지혜를 직접 경험해 본 수행자라면 이 여섯 덕목을 분명하게 알 수 있습니다. 이러한 특별한 앎과 지혜를 경험해 보지 않았다면 형성평온의 지혜에 아직 도달하지 못했다고 스스로 결정하면 될 것입니다.

출현인도 위빳사나가 생기는 모습

이 여섯 덕목을 구족한 형성평온의 지혜가 예리해지고 힘을 갖추면 매우 빠르고 특별한 앎들이 생겨납니다. 여세를 몰아 달려 나가는 것처럼 생각됩니다. 그렇게 특별한 앎을 '출현인도 위빳사나vuṭṭhānagāminī vipassanā'라고 부릅니다. '출현vuṭṭhāna'이란 '일어난다'라는 뜻입니다. 앉은 자리에서 일어나는 것과 같은 종류입니다. 그 단계까지 위빳사나 지혜는 닿아서 앎, 생각해서 앎, 느낌, 들림, 봄 등 순간도 끊임없이 생멸하고 있는 물질·정신의 연속만 계속 관찰하면서 생겨났습니다. 계속해서 관찰할 때마다 생멸하고 있는 물질·정신의 연속에만 거듭 도달했습니다. 이것은 진행pavatti이라는 물질·정신의 연속에만 도달하는 모습입니다. 그렇게 물질·정신의 연속에만 도달하고 있다가 성스러운 도가 생겨날 때는 생멸하는 물질·정신이 소멸한 성품에 도달합니다. 이것은 물질·정신의 연속에서 "일어나" 열반 대상에 도달한 것입니다. 그렇게 물질·정신의 연속에서 일어나기 때문에 성스러운 도를 '출현vuṭṭhāna'이라고 부릅니다. 방금 언급한, 특별히 빠르고 신속한 위빳사나가 끝나면 출현이라는 이 성스러운 도가 열반을 실현하며 생겨납니다. 그 특별한 위빳사나는 출현이라는 성스러운 도를 향해 힘껏 달려가는 성품입니다. 그래서 그 특별한 위빳사나를 '출현인도vuṭṭhānagāminī'

라고 부릅니다.[436] 형성 대상에서 일어나 성스러운 도 쪽으로 달려 나가는 위빳사나라는 뜻입니다.[437]

출현인도 위빳사나는 그 순간에 분명하게 드러나는 생각해서 앎이든, 닿아서 앎이든, 들어서 앎이든, 보아서 앎이든, 먹어서 앎이든, 맡아서 앎이든, 어느 하나를 관찰하며[438] 생겨납니다. 관찰해서 아는 모습은 다양합니다. 매우 빠르게 사라져 버리기 때문에 무상하다는 양상으로 알아 나가는 경우도 있습니다. 괴롭다는 양상, 좋지 않다는 양상으로 알아 나가는 경우도 있습니다. 무아라는 양상으로, 성품법일 뿐이라는 양상으로 알아 나가는 경우도 있습니다. 횟수로는 최소한 두 번, 세 번 정도 생겨납니다. 많으면 마흔 번, 쉰 번도 생겨납니다. 문헌에 따라 말하자면 출현인도 위빳사나의 제일 마지막 순간에 준비parikamma, 근접upacāra, 수순anuloma이라는, 관찰해서 아는 속행 세 번이 끝났을 때 물질·정신 형성이 소멸하고 사라진 열반을 대상으로 특별한 욕계 선 속행이 한 번 생겨납니다. 그 속행의 바로 다음에 성스러운 도가 생겨나 물질·정신 형성이 소멸하고 사라진 열반 대상으로 달려가 도달합니다. 그 도 속행의 바로 다음에 결과인 성스러운 과 속행이 두 번, 혹은 세 번 생겨납니다. 대상으로 하는 모습은 성스러운 도와 동일합니다. 이렇게 성스러운 도와 과가 생겨나면 범

436 본문에서는 출현을 먼저 설명하고 출현인도 위빳사나를 설명했다. 시간 순으로는 출현인도 위빳사나의 끝에 출현이라는 성스러운 도가 생겨난다고 이해하면 된다.

437 ㉻비행기가 날아오르는 것에 비유할 수 있다. 비행기가 출발할 때 조금씩 속력을 높이다가 이륙하기 직전 제일 강한 여세로 활주로를 벗어나 공중에 떠오르듯이 마찬가지로 성스러운 도가 생겨나기 전에 매우 빠르고 강하게 생겨나는 출현인도 위빳사나가 끝나면 성스러운 도가 열반을 대상으로 생겨난다.

438 ㉻여섯 문의 순서대로 나열하지 않고 관찰이 많이 일어나는 순서에 따라 나열했다. 일반적으로는 부풂과 꺼짐을 관찰하다가 움직임이 미세해지면 〈움직임〉으로 관찰하고 나중에는 아는 성품만 분명해서 〈안다〉라고 관찰한다.

부에서 성자가 됩니다. 즉 수다원, 사다함, 아나함, 아라한이 되는 것입니다.[439]

성스러운 도와 과가 생기기 직전에 열반 대상 쪽으로 향하는, 열반을 대상으로 하는 욕계 선 속행을 '종성gotrabhū'이라고 부릅니다. 범부의 상태, 범부의 계보, 범부의 족성을 벗어나는 속행 마음이라는 뜻입니다. 『빠띠삼비다막가』에 다음과 같이 설명돼 있습니다.

Uppādā vuṭṭhahitvā anuppādaṁ pakkhandatīti gotrabhu. Pavattā vuṭṭhahitvā appavattaṁ pakkhandatīti gotrabhu. (Ps.63)

대 역

Uppādā생겨남에서; 생겨남이 있는 형성 대상에서 vuṭṭhahitvā출현하여; 일어나 anuppādaṁ생겨남이 없는 곳으로; 열반 대상으로 pakkhandatīti뛰어든다고 해서 gotrabhu종성이다. pavattā진행에서; 끊임없이 생겨나고 있는 물질·정신 연속 대상에서 appavattaṁ진행없음으로; 물질·정신 연속이 없는 열반 대상으로 pakkhandatīti뛰어든다고 해서 gotrabhu종성이다.

이 내용은 열반 대상으로 종성 마음이 들어가는 모습입니다. 성스러운 도도 그 종성 마음이 향하고 들어간 곳인 열반 대상에 도달합니다. 그렇게 도달하는 모습을 『밀린다빤하』에서 다음과 같이 설명하고 있습니다.

439 『아비담마 길라잡이』 제1권, pp.419~423 참조.

열반을 실현하는 모습

Tassa taṁ cittaṁ aparāparaṁ manasikaroto pavattaṁ samatikkamitvā appavattaṁ okkamati, appavattamanuppatto, mahārāja, sammāpaṭipanno nibbānaṁ sacchikarotīti vuccati. (Mil.311)

대 역

Aparāparaṁ차례차례; 새기고 또 새기면서 manasikaroto마음기울이며 관찰하다가; 마음기울이며 관찰하는 tassa그 수행자의 taṁ cittaṁ 마음기울이며 관찰하는 마음이 《aparāparaṁ manasikaroto차례대로 마음 기울이다가, 관찰하다가》 pavattaṁ진행을; 끝없이 계속 생겨나고 있는 물질·정신의 연속된 진행을 samatikkamitvā넘어서서 appavattaṁ진행없음에; 끝없이 계속 생겨나는 물질·정신의 연속된 진행의 반대인 성품에; 생멸이라는 진행이 사라진 성품에 okkamati 들어갑니다. mahārāja왕이시여, sammāpaṭipanno바른길을 따라 실천해서 appavattaṁ anuppatto진행없음에[440] 도달한 이를; 끊임없이 생겨나고 있는 물질·정신의 연속된 진행이 사라진 성품에 도달하는 수행자를 nibbānaṁ sacchikarotīti'열반을 실현한다'라고 vuccati말합니다.

먼저 앞부분에 "차례차례 마음기울이며 관찰하다가 수행자의 마음이 진행을 넘어서서 진행없음에 들어갑니다"라고 말했습니다. 수행자는 원래 닿아서 앎, 생각해서 앎, 들림, 봄 등 끊임없이 생겨나고 있는 물질·정신들을 새기고 또 새기면서, 차례대로 끊임없이 알아 나갑니

440 대역할 때는 'appavattamanuppatto'라고 합친 단어를 'appavattaṁ anuppatto'라고 풀어서 설명한다.

다. 거듭 관찰해도 끝나지 않는 물질·정신의 생멸만을 계속 경험합니다. 그렇게 끝나지 않는 물질·정신을 무상과 괴로움과 무아의 양상을 통해 관찰하다가《준비와 근접과 수순이라는》마지막 관찰해서 앎의 바로 다음에, 관찰해서 알아지는 대상과 관찰해서 아는 마음이 끊어지고 소멸한 성품에 갑자기 기울고 도달합니다. 이렇게 될 때 '기운다'라는 것은 종성의 마음이고, '도달한다'라는 것은 성스러운 도와 과로 열반을 실현하는 것입니다. 그래서 뒷부분에 "왕이시여, 바른길을 따라 실천해서 진행없음에 도달한 이를 '열반을 실현한다'라고 말합니다"라고 했습니다.[441]

이 내용은 문헌에 따라 출현인도 위빳사나, 도와 과가 생겨나는 모습을 설명한 것입니다. 이는 수행자들의 경험과도 일치합니다. 일치하는 모습은 다음과 같습니다. 수행자라면 일반적으로 닿아서 앎을 시작으로 생각해서 앎, 들어서 앎, 보아서 앎 등[442] 다섯 취착무더기를 끊임없이 관찰해 왔습니다. 이전에 언급했듯이 무너짐의 지혜를 통해 빠르게 사라져 버리는 물질·정신을 끊임없이 경험해서 알기 때문에 두려운 것으로 생각하고 허물을 보아 염오합니다. 염오해서 버리려고 하기 때문에 그렇게 버릴 수 있도록 계속 이어서 관찰하고 노력해서 형성들을 평온하게 단지 알기만 알 뿐, 거듭 관찰해서 알고 있는 형성평온의 지혜에 도달합니다. 형성평온의 지혜가 무르익었을 때 특별히 빠르고 분

441 ㉻참고로 열반의 특질을 게송으로 소개하면 다음과 같다.

명색생멸 적정하네 끝남죽음 전혀없네
형체표상 안드러나 열반에 도달안다네

열반은 정신名과 물질色의 생멸이 적정함이라는 특성이 있다. 끝남이나 죽음이 없는 역할이 있다. 형체나 표상이 드러나지 않는다. 이러한 성품들은 열반에 직접 도달해야 알 수 있다.

442 일반적으로 수행자가 직접 관찰할 때 분명하게 드러나는 순으로 나열한 것이다.

명한 출현인도 위빳사나, 수순의 지혜가 생겨나 관찰해서 알아지는 대상이나 관찰해서 아는 마음이나 모든 형성이 비어버린, 소멸한 성품에 도달합니다. 이것이 성스러운 도와 과의 지혜로 열반을 실현하는 모습입니다. 그렇게 실현하면 범부에서 수다원 성자가 됩니다.[443] 원래 수다원이었다면 사다함이 됩니다. 사다함이었다면 아나함이 됩니다. 아나함이었다면 아라한이 됩니다. 이렇게 되는 모습이 「아낫딸락카나숫따」에 다음과 같이 설해져 있습니다.

성스러운 도와 과의 지혜가 생겨나는 모습

16-2 Nibbindaṁ virajjati, virāgā vimuccati. (S.ii.56)

대 역

Nibbindaṁ=nibbindanto염오해서 virajjati애착이 빛바랜다; 애착이 없는 성스러운 도가 생겨난다. virāgā애착이 빛바래어; 성스러운 도가 생겨나기 때문에 vimuccati해탈한다; 누출 번뇌들로부터 벗어난다.

443 ㉻수다원의 특질을 게송으로 소개하면 다음과 같다.

물질정신 나라는 사견이없네 불법승과 삼학에 의심이없네
진리못봐 팔정도 없이실천해 행복기대 안믿어 계금취없네
남번영에 질투가 안생겨나네 내번영에 인색이 안생겨나네
사의계질 인색이 없는수다원 성자칭송 오계를 완전히구족

수다원에게는 분명히 존재하는 물질과 정신을 나라고 집착하는 존재더미사견을 비롯한 모든 사견이 없다. 부처님, 가르침, 승가와 세 가지 수련三學에 의심이 없이 확고한 믿음을 가지고 있다. 네 가지 진리를 깨닫게 하지 못하고 팔정도가 포함되지 않는 실천을 통해 행복할 것이라고 고집하는 행실의례집착도 없다. 남의 번영을 시기하는 질투, 자신의 번영을 적당한 이와 나누기를 아끼는 인색이 생겨나지 않는다. 이렇게 수다원이 되면 게송의 '사의계질'에서 '사'라고 표현한 사견과 '의'라고 표현한 의심과 '계'라고 표현한 행실의례집착과 '질'이라고 표현한 질투와 인색이 없고 성자들이 칭송하는 오계를 완전히 갖추게 된다. 자세한 내용은 『보배경 강설』, pp.136~176 참조.

수행자가 명상의 지혜부터 무너짐의 지혜까지 무상과 괴로움과 무아의 양상을 통해 관찰하고 보는 모습을 앞 단락에서 부처님께서는 “evaṁ passaṁ 이와 같이 보면”이라는 두 단어로 설하셨습니다. 그리고 무너짐의 지혜에서 형성평온의 지혜, 수순의 지혜까지 생겨나는 모습을 “nibbindati 염오한다”라고 설하셨습니다. 그 뒤 도와 과의 지혜가 생겨나는 모습을 “nibbindaṁ virajjati, virāgā vimuccati 염오해서 애착이 빛바랜다. 애착이 빛바래어 해탈한다”라고 설하셨습니다. 아주 짧습니다. 하지만 수행자에게 생겨나는 모습과 매우 일치합니다.

일치하는 모습은 다음과 같습니다. 형성평온의 지혜가 힘이 좋아 특별한 앎이 빠르게 생겨나지만 아직 자신의 물질과 정신을 버릴 수 있을 정도로 염오함이 강하지 않을 때라면 수행자에게 ‘어떻게 되는 것은 아닌가? 죽어 버리는 것은 아닌가?’라는 등으로 걱정하는 마음이 생겨나기도 합니다. 그렇게 걱정하는 마음이 생겨나면 새겨 아는 것이 성글어져 뒤로 물러납니다. 그러나 염오함이 강하면 염려하는 마음은 생겨나지 않고 적절하게 관찰해서 알고, 다시 관찰해서 알면서 물질·정신이 생멸하는 차례대로 따라갑니다. 그러다가 애착하고 들러붙음이 없이 물질·정신 형성들이 사라지고 소멸한 성품에 도달합니다. 이렇게 도달하면 사라지고 없어져야 할 누출 번뇌들로부터 벗어납니다.

애착이나 들러붙음이 없이 수다원도를 통해 소멸의 성품에 도달하면 사견누출diṭṭhi āsava에서 벗어납니다. 의심과 결합한 무명누출avijjā āsava에서도 벗어납니다. 사악도에 태어나게 할 정도로 저열하고 거친 감각욕망 누출kāma āsava 등에서도 벗어납니다. 이것은 수다원도의 결과인 수다원과를 통해 해탈하는 모습입니다.

사다함도를 통해 소멸의 성품에 도달하면 거친 감각욕망 등의 누출에서 벗어납니다. 아나함도를 통해 소멸의 성품에 도달하면 미세한 감각욕망과 함께 그와 같은 수준의 무명 누출에서 벗어납니다. 아라한도를 통해 소멸의 성품에 도달하면 모든 누출 번뇌에서 완전히 벗어납니다. 이렇게 벗어나는 것은 "virāgā애착이 빛바래어; 물질·정신 무더기에 애착함이 없기 때문에; 애착함이 사라져 물질·정신이 소멸한 곳에 도달하기 때문에 vimuccati해탈한다; 도의 결과인 과를 통해 해탈한다"라는 말씀과 일치합니다. 그렇게 성자들은 해탈한 모습을 돌이켜 숙고하면 그 모습을 분명하게 압니다. 그렇게 숙고해서 아는 모습도 부처님께서 「아낫딸락카나숫따」의 마지막 결어로 다음과 같이 설하셨습니다.

아라한에게 반조의 지혜가 생겨나는 모습

16-3 Vimuttasmiṁ vimuttamiti ñāṇaṁ hoti. 'Khīṇā jāti, vusitaṁ brahmacariyaṁ, kataṁ karaṇīyaṁ, nāparaṁ itthattāyā'ti pajānāti.[444] (S.ii.56)

대 역

Vimuttasmiṁ해탈하면 vimuttamiti해탈했다고; '번뇌로부터 마음이 벗어났다'라고 숙고하며 ñāṇaṁ hoti지혜가 생긴다. 'khīṇā jāti태어남은 다했다; 새로운 생에 태어나

444 빠알리어 원본은 'pajānātīti'라고 끝난다. 서문에서 "bhagavā etadavoca 세존께서는 이와 같이 말씀하셨다"라는 구절 다음에 나오는 본문이 세존께서 말씀하신 내용이고 그것이 끝났다는 뜻으로 'iti'를 붙였다. "iti이상이다; 이상으로 부처님의 말씀이 끝났다"라는 뜻이다.

는 것은 다했다. vusitaṁ brahmacariyaṁ청정범행을 완수했다; 관찰해서 앎이라는 거룩한 실천을 다 실천했다. kataṁ karaṇīyaṁ할 일을 다했다; 알아야 할 것들을 알도록 해야 할 일을 다했다. itthattāyā이 일을 위해 aparaṁ다른 해야 할 일이 na더 이상 없다'라고 iti이렇게 숙고하며 pajānāti안다.

이 내용은 아라한들이 숙고하고 반조하는 모습입니다. 여기서 '새로운 생에 태어남이 다했다'라고 아는 것은 무엇 때문일까요? 물질·정신 무더기들을 항상한 것으로, 행복하고 좋은 것으로, 영혼이나 자아라고 잘못 알고 생각해서 즐기고 집착한다면 그 기간 내내 새로운 생에 거듭, 반복해서 태어나야 합니다. 그렇게 잘못 알고 생각하는 것이 모두 사라지면 즐기고 집착하는 것도 완전히 사라집니다. 그렇게 잘못 알고 생각하는 것과 함께 즐기고 집착하는 것이 완전히 사라진 것을 알기 때문에 '새로운 생에 태어남이 다했다'라고 알고 보고 결정하는 것입니다. 이것은 이미 제거한 번뇌를 반조하는 성품입니다.

'청정범행brahmacariya', 즉 거룩한 실천이란 계·삼매·통찰지를 말합니다. 따라서 청정범행을 실천한다고 할 때 계를 지키는 것만으로는 충분하지 않습니다. 선정삼매만으로도 충분하지 않습니다. 물질·정신이 생겨날 때마다 그것을 관찰해서 아는 통찰지를 통해 아라한도까지 도달해야 완성된다고 할 수 있습니다. 그래서 앞의 대역에서 '관찰해서 앎이라는 청정범행을 다 완수했다. 생겨나게 했다'라고 기본이 되는 관찰해서 앎을 법체로 드러내어 설명한 것입니다.

'해야 할 일karaṇīya'은 네 가지 진리를 완전히 알도록 실천하는 것입니다. 그것도 아라한도까지 도달해야 할 일이 끝난 것입니다. 아랫단계의 세 가지 도를 통해 소멸한 성품을 몸소 경험하여 무상하고 괴로움이고 무아인 괴로움의 진리를 이미 알았더라도 인식의 전도saññāvipallāsa와 마음의 전도cittavipallāsa가 일부 남아 있습니다.[445] 그렇게 인식의 전도와 마음의 전도가 일부 남아 있기 때문에 행복하고 좋다는 등으로 좋아하고 즐기는 갈애taṇhā도 아직 있습니다. 아랫단계의 세 가지 도는 이렇게 갈애라는 생겨남을 제거하는 일이 아직 끝나지 않았습니다. 그래서 아나함조차 새로운 생에 태어나야 하는 것입니다. 그러나 아라한도에 도달하면 무상과 괴로움과 무아의 성품인 괴로움의 진리를 완벽하게, 확실하게 깨닫게 됩니다. 그래서 인식의 전도, 마음의 전도까지 모두 사라집니다. 그렇게 전도가 완전히 사라지기 때문에 좋아하고 즐기는 갈애인 생겨남의 진리도 더 이상 생겨날 기회가 없게 되어 완전히 사라져 버립니다. 아라한도는 이렇게 네 가지 진리를 알아야 하는 일을 행하는 것도 완전히 구족하고 성취합니다. 그렇게 성취한 모습을 두고 '이 일을 위해 다른 해야 할 것이 더 이상 없다'라고 숙고하는 것입니다.[446]

445 모든 견해의 전도, 그리고 자아라는 인식의 전도와 마음의 전도, 항상하다는 인식의 전도와 마음의 전도는 수다원에서, 깨끗하다는 인식의 전도와 마음의 전도는 아나함에서, 행복하다는 인식의 전도와 마음의 전도는 아라한에서 소멸한다. 본서 p.319 주329 참조.

446 ㉻아라한과 관련된 게송을 하나 소개하면 다음과 같다.

> 죽음도 안 바라네, 목숨도 안 바라네.
> 단지 시간만을 고대하나니, 월급쟁이 월급만 고대하듯이. (Thag.196)

아라한들은 오래 살거나 선처에 태어나고자 하는 바람이 없다. 그렇다고 일부러 빨리 죽으려고 하지도 않는다. 월급쟁이들이 월급날만 고대하며 일을 하듯이 단지 진정한 적멸이라는 완전열반의 시간만 기다리며 살아간다. 아라한의 덕목에 관해서는『보배경 강설』, pp.195~203 참조.

지금까지 설명한 아라한이 숙고하고 반조하는 모습 중에 도와 과, 열반, 번뇌를 각각 직접적으로 반조하는 모습은 포함되지 않았습니다. 하지만 이렇게 반조하는 모습은 도와 과, 열반, 제거한 번뇌들을 이미 반조하고 나서 이어서 반조하는 모습이라고 기억해야 합니다. '거룩한 실천을 다 완수했다. 해야 할 일을 다했다'라고 반조하는 것은 도와 과, 열반을 반조하고 난 뒤 이어서 반조하는 모습들입니다. '마음이 번뇌에서 해탈했다. 새로운 생에 태어남도 다했다'라고 반조하는 것은 제거하여 사라진 번뇌를 반조하고 나서 이어서 반조하는 모습입니다. 수다원, 사다함, 아나함에게 생겨나는 반조의 지혜에 관한 것은 『실라완따숫따 법문』에 설명해 놓았습니다.[447]

이제 성스러운 도와 과의 지혜, 반조의 지혜가 생겨나는 모습이 설해진 성전 부분과 대역을 다시 독송해 보겠습니다.

법문을 끝내는 부처님의 말씀

16-2,3 Nibbindaṁ virajjati; virāgā vimuccati. Vimuttasmiṁ vimuttamiti ñāṇaṁ hoti. 'Khīṇā jāti, vusitaṁ brahmacariyaṁ, kataṁ karaṇīyaṁ, nāparaṁ itthattāyā'ti pajānāti. (S.ii.56)

대 역

Nibbindaṁ=nibbindanto염오해서; 물질·느낌·인식·

447 본서 pp.436~437 제8강 역자 보충설명에 요약해서 설명했다. 『*Sīlavantathouk tayato*(계구족경 법문)』, p.243; 『위빳사나 수행방법론』 제2권, pp.408~473; 『청정도론』 제3권, pp.353~354 참조.

형성들·의식에 대해 즐기지 않고 염오해서 virajjati애착이 빛바랜다; 그 물질·정신에 애착이 사라진[448] 성스러운 도가 생겨난다. virāgā애착이 빛바래어; 성스러운 도가 생겨나기 때문에 vimuccati해탈한다; 누출 번뇌들로부터 벗어난다. vimuttasmiṁ해탈하면 vimuttamiti해탈했다고; '번뇌로부터 마음이 벗어났다'라고 숙고하며 ñāṇaṁ hoti지혜가 생긴다. 'khīṇā jāti태어남은 다했다; 새로운 생에 태어나는 것은 다했다. vusitaṁ brahmacariyaṁ청정범행을 완수했다; 관찰해서 앎이라는 거룩한 실천을 다 실천했다. kataṁ karaṇīyaṁ할 일을 다했다; 알아야 할 것들을 알도록 해야 할 일을 다했다. itthattāyā이 일을 위해 aparaṁ다른 해야 할 일이 na더 이상 없다'라고 iti이렇게 숙고하며 pajānāti안다.

이 성전 내용을 해석하면 다음과 같습니다.

염오하면 애착이 사라져 성스러운 도가 생겨난다. 애착이 사라져 성스러운 도가 생겨나기 때문에 《누출 번뇌들로부터》 벗어나 해탈한다. 해탈하면 '마음이 벗어났다, 해탈했다'라고 반조하는 지혜가 생겨난다. 《반조하는 모습은》 '새로운 생에 태어남은 다했다. 청정범행을

448 본서 p.421의 표현과 다르다. 저본의 표현을 따랐다.

완수했다. 해야 할 일을 다했다. 이 일을 위해 다른 해야 할 일이 더 이상 없다'라고 반조하며 알고 보고 결정한다.

이 내용은 부처님께서 직접 설하신 「아낫딸락카나숫따」 성전의 결어 부분입니다. 그 뒤 결집할 때 존자들이 다음과 같이 덧붙여 놓았습니다.

결집

결집 기록

17-1 Idamavoca bhagavā. Attamanā pañcavaggiyā bhikkhū bhagavato bhāsitaṁ abhinanduṁ. (S.ii.56)

대 역

Idaṁ이 내용을; "rupaṁ bhikkhave anattā"라는 구절을 시작으로 "nāparaṁ itthattāyā'ti pajānāti"까지 「아낫딸락카나숫따」의 가르침을 bhagavā세존께서 avoca설하셨다; 오비구가 아라한이 되도록 설하셨다. pañcavaggiyā bhikkhū오비구는 attamanā흡족한 마음으로; 기뻐하고 행복한 마음으로 bhagavato bhāsitaṁ세존께서 설법하신 말씀을 abhinanduṁ기뻐했다; 기뻐하고 만족하고 동의하면서 사두를 외치며 받아지녔다.

17-2 Imasmiñca pana veyyākaraṇasmiṁ bhaññamāne pañcavaggiyānaṁ bhikkhūnaṁ anupādāya āsavehi cittāni vimucciṁsūti. (S.ii.56)

대역

Ca pana또한; 기억해야 할 특별한 내용은 imasmiñca veyyākaraṇasmiṁ이 상설을; 이렇게 자세하게 설명된 「아낫딸락카나숫따」의 가르침을 bhaññamāne설하고 계실 때; 설하시고 난 뒤부터 pañcavaggiyānaṁ bhikkhūnaṁ 오비구의 cittāni마음은 anupādāya취착하지 않고; 어떠한 것도 취착하지 않고 āsavehi누출로부터 vimucciṁsu해탈했다; 벗어났다.[449] iti이상이다; 이상으로 경전이 끝났다.

《사두, 사두, 사두.》

오비구 중 꼰단냐Koṇḍañña 존자는 음력 6월 보름날 초저녁에 「담마짝깝빠왓따나숫따」 가르침을 들으면서 수다원이 됐습니다. 그때부터 계속 법에 마음을 기울이면서 노력했습니다. 하지만 「아낫딸락카나숫따」 가르침을 듣기 전에는 아라한 도와 과에 도달하지 못했습니다. 왑빠Vappa 존자는 음력 6월 16일에 수다원이 됐습니다. 밧디야Bhaddiya

449 ㉯'āsavehi'라는 단어는 주어로, 'cittāni'라는 단어는 목적어를 의미한다고 파악한 뒤 'cittāni 마음을 āsavehi누출들이 anupādāya취착하지 않고 vimucciṁsu해탈했다'라고 번역하기도 한다. 하지만 이러한 번역은 부처님의 바람, 결집한 장로들의 바람과 일치한다고 생각하지 않는다. 이유는 다음과 같다. 만약 위와 같이 해석하면 '누출법들이 놓아 주어야만 거룩한 아라한 존자들의 마음이 벗어날 수 있다'라는 의미가 되어 아라한도와 과 마음의 덕목을 폄하하는 것이 되어 버리기 때문이다. 또한 누출법들도 '집착한다'라는 단어와 관련되지 않는다. 누출은 '새어 나온다'는 의미, '생겨난다'는 의미와만 관련된다. 또한 만약 '취착하지 않고 해탈했다'라는 의미를 굳이 말하고자 한다면 'āsavehi'라고 하지 않고 'upādānehi'라고만 해야 하기 때문이다. 이 내용은 빠알리어에 능통한 이들이 숙고해 보도록 언급했다.

존자는 음력 6월 17일, 마하나마Mahānāma 존자는 음력 6월 18일, 앗사지Assaji 존자는 음력 6월 19일에 차례대로 수다원이 됐습니다. 이렇게 모두 수다원이었던 오비구는 「아낫딸락카나숫따」 가르침을 들으면서 다섯 무더기를 'netaṁ mama, nesohamasmi, na meso attā 이것은 나의 것이 아니다. 이것은 나가 아니다. 이것은 나의 자아가 아니다'라고 마음 기울이고 관찰하면서 윗단계 세 가지 도와 과의 차례대로 향상되어 아라한이 됐습니다. 본승의 『담마짝까 법문』 마지막에 『율장 주석서』와 『맛지마 니까야 주석서』에서는 「아낫딸락카나숫따」의 가르침을 듣고 나서 마음 기울이고 관찰하고 나서야 아라한이 됐다고 언급했습니다.[450]

이때는 마하삭까라자Mahāsakkarāja 연도로 103년이었습니다. 지금 미얀마 력 1325년(서기 1963년)을 기준으로 거슬러 헤아려보면 2,552년 전입니다.[451] 그해 음력 6월 20일, 부처님께서 「아낫딸락카나숫따」의 가르침을 설하셨을 때 인간 세상에 부처님을 비롯해 아라한 존자 여섯 분이 처음 나타나셨습니다. 당시 바라나시 성 근처, 미가다야 숲에서 거룩하신 부처님께서 「아낫딸락카나숫따」를 설하시는 모습, 오비구가 그 경을 정성스럽게 듣고서 누출 다한 아라한이 되는 모습을 마음속으로 떠올려 보십시오. 매우 존경할 만합니다. 이 모습을 떠올리며 존경의 마음을 담아 같이 예경 올립시다.

450 『담마짝까 법문』, pp.477~481 참조. 저본에는 『빠띠삼비다막가 주석서』를 언급했지만 『담마짝까 법문』에 나오는 것은 『율장 주석서』와 『맛지마 니까야 주석서』이다.

451 서기 2021년 후반기부터 거슬러 헤아리면 2,610년 전이다.

거룩한 아라한 여섯 분에게 예경하는 모습

2,552년 전 음력 6월 20일에
부처님께서 「아낫딸락카나숫따」의 가르침을
오비구에게 설하셨습니다.
그 가르침을 듣고 마음 기울이며 관찰하여
오비구 모두는 누출 다한 아라한이 됐습니다.
그 당시 번뇌가 다하여 진짜 아라한인
거룩하신 부처님을 비롯한 오비구라는,
교법에서 최초인 여섯 분의 진정한 아라한 존자들께
부처님의 제자인 저희들은
두 손 모아 경의를 다해 예경 올립니다.
사두, 사두, 사두.

「아낫딸락카나숫따」의 가르침을 설한 지 12번의 포살, 12번의 법문이 지났습니다. 이것으로 「아낫딸락카나숫따」 법문을 모두 마치겠습니다.

결어와 서원

「아낫딸락카나숫따」 가르침을
정성스럽게 듣고 수지한 청법선업 의도의 공덕으로
지금 법문을 듣는 참사람들이
부처님께서 이 경에서 설하고 지도하신 그대로
볼 때, 들을 때 등에 분명한
물질·느낌·인식·형성들·의식이라는 다섯 무더기를

‘netaṁ mama, nesohamasmi, na meso attā’,
‘이것은 나의 것이 아니다.
이것은 나가 아니다.
이것은 나의 자아가 아니다’라고, 또는
‘순간도 끊임없이 생멸하고 있기 때문에
무상하고 괴로움이고 무아다’라고
스스로의 지혜로 바르게 알고 볼 수 있도록
관찰하고 새기고 노력해서
도와 과의 지혜로 열반에 빠르게 도달하기를.

사두, 사두, 사두.

『아낫딸락카나숫따 법문』 제8강이 끝났다.

『아낫딸락카나숫따 법문』이 끝났다.

제8강 역자 보충설명

뱀의 비유와 위빳사나 지혜 단계

본서 p.394에 염오의 지혜가 생겨나면 물질 등의 무더기를 염오하는 것은 뱀을 잡고서 염오하는 것과 같다고 비유했습니다.

한 어부가 물고기를 잡으려고 강에 통발을 설치해 두었습니다. 어느 날 무엇이 잡혔는지 보려고 통발에 손을 집어넣었다가 한 손 가득 잡히자 큰 물고기를 잡았다는 생각에 기분이 좋아졌습니다. 어부는 즉시 그것을 통발 밖으로 꺼냈습니다. 그런데 막상 꺼내 보니 이상하게 목에 세 주름이 있었습니다. 어부는 그때서야 자신이 잡은 게 물고기가 아니라 큰 뱀이라는 것을 알고는 두려워졌습니다. 계속 뱀을 잡고 있으면 물릴 수도 있겠다고 그 흠을 보았습니다. 잡고 있기 싫어졌습니다. 빨리 던져버리고 싶었습니다. 하지만 바로 던져버리면 물릴까 봐 그 뱀의 머리를 세 번 정도 흔들고 나서야 던져버렸습니다. 뱀은 어부에게서 멀리 떨어져 나갔고, 어부는 안전한 곳으로 가서 뱀을 잡았던 곳을 다시 돌아보았습니다.

이 이야기는 수행자를 어부에 비유한 것입니다.

어부가 뱀을 잡았는데도 물고기를 잡았다고 생각해서 좋아하고 행복해하는 것은 수행자가 봄 등의 물질·정신 무더기를 무상과 괴로움과 무아로 알고 보지 못해서 좋아하고 애착하는 것과 같습니다.

통발 밖으로 꺼냈을 때 목의 세 주름을 보고서 큰 뱀이라고 알고 두려워하고, 잡고 있는 것의 흠을 보고, 잡고 있기 싫어진 것은 수행자가 물질·정신의 무상 등의 세 가지 특성을 보게 되면 그것을 두려워하고 허물을 보고 역겨워하는 것과 같습니다.

뱀을 던져버리고자 하는 것은 수행자가 물질·정신과 관련해서 즐거워하지 않고 나라거나 나의 것으로 집착하지 않고 버리고자 하는 지혜가 생겨나는 것과 같습니다.

바로 뱀을 던지면 물릴까 봐 뱀의 머리를 세 번 정도 흔들고 던져버리는 것은 수행자가 물질·정신 형성들을 버릴 수 있을 정도로 한 단계 더 올라서 특별히 관찰하는 것과 같습니다.[452]

이 비유와 같이 봄 등의 물질·정신을 무상과 괴로움과 무아로 알고, 두려워하고, 허물을 보고, 역겨워하고, 버리고자 할 정도로 위빳사나 수행으로 관찰해야 합니다.

그러나 "무상과 괴로움과 무아는 이미 알고 있는 것이다. 관찰할 필요가 없다"라고 무례하게 말하는 이들이 있습니다. 현명한 불자들이라면 그들이 주장하는 '아는 것'과 진짜 위빳사나 지혜로 '아는 것'을 비교해서 살펴봐야 합니다. 그들이 '안다'고 주장하는 무상과 괴로움과 무아는 들어서 아는suta 것일 뿐입니다. 그렇게 들어서 아는 것도 경전에 해박한 이들이 아는 것과 비교한다면 아주 미미하다고 할 수 있습니다. 그런 얄팍한 지식으로 자기 자신의 봄이나 들림 등에 대해 두려움이 생

452 뱀을 멀리 던진 뒤 안전한 곳으로 가서 뱀을 잡았던 곳을 다시 돌아보았다는 것은 무엇을 의미하는지 설명이 나오지 않는다. 도와 과의 지혜가 생겨난 뒤 반조의 지혜로 숙고하는 것을 의미한다고 생각한다.

겨날 수 있겠습니까? 두려움이 생기기는커녕 '두려운 것이다'라는 구절조차 아무 쓸모없이 생각으로 만들어 낸 것이라 여길 것입니다. 그런 이들이 봄, 들림, 맡음, 먹어서 앎, 닿아서 앎의 허물을 볼 수 있겠습니까? 역겨워할 수 있겠습니까? 전혀 허물이 없다고까지 생각할 것입니다. '자기가 좋아하는 것을 보고, 좋아하는 소리를 듣고, 말하고 싶은 것을 말할 수 있다'라고까지 생각할 것입니다. 좋은 음식을 먹고, 좋은 감촉들을 닿고 하면서 아주 좋다고 생각할 것입니다. '생각하는 것은 제일 좋은 것이다'라고 생각할 것입니다. 마음대로 생각하는 것을 좋은 것으로 여기기 때문에 마음을 다잡아서 수행하려는 마음이 없습니다. 그렇기 때문에 '관찰할 필요가 없다'라며 수행을 실천하지 않으면서 '법을 증득하는 방법'이라고 함부로 생각으로 만들어내는 것입니다. 또한 그렇게 마음대로 생각하는 것이 사라지는 것도 원하지 않습니다. 계속 생겨납니다.

또한 무상과 괴로움과 무아라는 것을 들어본 것 정도만으로, 위의 비유에서 큰 뱀을 던져버리고 싶어 하듯이 봄 등에서 벗어나려고 하는 마음이 생겨나겠습니까? 더욱 거리가 멉니다. 경전에 해박한 이에게도 진실로 역겨워해서 벗어나려고 하는 벗어남의 지혜muñcitukamyatā ñāṇa가 생기기 쉽지 않습니다.

지금 말한 대로 물질과 정신을 나누어 아는 지혜부터 시작해서 재성찰의 지혜, 형성평온의 지혜까지 차례대로 생기는 모습은『빠띠삼비다막가』에 나오는 위빳사나 지혜의 차례입니다. 그 지혜들 중 무너짐의 지혜까지 관찰하는 모습을 부처님께서「아낫딸락카나숫따」등에서

"evaṁ passaṁ 이와 같이 무상과 괴로움과 무아라고 알면"이라고 설하셨습니다. 그 다음 두려움의 지혜부터 형성평온의 지혜, 수순의 지혜까지 위빳사나 지혜들을 "nibbindaṁ 염오하게 된다"라고 설하셨습니다. 그 위빳사나 지혜 모두로 관찰해서 보는 모습을 「실라완따숫따」에서는 "pañcupādānakkhandhā aniccato dukkhato … anattato yoniso manasikātabbā(다섯 취착무더기를 무상으로, 괴로움으로, … 무아로 이치에 맞게 마음 기울여야 한다)"라고(S.ii.136) 설하셨습니다.

수련자들의 반조

본서 p.426에서 아라한들의 반조를 소개하면서 수다원, 사다함, 아나함의 반조는 마하시 사야도의 『실라완따숫따 법문』을 참조하라는 내용이 있습니다. 그 내용을 요약해서 소개하겠습니다.

반조의 지혜paccavekkhaṇā ñāṇa에는 저절로 생겨나는 반조의 지혜와 의도적으로 숙고해서 생겨나는 반조의 지혜, 두 종류가 있습니다.

저절로 생겨나는 반조의 지혜란 열반에 도달한 뒤 도와 과, 열반, 제거한 번뇌, 아직 제거하지 못한 번뇌를 반조하는 것입니다. 그중 도와 과, 열반은 틀림없이 반조하고, 제거한 번뇌와 제거하지 못한 번뇌는 견문지식이 없는 성자의 경우 반조하지 않는 경우도 있습니다.(Ah.65) 예를 들어 사다함이었던 마하나마Mahānama 왕은 "탐욕과 성냄과 어리석음이 왜 저의 마음을 덮어버리며 생겨납니까?"라고 부처님께 질문한 적이 있습니다. 이것은 당시 사다함이었던 왕이 특별히 반조하지 않고서 사다함도로 탐욕과 성냄과 어리석음을 모두 다 제거한다고 생각했다가

탐욕 등이 생겨나자 부처님께 질문했던 것입니다.(M.i.126/MA.i.366)

족쇄의 측면에서 수다원은 사견, 의심, 행실의례집착, 질투, 인색이라는 다섯 가지 족쇄를 제거합니다. 사다함은 거친 감각욕망애착과 적의를 제거합니다. 아나함은 미세한 감각욕망애착과 적의를 모두 제거합니다. 아라한은 자만, 존재애착, 무명이라는 세 가지 족쇄를 제거합니다.[453]

의도적으로 숙고해서 생겨나는 반조의 지혜는 성자들이 자신이 갖춘 덕목을 숙고할 때 생겨납니다. 대표적인 예가 수다원의 중대한 반조 mahāpaccavekkhaṇā 일곱 가지입니다. 수다원은 조용한 곳으로 가서 다음과 같이 반조합니다. ①'물질과 정신의 생멸을 사실대로 알지 못하게 할 정도로 얽어매는 현전번뇌가 없다'라고 반조합니다. ②'도를 증득한 뒤 위빳사나 지견을 거듭 생겨나게 하고 의지하기 때문에 현전하는 번뇌도 가라앉았고 대상에 잠재하는 번뇌도 적멸했다'라고 반조합니다. ③'부처님의 가르침 밖에는 이러한 도의 지견을 증득한 성제자가 없다'라고 반조합니다. ④'계를 어기더라도 도반에게 즉시 고백하고 드러내는 성품을 갖췄다'라고 반조합니다. ⑤'소임을 행할 때도 세 가지 수련 三學에 마음을 기울인다'라고 반조합니다. ⑥'부처님의 법문을 들을 때 온 마음을 기울여 집중하고 경청한다'라고 반조합니다. ⑦'부처님의 법문을 들을 때 의미를 알고 희열이 생긴다'라고 반조합니다.

453 이것은 아비담마 방법에 따른 설명이다. 족쇄를 경전 방법으로는 감각욕망애착, 색계애착, 무색계애착, 적의, 자만, 사견, 행실의례집착, 의심, 들뜸, 무명이라는 열 가지로 헤아리고 아비담마 방법으로는 감각욕망애착, 존재애착, 적의, 자만, 사견, 행실의례집착, 의심, 질투, 인색, 무명이라는 열 가지로 헤아린다.

부록

부록 1

「아낫딸락카나숫따」 빠알리어와 해석

아낫딸락카나숫따

Anattalakkhaṇasutta

나모 땃사 바가와또 아라하또 삼마삼붓닷사॥

서문

0 에왕 메 수땅॥ 에깡 사마양 바가와 바라나시양 위하라띠 이시빠따네 미가다예॥ 따뜨라 코 바가와 빤짜왁기예 빅쿠 아만떼시 "빅카오"띠॥ "바단떼"띠 떼 빅쿠 바가와또 빳짯소숭॥ 바가와 에따다오짜॥

다섯 무더기는 무아다

1 "루빵। 빅카웨। 아낫따॥ 루빤짜 히당। 빅카웨। 앗따 아바윗사। 나이당 루빵 아바다야 상왓떼야। 랍베타 짜 루뻬 '에왕 메 루빵 호뚜। 에왕 메 루빵 마 아호시'띠॥ 야스마 짜 코। 빅카웨। 루빵 아낫따। 따스마 루빵 아바다야 상왓따띠। 나 짜 랍바띠 루뻬 '에왕 메 루빵 호뚜। 에왕 메 루빵 마 아호시'"띠॥

무아특성경

아라한이며 정등각자이신 거룩한 세존께 예경 올립니다.

서문

0 이와 같이 나는 들었습니다. 한때 세존께서는 바라나시의 이시빠따나 미가다야 숲에 머무셨습니다. 그때 세존께서는 오비구에게 "비구들이여"라고 부르셨습니다. 그 비구들은 "존자시여"라고 세존께 대답했습니다. 세존께서는 이 내용을 말씀하셨습니다.

다섯 무더기는 무아다

1 "비구들이여, 물질은 무아다. 그리고 실로, 비구들이여, 이 물질이 자아라면 이 물질은 괴롭히기 위한 것에 해당하지 않아야 한다. 그리고 '나의 물질이 이와 같이 되기를. 나의 물질이 이와 같이 되지 않기를'이라고 물질에서 얻을 수 있어야 한다. 비구들이여, 사실 물질은 무아다. 그래서 물질은 괴롭히기 위한 것에 해당된다. 그리고 '나의 물질이 이와 같이 되기를. 나의 물질이 이와 같이 되지 않기를'이라고 물질에서 얻을 수 없다."

2 “웨다나 | 아낫따 || 웨다나 짜 히당 | 빅카웨 | 앗따 아바윗사 | 나이당 웨다나 아바다야 상왓떼야 | 랍베타 짜 웨다나야 ‘에왕 메 웨다나 호뚜 | 에왕 메 웨다나 마 아호시’띠 || 야스마 짜 코 | 빅카웨 | 웨다나 아낫따 | 따스마 웨다나 아바다야 상왓따띠 | 나 짜 랍바띠 웨다나야 ‘에왕 메 웨다나 호뚜 | 에왕 메 웨다나 마 아호시’”띠 ||

3 “산냐 | 아낫따 || 산냐 짜 히당 | 빅카웨 | 앗따 아바윗사 | 나이당 산냐 아바다야 상왓떼야 | 랍베타 짜 산냐야 ‘에왕 메 산냐 호뚜 | 에왕 메 산냐 마 아호시’띠 || 야스마 짜 코 | 빅카웨 | 산냐 아낫따 | 따스마 산냐 아바다야 상왓따띠 | 나 짜 랍바띠 산냐야 ‘에왕 메 산냐 호뚜 | 에왕 메 산냐 마 아호시’”띠 ||

4 “상카라 | 아낫따 || 상카라 짜 히당 | 빅카웨 | 앗따 아바윗상수 | 나이당 상카라 아바다야 상왓떼융 | 랍베타 짜 상카레수 ‘에왕 메 상카라 혼뚜 | 에왕 메 상카라 마 아헤순’띠 || 야스마 짜 코 | 빅카웨 | 상카라 아낫따 | 따스마 상카라 아바다야 상왓딴띠 | 나 짜 랍바띠 상카레수 ‘에왕 메 상카라 혼뚜 | 에왕 메 상카라 마 아헤순’”띠 ||

2 "느낌은 무아다. 그리고 실로, 비구들이여, 이 느낌이 자아라면 이 느낌은 괴롭히기 위한 것에 해당하지 않아야 한다. 그리고 '나의 느낌이 이와 같이 되기를. 나의 느낌이 이와 같이 되지 않기를'이라고 느낌에서 얻을 수 있어야 한다. 비구들이여, 사실 느낌은 무아다. 그래서 느낌은 괴롭히기 위한 것에 해당된다. 그리고 '나의 느낌이 이와 같이 되기를. 나의 느낌이 이와 같이 되지 않기를'이라고 느낌에서 얻을 수 없다."

3 "인식은 무아다. 그리고 실로, 비구들이여, 이 인식이 자아라면 이 인식은 괴롭히기 위한 것에 해당하지 않아야 한다. 그리고 '나의 인식이 이와 같이 되기를. 나의 인식이 이와 같이 되지 않기를'이라고 인식에서 얻을 수 있어야 한다. 비구들이여, 사실 인식은 무아다. 그래서 인식은 괴롭히기 위한 것에 해당된다. 그리고 '나의 인식이 이와 같이 되기를. 나의 인식이 이와 같이 되지 않기를'이라고 인식에서 얻을 수 없다."

4 "형성들은 무아다. 그리고 실로, 비구들이여, 이 형성들이 자아라면 이 형성들은 괴롭히기 위한 것에 해당하지 않아야 한다. 그리고 '나의 형성들이 이와 같이 되기를. 나의 형성들이 이와 같이 되지 않기를'이라고 형성들에서 얻을 수 있어야 한다. 비구들이여, 사실 형성들은 무아다. 그래서 형성들은 괴롭히기 위한 것에 해당된다. 그리고 '나의 형성들이 이와 같이 되기를. 나의 형성들이 이와 같이 되지 않기를'이라고 형성들에서 얻을 수 없다."

5 "윈냐낭। 아낫따॥ 윈냐난짜 히당। 빅카웨। 앗따 아바윗사। 나이당 윈냐낭 아바다야 상왓떼야। 랍베타 짜 윈냐네 '에왕 메 윈냐낭 호뚜। 에왕 메 윈냐낭 마 아호시'띠॥ 야스마 짜 코। 빅카웨। 윈냐낭 아낫따। 따스마 윈냐낭 아바다야 상왓따띠। 나 짜 랍바띠 윈냐네 '에왕 메 윈냐낭 호뚜। 에왕 메 윈냐낭 마 아호시'"띠॥

항상한가 무상한가 등으로 문답하다

6 "땅 낑 만냐타। 빅카웨। 루빵 닛짱 와 아닛짱 와"띠?

"아닛짱। 반떼"॥

"양 빠나닛짱 둑캉 와 땅 수캉 와"띠?

"둑캉। 반떼"॥

"양 빠나닛짱 둑캉 위빠리나마담망। 깔랑 누 땅 사마누빳시뚱 '에땅 마마। 에소하마스미। 에소 메 앗따'"띠?

"노 헤땅। 반떼"॥

7 "웨다나 닛짜 와 아닛짜 와"띠?

"아닛짜। 반떼"॥

"양 빠나닛짱 둑캉 와 땅 수캉 와"띠?

"둑캉। 반떼"॥

"양 빠나닛짱 둑캉 위빠리나마담망। 깔랑 누 땅 사마누빳시뚱 '에땅 마마। 에소하마스미। 에소 메 앗따'"띠?

"노 헤땅। 반떼"॥

5 "의식은 무아다. 그리고 실로, 비구들이여, 이 의식이 자아라면 이 의식은 괴롭히기 위한 것에 해당하지 않아야 한다. 그리고 '나의 의식이 이와 같이 되기를. 나의 의식이 이와 같이 되지 않기를'이라고 의식에서 얻을 수 있어야 한다. 비구들이여, 사실 의식은 무아다. 그래서 의식은 괴롭히기 위한 것에 해당된다. 그리고 '나의 의식이 이와 같이 되기를. 나의 의식이 이와 같이 되지 않기를'이라고 의식에서 얻을 수 없다."

항상한가 무상한가 등으로 문답하다

6 "비구들이여, 그것을 어떻게 생각하는가, 물질은 항상한가 무상한가?"
"무상합니다, 세존이시여."
"그리고 어떤 것이 무상하다면 그것은 괴로움인가 행복함인가?"
"괴로움입니다, 세존이시여."
"어떤 것이 무상하고 괴로움이고 변하는 법이라면 그것을 '이것은 나의 것이다. 이것은 나다. 이것은 나의 자아다'라고 관찰하는 것이 타당하겠는가?"
"그렇지 않습니다, 세존이시여."

7 "느낌은 항상한가 무상한가?"
"무상합니다, 세존이시여."
"그리고 어떤 것이 무상하다면 그것은 괴로움인가 행복함인가?"
"괴로움입니다, 세존이시여."
"어떤 것이 무상하고 괴로움이고 변하는 법이라면 그것을 '이것은 나의 것이다. 이것은 나다. 이것은 나의 자아다'라고 관찰하는 것이 타당하겠는가?"
"그렇지 않습니다, 세존이시여."

8 "산냐 닛짜 와 아닛짜 와"띠?

"아닛짜| 반떼"||

"양 빠나닛짱 둑캉 와 땅 수캉 와"띠?

"둑캉| 반떼"||

"양 빠나닛짱 둑캉 위빠리나마담망| 깔랑 누 땅 사마누빳시뚱 '에땅 마마| 에소하마스미| 에소 메 앗따'"띠?

"노 헤땅| 반떼"||

9 "상카라 닛짜 와 아닛짜 와"띠?

"아닛짜| 반떼"||

"양 빠나닛짱 둑캉 와 땅 수캉 와"띠?

"둑캉| 반떼"||

"양 빠나닛짱 둑캉 위빠리나마담망| 깔랑 누 땅 사마누빳시뚱 '에땅 마마| 에소하마스미| 에소 메 앗따'"띠?

"노 헤땅| 반떼"||

10 "윈냐낭 닛짱 와 아닛짱 와"띠?

"아닛짱| 반떼"||

"양 빠나닛짱 둑캉 와 땅 수캉 와"띠?

"둑캉| 반떼"||

"양 빠나닛짱 둑캉 위빠리나마담망| 깔랑 누 땅 사마누빳시뚱 '에땅 마마| 에소하마스미| 에소 메 앗따'"띠?

"노 헤땅| 반떼"||

8 "인식은 항상한가 무상한가?"
"무상합니다, 세존이시여."
"그리고 어떤 것이 무상하다면 그것은 괴로움인가 행복함인가?"
"괴로움입니다, 세존이시여."
"어떤 것이 무상하고 괴로움이고 변하는 법이라면 그것을 '이것은 나의 것이다. 이것은 나다. 이것은 나의 자아다'라고 관찰하는 것이 타당하겠는가?"
"그렇지 않습니다, 세존이시여."

9 "형성들은 항상한가 무상한가?"
"무상합니다, 세존이시여."
"그리고 어떤 것이 무상하다면 그것은 괴로움인가 행복함인가?"
"괴로움입니다, 세존이시여."
"어떤 것이 무상하고 괴로움이고 변하는 법이라면 그것을 '이것은 나의 것이다. 이것은 나다. 이것은 나의 자아다'라고 관찰하는 것이 타당하겠는가?"
"그렇지 않습니다, 세존이시여."

10 "의식은 항상한가 무상한가?"
"무상합니다, 세존이시여."
"그리고 어떤 것이 무상하다면 그것은 괴로움인가 행복함인가?"
"괴로움입니다, 세존이시여."
"어떤 것이 무상하고 괴로움이고 변하는 법이라면 그것을 '이것은 나의 것이다. 이것은 나다. 이것은 나의 자아다'라고 관찰하는 것이 타당하겠는가?"
"그렇지 않습니다, 세존이시여."

11가지로 분석해 무아 등으로 관찰하도록 설하시다

11 "따스마띠하। 빅카웨। 양 낀찌 루빵 아띠따나가따빳쭙빤낭 앗잣땅 와 바힛다 와 올라리깡 와 수쿠망 와 히낭 와 빠니땅 와 양 두레 산띠께 와। 삽방 루빵 '네땅 마마। 네소하마스미। 나 메소 앗따'띠 에와메땅 야타부땅 삼맙빤냐야 닷탑방"॥

12 "야 까찌 웨다나 아띠따나가따빳쭙빤나 앗잣땅 와 바힛다 와 올라리까 와 수쿠마 와 히나 와 빠니따 와 야 두레 산띠께 와।[454] 삽바 웨다나 '네땅 마마। 네소하마스미। 나 메소 앗따'띠 에와메땅 야타부땅 삼맙빤냐야 닷탑방"॥

13 "야 까찌 산냐 아띠따나가따빳쭙빤나 앗잣땅 와 바힛다 와 올라리까 와 수쿠마 와 히나 와 빠니따 와 야 두레 산띠께 와।[455] 삽바 산냐 '네땅 마마। 네소하마스미। 나 메소 앗따'띠 에와메땅 야타부땅 삼맙빤냐야 닷탑방"॥

454 저본의 부록에는 "앗잣땅 와 바힛다 와 올라리깡 와 수쿠마 와 히나 와 빠니땅 와 야 두레 산띠께 와"라고 남성 명사를 수식하는 형용사 표기(~땅)와 여성 명사를 수식하는 형용사 표기(~마 등)가 섞여 있다. 다른 경전들(M.iii.67 등)의 표현을 따랐다. Vbh.2에는 여성 명사를 수식하는 형용사 표기(~따 등)로 통일됐다.

455 저본의 부록에는 "앗잣땅 와 바힛다 와 올라리까 와 수쿠마 와 히나 와 빠니땅 와 야 두레 산띠께 와"라고 남성 명사를 수식하는 형용사 표기(~땅)와 여성 명사를 수식하는 형용사 표기(~마 등)가 섞여 있다. 다른 경전들(M.iii.67 등)의 표현을 따랐다. Vbh.2에는 여성 명사를 수식하는 형용사 표기(~따 등)로 통일됐다.

11가지로 분석해 무아 등으로 관찰하도록 설하시다

11 "비구들이여, 그러니 여기서 과거든 미래든 현재든, 내부든 외부든, 거칠든 미세하든, 저열하든 수승하든, 멀든 가깝든, 그 모든 물질을 '이것은 나의 것이 아니다. 이것은 나가 아니다. 이것은 나의 자아가 아니다'라고 이와 같이 이것을 있는 그대로 바른 통찰지를 통해 보아야 한다."

12 "과거든 미래든 현재든, 내부든 외부든, 거칠든 미세하든, 저열하든 수승하든, 멀든 가깝든, 그 모든 느낌을 '이것은 나의 것이 아니다. 이것은 나가 아니다. 이것은 나의 자아가 아니다'라고 이와 같이 이것을 있는 그대로 바른 통찰지를 통해 보아야 한다."

13 "과거든 미래든 현재든, 내부든 외부든, 거칠든 미세하든, 저열하든 수승하든, 멀든 가깝든, 그 모든 인식을 '이것은 나의 것이 아니다. 이것은 나가 아니다. 이것은 나의 자아가 아니다'라고 이와 같이 이것을 있는 그대로 바른 통찰지를 통해 보아야 한다."

14 "예 께찌 상카라 아띠따나가따빳쭙빤나 앗잣땅 와 바힛다 와 올라리까 와 수쿠마 와 히나 와 빠니따 와 예 두레 산띠께 와 |[456] 삽베 상카라 '네땅 마마 | 네소하마스미 | 나 메소 앗따'띠 에와메땅 야타부땅 삼맙빤냐야 닷탑방" ||

15 "양 낀찌 윈냐낭 아띠따나가따빳쭙빤낭 앗잣땅 와 바힛다 와 올라리깡 와 수쿠망 와 히낭 와 빠니땅 와 양 두레 산띠께 와 | 삽방 윈냐낭 '네땅 마마 | 네소하마스미 | 나 메소 앗따'띠 에와메땅 야타부땅 삼맙빤냐야 닷탑방" ||

염오의 지혜 등이 생겨나는 모습

16 "에왕 빳상 | 빅카웨 | 수따와 아리야사와꼬 루빠스밈삐 닙빈다띠 | 웨다나야삐 닙빈다띠 | 산냐야삐 닙빈다띠 | 상카레수삐 닙빈다띠 | 윈냐나스밈삐 닙빈다띠 || 닙빈당 위랏자띠 | 위라가 위뭇짜띠 || 위뭇따스밍 위뭇따미띠 냐낭 호띠 || '키나 자띠 | 우시땅 브라흐마짜리양 | 까땅 까라니양 | 나빠랑 잇탓따야'띠 빠자나띠"띠 ||

456 저본의 부록에는 "앗잣땅 와 바힛다 와 올라리까 와 수쿠마 와 히나 와 빠니땅 와 예 두레 산띠께 와"라고 남성 단수 명사를 수식하는 형용사 표기(~땅)와 남성 복수 명사를 수식하는 형용사 표기(~마 등)가 섞여 있다. 다른 경전들(M.iii.67 등)의 표현을 따랐다. Vbh.2에는 남성 복수 명사를 수식하는 형용사 표기(~따 등)로 통일됐다.

14 "과거든 미래든 현재든, 내부든 외부든, 거칠든 미세하든, 저열하든 수승하든, 멀든 가깝든, 그 모든 형성들을 '이것은 나의 것이 아니다. 이것은 나가 아니다. 이것은 나의 자아가 아니다'라고 이와 같이 이것을 있는 그대로 바른 통찰지를 통해 보아야 한다."

15 "과거든 미래든 현재든, 내부든 외부든, 거칠든 미세하든, 저열하든 수승하든, 멀든 가깝든, 그 모든 의식을 '이것은 나의 것이 아니다. 이것은 나가 아니다. 이것은 나의 자아가 아니다'라고 이와 같이 이것을 있는 그대로 바른 통찰지를 통해 보아야 한다."

염오의 지혜 등이 생겨나는 모습

16 "비구들이여, 이와 같이 관찰하는 배움을 구족한 성스러운 제자는 물질에 대해서도 염오한다. 느낌에 대해서도 염오한다. 인식에 대해서도 염오한다. 형성들에 대해서도 염오한다. 의식에 대해서도 염오한다. 염오해서 애착이 빛바랜다. 애착이 빛바래어 해탈한다. 해탈하면 해탈했다고 지혜가 생긴다. '태어남은 다했다. 청정범행을 완수했다. 할 일을 다했다. 이 일을 위해 다른 해야 할 일이 더 이상 없다'라고 안다."

결집

17 이다마오짜 바가와|| 앗따마나 빤짜왁기야 빅쿠 바가와또 바시땅 아비난둥|| 이마스밍짜 빠나 웨야까라나스밍 반냐마네 빤짜왁기야낭 빅쿠낭 아누빠다야 아사웨히 찟따니 위뭇찡수띠||

아낫딸락카나숫땅 닛티땅||

결집

17 세존께서는 이 내용을 설하셨습니다. 오비구는 흡족한 마음으로 세존의 말씀을 기뻐했습니다. 또한 이 상설을 설하고 계실 때 오비구의 마음은 취착하지 않고 누출로부터 해탈했습니다.

「아낫딸락카나숫따」가 끝났다.

부록 2

칠청정과 위빳사나 지혜들

1. 계청정sīla visuddhi·戒淸淨

2. 마음청정citta visuddhi·心淸淨

3. 견해청정diṭṭhi visuddhi·見淸淨
   (1) 정신·물질 구별의 지혜nāmarūpa pariccheda ñāṇa·名色區別智

4. 의심극복청정kaṅkhāvitaraṇa visuddhi·度疑淸淨
   (2) 조건파악의 지혜paccaya pariggaha ñāṇa·緣把握智

5. 도·비도 지견청정maggāmagga ñāṇadassana visuddhi·道非道智見淸淨
   (3) 명상의 지혜sammasana ñāṇa·思惟智
   (4-1) 생멸 거듭관찰의 지혜udayabbayānupassanā ñāṇa·生滅隨觀智
   (약한 단계)

6. 실천 지견청정paṭipadā ñāṇadassana visuddhi·行道智見淸淨
   (4-2) 생멸 거듭관찰의 지혜udayabbayānupassanā ñāṇa·生滅隨觀智
   (성숙된 단계)
   (5) 무너짐 거듭관찰의 지혜bhaṅgānupassanā ñāṇa·壞隨觀智
   (6) 두려움 드러남의 지혜bhayatupaṭṭhāna ñāṇa·怖畏現起智
   (7) 허물 거듭관찰의 지혜ādīnavānupassanā ñāṇa·過患隨觀智
   (8) 염오 거듭관찰의 지혜nibbidānupassanā ñāṇa·厭離隨觀智
   (9) 벗어나려는 지혜muñcitukamyatā ñāṇa·脫欲智

(10) 재성찰 거듭관찰의 지혜paṭisaṅkhānupassanā ñāṇa·省察隨觀智

(11) 형성평온의 지혜saṅkhārupekkhā ñāṇa·行捨智

(12) 수순의 지혜anuloma ñāṇa·隨順智

(13) 종성의 지혜gotrabhū ñāṇa·種姓智 *청정에는 포함 안 됨

7. 지견청정ñāṇadassana visuddhi·智見清淨

(14) 도의 지혜magga ñāṇa·道智

(15) 과의 지혜phala ñāṇa·果智 *청정에는 포함 안 됨

(16) 반조의 지혜paccavekkhaṇa ñāṇa·觀察智 *청정에는 포함 안 됨

부록 3

마음부수 52가지

공통 마음부수 13가지

• 공통 반드시들 7가지

1. 접촉phassa·觸
2. 느낌vedanā·受
3. 인식saññā·想
4. 의도cetanā·思
5. 하나됨ekaggatā·一境性
6. 생명기능jīvitindriya·命根
7. 마음기울임manasikāra·作意

• 공통 때때로들 6가지

8. 사유vitakka·尋
9. 고찰vicāra·伺
10. 결심adhimokkha·勝解
11. 정진vīriya·精進
12. 희열pīti·喜
13. 열의chanda·欲

불선 마음부수 14가지

• 불선 반드시들 4가지

14. 어리석음moha·痴
15. 부끄러움없음ahirika·無慚
16. 두려움없음anottappa·無愧
17. 들뜸uddhacca·悼擧

• 불선 때때로들 10가지

◆ 탐욕 관련 3가지

18. 탐욕lobha·貪
19. 사견diṭṭhi·邪見
20. 자만māna·慢

◆ 성냄 관련 4가지

21. 성냄dosa·瞋
22. 질투issā·嫉
23. 인색macchariya·慳
24. 후회kukkucca·惡作

◆ 해태 관련 2가지

25. 해태thīna·懈怠
26. 혼침middha·昏沈

◆ 의심 1가지

27. 의심vicikicchā·疑

아름다움 마음부수 25가지

• 아름다움 반드시들 19가지

28. 믿음saddhā · 信
29. 새김sati · 念
30. 부끄러움hiri · 慚
31. 두려움ottappa · 愧
32. 탐욕없음alobha · 無貪
33. 성냄없음adosa · 無瞋
34. 중립tatramajjhattatā · 捨
35. 몸*의 경안kāyapassaddhi · 身輕安
36. 마음의 경안cittapassaddhi · 心輕安
37. 몸의 가벼움kāyalahutā · 身輕快性
38. 마음의 가벼움cittalahutā · 心輕快性
39. 몸의 부드러움kāyamudutā · 身柔軟性
40. 마음의 부드러움cittamudutā · 心柔軟性
41. 몸의 적합함kāyakammaññatā · 身適業性
42. 마음의 적합함cittakammaññatā · 心適業性
43. 몸의 능숙함kāyapāguññatā · 身練達性
44. 마음의 능숙함cittapāguññatā · 心練達性
45. 몸의 올곧음kāyujukatā · 身端直性
46. 마음의 올곧음cittujukatā · 心端直性

*35~45의 '몸'은 '마음부수'를 뜻한다.

• 아름다움 때때로들 6가지

◆ 절제virati·節制 3가지

47. 바른 말sammāvācā·正語

48. 바른 행위sammākammanta·正業

49. 바른 생계sammāājīva·正命

◆ 무량appamaññā·無量 2가지

50. 연민karuṇā·憐憫

51. 같이 기뻐함muditā·隨喜

◆ 미혹없음amoha·無痴 1가지

52. 통찰지 기능paññindriya·慧根

부록 4

인식과정

눈 문 인식과정

눈 문에 매우 큰 형색 대상이 드러나면 다음의 차례로 인식과정이 진행됩니다.

1. 경과 존재요인atīta bhavaṅga
2. 동요 존재요인bhavaṅga calana
3. 단절 존재요인bhavaṅga uccheda
4. 오문 전향pañcadvāra āvajjana
5. 눈 의식cakkhu viññāṇa
6. 접수sampaṭicchana
7. 조사santīraṇa
8. 결정voṭṭhabbana

9~15. 속행javana

16~17. 여운tadārammaṇa

욕계 맘 문 인식과정

맘 문에 선명한 법 대상이 드러나면 경과 존재요인이 한 번 지나가지 않는 경우*에 다음의 차례로 인식과정이 진행됩니다.

1. 동요 존재요인bhavaṅga calana
2. 단절 존재요인bhavaṅga uccheda
3. 맘문 전향manodvāra āvajjana

4~10. 속행javana

11~12. 여운tadārammaṇa

*경과 존재요인이 한 번 지나가지 않는 법 대상에는 ① 마음·마음부수, ② 열반·개념, ③ 과거·미래의 물질, ④ 현재 추상적 물질이 있습니다. 현재 구체적 물질 중 일부는 그 물질이 생겨날 때 경과 존재요인에 떨어지지 않고 드러날 수 있으나 일부 물질은 그 물질이 생겨난 후 경과 존재요인이 어느 정도 지나가야 맘 문에 드러납니다.

부록 5

물질 28가지

구체적 물질nipphanna rūpa 18가지

- 근본 물질bhūta rūpa·大種 四大 4가지
  1. 땅 요소paṭhavī dhātu·地界
  2. 물 요소āpo dhātu·水界
  3. 불 요소tejo dhātu·火界
  4. 바람 요소vāyo dhātu·風界
- 감성 물질pasāda rūpa·淨色 5가지
  5. 눈 감성물질cakkhu pasāda·眼淨
  6. 귀 감성물질sota pasāda·耳淨
  7. 코 감성물질ghāna pasāda·鼻淨
  8. 혀 감성물질jivhā pasāda·舌淨
  9. 몸 감성물질kāya pasāda·身淨
- 대상 물질gocara rūpa·行境色 4가지
  10. 형색rūpa·色
  11. 소리sadda·聲
  12. 냄새gandha·香
  13. 맛rasa·味
- 성 물질bhāva rūpa·性色 2가지
  14. 여성물질itthibhāva·女性
  15. 남성물질pumbhāva·男性

- 심장 물질hadaya rūpa·心腸色 1가지
  16. 심장 토대hadaya vatthu·心基
- 생명 물질jīvita rūpa·命色 1가지
  17. 생명 기능jīvitindriya·命根
- 음식 물질āhāra rūpa·食色 1가지
  18. 영양분ojā·食素

추상적 물질anipphanna rūpa 10가지

- 한정 물질pariccheda rūpa·限定色 1가지
  19. 허공 요소ākāsa dhātu·空界
- 암시 물질viññatti rūpa·表色 2가지
  20. 몸 암시kāya viññatti·身表色
  21. 말 암시vacī viññatti·口表色
- 변화 물질vikāra rūpa·變化色 3가지
  22. 물질의 가벼움rūpassa lahutā·色輕快性
  23. 물질의 부드러움rūpassa mudutā·色柔軟性
  24. 물질의 적합함rūpassa kammaññatā·色適業性
- 특성 물질lakkhaṇa rūpa·相色 4가지
  25. 생성upacaya·積集
  26. 상속santati·相續
  27. 쇠퇴jaratā·老性
  28. 무상함aniccatā·無常性

- 근본 물질 4가지를 제외한 나머지 24가지 물질을 파생 물질upādāya rūpa·所造色이라고 한다.

부록 6

빠알리어의 발음과 표기

빠알리어는 고유의 표기법을 가지고 있지 않습니다. 그래서 나라마다 자신의 언어로 표시합니다. 한국어의 경우 지금까지 빠알리어에 대한 한국어 고유의 표기법이 없어 소리 나는 대로 비슷하게 표현한 후 영어 표기법을 병기하여 표시했으나, 본 책에서는 순전히 한글로만 빠알리어를 나타냈습니다. 각각의 표기와 발음은 아래와 같습니다.

일반적인 표기

단모음	a아	i이	u우
장모음	ā아̄	ī이̄	ū우̄
복모음	e에	o오	

자음

	무성무기음	무성대기음	유성무기음	유성대기음	비음
후음	ka까	kha카	ga가	gha가̒	ṅa앙,
구개음	ca짜	cha차	ja자	jha자̒	ña냐
권설음	ṭa따̣	ṭha타̣	ḍa다̣	ḍha다̣̒	ṇa나̣
치음	ta따	tha타	da다	dha다̒	na나
순음	pa빠	pha파	ba바	bha바̒	ma마
반모음	ya야	ra라	la라̣	va와	vha와̒
마찰음	sa사				
기식음	ha하				
설측음	ḷa라̣̒				
억제음	ṁ앙				

특별한 경우의 표기

˝ 자음중복

예를 들어 '밋체야˝ miccheyya'라는 단어의 '체야˝'라는 표기에서 그냥 '체야'라고 표현하면 '야'가 'ya'인지 'yya'인지 알 수 없습니다. 그래서 ' ˝ '라는 표기를 사용하여 자음이 중복됨을 표현합니다. 비슷한 예로 '울로˝께야˝타 ullokeyyātha'라는 단어에서 그냥 '울로'라고 표현하면 '로'의 'ㄹ'이 'l' 하나임을 나타내므로 'l'이 두 개임을 나타내기 위해 '울로˝'라고 표현합니다.

˂ '야'의 표기

예를 들어 '깝빳타잉 kappaṭṭhāyiṁ'이라는 단어에서 그냥 '잉'이라고 표현하면 'iṁ'으로 오해할 수 있습니다. 그래서 'yiṁ'임을 나타내기 위해 '잉'이라고 표현합니다.

ˇ '와'의 표기

예를 들어 '이다마오짜 idamavoca'라는 단어에서 그냥 '오'라고 표현하면 'o'라고 오해할 수 있습니다. 그래서 'vo'을 나타내기 위해 '오'라고 표현합니다.

받침의 표기

받침으로 쓰일 수 없는 중복된 받침은 ‘ㅅ’, ‘ㄱ’, ‘ㅂ’ 으로 통일합니다. 한글 맞춤법 규정에 따라 ‘짜, 자, 땨, 댜, 따, 다’의 자음이 중복될 때는 모두 앞의 자음에 ‘ㅅ’ 받침으로 표기합니다. ‘까, 가’의 자음이 중복될 때는 모두 앞의 자음에 ‘ㄱ’ 받침으로 표기합니다. ‘빠, 바’의 자음이 중복될 때는 모두 앞의 자음에 ‘ㅂ’ 받침으로 표기합니다.

발음

모음의 발음

- 모음은 표기된 대로 발음하면 됩니다.
- ‘아’의 발음은 실제로는 우리말의 ‘어’에 가까운 소리로 발음합니다.

단음

– 단모음 ‘아’, ‘이’, ‘우’는 짧게 발음합니다.
– 복모음 ‘에’, ‘오’가 겹자음 앞에 올 때도(‘엣타’의 ‘에’) 짧게 발음합니다.

장음

– 장모음 ‘아̄’, ‘이̄’, ‘우̄’는 길게 발음합니다.
– 복모음 ‘에’, ‘오’가 단자음 앞에 올 때도(‘삼모디’의 ‘모’) 길게 발음합니다.

– 단모음이 겹자음 앞에 올 때와('빅쿠'의 '빅') 억제음(앙) 앞에 올 때도('짝쿵'의 '쿵') 길게 발음합니다.

– 단모임이나 복모음이 장음으로 발음되는 경우, 표현의 복잡성을 고려하여 따로 자음부호 '¯'를 붙이지 않았습니다. 〈독송할 때 참조하기 바랍니다.〉

자음의 발음

후음 (까, 카, 가, 가̍, 앙̣)

혀뿌리를 여린입천장(입천장 안쪽의 부드러운 부분)에 부딪히면서 낸다고 설명하기도 하고 목청에서 소리를 낸다고 설명하기도 합니다. 대부분 표기된 대로 발음하면 됩니다. 특히 '가̍'는 강하게 콧소리로 '가' 하고 발음합니다. '앙̣'은 보통 받침으로 많이 쓰입니다. 대표적인 예가 '상̣가̍saṅghaṁ'이고, '앙'이라고 발음합니다.

구개음 (짜, 차, 자, 자̍, 냐)

혀 가운데로 단단입천장(입천장 가운데 부분의 딱딱한 부분)에 부딪히면서 냅니다. 마찬가지로 '자̍'는 '가̍'와 마찬가지로 강하게 콧소리로 '자'하고 발음합니다. 'ㄴ̮'는 '아' 모음 앞에 올 때는 '냐'로 발음하고, 받침으로 올 때는 'ㅇ'이나 'ㄴ'으로 발음합니다. 즉 뒤에 오는 자음이 목구멍에서 가까우면 'ㅇ', 멀면 'ㄴ'으로 발음합니다. 즉 'patañjalī 빠딴̮잘리̄'의 경우에는 '빠딴잘리'로, 'milindapañha 밀린다빤̮하'의 경우에는 '밀린다빵하'로 발음합니다.

권설음 (따, 타, 다, 다, 나)

입천장 머리(입천장의 한가운데 부분)를 혀끝으로 반전하며 소리를 냅니다. 마찬가지로 '다'는 입천장 머리를 혀끝으로 반전하며 강하게 콧소리로 '다'하고 발음합니다.

치음 (따, 타, 다, 다, 나)

혀끝을 윗니의 정면으로 부딪히며 소리를 냅니다. '다'는 정면에 부딪히며 강하게 콧소리로 '다'하고 발음합니다.

순음 (빠, 파, 바, 바, 마)

두 입술로 소리를 냅니다. 마찬가지로 '바'는 강하게 콧소리로 '바'하고 발음합니다.

반모음 (야, 라, 라, 와)

'야'는 그대로 '야'로 발음하고, '라'는 혀 가운데를 경구개에 부딪히면서 '라'하고 발음합니다. '라'는 혀끝을 윗니의 정면에 부딪히면서 '을라' 하고 발음합니다. '와'는 모음 앞에서는 독일어의 'w'처럼 '봐'로 발음한다고 설명하기도 하고, 입을 둥글게 오므린 뒤 '와'하고 발음해야 한다고(미얀마) 설명하기도 합니다. 자음 뒤에서는 일반적으로 영어의 'w' 처럼 '와'로 발음합니다. 표기할 때는 모두 '와'로 통일했습니다. 특별한 경우로 'yha'라는 단어는 '야'라고 표기했습니다. 표기는 '샤'로(미얀마) 발음합니다.

마찰음 (사)

이를 서로 마찰시키면서 '싸'하고 발음합니다. 약한 '사' 발음보다는 조금 강한 '싸'의 발음에 더 가깝습니다.

기식음 (하)

한국어의 '하' 발음과 같습니다.

설측음 (라)

입천장 머리(입천장의 한가운데 부분)를 혀의 양끝으로 반전하며 소리를 냅니다.

억제음 (앙)

음성학적으로는 '까, 카, 가, 가' 등 후음 앞에서는 '앙'과 마찬가지로, '짜, 차, 자, 자' 등 구개음 앞에서는 '안'과 마찬가지로, '따, 타, 다, 다' 등 권설음 앞에서는 '안'과 마찬가지로, '따, 타, 다, 다' 등 치음 앞에서는 '안'으로, '빠, 파, 바, 바' 등 순음 앞에서는 '암'으로 발음됩니다. 그 이외의 자음이나 모음 앞, 또는 단독으로 쓰이는 한 단어나 문장의 끝에 올 경우에는 '암'으로(미얀마), 혹은 '앙'으로(스리랑카) 받침을 넣어 발음합니다. 이 책에서는 모두 '앙'으로 표시했습니다.

부록 7

빠알리어에 대해

부처님께서 출현하시기 전에 이미 인도 중부지방에는 마가다어Māgadhabhāsā가 사용되고 있었습니다. 마가다국 사람들이 사용하는 언어라서 마가다어라고 불렀습니다. 이 마가다어는 범천들이 사용하는 언어라서 우주가 무너져도 무한한 공간 세상에서 사라지지 않는 '고유성품 표현어sabhāva niruttibhāsā'입니다.

Sā māgadhī mūlabhāsā, narā yāyādikappikā.
Brahmāno cāssutālāpā, sambuddhā cāpi bhāsare.

(Padarūpasiddhi, 41)

해 석

그 마가다어, 근본언어니
겁초에 태어난 사람들이나
범천이나 다른 언어 못 들은 이들이나
또한 정등각자가 그 말을 한다네.

대 역

Yāya어떤 언어로 ādikappikā겁초에 태어난 narā사람들이나 brahmāno ca범천이나 assutālāpā다른 언어를 들어보지 못한 이들이나 sambuddhā cāpi정등각자가 bhāsare 말을 하는데, māgadhī마가다국에 속하는 sā그 언어가 mūlabhāsā기본이 되는 언어이다.

마가다어를 익히거나 마가다어로 표현된 문헌을 배우는 것은 언어분석지niruttipaṭisambhidāñāṇa를 얻는 데 바탕이 됩니다. 언어분석지를 얻은 이는 따로 배우지 않아도 여러 언어의 문법과 어휘에 능통합니다. 그래서 부처님들께서는 마가다어로만 법을 설하십니다.

그러한 마가다어는 'sīla' 등 거룩한 법들을 표현하는pa 부처님의 말씀 차례라서āḷi 빠알리어pāḷibhāsā라고 부릅니다.(SdṬ.i.77) 혹은 부처님의 가르침을 보존하고 보호하는 언어라서(pā+ḷi) 빠알리어라고 부릅니다. 이러한 의미에서 빠알리어란 마가다어 전체를 뜻하지 않고 성전이나 주석서, 복주서 등 거룩한 부처님의 가르침을 뜻합니다.[457]

457 *Dhammacariya U Ei Nain*, 『*Buddha Abhidhammā mahānidān*』, pp.27~28.

역자후기

"큰일 날 뻔했구나. 하마터면 '내'가 사라질 뻔했구나."

과거 스리랑카의 한 바라문이 아들을 쓰다듬으면서 이렇게 말했습니다. 바라문은 로하빠사다Lohapāsāda(청동 강당)에서 위빳사나와 관련된 법문을 듣다가 법문대로 관찰해 보았습니다. 그러자 위빳사나 지혜가 향상됐습니다. 모든 물질과 정신이 사라지는 것으로, '나'라거나 '나의 것'이라고 집착할 만한 것이 없는 것으로 드러났습니다. 그러다가 갑자기 모래더미가 무너지는 것처럼 '내가 없어지다니'라고 놀라면서 집으로 돌아가 아들을 가슴에 안고 위와 같이 말한 것입니다.(SA. ii.254)

이렇게 직접 위빳사나 지혜로 경험했음에도 불구하고 사실대로 받아들이기를 거부할 정도로 '자아'라는 집착은 끈질깁니다. 위빳사나 수행을 하지 않는 범부의 자아집착은 말할 필요도 없습니다. 그렇게 질긴 자아집착을 끊어내도록 부처님께서 「아낫딸락카나숫따」를 설하셨습니다. 그리고 마하시 사야도께서 위빳사나 관찰방법과 무아가 드러나는 모습, 열반에 도달하는 모습까지 포함해서 다시 설법하셨습니다. 덧붙여 한국마하시선원의 우 소다나 사야도께서 2019년 호두마을 집중수행 기간에 내용을 보충해서 법문하셨습니다.

마치 부처님이라는 훌륭한 요리사가 만든 「아낫딸락카나숫따」라는 음식을 마하시 사야도라는 아버지가 따뜻하게 덥히고, 소화가 잘되게 자르고, 어울리는 다른 반찬을 곁들여 주고, 우 소다나 사야도라는 어머니가 그 음식의 좋은 점, 주의할 점, 씹는 법, 삼키는 법 등을 설명해 주면서 청법자라는 자식에게 먹여주는 일과 같습니다.

이렇게 해서 무아라는 맛있는 음식이 청법자의 입속으로 들어왔습니다. 이제 남은 일은 청법자 여러분들이 위빳사나 관찰로 직접 씹고 삼켜서 그 맛을 누리는 것뿐입니다. 처음 이 법문을 접할 때는 법에 관한 내용이 많고 일화가 적어 그 맛이 조금 '텁텁하게' 느껴질 수도 있습니다. 하지만 이 법문을 바탕으로 위빳사나 수행을 계속 하다 보면 진실로 맛있는 '법의 맛'을 누릴 수 있을 것입니다.

늘 그랬듯 이 책을 번역할 때도 한국마하시 우 소다나 사야도께서 많은 도움을 주셨습니다. 혼자서 해결하기 힘든 내용을 접할 때마다 사야도의 도움으로 풀리곤 했는데, 그때마다 표현하기 힘든 기쁨과 안도감을 느꼈습니다. 언제나 바른 의지처가 되어주시는 스승님께 다시 한번 감사의 예경을 올립니다. 그리고 언제나 묵묵히 지원해 주셨던 은사스님께도 특별히 이 공덕을 회향합니다. 미얀마와 위빳사나를 처음 접하게 해 주신 법산스님, 마음껏 법담을 나눌 수 있는 범라스님과 현암스님, 늘 앞서 이끌어주시는 일묵스님과 여러 도반스님, 또한 빠알리 성전들을 훌륭하게 번역해 놓으신 각묵스님과 대림스님, 전재성 박사님을 비롯한 많은 분께 감사드립니다.

그리고 한국마하시선원과 호두마을, 진주녹원정사 회원들을 비롯해 필수품과 법으로 불법을 뒷받침해 주신 여러 재가불자 여러분과 가족들, 특히 이 책을 출판하는 데 모든 비용을 법보시해 주신 담메시 님, 남병열 님, 남성규 님, 남희주 님 가족분들과 담마뭇따 님의 신심에도 사두를 외칩니다. 그리고 우 소다나 사야도께서 호두마을에서 설하신

「아낫딸락카나숫따」에 관한 법문 49강을 전부 녹취해 주신 수리야 님의 선업에도 사두를 외칩니다. 끝으로 거친 문장을 잘 다듬어 주신 홍수연 작가님, 꼼꼼히 원고를 교정해 주신 까루나 님, 향원 님, 수뭇따 님, 난다싸리 님, 좋은 책을 만들어 주신 나눔커뮤니케이션 관계자 여러분의 정성에도 사두를 외칩니다.

이 모든 분에게,
바른 법을 찾는 모든 수행자에게 이 공덕몫을 회향합니다.
마하시 사야도의 『아낫딸락카나숫따 법문』을 통해
자아라고 집착하는 모습과
무아라는 성품을 이해하기를.
이해한 대로 바르게 관찰하기를.
관찰을 통해 무아의 성품을
직접 꿰뚫어 경험하기를.
더 나아가 열반을 증득하기를.

불기 2565년 서기 2021년 8월
안양의 한국마하시선원과 천안의 호두마을을 오가며
비구 일창 담마간다Dhammagandha 삼가 씀

참고문헌

번역 저본

Mahāsi Sayadaw,『Anattalakkhaṇa thouk tayato』, Yangon, Buddhasāsanānuggaha aphwe, 2017(제6쇄).

저본의 영역본

Translated by U Ko Lay,『The Great discourse on the anattalakkhaṇa sutta』, Yangon, Buddhasāsānuggaha aphwe, 2015(2nd ed.).

빠알리 삼장 및 번역본

The Chaṭṭha Saṅghāyana Tipitaka Version 4.0 (CST4), VRI.

각묵스님 옮김,『디가 니까야』 전3권, 초기불전연구원, 2006.

__________,『상윳따 니까야』 전6권, 초기불전연구원, 2009.

대림스님 옮김,『청정도론』 전3권, 초기불전연구원, 2004

__________,『맛지마 니까야』 전4권, 초기불전연구원, 2012.

__________,『앙굿따라 니까야』 전6권, 초기불전연구원, 2006~2007.

전재성 역주,『이띠붓따까-여시어경』, 한국빠알리성전협회, 2012.

사전류

전재성, 『빠알리-한글사전』, 한국빠알리성전협회, 2005.

기타 참고도서

Ashin Sīlānandabhivaṁsa, translated by U Min Swe, 『Biography of The most venerable Mahāsi Sayādaw』, part I, Yangon, Buddhasāsanānuggaha aphwe, 2017.

Dhammacariya U Ei Nain, 『Buddha Abhidhammā mahānidān』, Yangon, Alinthisapei, 2011.

Ledi Sayadaw, 『Kammaṭṭhānadīpanī』, Yangon, Mikhineravati saouktaik, 2002.

Mahāsi Sayadaw, 『Cittānupassanā tayatogyi hnin Dhammānupassanā tayato』, 2019.

______________, 『Cūḷavedallathouk』, 2008.

______________, 『Nibbāna hsainya tayato』, 2006.

______________, 『Sīlavantathouk tayato』, 2006.

각묵스님 지음, 『초기 불교 이해』, 초기불전연구원, 2010.

대림스님·각묵스님 옮김, 『아비담마 길라잡이』 전2권, 초기불전연구원, 2002, 전정판 2017.

마하시 사야도 법문, 비구 일창 담마간다 편역, 『위빳사나 백문백답』, 이솔출판사, 2014.

마하시 사야도 법문, 비구 일창 담마간다 옮김, 『담마짝까 법문』, 불방일, 2019.

______________________, 『헤마와따숫따 법문』,
불방일, 2020.
마하시 사야도 지음, 비구 일창 담마간다 옮김, 『마하사띠빳타나숫따 대역』,
불방일, 2016.
______________________, 『위빳사나 수행방법론』 전2권,
불방일, 2016.
비구 일창 담마간다 지음, 『부처님을 만나다』, 불방일, 2018(개정판 1쇄).
______________, 『가르침을 배우다』, 불방일, 2021(개정판 1쇄).
비구 일창 담마간다 편역, 『보배경 강설』, 불방일, 2020.
무념·응진 역, 『법구경 이야기』 전3권, 옛길, 2008.
우 소다나 사야도 법문, 비구 일창 담마간다 편역, 『아비담마 강설 1』,
불방일, 2021.

찾아보기

ㄱ

갈애taṇhā 292
갈애taṇhā집착 259
감수자아vedaka atta집착 73, 89
거주자아nivāsī atta집착 71
견해의 전도diṭṭhi vipallāsa 81, 318
결정voṭṭhabbana, voṭṭhapana 207
관습적 진리sammuti sacca 51, 79
괴로운 느낌dukkhavedanā 85
괴로움dukkha 81, 254, 385
괴로움 거듭관찰dukkhānupassanā 386
괴로움 거듭관찰의 지혜dukkhānupassanā ñāṇa 257
괴로움 거듭관찰자dukkhānupassī 386
괴로움특성dukkhalakkhaṇa 256, 385
괴롭히기 위한 것ābādhāya 56
근접삼매upacārasamādhi 185
꼰단냐Koṇḍañña 존자 46, 429
꼴리따Kolita 102

ㄴ

눈 문 인식과정cakkhudvāravīthi 207
눈 의식cakkhuviññāṇa 172, 207
느낌vedanā 84, 88, 145

ㄷ

단멸론ucchedavāda 113
단멸론자ucchedavādī 66
둠무카Dummukha 왕자 240
디가나카Dīghanakha 유행자 108

ㄹ

락카나Lakkhaṇa 존자 152
로히니Rohini 공주 333

ㅁ

마라māra 64

마술māyā 206
마음의 전도citta vipallāsa 81, 318
마하깟사빠Mahākassapa 존자 48, 100
마하나마Mahānāma 존자 46, 430
마하목갈라나Mahāmoggallāna 존자 102, 152
맘 문 인식과정manodvāravīthi 207
몰입삼매appanāsamādhi 185
무상anicca 81, 247, 385
무상 거듭관찰aniccānupassanā 385
무상 거듭관찰의 지혜aniccānupassanā ñāṇa 245, 253
무상 거듭관찰자aniccānupassī 385
무상특성aniccalakkhaṇa 252, 270, 385
무아anatta 81, 386
무아 거듭관찰anattānupassanā 386
무아 거듭관찰의 지혜anattānupassanā ñāṇa 100, 221, 268
무아 거듭관찰자anattānupassī 386
무아특성anattalakkhaṇa 262, 386
물거품pheṇapiṇḍa 193
물방울pubbuḷa 197

ㅂ

바까Baka 대범천 61
반조의 지혜paccavekkhaṇā ñāṇa 436
밧디야Bhaddiya 존자 46, 429
법dhamma 401
뽓틸라Poṭṭhila 장로 208

ㅅ

사견diṭṭhi집착 261
사띠Sāti 비구 179, 306
사리뿟따Sāriputta 존자 102
산자야Sañjaya 102
삿짜까Saccaka 유행자 122, 228
상속santati 개념 79
상속santati 현재 246
상주론sassatavāda 113
상주론자sassatavādī 66
생멸의 지혜udayabbaya ñāṇa 248, 302, 392
세속적 관습lokasammuti 79
속행javana 207
수다원의 중대한 반조mahāpaccavekkhaṇā 437
신기루marīcikā 200

ㅇ

아누룻다Anuruddha 존자 333, 334
앗사지Assaji 존자 46, 103, 255, 430
애착 없는vītarāga 마음 378
애착 있는sarāga 마음 378
여운tadārammaṇa 207
염오의 지혜nibbidā ñāṇa 144, 394, 400

영혼자아jīva atta 61
왑빠Vappa 존자 46, 429
우빠띳사Upatissa 102
인식의 전도saññā vipallāsa 81, 318
일부상주론ekaccasassatavāda 65, 113

ㅈ

자만māna집착 260
자아atta 49, 79, 81
자아사견attadiṭṭhi 49
전도vipallāsa 81
전향āvajjana 207
절대 성품paramattha 36, 80
절대자아parama atta 61
절대적 진리paramattha sacca 51, 80
접수sampaṭicchana 207
제석천왕Sakka 333
제자집회sāvakasannipāta 123
조사santīraṇa 207
존재요인bhavaṅga 68
종성gotrabhū 418
주인자아sāmī atta집착 69
진행pavatti 416

ㅊ

찰나삼매khaṇikasamādhi 185
청정범행brahmacariya 424
출현vuṭṭhāna 416
출현인도 위빳사나vuṭṭhānagāminī vipassanā 416

ㅋ

케마까Khemaka 존자 321

ㅍ

파초kadala 202
평온한 느낌upekkhāvedanā 85

ㅎ

행복한 느낌sukhavedanā 84
행위자아kāraka atta집착 72
형성saṅkhāra 140, 164, 203
형성 괴로움saṅkhāradukkha 95
형성된 형성abhisaṅkhata saṅkhāra 140
형성시키는 형성abhisaṅkhāra saṅkhāra 144
형성평온의 지혜saṅkhārupekkhā ñāṇa 396, 407
형체saṇṭhāna 개념 79

저자

마하시 사야도 우 소바나**U Sobhana**

1904년 7월 29일 미얀마 세익쿤에서 출생. 1916년 사미계, 1923년 비구계를 수지했다. 1930년부터 따운와인갈레이 강원에서 강사로 지내다가 1932년 밍군 제따완 사야도의 가르침을 받아 위빳사나 수행을 직접 실천했다. 1942년 사사나다자 시리 빠와라 담마짜리야(국가인증우수법사) 칭호를 받았다. 1949년부터 양곤의 마하시 수행센터에서 위빳사나 수행을 지도하며 국내는 물론 국외로도 바른 위빳사나 수행법을 널리 선양했다. 1954년 악가마하빤디따(최승대현자) 칭호를 받았고, 같은 해부터 2년간 열린 제6차 경전결집 때 질문자와 최종결정자의 역할을 맡았다. 1982년 8월 14일, 세랍 78세, 법랍 58세로 마하시 수행센터에서 입적했다. 『Vipassanā Shunikyan위빳사나 수행방법론』, 『Visuddhimagga Mahāṭīkā Nissaya위숫디막가 대복주서 대역』을 비롯해 100권이 넘는 저서와 법문집이 있다.

감수자

우 소다나**U Sodhana** 사야도

1957년 미얀마 머그웨이 주에서 출생. 1972년 사미계, 1978년 비구계를 각각 수지했다. 1992년 담마짜리야 법사 시험에 합격했고 잠시 먀다웅 강원에서 강사로 재직했다. 1995년 마하시 수행센터에서 수행한 뒤 외국인 법사학교에서 5년간 수학했다. 그 뒤 마하시 수행센터에서 수행지도법사로 수행자를 지도하다 2002년 처음 한국에 왔다. 2007년 8월부터 한국마하시선원 선원장으로 지내며 경전과 아비담마를 강의하면서 강릉 인월사와 호두마을 등지에서 위빳사나 수행을 지도하고 있다. 2013년 양곤 마하시 수행센터 국외 나야까 사야도로 임명됐고, 2017년 12월 공식적으로 칭호를 받았다. 2019년 3월 미얀마 정부에서 수여하는 마하깜맛타나짜리야 칭호를 받았다.

역자

비구 일창 담마간다**Dhammagandha**

1972년 경북 김천에서 출생. 1996년 해인사 백련암에서 원융 스님을 은사로 출가했다. 범어사 강원을 졸업했고 2000년과 2005년 두 차례 미얀마에 머물면서 비구계를 수지한 뒤 미얀마어와 빠알리어, 율장 등을 공부했으며 찬매 센터, 파옥 센터, 마하시 센터 등에서 수행했다. 현재 진주 녹원정사에서 정기적으로 초기불교 강의를 하고 있으며, 한국마하시선원과 호두마을을 오가며 우 소다나 사야도의 법문을 통역하면서 위빳사나 수행의 기초를 지도하고 있다. 2019년 12월 양곤 마하시 수행센터에서 깜맛타나짜리야 칭호를 받았다. 저서로 『부처님을 만나다』와 『가르침을 배우다』, 역서로 『위빳사나 수행방법론』(전2권), 『위빳사나 백문백답』, 『통나무 비유경』, 『마하사띠빳타나숫따 대역』, 『어려운 것 네 가지』, 『담마짝까 법문』, 『알라와까숫따』, 『헤마와따숫따 법문』, 『보배경 강설』, 『아비담마 강설 1』 등이 있다.

법보시 명단

감 수 | 우 소다나 사야도
번 역 | 비구 일창 담마간다
녹 취 | 수리야
교 정 | 까루나, 홍수연, 향원, 수뭇따, 난다싸리
보 시 | 담메시, 남병열, 남성규, 남희주, 담마뭇따

삽바다낭 담마다낭 지나띠.
Sabbadānaṁ dhammadānaṁ jināti.
모든 보시 중에서 법보시가 으뜸이니라.

이당 노 뿐냥 닙바낫사 빳짜요 호뚜.
Idaṁ no puññaṁ nibbānassa paccayo hotu.
이러한 우리들의 공덕으로 열반에 이르기를.

이망 노 뿐냐바강 삽바삿따낭 바제마.
Imaṁ no puññabhāgaṁ sabbasattānaṁ bhājema.
이러한 우리들의 공덕몫을 모든 존재에게 회향합니다.

특별히 故 김명순 님에게 회향합니다.

사두, 사두, 사두.
Sādhu, Sādhu, Sādhu.
훌륭합니다, 훌륭합니다, 훌륭합니다.

• 이 책에서 교정할 내용을 아래 메일주소로 보내주시면 다음에 책을 펴낼 때 큰 도움이 될 것입니다. 많은 관심 부탁드립니다.(nibbaana@hanmail.net)

• 한국마하시선원에서 운영하는 도서출판 불방일에서는 마하시 사야도의 법문은 「큰북」 시리즈로, 우 소다나 사야도의 일반 법문은 「불방일」 시리즈로, 아비담마 법문은 「아비담마 강설」 시리즈로, 비구 일창 담마간다의 법문은 「법의 향기」 시리즈로, 독송집이나 법요집은 「큰북소리」 시리즈로 출간하고 있습니다. 여러 분들의 많은 법보시를 기원합니다.(농협 355-0041-5473-53 한국마하시선원)

불방일 출판도서 안내

큰북 시리즈

- 마하시 사야도의 『마하사띠빳타나숫따 대역』
  비구 일창 담마간다 옮김 / 신국판(양장) / 350쪽
  정가: 25,000원
  (1쇄 2016년, 2쇄 2018년)
- 마하시 사야도의 『위빳사나 수행방법론』 (1/2)
  비구 일창 담마간다 옮김 / 신국판(양장)
  제1권: 736쪽 / 제2권: 640쪽
  정가: 각권 30,000원
  (이솔 초판 2013년, 2쇄 2013년
  불방일 개정판 2016년)
- 마하시 사야도의 『위빳사나 백문백답』
  비구 일창 담마간다 편역 / 신국판 / 252쪽
  정가: 13,000원
  (이솔 초판 2014년, 불방일 개정판 예정)
- 마하시 사야도의 『담마짝까 법문』
  비구 일창 담마간다 옮김 / 신국판(양장) / 532쪽
  정가: 30,000원
- 마하시 사야도의 『헤마와따숫따 법문』
  비구 일창 담마간다 옮김 / 신국판(양장) / 412쪽
  정가: 25,000원

불방일 시리즈

- 우 소다나 사야도의 『통나무 비유경』
  비구 일창 담마간다 옮김 / 46판 / 116쪽
  법보시
- 우 소다나 사야도의 『어려운 것 네 가지』
  비구 일창 담마간다 옮김 / 46판 / 279쪽
  법보시
- 우 소다나 사야도의 『알라와까숫따』
  비구 일창 담마간다 옮김 / 46판 / 191쪽
  법보시

법의 향기 시리즈

- 부처님을 만나다
  비구 일창 담마간다 지음 / 신국판(양장) / 528쪽
  정가: 23,000원
  (초판 1쇄 2012년, 3쇄 2014년, 개정판 1쇄 2018년)
- 가르침을 배우다
  비구 일창 담마간다 지음 / 신국판(양장) / 456쪽
  정가: 28,000원
  (초판 1쇄 2017년, 개정판 1쇄 2021년)

아비담마 강설 시리즈

- 우 소다나 사야도의 『아비담마 강설 1』
  비구 일창 담마간다 편역 / 신국판(양장) / 488쪽
  정가: 28,000원

큰북소리 시리즈

- 법회의식집
  비구 일창 담마간다 편역 / 46배판 / 268쪽
  법보시
- 수행독송집
  비구 일창 담마간다 편역 / 105×175mm / 363쪽
  법보시
- 빳타나(조건의 개요와 상설)
  비구 일창 담마간다 편역 / 46판 / 176쪽
  법보시

마하시 사야도의
아낫딸락카나숫따 법문
• 무아특성경 해설 •

초판 1쇄 발행일 | 2021년 9월 17일

지 은 이 | 마하시 사야도
번　　역 | 비구 일창 담마간다
감　　수 | 우 소다나 사야도

펴 낸 이 | 사단법인 한국마하시선원
디 자 인 | (주)나눔커뮤니케이션 02)333-7136

펴 낸 곳 | 도서출판 불방일
등　　록 | 691-82-00082
주　　소 | 경기도 안양시 만안구 경수대로 1201번길 10
(석수동 178-19) 2층
전　　화 | 031)474-2841
팩　　스 | 031)474-2841
홈페이지 | http://koreamahasi.org
카　　페 | https://cafe.naver.com/koreamahasi
이 메 일 | nibbaana@hanmail.net

* 잘못된 책은 구입하신 서점에서 바꿔드립니다.

값 28,000원
ISBN 979-11-970021-4-4

03220
9 791197 002144
ISBN 979-11-970021-4-4